AF853540

JavaScript & Ajax POUR LES NULS

JavaScript & Ajax POUR LES NULS

Andy Harris

FIRST
Interactive

JavaScript & Ajax pour les Nuls

Titre de l'édition originale : *JavaScript & Ajax For Dummies*

Collection dirigée par Jean-Pierre Cano
Traduction : Patricia Moritz et Jean-Louis Gréco
Mise en page : maged

Edition française publiée en accord avec Wiley Publishing, Inc.

Éditions First, un département d'Édi8
12 avenue d'Italie
75013 Paris
Tél. : 01 44 16 09 00
Fax : 01 44 16 09 01
E-mail : firstinfo@efirst.com
Web : www.editionsfirst.fr
ISBN : 978-2-7540-6678-5
Dépôt légal : 3e trimestre 2014

Imprimé en Italie par «La Tipografica Varese S.p.A.» Varese

Sommaire

Introduction

Le World Wide Web a officiellement fêté son 20e anniversaire quand j'ai commencé à rédiger ce livre. D'un côté, il est difficile de croire que cette technologie est déjà aussi âgée. D'un autre côté, c'est impressionnant de voir à quel point elle a évolué en si peu de temps. Quand j'ai commencé à enseigner et à écrire des livres relatifs à Internet (bien avant l'utilisation du Web), personne ne savait à quoi s'attendre.

Si vous lisez ce livre, je n'ai pas besoin de vous dire à quel point le Web est phénoménal. Il a fait du chemin et réalise des choses très intéressantes. Dans ce livre, je veux vous montrer la direction que prend le Web. La technologie Web change plus vite que jamais. Ceux qui ne comprennent pas ces changements auront du mal à rester au fait de l'évolution.

Aux premières heures du Web, on parlait de pages Web comme si Internet était une série de documents basiques connectés par des liens. C'était vrai (et ça l'est encore en partie) mais ce n'est plus la meilleure façon d'analyser le Web. Le Web d'aujourd'hui ne concerne pas des documents mais des applications. Les utilisateurs et les développeurs attendent de leurs pages qu'elles fassent des choses et non pas qu'elles soient de simples documents améliorés.

Ce livre décrit deux technologies interconnectées : JavaScript et AJAX. JavaScript fait partie du Web plus ou moins depuis le début. C'est un langage de programmation puissant qui a été conçu pour travailler dans le contexte d'un document Web. Il connaît un regain d'intérêt sous la forme d'AJAX. Cette nouvelle technologie est prometteuse, mais elle est encore ancrée dans les traces de JavaScript et HTML.

Le gros avantage de JavaScript et d'AJAX est la puissance qu'ils procurent. Si vous travaillez avec HTML ou XHTML, vous savez créer des documents Web. Malheureusement, ces documents sont inertes et statiques.

JavaScript est un vrai langage de programmation qui vous permet d'ajouter à vos pages de réelles possibilités de programmation. Si vous n'avez jamais fait de programmation, c'est idéal pour commencer. JavaScript est un langage sympa et relativement simple pour les débutants. Il utilise une page Web comme interface utilisateur, ce qui facilite le développement des formes et des interfaces utilisateur. Si vous êtes programmeur, vous pourrez appliquer vos connaissances à JavaScript et serez bientôt très à l'aise avec ce langage.

AJAX étend les possibilités de JavaScript vers de nouveaux horizons qui sont encore en cours d'exploration. D'une part, les bibliothèques AJAX vous proposent de nouveaux éléments d'interface comme les menus et les sliders. D'autre part, AJAX dispose de fonctionnalités très importantes comme la possibilité de créer des instructions côté client (un outil très pratique pour créer des pages plus performantes) et le contrôle direct de scripts côté serveur.

Si vous lisez l'intégralité de cet ouvrage, vous serez en mesure de réaliser des pages Web impressionnantes. Vous pourrez récupérer les entrées des utilisateurs, tester leur validité, animer vos pages et interagir avec des serveurs Web.

Ce dont vous avez besoin

JavaScript est facile à apprivoiser et son apprentissage n'exige pas grand-chose :

- Tout ordinateur fait l'affaire. Si votre ordinateur est relativement récent (il peut exécuter Firefox ou Safari par exemple), vous êtes équipé pour faire du développement Web. Vous pouvez aussi utiliser un ordinateur portable. Théoriquement, il est possible de faire du développement Web sur un téléphone portable, mais cela devient vite pénible.
- Système d'exploitation au choix. Pour écrire ce livre, j'ai utilisé soit Windows XP soit Linux Fedora Core. La plupart des programmes que je conseille ont des versions pour Windows, Mac et Linux.
- Les meilleurs outils dont vous avez besoin sont gratuits. N'achetez aucun logiciel de développement Web. Inutile d'opter pour un éditeur comme DreamWeaver ou expressionWeb ; ces outils sont efficaces mais ils ne sont pas nécessaires. Tous les exemples de ce livre utilisent des outils gratuits.
- Aucune expérience en programmation n'est requise. Si vous avez une expérience en programmation avec d'autres langages, vous n'aurez aucun mal avec JavaScript et AJAX. En revanche, si vous débutez en programmation, vous avez sonné à la bonne

porte. Si vous êtes programmeur, sachez que JavaScript est un langage facile à comprendre. Ma seule exigence est que vous soyez à l'aise avec XHTML et CSS et que vous sachiez transmettre vos pages Web à un serveur (pour plus d'infos sur ce sujet, consultez le site *Pour Les Nuls* : http://www.pourlesnuls.fr/).

Au final, de quoi avez-vous vraiment besoin ? D'imagination, de persévérance et d'un peu de temps.

Comment ce livre est-il structuré ?

J'ai structuré ce livre en passant du temps sur un superordinateur et en appliquant un algorithme de Bayes artificiel et multilinéaire. Non, je plaisante ! Je ne sais même pas ce que cela veut dire. C'est juste une proposition que j'ai faite au cours d'une réunion alors que j'étais censé être attentif. Quoi qu'il en soit, ce livre est structuré en plusieurs parties qui décrivent différents aspects du développement Web avec JavaScript et AJAX.

Comme les autres livres de la collection *Pour Les Nuls*, il peut s'utiliser comme référence, en fonction de ce que vous savez déjà et de ce que vous voulez savoir. Chaque chapitre de cet ouvrage décrit une facette spécifique de la programmation JavaScript ou AJAX. Vous pouvez lire les chapitres dans l'ordre que vous voulez, notamment si vous avez déjà des connaissances et que vous recherchez un point particulier. Cependant, notez que les chapitres deviennent de plus en plus complexes. Donc, si vous avez du mal avec un chapitre avancé, revenez quelques chapitres en arrière (je rappelle systématiquement les chapitres dans lesquels certains points importants sont traités). Si vous débutez, il est plus facile de respecter l'ordre des chapitres. Dans tous les cas, n'oubliez pas que le plus important est de bien comprendre et surtout de vous amuser.

Première partie : Programmer avec JavaScript

Si vous n'avez jamais écrit de programme informatique, considérez cette partie comme votre camp d'entraînement (rassurez-vous, c'est un camp d'entraînement plutôt drôle et distrayant). Commencez par rassembler tous les outils et applications puissants mais gratuits. Cette partie vous initie à la programmation avec JavaScript comme langage. Vous allez rencontrer de nouveaux amis comme les variables, les conditions, les boucles, les tableaux et les objets.

Deuxième partie : Utiliser JavaScript pour améliorer les pages

JavaScript est surtout utilisé pour agrémenter les pages Web. Dans cette partie, vous apprendrez à écrire des programmes qui communiquent avec la page Web dans laquelle ils vivent. Vos programmes pourront lire les entrées utilisateur, les valider et se déplacer sur l'écran. C'est très amusant !

Troisième partie : Passer à AJAX

Si vous traînez avec des geeks Web, vous avez sûrement entendu parler d'AJAX. C'est une technologie phénoménale qui peut potentiellement changer la technique de travail du développement Web. Cette partie vous révèle ce dont il s'agit vraiment. Vous serez aussi amené à créer des requêtes AJAX manuellement et à utiliser l'incroyable bibliothèque jQuery pour faire de la programmation encore plus puissante. Dans cette partie, vous découvrirez également la nouvelle vision de la programmation introduite par jQuery et l'utilisation de l'extension jQuery User Interface pour développer rapidement vos expériences d'utilisateur. Vous apprendrez enfin à travailler avec plusieurs types de données, des programmes PHP à XML et JSON. Tout un programme !

Rendez-vous sur Internet !

La programmation Web vise à faire faire des choses à des pages Web. Or il est impossible de voir ces actions dans un livre. C'est pourquoi, tout au long de cet ouvrage, je vous conseille de visiter le site Web des Éditions First à l'adresse http://www.pourlesnuls.fr, et de sélectionner la rubrique téléchargements en bas de la page d'accueil à partir de laquelle vous pourrez télécharger le fichier ZIP contenant les programmes et exemples cités dans ce livre. Pour ce faire, vous devrez sélectionner *Pour les nuls GF informatique*, cliquer sur l'image de couverture du livre *Javascript et Ajax pour les nuls*, puis enregistrer le fichier ZIP.

Ce site vous propose une version opérationnelle de chaque programme disponible dans ce livre. Chaque outil ou bibliothèque que je décris dans cet ouvrage dispose d'un lien sur la page Web pour que vous puissiez le tester.

Icônes utilisées dans ce livre

De temps à autre, certains concepts méritent une attention particulière. Dans ce livre, j'utilise quelques icônes pour signaler des informations spécifiques.

Petits rappels sur des informations à connaître et à garder en mémoire.

De temps en temps, ma nature de " formateur informatique arrogant " revient au galop et me force à ajouter des détails techniques. Ces informations sont intéressantes mais pas essentielles. Vous pouvez donc les ignorer. En revanche, n'hésitez pas à les mémoriser si vous voulez briller à votre prochaine soirée informatique. Vous allez faire fureur !

Les trucs sont des suggestions pour vous faciliter la tâche.

Lisez attentivement le texte marqué par cette icône. Si vous ne le faites pas, vous courez à la catastrophe et votre programme ne fonctionnera pas comme vous vous y attendiez.

Par où commencer ?

Avant de commencer à écrire du code, analysez vos besoins. Si vous n'avez jamais eu affaire à JavaScript ou AJAX, débutez par la première partie. Si vous voulez étoffer votre JavaScript, intéressez-vous aux deuxième et troisième parties.

Bonne lecture ! Amusez-vous bien !

- Feuilletez, parcourez le livre, observez les figures et appréciez l'esprit !
- Visitez les sites Web. Il est impossible de saisir le véritable sens des programmes Web dans un livre informatique tout comme il est impossible de goûter les recettes dans un livre de cuisine.
- Choisissez un chapitre et plongez dans sa lecture. Si vous êtes à l'aise avec la programmation JavaScript, passez à la troisième partie sur AJAX. Si ce n'est pas le cas, revenez en arrière et choisissez l'endroit idéal pour entamer la lecture. En cas de doute, vous pouvez toujours commencer par le début (c'est bien moins amusant !).

- Amusez-vous ! La programmation est un sujet sérieux. Certains en font durant toute leur vie. Sérieux certes, mais surtout très amusant. Faites-vous plaisir, ne stressez pas et faites faire à vos pages Web des choses insoupçonnées.

Dernier mot

Merci d'avoir acheté ce livre. J'espère que vous allez le trouver amusant et utile. J'ai adoré l'écrire et je pense que vous prendrez du plaisir à l'utiliser. Je compte sur vous pour me donner de vos nouvelles et me montrer ce que vous savez faire avec les connaissances acquises dans cet ouvrage. Écrivez-moi à l'adresse andy@aharrisbooks.net pour me tenir au courant !

Première partie

Programmer avec JavaScript

" Observez bien mon site Web, Miss Carruthers. Concentrez-vous sur la spirale qui tourne, qui tourne, qui tourne et vous emporte profondément dans son vortex, qui tourne… qui tourne… "

Dans cette partie…

Bienvenue dans l'univers de la programmation JavaScript. Le type de programmation étudié dans cette partie est adapté à tout langage. Vous pourrez donc réutiliser ces idées facilement dans un autre langage de programmation. Bien sûr, les exemples et les observations se concentrent sur JavaScript.

Le Chapitre 1 vous aide à rassembler vos outils. La plupart des outils nécessaires pour un programme JavaScript professionnel sont totalement gratuits. Découvrez ce dont vous avez besoin en termes d'éditeurs, de navigateurs et d'extensions.

Le Chapitre 2 vous initie à JavaScript. Vous allez stocker des données dans des variables, travailler avec des données texte et créer des entrées et des sorties basiques.

Le Chapitre 3 vous embarque dans le monde fascinant de la prise de décision. Vous y apprendrez à générer des nombres aléatoires et à les utiliser pour tester plusieurs techniques de prise de décision. Vos programmes prendront des décisions comme le font les meilleurs d'entre eux.

Le Chapitre 4 introduit le puissant concept de boucles. Vos programmes seront en mesure de se répéter autant de fois que vous le souhaitez et s'arrêteront instantanément. Les boucles peuvent causer des problèmes logiques difficiles à détecter. Ce chapitre décrit un certain nombre de techniques de débogage.

Le Chapitre 5 vous aide à créer des programmes plus élaborés en combinant des éléments. Vous pouvez combiner des variables pour créer des tableaux et combiner des instructions pour créer des fonctions. Vous apprendrez aussi à combiner des instructions et des données pour créer des objets, notamment le puissant objet JSON.

Chapitre 1

Créer des pages Web de qualité

Dans ce chapitre :

- Rappels sur HTML, XHTML et CSS.
- Quel est le rôle de JavaScript et AJAX ?
- Qu'est-ce que JavaScript et AJAX apportent aux pages Web ?
- Choisir un éditeur.
- Présentation des outils de navigation.

Le Web est à la fois passionnant et impressionnant. C'est très amusant de créer des pages Web, d'autant plus que toutes les entreprises en ont besoin. Comme le Web s'est développé et a évolué, les attentes quant au contenu et à l'utilisation des pages Web ont changé.

Le Web a évolué, tout comme les outils utilisés pour créer des pages et des documents Web. JavaScript et AJAX sont deux outils puissants permettant la création de documents Web dynamiques. Ce chapitre vous offre un aperçu de quelques technologies fondamentales pour la création de pages Web.

Cibler la qualité

Ce livre vous explique comment ajouter à des pages Web des éléments que HTML et CSS ne prennent pas en charge.

N'OUBLIEZ PAS

Ne vous trompez pas, il s'agit bien de programmation ! Et la programmation est légèrement plus complexe que le bon vieux développement Web. Mais cela vaut le coup de s'y intéresser comme le montre la page d'exemple de la Figure 1.1.

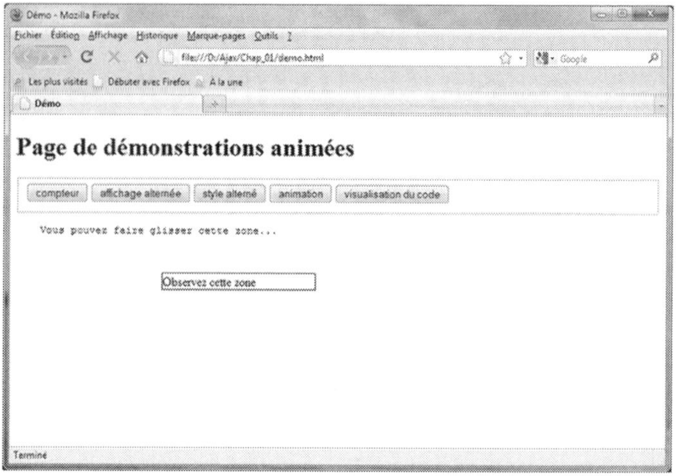

Figure 1.1 : Cette page présente quelques éléments intéressants, irréalisables avec du HTML basique.

Pour que cet exemple reste simple, j'utilise des bibliothèques externes. Elles sont décrites dans le Chapitre 4 de cet ouvrage. Pour l'heure, profitez de l'instant ; quelque chose de très excitant est en train d'arriver.

Ce programme exige une connexion Internet fiable. Reportez-vous au Chapitre 10 pour découvrir des alternatives à la connexion aux bibliothèques externes.

TRUC

Pour voir cette page en action, rendez-vous sur le site Web des Éditions First à l'adresse http://www.editionsfirst.fr/telechargements/ à partir de laquelle vous pourrez télécharger le fichier ZIP contenant ce programme ainsi que tous les autres programmes et exemples cités dans ce livre. Pour ce faire, vous devrez sélectionner *Pour les nuls GF informatique*, cliquer sur l'image de couverture du livre *Javascript et Ajax pour les nuls*, puis enregistrer le fichier ZIP.

De prime abord, la page Web semble très simple mais quand vous l'ouvrez dans votre propre navigateur (je vous conseille de le faire) et que vous la testez un peu, vous remarquez vite qu'elle contient un tas de surprises. Cette page très simple illustre à elle seule les nombreuses raisons d'apprendre à utiliser JavaScript et AJAX.

- **Les boutons réagissent**. Peut-être êtes-vous en mesure de créer des éléments de formulaire (tels que des boutons ou des zones de texte) en HTML. Toutefois HTML ne peut rien faire avec les boutons et les zones de texte. Voilà pourquoi vous devez apprendre à utiliser un langage de programmation.

- **Un langage de programmation est nécessaire si vous voulez qu'il se passe quelque chose d'intéressant**. Chacun de ces boutons utilise JavaScript pour réaliser une tâche, mais le fait que la page soit désormais interactive constitue un énorme changement. JavaScript vous permet de créer des applications et pas seulement des pages.
- **Le bouton compteur modifie la page dynamiquement**. Lorsque vous cliquez sur le bouton compteur, un nouveau contenu est automatiquement ajouté à la page. Un programme compte le nombre de clics exercés sur le bouton compteur et ajoute du texte dans la fenêtre Observez cette zone. Au fur et à mesure que l'utilisateur interagit avec la page, elle se charge d'éléments qui n'étaient pas sur le serveur à l'origine.

  Bien sûr, cet exemple est simple mais vous serez bientôt capable d'ajouter tout type de texte de manière dynamique à n'importe quelle page Web. C'est une possibilité très puissante. La Figure 1.2 représente la page après plusieurs clics sur le bouton compteur.

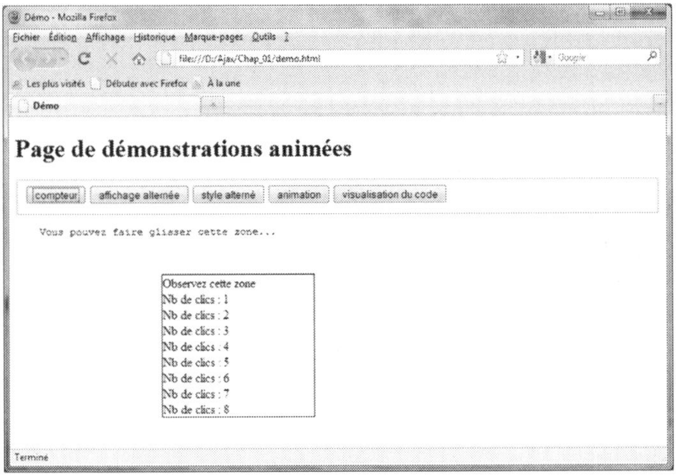

Figure 1.2 : Le bouton compteur modifie le texte dans une partie de la page.

- **Le bouton affichage alterné affiche et masque des éléments**. Le HTML ne permet pas de gérer l'affichage ou le masquage d'éléments. CSS le permet dans une certaine mesure, mais JavaScript vous fournit des outils bien plus puissants pour modifier à tout moment l'affichage de certaines parties de la page. Sur la Figure 1.3, la fenêtre de sortie est masquée.

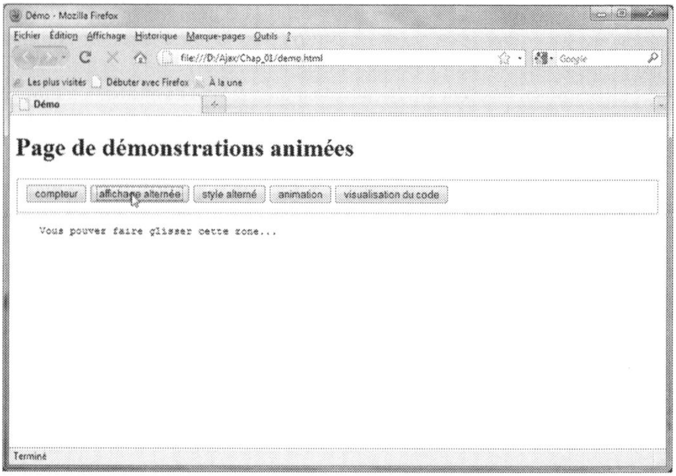

Figure 1.3 : Cliquez sur le bouton affichage alterné pour afficher la zone de sortie.

- **Le bouton style alterné modifie instantanément l'apparence d'une partie de la page**. Vous pouvez utiliser JavaScript pour modifier le contenu de n'importe quelle partie de la page (soit, le code HTML) mais aussi pour modifier l'apparence (CSS) en temps réel. Dans l'exemple, j'ai créé une classe CSS spécifique, nommée funky, qui apparaît ou disparaît de la fenêtre de sortie dès que l'utilisateur clique sur le bouton. Cela fonctionne avec n'importe quelle classe CSS. La Figure 1.4 représente la page à laquelle est appliquée la classe funky.

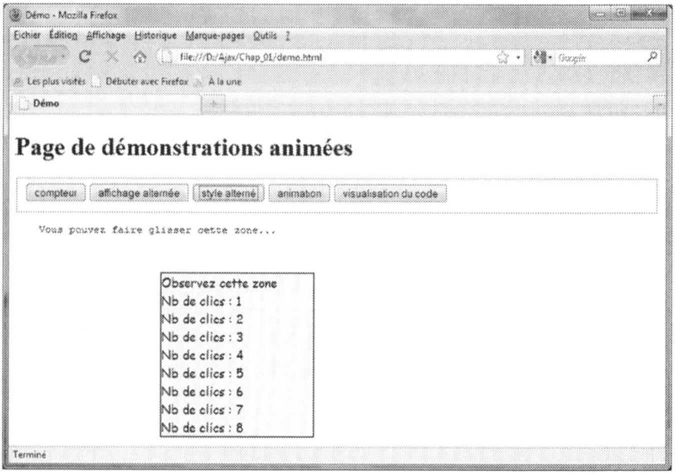

Figure 1.4 : Vous pouvez modifier dynamiquement l'apparence de tout élément de la page.

Les légendes ajoutées aux figures de ce chapitre servent à décrire l'action qui se passe. Notez que les figures de cet ouvrage ne suffisent pas pour comprendre ce que fait réellement la page. Rendez-vous sur le site Web des Éditions First à l'adresse http://www.editionsfirst.fr/telechargements/ à partir de laquelle vous pourrez télécharger le fichier ZIP contenant ce programme ainsi que tous les autres programmes et exemples cités dans ce livre.

- **Le bouton animation est encore plus drôle**. Le bouton animation effectue une série de modifications au niveau de la fenêtre de sortie. Il modifie sa taille, sa forme et son apparence. Testez-le, une simple capture d'écran n'est pas très représentative !
- **Le bouton visualisation du code insère du texte issu d'un fichier externe**. Ce bouton utilise une forme simple d'AJAX pour charger un fichier externe dans la page en temps réel. C'est un moyen simple pour créer des pages modulaires. Je vous propose justement une copie du code JavaScript pour vous montrer comment cela fonctionne. Ne vous inquiétez pas si vous ne saisissez pas tout. Ce livre est là pour vous guider ! La Figure 1.5 montre cette opération en action.

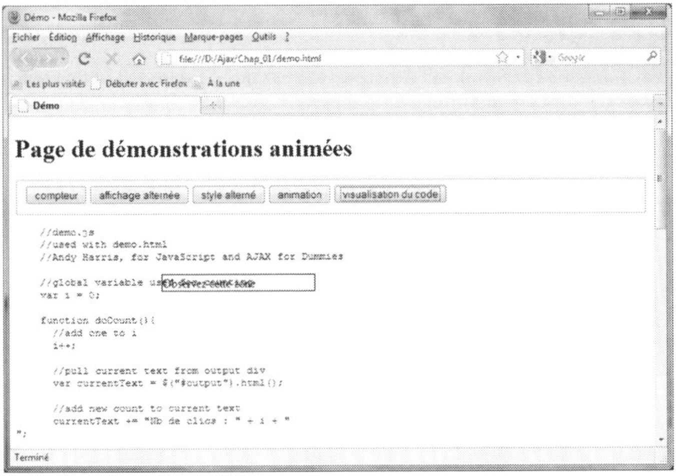

Figure 1.5 : Le bouton visualisation du code insère du code d'un autre fichier et l'affiche à l'écran.

- **Possibilité de déplacer le code**. L'utilisateur peut récupérer le code et le déplacer où bon lui semble. Voici une autre sorte de caractéristique unique dont ne disposent pas les pages Web standard.

TRUC

En principe, vous ne divulguez pas votre code aux utilisateurs. Je veux simplement montrer qu'il est facile d'insérer un fichier texte quelconque à partir d'un serveur. Maintenant que vous êtes programmeur, je vais vous montrer un aperçu du code et du fichier texte que j'ai inséré.

Ces possibilités sont riches et ce n'est que le début. Apprendre à programmer vous permet de transformer une page Web statique en une application vivante qui interagit avec vos utilisateurs.

TRUC

N'hésitez pas à consulter le code de ce projet. Il se trouve dans trois fichiers, demo.html, demo.css et demo.js, localisés dans le Chapitre 1 du site Web des Éditions First à l'adresse http://www.editionsfirst.fr/telechargements/. Cliquez sur la commande d'affichage du code source quand la page s'affiche dans votre navigateur pour consulter le code source du fichier HTML.

J'ai ajouté une série de commentaires dans le code pour vous aider à comprendre ce qui se passe. Pas de panique si vous ne saisissez pas toutes les subtilités. J'y reviendrai ultérieurement dans cet ouvrage.

C'est parti !

Créer ses propres pages semble plutôt amusant et ça l'est ! Néanmoins, il faut accumuler beaucoup de connaissances mais pas de panique, je suis là pour vous aider à surmonter les obstacles. La première étape consiste à revoir les technologies fondamentales sur lesquelles JavaScript et AJAX sont basés et à comprendre les liens qui les unissent à d'autres technologies (plus avancées) dont vous aurez besoin.

Aperçu des technologies fondamentales

Aussi puissants qu'ils soient, JavaScript et AJAX ne sont pas indépendants. Ils n'ont un sens que dans le contexte des pages Web puisqu'ils dépendent de différentes technologies Web. Pour créer une application JavaScript, vous avez besoin de plusieurs autres technologies :

- **HTML** : HTML (*HyperText Markup Language*) est le langage de balisage qui décrit les pages Web. C'est une technique relativement simple pour créer des sites Web, qui ne requiert rien d'autre qu'un simple éditeur de texte.
- **XHTML** : XHTML est souvent considéré comme le successeur de HTML. Comme il n'autorise pas certains types de balises,

XHTML est un langage plus compact, légèrement plus facile à utiliser. En principe, les pages XHTML dépendent plus du CSS que du HTML puisque de nombreuses balises HTML sont remplacées par des outils CSS.

- **CSS** : CSS (*Cascading Style Sheets*) est un moyen d'appliquer un style spécifique à une page HTML ou XHTML. HTML et XHTML définissent la structure générale et CSS décrit la couleur et la mise en forme.
- **JavaScript** : JavaScript est un langage de programmation intégré dans tous les navigateurs Web modernes. Il est spécialement conçu pour interagir avec les pages Web. Il s'utilise pour extraire des informations de certaines parties d'une page et pour manipuler la page en temps réel.
- **AJAX** : AJAX (*Asynchronous JavaScript And XML*) est une technique permettant à JavaScript de communiquer plus directement avec le serveur Web. Il crée une nouvelle connexion intéressante entre le navigateur Web et le serveur Web. Près de la moitié de cet ouvrage est dédiée à AJAX.
- **PHP** : PHP (*PHP Hypertext Preprocessor*) est l'un des principaux langages de travail avec un serveur Web. Même s'il ne concentre pas toute l'attention de ce livre, le langage PHP peut faire des choses irréalisables avec JavaScript. AJAX est souvent utilisé pour associer des applications JavaScript à des programmes PHP. Une courte présentation de PHP vous attend au Chapitre 14.
- **Java** : Java est un langage totalement différent de JavaScript (malgré la similitude des deux noms). Java est utile côté client et côté serveur dans la relation client-serveur. Cependant, j'ai choisi de ne pas m'y attarder dans ce livre.

TRUC

Lorsque vous recherchez une aide en ligne sur JavaScript, assurez-vous que vous parlez bien à des experts JavaScript et non à des programmeurs Java. Même si les deux langages portent des noms similaires, ils sont complètement différents. Les programmeurs Java ont tendance à se sentir supérieurs et vont vous charrier si vous posez une question concernant JavaScript sur un forum dédié à Java.

Votre ordinateur

Bien évidemment, il vous faut un ordinateur ; une machine toute simple fera l'affaire. Tout ordinateur permettant d'afficher des pages Web peut être utilisé pour en créer. Les principaux systèmes d'exploitation (Windows, Mac et Linux) font l'affaire. Je réalise mes travaux en combinant Linux (Fedora Core) et Windows XP. Toutefois, tous les programmes proposés dans ce livre fonctionnent de la même manière sur un ordinateur relativement moderne.

Au bout d'un moment, vous voudrez publier vos pages Web sur Internet. Même si vous pouvez installer un serveur sur votre ordinateur domestique, il est préférable d'utiliser un service d'hébergement en ligne. Il existe d'excellents services d'hébergement en ligne peu onéreux, voire gratuits. Si vous voulez que votre site Web porte un nom spécifique (par exemple, www.monsite.com), vous devrez payer environ 10 euros par an pour enregistrer le domaine. Les services d'hébergement utilisent souvent Linux, mais vous disposerez certainement d'une interface en ligne dont les détails seront masqués.

Posséder les bons outils facilite le travail. En matière de développement Web, la plupart des meilleurs outils logiciels sont disponibles gratuitement. Puisque ces outils sont des logiciels open-source (disponibles avec une licence qui encourage la distribution), les utiliser gratuitement est parfaitement légal, contrairement aux programmes commerciaux acquis avec des méthodes illicites.

Vous pouvez faire du développement Web basique sur tout ordinateur équipé d'un éditeur de texte et d'un navigateur. Plus vos compétences Web évolueront, plus vous voudrez utiliser des outils puissants. Continuez votre lecture pour découvrir des outils très intéressants et totalement gratuits.

Choisir un éditeur

Les pages Web, JavaScript, HTML et CSS sont des formes de texte. Vous n'avez besoin d'aucun programme spécifique pour les écrire. Néanmoins, posséder l'outil le plus approprié peut vous faciliter la tâche. Dans la mesure où vous allez passer beaucoup de temps avec vos outils Web, portez une attention particulière au choix de vos options.

Outils à éviter

Utiliser le mauvais outil peut vraiment vous compliquer la tâche. Voici quelques outils qui ne sont pas réellement adaptés au développement Web :

- **Microsoft Word** : les traitements de texte sont formidables (j'en utilise un pour rédiger ce livre) mais ils ne sont pas conçus pour la création de pages Web. Outre du texte, Word et tous les autres traitements de texte sauvegardent beaucoup d'informations dans leurs fichiers. Les fonctions de mise en forme sont idéales pour les documents non Web, mais HTML et CSS disposent de leurs propres outils de gestion de ces données. Même la commande Enregistrer en tant que page Web pose problème. Word enregistre la page au format HTML mais sa mise en forme est extrêmement inconfortable et difficile à utiliser. Les pages qui en résultent ne sont pas adaptées à JavaScript.

- **Bloc-notes** : c'est l'outil classique intégré dans la plupart des versions de Windows. Il sauvegarde des pages de texte brut. Le Bloc-notes est donc mieux adapté au développement Web que Word, mais il est trop simple pour envisager tout travail sérieux. Il manque de propriétés basiques telles que la numérotation de ligne et n'est pas capable de traiter plusieurs documents simultanément. Vous constaterez rapidement que le Bloc-notes n'est pas un outil de développement Web.
- **TextEdit** : l'éditeur de texte par défaut sur Mac est un outil très puissant, mais il ressemble plus à un traitement de texte qu'à un véritable éditeur de texte. Quand vous enregistrez un fichier HTML dans TextEdit, il n'est pas enregistré comme il devrait l'être : plutôt que de voir les résultats du code, vous verrez le code lui-même. Si vous voulez utiliser TextEdit pour HTML ou JavaScript, veillez à sélectionner Format>Convertir au format Texte avant d'enregistrer votre fichier.
- **Éditeurs graphiques** : certains éditeurs graphiques de pointe comme Adobe Photoshop, Adobe Fireworks et Gimp permettent également d'exporter en HTML, mais le code qu'ils produisent n'est pas facile à utiliser. Il vaut mieux utiliser ces programmes pour éditer vos images et opter pour un éditeur de texte adapté pour gérer votre code.

Utiliser un éditeur WYSIWYG

La promesse du WYSIWYG (*what you see is what you get*, tel écran, tel écrit) est très alléchante. Les programmes de traitement de texte ont cette qualité depuis des années. Quand vous affichez un document à l'écran, vous voyez exactement ce que vous obtiendrez sur papier. Certains outils promettent ce genre de fonctionnalités pour les pages Web : Adobe Dreamweaver est le plus connu, suivi de Microsoft FrontPage et de son successeur Expression Web. Même si ces outils sont réputés pour le développement Web standard, ils présentent quelques inconvénients lorsqu'il s'agit d'effectuer le type de travail interactif étudié dans cet ouvrage :

- **WYSIWYG ne tient pas ses promesses**. Le WYSIWYG se vérifie quand le résultat est un document papier imprimé sur une imprimante. Dans ce cas, il est possible de prévoir exactement le résultat. Les pages Web sont différentes parce que le résultat s'affiche sur un écran différent du vôtre. Vous ne connaissez pas sa taille, les couleurs qu'il prend en charge ou les polices qui y sont installées. Vous ignorez également le navigateur avec lequel l'utilisateur visualisera les pages. Or, tous ces détails influent sur le résultat.
- **L'éditeur masque des détails dont vous avez besoin**. Un éditeur plein écran tente de vous épargner certains détails du développement Web. Au départ, c'est plutôt agréable, mais au bout d'un certain temps, il est préférable de pouvoir contrôler tous les détails. Beaucoup de professionnels qui utilisent Dreamweaver passent le plus clair de leur temps en mode Code en se passant des avantages d'un éditeur plein écran. Pourquoi payer pour des fonctions que vous n'utilisez pas ?
- **Les éditeurs plein écran prennent en charge les documents statiques**. Un éditeur plein écran part du principe qu'une page Web est un document standard. Les pages que je crée dans ce livre sont bien plus que ça. Par exemple, vous serez amené à écrire du code qui crée et modifie des documents Web à la volée. Vous devez donc apprendre à créer des documents Web manuellement pour pouvoir écrire le code qui les crée et les modifie dynamiquement.

Initiation aux éditeurs pour programmeur

Un grand nombre d'éditeurs spécialisés ont fait leur apparition pour combler le fossé qui existe entre les éditeurs de texte brut et les outils WYSIWYG. Ces éditeurs codent en texte brut mais ils disposent de fonctionnalités supplémentaires pour les programmeurs, notamment :

- **La reconnaissance du langage** : souvent, les éditeurs pour programmeur reconnaissent le langage utilisé pour coder, s'y adaptent et vous proposent leur aide, que le code soit écrit en HTML, JavaScript ou CSS. La plupart des éditeurs pour programmeur universels maîtrisent ces langages nativement et peuvent même vous fournir une aide pour d'autres langages.
- **La mise en évidence de la syntaxe** : les divers éléments sont colorés différemment pour distinguer facilement le texte brut,

les balises HTML, *etc.* Cette fonctionnalité simple est très utile pour détecter des problèmes tels que des guillemets manquants et pour visualiser rapidement la structure générale de votre page.

- **La prise en charge de la syntaxe** : les éditeurs pour programmeur offrent souvent une aide à la syntaxe pour votre langage. Ce support se présente sous forme de boutons ou de macros servant à manipuler le code, de modèles préécrits pour gérer les dispositions et les formes standard et de complétion de la syntaxe (l'éditeur surveille ce que vous saisissez et propose de compléter vos lignes de code, conformément au langage utilisé).
- **La prise en charge de plusieurs documents** : les applications Web avancées impliquent souvent l'édition simultanée de plusieurs documents différents. Il se peut que vous ayez une douzaine de pages Web avec quelques feuilles de style CSS et un ou deux fichiers JavaScript externes. Un éditeur pour programmeur vous permet de visualiser et d'éditer tous ces fichiers simultanément. Certains vous permettent même de créer un fichier projet pour enregistrer automatiquement tous les fichiers associés et les charger en une fois.
- **Des outils de macro** : la programmation exige souvent de répéter des saisies. Disposer d'une fonctionnalité qui enregistre et reproduit des séquences de frappes comme les macros (courtes opérations automatisées) peut être extrêmement utile.
- **Le débogage et la prévisualisation** : la plupart des éditeurs pour programmeur sont équipés d'un outil permettant de prévisualiser votre code dans un navigateur (ou directement dans l'éditeur). Souvent, ils disposent aussi d'outils qui prévoient certaines erreurs ou répondent aux erreurs quand elles se produisent. Il faut, au minimum, pouvoir directement accéder à une ligne ou une section particulière de votre code.
- **La prise en charge de l'indentation** : de nombreux programmeurs utilisent l'indentation comme un outil leur permettant de comprendre la structure des documents Web qu'ils créent. Un bon éditeur doit proposer l'indentation et vous aider à détecter les erreurs que vous avez commises dans la structure de votre document.

Se familiariser avec certains éditeurs importants

Plusieurs éditeurs pour programmeur me viennent immédiatement à l'esprit. Je vous conseille de tester l'un ou l'autre de ces programmes gratuits :

- **vi et emacs** : voici les ancêtres de tous les éditeurs de texte. Ils sont très répandus dans les environnements Unix/Linux, mais sont également disponibles pour Windows et Mac. Bien qu'ils soient très performants, les éditeurs vi et emacs ont été développés à une époque où les idées modernes sur le confort et la facilité d'utilisation n'étaient pas d'actualité. Si vous maîtrisez l'un de ces outils, testez une version moderne. J'avoue que j'utilise encore emacs comme éditeur de texte principal. Si je ne le connaissais pas, je ne me lancerais pas dans son apprentissage vu tous les outils beaucoup plus simples qui existent aujourd'hui. La Figure 1.6 représente une page Web éditée avec emacs.

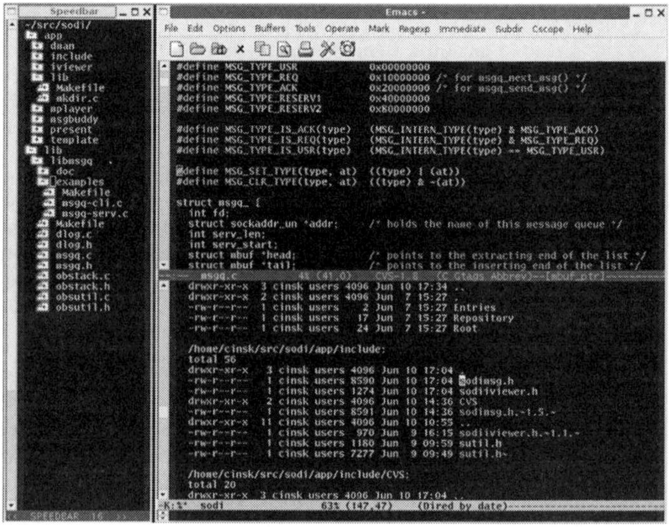

Figure 1.6 : emacs n'est pas esthétique mais très performant. Utilisez-le seulement pour gagner des " points geek ".

- **notepad++** : voici exactement ce que devrait être le Bloc-notes de Windows. Il démarre avec la vitesse et la simplicité du Bloc-notes Windows, mais dispose d'un tas de fonctionnalités supplémentaires pour les programmeurs. La prise en charge intégrée de la validation du code est très appréciable. C'est l'un des rares programmes disposant d'un raccourci permanent sur mon Bureau. Malheureusement, il est réservé à Windows. La Figure 1.7 montre la même page, éditée avec notepad++.

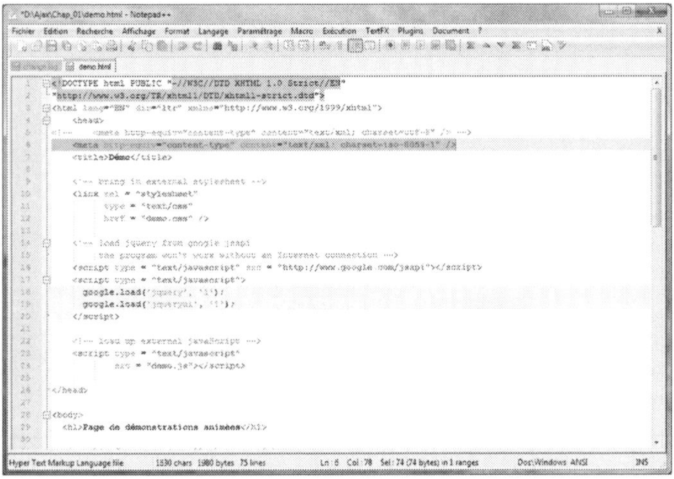

Figure 1.7 : notepad++ s'avère être une alternative très performante au Bloc-notes.

- **Bluefish** : l'éditeur de texte Bluefish s'est vite imposé comme l'outil préféré des développeurs Web. Il est rapide et puissant et possède de nombreuses fonctionnalités intéressantes. Un de ces outils particulièrement performants est le générateur CSS qui vous aide à développer des feuilles de style avec un système de menus qui vous épargnent la mémorisation de syntaxe. Il est également équipé d'un programme puissant pour les modèles par défaut qui simplifie la création des pages Web strictement XHTML. Bluefish est compatible avec les principales plateformes (pour Windows, il faut installer la bibliothèque GTK gratuite). Observez Bluefish en action sur la Figure 1.8.
- **jEdit** : cet éditeur, écrit en Java, est disponible sur la plupart des plateformes. Il est très puissant dans son format standard, mais son meilleur outil est la bibliothèque évolutive qui vous permet de le personnaliser en fonction de vos besoins. Si vous installez la bibliothèque XML gratuite, jEdit propose un support incroyable pour HTML et XHTML. La Figure 1.9 montre le programme édité avec jEdit.
- **codetch** : cet éditeur est unique parce qu'il n'est pas un éditeur autonome mais une extension du célèbre navigateur Firefox. Il dispose des mêmes fonctionnalités que les autres éditeurs, avec l'avantage d'être intégré à votre navigateur. Il n'est pas aussi

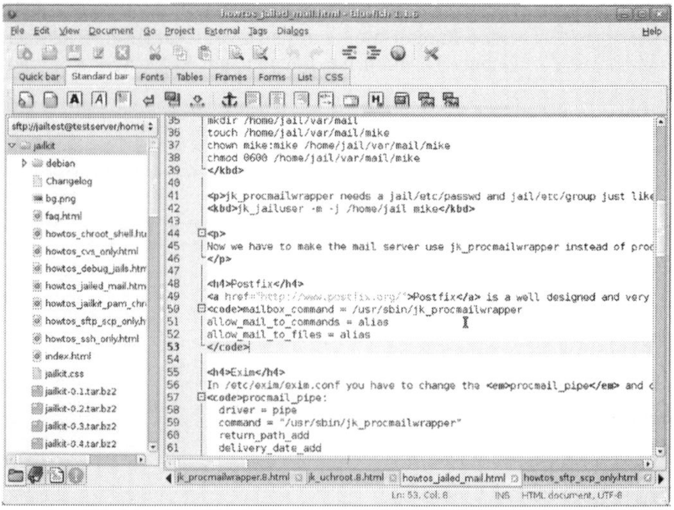

Figure 1.8 : Bluefish est un excellent éditeur pour XHTML et JavaScript.

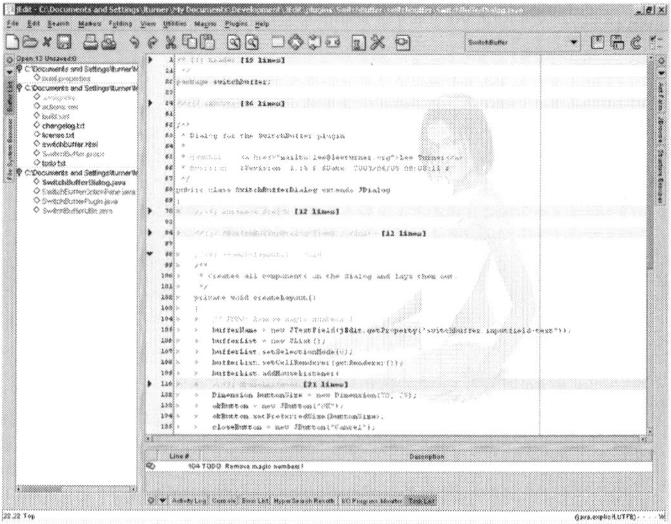

Figure 1.9 : jEdit est un éditeur rapide et performant, écrit en Java.

configurable que certains autres outils, mais il est extrêmement confortable. La Figure 1.10 représente codetch en action.

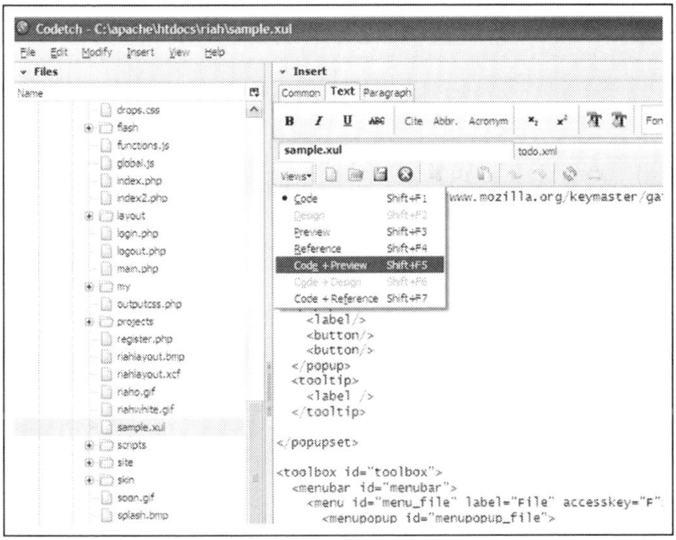

Figure 1.10 : L'extension codetch pour Firefox est un éditeur Web complet.

Initiation à Aptana

Un éditeur pour programmeur a réellement conquis l'univers du développement Web ces dernières années. Aptana est un éditeur pour programmeur polyvalent, basé sur le célèbre éditeur Eclipse pour la programmation Java. Aptana présente de nombreux avantages :

- **Support évolutif intégré pour les langages Web** : Aptana sort du lot avec son support pour HTML/XHTML, CSS, JavaScript et AJAX.
- **Mise en évidence de la syntaxe** : la majorité des éditeurs pour programmeur appliquent la mise en évidence de la syntaxe mais Aptana est particulièrement performant dans ce domaine. Il arrive de devoir traiter un même document physique avec trois langages actifs ou plus. Aptana est en mesure de détecter, en fonction du contexte, si vous écrivez du code CSS, XHTML ou JavaScript.
- **Complétion du code** : c'est l'une des fonctionnalités les plus impressionnantes d'Aptana. Quand vous commencez à écrire une ligne de code, Aptana ouvre un menu de suggestions. Il vous

aide à éviter les erreurs et vous épargne la mémorisation des divers attributs CSS et commandes JavaScript.

- **Détection des erreurs** : Aptana peut examiner votre document pendant que vous le créez et mettre simultanément certaines erreurs en évidence. Cette fonctionnalité vous aide à écrire un meilleur code et à améliorer vos compétences en programmation.
- **Prise en charge d'AJAX** : AJAX est une technologie relativement récente que beaucoup d'éditeurs ne prennent pas directement en charge. Aptana dispose d'un grand nombre de fonctionnalités qui vous aident à utiliser AJAX, notamment le support de ses principales bibliothèques.

Aptana est totalement gratuit ; vous pouvez le télécharger à l'adresse suivante : http://www.aptana.org/. La Figure 1.11 représente Aptana en action.

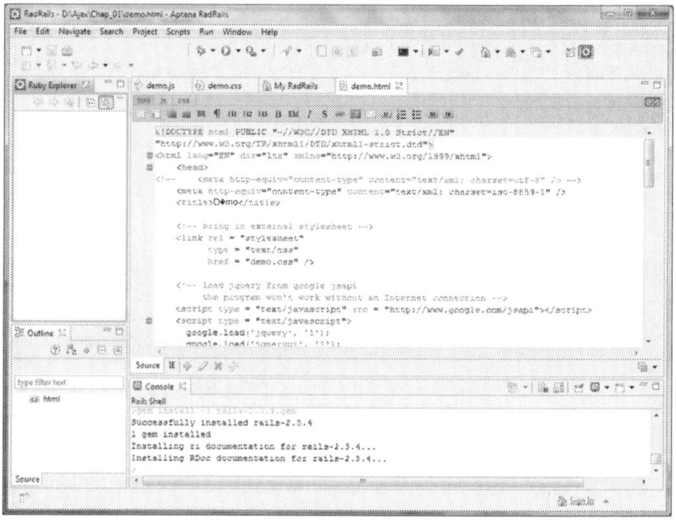

Figure 1.11 : Aptana est certainement le meilleur éditeur Web disponible.

Ma configuration privée varie en fonction des machines : j'utilise principalement Aptana pour la programmation lourde et notepad++ en tant qu'éditeur rapide sous Windows, mais aussi emacs en tant qu'éditeur de texte basique sur Linux ou Mac. À vous de choisir votre éditeur préféré quand vous aurez plus d'expérience en programmation ; tous ces éditeurs sont gratuits !

Collection de navigateurs

Les pages Web vivent dans le contexte des navigateurs Web. Chaque navigateur interprète HTML et CSS de façon légèrement différente et cette différence est nettement plus marquée lorsqu'il s'agit de JavaScript et AJAX. Les différences subtiles (qui ne le sont pas toujours) dans la manière dont les navigateurs prennent en charge votre code peuvent être primordiales.

Respect des standards

Chaque navigateur affiche les pages Web à sa manière. Même si ces affichages sont quasiment identiques, les différences peuvent poser problème. Pire encore, il se peut que vous écriviez du code JavaScript avant de constater que chaque navigateur possède sa propre interprétation du code. Dans ce cas, c'est le désordre le plus complet !

Heureusement, il y a eu ces dernières années un gros élan vers la standardisation. Les différents développeurs de navigateur se sont rencontrés et se sont entendus sur plusieurs standards développés par un organisme central nommé World Wide Web Consortium (W3C). Lorsqu'un navigateur implémente JavaScript, il accepte (théoriquement, au minimum) d'adhérer à une série de recommandations. Tant que votre code respecte les mêmes standards, vous pouvez vous attendre à ce que tout fonctionne bien.

TRUC

Dans cet ouvrage, j'ai respecté les standards JavaScript agréés et utilisés par la plupart des développeurs. Tout le code publié dans ce livre est testé sur IE7 et IE8 pour Windows, Firefox 3 pour Windows et Firefox 3 pour Linux. Dès que le code est susceptible de causer des problèmes de navigateur, j'essaie de l'expliquer.

Choisir un ou deux navigateurs

Voici une liste de quelques navigateurs qu'il faut connaître :

- **Anciens navigateurs** : vous trouverez un tas d'anciens navigateurs encore utilisés sur Internet. Certaines personnes continuent d'utiliser le navigateur installé sur leur machine depuis des années, sans jamais faire de mise à jour. Les navigateurs antérieurs à IE6 ou Firefox posent vraiment problème parce que la prise en charge des standards Web et de JavaScript était très chaotique à l'origine du Web. Pour nos travaux de programmation, j'estime que vos utilisateurs seront équipés d'un navigateur relativement moderne.

AJAX ne fonctionnera pas sur des navigateurs très anciens.

- **Microsoft Internet Explorer 6** : c'est un navigateur très couramment utilisé. Il y a quelque temps, il a même été le navigateur dominant sur Internet mais a perdu du terrain ces dernières années pour laisser place à de nouvelles offres de Microsoft et de ses concurrents Firefox et Opera. Ce navigateur est réputé pour une série de " fonctionnalités " qui ne respectent pas les standards. Son utilisation décline, mais il faut le prendre en compte car de nombreux utilisateurs s'en servent encore.

- **Firefox** : le navigateur Firefox de Mozilla a relancé la " guerre des navigateurs " en proposant une vraie concurrence à Microsoft. Firefox a véritablement fait impression avec ses fonctionnalités stupéfiantes : navigation par onglets, sécurité améliorée et recherche intégrée. Pour les développeurs, Firefox était l'un des premiers navigateurs à respecter sérieusement les standards Web. Ils apprécient tout particulièrement Firefox pour ses possibilités d'extensions qui permettent aux programmeurs de transformer Firefox en un outil de développement très puissant. Rendez-vous à la section suivante de ce chapitre pour découvrir les extensions de Firefox.

- **Microsoft Internet Explorer 7 et 8** : IE7 peut être considéré comme un hommage à Firefox car il possède beaucoup de fonctionnalités similaires. IE8 est sorti pendant l'écriture de ce livre et propose quelques petites améliorations. Bien que la prise en charge des standards ne soit pas aussi complète dans IE7 et IE8 qu'elle l'est dans certains autres navigateurs, ils sont bien meilleurs que les versions antérieures d'IE.

- **Opera** : Opera est un navigateur important parce qu'il a été l'un des premiers navigateurs à respecter activement les standards Web. Il est très populaire dans certains milieux, mais n'a jamais connu une célébrité étendue. Comme il respecte les standards Web, il est en mesure d'exécuter tout code écrit pour un navigateur conforme aux standards.

- **Safari** : Safari est le navigateur Web livré avec Mac OS. C'est un navigateur conforme aux standards, très performant, qui existe désormais en version Windows. Le navigateur Web intégré dans l'iPhone utilise le même moteur que Safari. Cette considération est très importante si vous créez des applications pour des appareils mobiles.

- **Chrome** : ce navigateur plus récent a été créé par Google. Il est parfaitement conforme aux standards et particulièrement performant pour traiter JavaScript et AJAX. Ce n'est pas surprenant quand on sait que Google est l'une des sociétés pionnières pour l'utilisation d'AJAX et promeut activement son utilisation. Chrome dispose de l'un des interpréteurs JavaScript les plus rapides.

- **Autres navigateurs** : il existe beaucoup d'autres navigateurs utilisés aujourd'hui, notamment des navigateurs spécialisés dans les différentes versions de Linux, téléphones portables et PDA. C'est pratiquement impossible de tous les prendre en charge, mais beaucoup de navigateurs tentent au moins de respecter les standards Web.

TRUC

Je préfère effectuer mes tests avec Firefox 3 car il dispose d'une excellente prise en charge des standards et d'outils puissants pour améliorer et déboguer le code. Ensuite, je vérifie mes pages avec d'autres navigateurs, notamment IE6, IE7, IE8 et Chrome.

Transformer Firefox en une machine de développement

Firefox est un navigateur particulièrement important pour les développeurs Web. Il propose un grand nombre de fonctionnalités intéressantes, notamment son excellente prise en charge des standards en HTML et JavaScript. Toutefois, le principal avantage de Firefox en tant qu'outil de développeur est sa prise en charge des extensions. Certains navigateurs commerciaux gardent leur code top secret et sont difficiles à faire évoluer. Dès le départ, Firefox a été conçu pour être évolutif et quelques programmeurs très doués ont créé des extensions incroyables. Certaines de ces extensions sont devenues des incontournables pour les développeurs Web :

Barre d'outils Web Developer

L'extension Web Developer de Chris Pederick est un outil incroyable. Il intègre dans Firefox une nouvelle barre d'outils avec de nombreuses fonctionnalités très utiles :

- **Éditer les CSS** : vous pouvez ouvrir une petite fenêtre et y saisir du code CSS. Les CSS s'appliquent simultanément pour vous montrer leur effet sur l'aperçu de la page.

- **Afficher l'outil de mesure** : cet outil très maniable vous permet de tirer une règle sur la page pour mesurer exactement les différents éléments. C'est très utile pour déboguer la mise en page Web.

- **Entourer les tableaux** : cet outil vous permet de comprendre une mise en page à base de tableaux. C'est un bon moyen de voir comment est créée une structure complexe, basée sur des tableaux.

  Il vaut mieux éviter les dispositions basées sur des tableaux, mais quelquefois vous êtes contraint de visualiser des pages d'autres utilisateurs.

- **Menu redimensionner** : cet outil vous propose un aperçu de votre page dans d'autres tailles standard. C'est très pratique quand vous créez une maquette.

- **Outils de validation** : Web Developer dispose de nombreux outils pratiques pour valider vos pages Web. Il propose des liens pour valider HTML et CSS ainsi que les principaux standards d'accessibilité.

Extension HTML Validator

Cette extension impressionnante confère à votre navigateur le même moteur de validation que celui utilisé par le W3C. Ce module envoie un rapport sur la validité de chaque page visualisée. Il affiche aussi des informations supplémentaires dans la page Source de Firefox, notamment des rapports sur les erreurs de validation (les informations de validation ne sont pas fournies par la page Source standard). Les indices pour corriger les erreurs sont une aide appréciable et un outil intéressant pour corriger automatiquement le code avec l'excellent programme HTML Tidy. HTML est la base de votre code JavaScript ; un HTML non valide crée une structure défectueuse. Avec HTML Validator, vous n'avez plus aucune raison de créer des pages non valides. La Figure 1.12 représente la fenêtre Source améliorée avec l'onglet dédié aux messages d'erreurs et les boutons pour corriger le code avec HTML Tidy.

Firebug

L'extension Firebug est l'un des outils les plus importants en développement Web. Elle transforme Firefox en un outil de débogage complet. Firebug présente plusieurs fonctionnalités très pratiques :

- **Fenêtre d'inspection** : cet outil vous permet de déplacer votre souris sur un élément quelconque de votre page et de visualiser simultanément, dans un autre panneau, le code qui est à l'origine de cette section. C'est un moyen très simple d'analyser et de déboguer les pages. Vous pouvez aussi avoir un aperçu

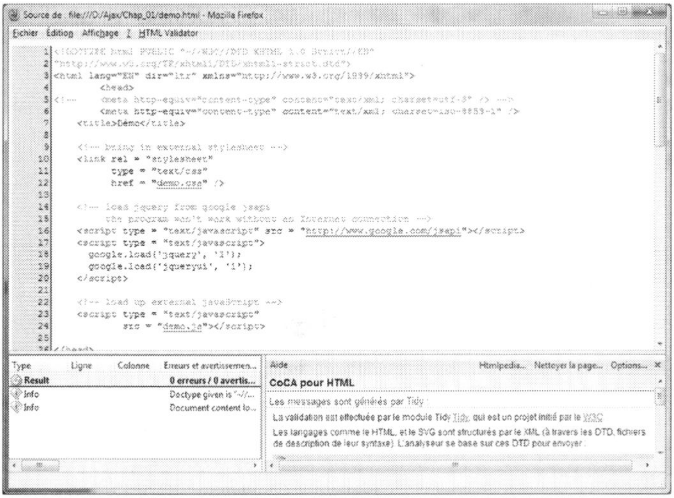

Figure 1.12 : L'extension HTML Validator complète la fenêtre Source avec des fonctionnalités utiles.

instantané de l'effet du CSS sur un petit segment de code et sélectionner du code pour visualiser la sortie correspondante.

- **Panneau CSS et bouton Éditer** : vous avez la possibilité d'examiner le CSS de votre page dans un panneau, d'avoir un aperçu des couleurs et d'éditer les valeurs. Ainsi vous observez les résultats en temps réel sur la page.
- **Profiler JavaScript** : même les professionnels font des erreurs et jusqu'à présent il y avait peu d'outils de débogage pour les programmeurs JavaScript. Firebug possède de meilleures techniques de détection des erreurs que les navigateurs et intègre un excellent débogueur capable de vous aider à trouver vos erreurs pendant que votre programme s'exécute.
- **Monitoring AJAX** : la programmation AJAX est basée sur une série de requêtes en entrée et en sortie du serveur. Firebug vous aide à garder la trace de ces requêtes et à observer le cheminement de vos données.
- **Vue du code en direct** : dans la plupart des navigateurs, le menu d'affichage du code source vous permet de visualiser le code tel qu'il est, issu du navigateur. Pour la programmation JavaScript, vous devez souvent modifier le code de la page à la volée. Firebug affiche la page telle qu'elle est réellement, même si elle a été modifiée avec JavaScript. Cette option est très utile.

- **Firebug lite** : c'est un dérivé de Firebug qui fonctionne dans IE et d'autres navigateurs. Il permet à tous les navigateurs de bénéficier de la puissance de Firebug.

La Figure 1.13 représente Firebug en mode inspection. Quand l'utilisateur déplace la souris sur une partie de la page, le segment de code correspondant s'affiche dans la fenêtre du code.

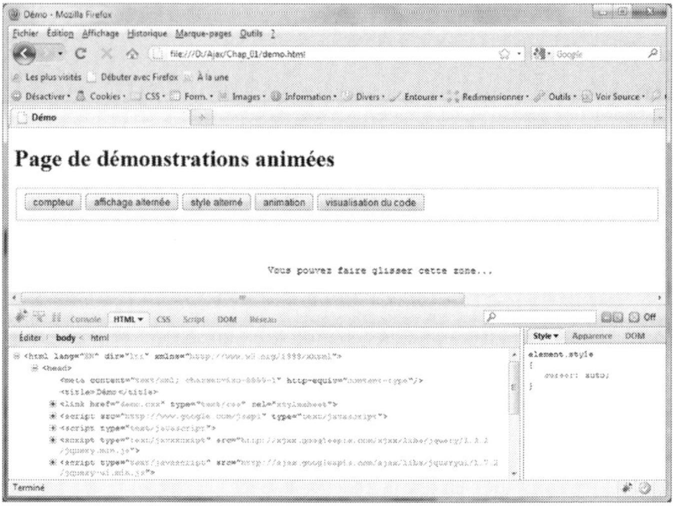

Figure 1.13 : Firebug inspecte une page Web.

Chapitre 2

Écrire un premier programme

Dans ce chapitre :

- Ajouter du code JavaScript dans une page.
- Définir l'environnement pour JavaScript.
- Créer des variables.
- Entrée et sortie avec des boîtes de dialogue modales.
- Utiliser la concaténation pour créer des données texte.
- Comprendre les types de données basiques.
- Utiliser les méthodes et propriétés des chaînes.
- Utiliser des fonctions de conversion.

Les pages Web commencent avec du code XHTML. Ce code basique fournit la structure et la feuille de style CSS l'agrémente. Pour faire littéralement chanter et danser vos pages, vous devrez d'abord apprendre un langage de programmation.

JavaScript est un langage réputé car il est conçu pour interagir avec les pages Web et il est déjà intégré dans la plupart des navigateurs Web. De plus, il est relativement simple à apprendre et très performant.

L'apprentissage d'un langage de programmation peut être intimidant, mais pas de panique. Programmer, ce n'est pas si compliqué ! Vous en ferez le constat dans ce chapitre et vous coderez bientôt comme un pro.

Devenir programmeur

JavaScript est un langage de programmation développé par Netscape communications. Il existe en standard sur presque tous les navigateurs. Voici quelques informations sur JavaScript :

- **JavaScript est un vrai langage de programmation**. Certaines personnes qui programment en d'autres langages tels que C++ et VB.NET se moquent de JavaScript et affirment que ce n'est pas un " vrai " langage de programmation car quelques fonctionnalités lui font défaut. Ces fonctionnalités (notamment la possibilité de communiquer avec le système de fichier local) ont été abandonnées pour garantir la sécurité de JavaScript. Des alternatives AJAX offrant un accès à ces fonctionnalités vous sont proposées dans la dernière partie de ce livre. JavaScript est un vrai langage, idéal pour s'initier à la programmation.
- **Rien à voir avec Java**. Il existe un autre langage de programmation nommé Java (sans la partie *script*) également utilisé pour la programmation Web. JavaScript et Java sont deux langages totalement différents (malgré la similitude de leur nom). Évitez de poser des questions concernant JavaScript sur un forum dédié à Java ; les programmeurs en Java ont tendance à être présomptueux et à se sentir supérieurs. Il n'y a pas de raison : je programme en Java et après tout, ce n'est qu'un langage !
- **JavaScript est un langage de script**. JavaScript est un langage relativement facile à apprendre. Il n'est pas aussi strict que d'autres langages (clin d'œil à Java) et est nettement moins contraignant (il est plus souple quant au type de données). Cela permet de se concentrer davantage sur la résolution des problèmes que sur la précision avec laquelle le code est écrit. Comme il s'agit d'un langage de programmation, il y a quelques règles à respecter. Cependant, les langages de script tels que JavaScript ont tendance à être nettement plus cléments avec les débutants que les grands monstres de la programmation.

Choisir un éditeur JavaScript

JavaScript (tout comme XHTML et CSS) n'est que du texte. Vous pouvez modifier votre code JavaScript dans le même éditeur que celui utilisé pour XHTML et CSS. Si vous avez déjà utilisé Aptana (cité dans le Chapitre 1) et que vous l'avez apprécié, désormais vous allez l'adorer. Bien sûr, libre à vous d'utiliser un autre éditeur.

JavaScript est un langage totalement différent et utilise une syntaxe différente de celle d'HTML et CSS. Son apprentissage n'est pas difficile, mais il y a beaucoup à apprendre, comme dans tout langage de programmation. Aptana possède des fonctionnalités très intéressantes qui vous aident à écrire le code JavaScript :

- **Mise en évidence de la syntaxe** : tout comme pour HTML et CSS, Aptana colore automatiquement le code pour vous aider à comprendre ce qu'il se passe dans votre programme. Dans la suite de ce chapitre, vous constaterez rapidement que la mise en évidence de la syntaxe est très pratique quand les choses se corsent.
- **Complétion du code** : lorsque vous saisissez le nom d'un objet, Aptana vous propose une liste de complétions possibles. Ce peut être une aide précieuse car ainsi vous n'avez pas besoin de mémoriser tous les détails des différentes fonctions et commandes.
- **Fichiers d'aide** : la page My Aptana (disponible dans le menu Fichier) propose des liens vers des pages d'aide pour HTML, CSS et JavaScript. La documentation est plus agréable à lire que ce que vous pourrez trouver sur le Web.
- **Aide intégrée** : quand vous placez le pointeur de la souris sur une commande ou une méthode JavaScript, une petite fenêtre texte s'ouvre et explique comment cela fonctionne. Très souvent, cette fenêtre comporte un ou deux exemples.
- **Signalisation des erreurs** : quand Aptana détecte une erreur, il tente de vous le faire savoir et trace une ligne ondulée rouge (semblable à celle du correcteur orthographique) sous le code suspect.

Je ne connais pas de meilleur éditeur JavaScript ! En plus, Aptana est gratuit, donc vous n'avez aucune raison d'utiliser un autre éditeur. Bien sûr, vous êtes libre d'utiliser l'éditeur de texte de votre choix si ces fonctionnalités ne vous intéressent pas.

J'ai noté une fonctionnalité étrange dans Aptana : l'onglet Preview n'est pas aussi fiable pour vérifier le code JavaScript qu'il ne l'est pour XHTML et CSS. C'est pourquoi je préfère exécuter le code directement dans mon navigateur ou utiliser le bouton Run pour qu'Aptana l'exécute dans le navigateur externe.

Choisir le navigateur test

En plus de votre éditeur, vous devez aussi choisir votre navigateur. Pour faire le bon choix, observez sa manière de travailler quand vous testez du code JavaScript.

Les principaux navigateurs prennent en charge JavaScript et travaillent plus ou moins de la même manière. Cependant, tous les navigateurs ne sont pas égaux quand il s'agit de tester du code.

TRUC

Tout se complique quand vous écrivez du code JavaScript et que votre navigateur doit vous signaler vos erreurs. Firefox est plus performant qu'IE pour rapporter les erreurs. Les erreurs Firefox sont plus simples à déchiffrer et à comprendre et Firefox offre une fonctionnalité nommée *console JavaScript* (décrite au Chapitre 4) qui simplifie tout. Dans la mesure du possible, utilisez Firefox pour tester votre code, puis contrôler les différences dans IE.

Le Chapitre 4 se concentre sur la recherche et la détection des erreurs. Vous y trouverez des conseils sur quelques outils Firefox et Aptana qui facilitent le travail.

Assez d'introduction ! Démarrez votre éditeur et commencez à écrire un vrai programme. C'est très simple de se lancer. La base de tout programme JavaScript est une page Web standard.

Ajouter du script dans une page

Le contexte des programmes JavaScript est une page Web. Alors débutez votre aventure JavaScript en ajoutant du contenu dans une page Web basique. Si XHTML et CSS (les langages utilisés pour le développement Web basique) ne vous sont pas familiers, consultez un ouvrage de référence tel que *HTML pour les nuls.*

Ajouter du code JavaScript dans une page est très simple. La Figure 2.1 représente le premier programme utilisé dans tout langage de programmation.

Cette page contient un programme JavaScript très simple qui affiche la phrase "Hello, World!" dans un élément spécifique appelé boîte de dialogue. Bravo !

Voici un aperçu du code. Je vais vous expliquer tous les détails pas à pas.

Pourquoi Hello, World ?

Une longue tradition en langage de programmation veut que le premier programme dise simplement " Hello, World ! " et ne fasse rien d'autre. En fait, cette habitude s'explique par une très bonne raison pratique. Hello World est le programme le plus simple à écrire et dont le fonctionnement est facile à prouver. Le programme Hello World est utilisé pour vous aider à comprendre les mécanismes de l'environnement de programmation, c'est-à-dire comment le programme est écrit, quelles étapes vous devez respecter pour exécuter le code et comment cela fonctionne. Il n'y a donc aucun intérêt à créer un programme plus complexe avant de savoir comment faire pour que le code ouvre une fenêtre et dise bonjour.

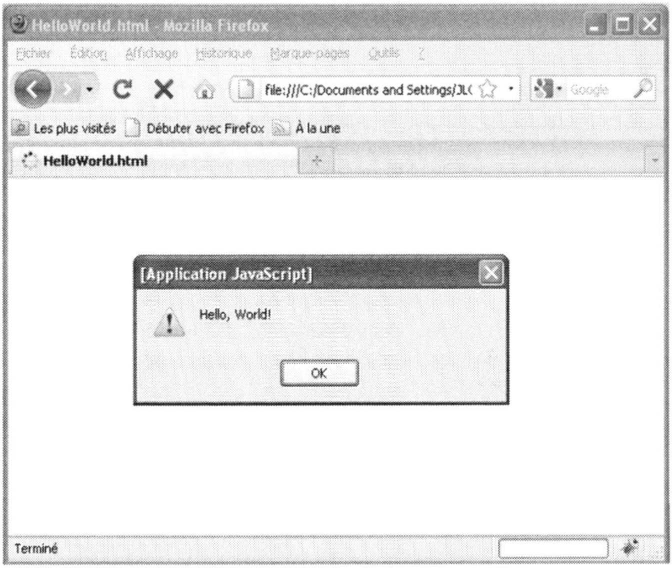

Figure 2.1 : Le programme JavaScript a généré l'ouverture de cette petite boîte de dialogue !

```
<!DOCTYPE html PUBLIC "-//W3C//DTD XHTML 1.0 Strict//EN"
"http://www.w3.org/TR/xhtml1/DTD/xhtml1-strict.dtd">
<html lang="EN" dir="ltr" xmlns="http://www.w3.org/1999/xhtml">
  <head>
    <meta http-equiv="content-type" content="text/xml;
        charset=iso-8859-1" />
    <title>HelloWorld.html</title>
    <script type = "text/javascript">
```

```
        //<![CDATA[
          // Hello, world!
          alert("Hello, World!");
        //]]>
      </script>
    </head>

    <body>

    </body>
  </html>
```

Comme vous pouvez le constater, il n'y a dans cette page absolument rien dans le corps HTML. Vous pouvez (et allez) intégrer JavaScript avec du contenu XHTML plus tard. Pour l'instant, vous pouvez simplement placer du code JavaScript dans l'en-tête de votre page Web, dans une balise spécifique et le faire fonctionner.

Insérer du code JavaScript

Le code JavaScript est intégré dans votre page à l'aide de la balise `<script>`. Le code JavaScript se place entre la paire `<script></script>`. L'attribut de la balise `<script>` indique le type de langage. En principe, il s'agit de `text/javascript`. D'autres types sont possibles, mais ils sont rarement utilisés.

L'autre élément étrange dans le code précédemment proposé est CDATA. À l'intérieur de la balise `<script>`, la ligne suivant le type de langage est :

```
//<![CDATA[
```

Cette ligne bizarre est un marqueur spécial qui indique que le code qui suit correspond à des données et ne doit pas être interprété comme du XHTML. La fin du script est marquée par :

```
//]]>
```

Dans les navigateurs modernes, mieux vaut marquer votre code JavaScript comme s'il s'agissait de données. Si vous ne le faites pas, le validateur XHTML peut s'embrouiller et pointer des erreurs qui n'en sont pas.

La balise `CDATA` peut sembler bizarre. Je sais qu'elle est difficile à mémoriser mais tapez-la quelques fois et vous allez l'adopter !

TRUC

De nombreux livres et sites Web vieillissants ne mentionnent pas l'astuce de `CDATA`, mais cela vaut le coup de la maîtriser. Vous avez fourni trop d'efforts dans la création de pages conformes aux standards pour que des messages d'erreur injustifiés s'ouvrent parce que le navigateur interprète votre JavaScript comme du XHTML mal structuré.

Créer des commentaires

Il est important d'inclure des commentaires JavaScript, comme avec XHTML et CSS. Dans la mesure où le code de programmation peut être plus difficile à déchiffrer que XHTML ou CSS, il est encore plus important de commenter votre code JavaScript que ça ne l'est dans les deux autres environnements. Dans le JavaScript, le caractère de commentaire correspond à deux barres obliques (//). Le navigateur ignore tout ce qui se trouve entre les deux barres obliques et la fin de la ligne. Vous pouvez aussi utiliser un commentaire multiligne (/* */), comme celui utilisé en CSS.

Utiliser la méthode alert() pour la sortie

Il existe plusieurs méthodes pour sortir des données en JavaScript. Dans cet exemple, j'utilise la méthode `alert()`. Cette méthode affiche une petite boîte de dialogue contenant du texte destiné à l'utilisateur. La boîte d'alerte est un exemple de boîte de *dialogue modale*. Les boîtes de dialogue modales interrompent le flux du programme jusqu'à ce que l'utilisateur y prête attention. Il ne se passe rien dans le programme tant que l'utilisateur ne clique pas sur le bouton OK de la boîte de dialogue. L'utilisateur ne peut pas interagir avec la page tant qu'il ne clique pas sur le bouton.

Les boîtes de dialogue modales peuvent paraître plutôt grossières. En fait, vous ne les utiliserez pas très souvent quand vous aurez appris d'autres techniques d'entrée et de sortie. Le fait que la boîte de dialogue demande l'attention de l'utilisateur en fait un outil facile à utiliser pour les débutants en programmation. Quand vous maîtriserez les idées fondamentales de la programmation, je vous montrerai des méthodes plus élégantes pour communiquer avec votre page Web.

Ajouter le point-virgule

Toute commande JavaScript se termine par un point-virgule (;). Dans la plupart des langages de programmation, le point-virgule agit comme le point en français : il indique la fin d'une pensée logique. En principe, chaque ligne de code correspond à une ligne dans l'éditeur de texte.

À vrai dire, JavaScript fonctionne aussi sans points-virgules, mais il est préférable de les ajouter pour que tout soit bien clair. En outre, la plupart des autres langages (comme PHP présenté dans le Chapitre 14) exigent des points-virgules. Alors, autant prendre les bonnes habitudes dès maintenant.

S'initier aux variables

Les programmes informatiques tirent leur puissance de leur travail avec l'information. La Figure 2.2 montre un programme qui reçoit une information de l'utilisateur et l'utilise dans un message d'accueil personnalisé.

Figure 2.2 : Le programme demande le nom de l'utilisateur.

Ce programme introduit un nouveau type de boîte de dialogue qui permet à l'utilisateur d'entrer des données. L'information est enregistrée dans le programme pour être utilisée ultérieurement. La partie supérieure de la Figure 2.3 représente la première partie de la réponse. L'utilisateur doit alors cliquer sur OK pour obtenir la suite du message d'accueil dans une seconde boîte de dialogue, comme le montre la partie inférieure de la Figure 2.3.

La sortie n'a rien de surprenant, mais jetez un œil au code source pour voir ce qu'il se passe :

```
<!DOCTYPE html PUBLIC "-//W3C//DTD XHTML 1.0 Strict//EN"
"http://www.w3.org/TR/xhtml1/DTD/xhtml1-strict.dtd">
<html lang="EN" dir="ltr" xmlns="http://www.w3.org/1999/xhtml">
  <head>
    <meta http-equiv="content-type" content="text/xml;
       charset=iso-8859-1" />
    <title>prompt.html</title>
    <script type = "text/javascript">
      //<![CDATA[

      var person = "";
      person = prompt("Quel est votre prénom ?");
```

```
        alert("Bonjour");
        alert(person);

        //]]>
      </script>
    </head>

    <body>

    </body>
  </html>
```

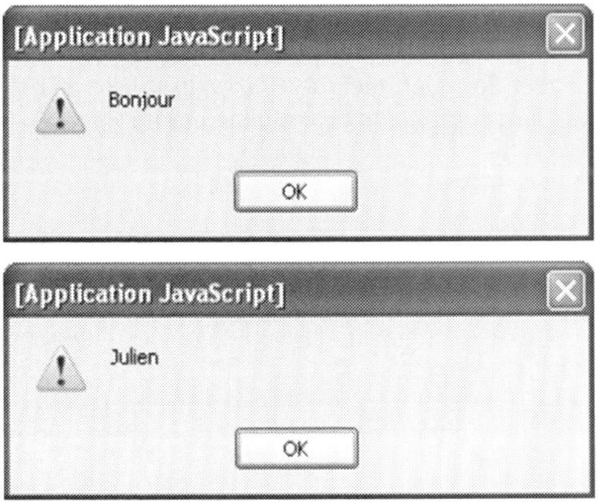

Figure 2.3 : Une double boîte de dialogue répond à l'entrée de l'utilisateur.

Créer une variable pour la sauvegarde des données

Ce programme est intéressant car il permet à l'utilisateur d'interagir. Il peut entrer un prénom qui est enregistré dans la machine puis renvoyer dans un message. La clé de ce programme est un élément spécifique nommé *variable*. Les variables sont simplement des espaces mémoire dédiés au stockage des données. Dès que vous voulez qu'un programme informatique " se souvienne " de quelque chose, vous pouvez créer une variable et y enregistrer vos informations.

Les variables présentent les caractéristiques suivantes :

- **L'instruction** `var`. Elle indique que vous créez une variable avec la commande var.

- **Un nom**. Lorsque vous créez une variable, vous devez lui attribuer un nom.
- **Une valeur initiale**. Il est utile d'affecter immédiatement une valeur à chaque variable.
- **Un type de données**. JavaScript détermine automatiquement le type de données dans une variable (plus d'infos ultérieurement), mais il vaut mieux savoir clairement quel type de données chaque variable doit contenir.

Demander des informations à l'utilisateur

Les variables sont plus intéressantes quand elles contiennent des informations. JavaScript dispose d'un outil très simple appelé le prompt qui vous permet de poser une question et de stocker la réponse dans une variable. Voici la ligne du programme prompt.html :

```
person = prompt("Quel est votre prénom ?");
```

L'instruction `prompt` réalise plusieurs actions intéressantes :

- **Elle ouvre une boîte de dialogue**. La méthode `prompt()` crée une boîte de dialogue modale, tout comme la méthode `alert` citée précédemment.
- **Elle pose une question**. La commande `prompt` vous permet de poser une question à l'utilisateur.
- **Elle fournit une zone pour la réponse**. Dans la boîte de dialogue, l'utilisateur dispose d'une zone pour saisir sa réponse et de boutons pour indiquer s'il a terminé ou s'il annule l'opération.
- **Elle transmet les informations à la variable**. L'objectif d'une commande `prompt` est d'obtenir des données de l'utilisateur. C'est pourquoi les prompts sont presque toujours associés à une variable. Quand le code est fini, la variable contient la valeur indiquée.

Répondre à l'utilisateur

Ce programme utilise la méthode `alert()` pour envoyer un message d'accueil à l'utilisateur. La première instruction `alert` fonctionne comme celle du programme hello World :

```
alert("Bonjour");
```

Le contenu entre parenthèses correspond au texte destiné à l'utilisateur. Dans ce cas, vous souhaitez que l'utilisateur lise la valeur littérale Bonjour

La seconde instruction `alert` est légèrement différente :

```
alert(person);
```

Cette instruction `alert` présente un paramètre sans guillemets. Puisqu'il n'y a pas de guillemets, JavaScript comprend que vous ne voulez pas citer le texte " person ". En revanche, il recherche une variable nommée `person` et renvoie la valeur de cette variable.

La variable peut prendre n'importe quelle valeur, la stocker et renvoyer un message personnalisé.

Utiliser la concaténation pour améliorer le message d'accueil

C'est un peu encombrant d'avoir le message d'accueil et le prénom de la personne dans deux boîtes de dialogue. La Figure 2.4 propose une meilleure solution. Une fois de plus, le programme demande le prénom de l'utilisateur et le stocke dans une variable. Mais cette fois, le message d'accueil est combiné dans une seule boîte de dialogue. Le résultat est bien plus agréable.

Le secret de la Figure 2.4 est l'une des merveilles de l'univers informatique : une idée très simple portant un nom très compliqué. Jetez un

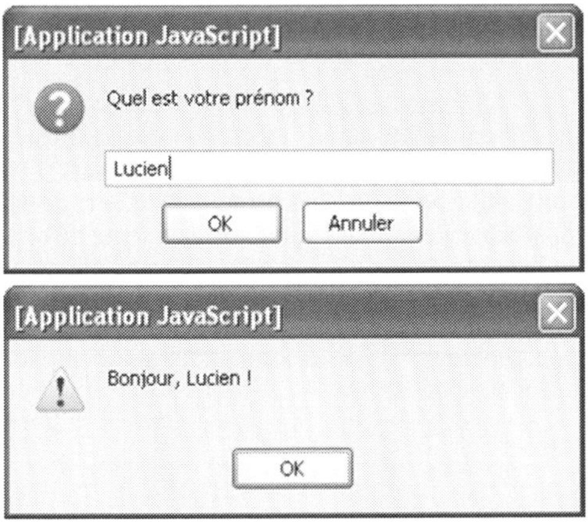

Figure 2.4 : Une seule boîte de dialogue pour répondre à l'entrée de l'utilisateur.

œil au code et vous verrez que combiner des variables et du texte n'est pas si compliqué :

```
<script type = "text/javascript">
  //<![CDATA[
  // extrait de concat.html

  var person = "";
  person = prompt("Quel est votre prénom ?");
  alert("Bonjour, " + person + " !");

  //]]>
</script>
```

Dans un souci de concision, j'ai uniquement intégré la balise `<script>` et son contenu. Le reste de cette page est une page XHTML vierge standard. J'utilise systématiquement cette technique dans ce chapitre, mais j'ajoute aussi un commentaire dans chaque segment de code JavaScript pour indiquer où vous pouvez trouver le fichier complet sur le site Web.

Comparer les valeurs littérales et les variables

Dans ce programme, il y a deux types de texte différents. L'expression "*Bonjour,* " est une valeur texte littérale. Elle indique que vous souhaitez réellement dire "*Bonjour*". Parallèlement, `person` est une variable pouvant contenir n'importe quel nom de personne. Il est possible de combiner des valeurs littérales et des variables dans une phrase :

```
alert("Bonjour, " + person + " !");
```

Le secret de ce code est de suivre les guillemets. "*Bonjour,* " est une valeur littérale parce qu'elle est entre guillemets. Dans cette ligne, `person` est un nom de variable (pas de guillemets) et " !" est une valeur littérale. Vous pouvez combiner autant de segments de texte que vous voulez en utilisant le signe plus, comme le montre le code ci-dessus.

L'utilisation du signe plus (+) pour combiner du texte est appelée *concaténation*. Je vous avais dit que c'était un mot compliqué pour exprimer une idée simple !

La concaténation et votre éditeur

L'élément le plus complexe en matière de concaténation est de déterminer quelle partie du texte est une valeur littérale et quelle partie est une variable. Difficile de s'y retrouver avec tous ces guillemets !

Les éditeurs de texte modernes (comme Aptana) possèdent une fonctionnalité très intéressante et utile. Ils colorent les différents types de texte en variant les couleurs. Par défaut, Aptana colore les noms de variables en noir et le texte littéral en vert foncé (uniquement en JavaScript ; en HTML, le texte littéral est coloré en bleu).

Personnellement, j'ai du mal à différencier le vert foncé du noir. J'ai donc modifié les paramètres des couleurs d'Aptana : désormais les valeurs littérales se colorent en bleu, que je code en JavaScript ou en HTML. Grâce à cette configuration, je distingue facilement le texte littéral des noms de variables, ce qui simplifie nettement la concaténation.

Pour modifier les paramètres des couleurs dans Aptana, cliquez sur Windows>Preferences. La boîte de dialogue correspondante affiche une liste d'options. Cliquez sur Aptana>Editors>JavaScript Editor>Colors. Faites défiler vers le bas pour trouver les paramètres de couleurs pour tous les types de données. J'ai trouvé "string" (un autre terme pour désigner le texte) sous "literals" et ai remplacé le vert foncé de mes chaînes de texte en bleu.

Si vous faites une erreur, cliquez sur le bouton qui permet de restaurer les valeurs par défaut.

La plupart des éditeurs qui disposent de la mise en évidence de la syntaxe vous permettent de modifier les paramètres et de les adapter à vos besoins. N'hésitez pas à utiliser ces outils afin de mieux maîtriser votre programme.

Insérer des espaces dans les phrases concaténées

Il se peut que l'espace insérée entre la virgule et le guillemet dans la ligne de sortie vous intrigue :

```
alert("Bonjour, " + person + " !");
```

Cette espace est importante parce qu'il faut que la sortie ressemble à une phrase ordinaire. Si vous ne spécifiez pas l'espace, l'ordinateur ne l'ajoutera pas et la sortie sera semblable à ce qui suit :

```
Bonjour,Benjamin !
```

Veillez à structurer la sortie comme elle doit s'afficher à l'écran, en respectant les espaces et la ponctuation.

Comprendre l'objet chaîne

La variable `person`, utilisée dans le programme précédent, est conçue pour contenir du texte. Des programmeurs (expérimentés) ont choisi leur propre terme pour définir le texte. En programmation, le texte est appelé chaîne.

Le terme chaîne provient de la manière dont le texte est stocké dans la mémoire de l'ordinateur. Chaque caractère est sauvegardé dans sa propre cellule et tous les caractères d'un mot ou d'une phrase s'enfilent comme des perles sur une chaîne. Une vision bien poétique pour des férus d'informatique !

S'initier à la programmation orientée objet

JavaScript (et beaucoup d'autres langages de programmation modernes) utilise un modèle puissant nommé *programmation orientée objet* (*POO*). Cette technique de programmation présente de nombreux avantages. Le plus important pour les débutants, c'est qu'elle permet d'utiliser des objets très performants qui réalisent des choses particulièrement intéressantes.

Les objets sont utilisés pour décrire des choses complexes qui peuvent avoir de nombreuses caractéristiques, comme une vache. Impossible de stocker une description complète d'une vache dans une variable.

Dans les environnements orientés objet, les objets présentent les caractéristiques suivantes (imaginez un objet vache pour les exemples) :

- **Propriétés** : caractéristiques de l'objet, comme `race` et `âge`.
- **Méthodes** : actions que l'objet peut réaliser, comme `meugler()` et `produiredulait()`.
- **Événements** : signaux auxquels l'objet répond comme `aubâton()`.

Chacune de ces caractéristiques sera décrite au moment venu car tous les objets ne les prennent pas en charge de la même manière.

Si vous êtes confronté à une variable de type `vache`, elle décrit une chose plutôt compliquée. Cette chose peut avoir des propriétés, des méthodes et des événements. Ces trois éléments pourraient être utilisés conjointement pour créer une bonne représentation d'une vache. Croyez-moi ou non, j'ai créé des programmes de type vache plus d'une fois dans ma vie. Vous pensiez que la programmation était monotone !

La plupart des types de variable en JavaScript sont des objets et la majorité des objets JavaScript disposent d'une série de propriétés et de méthodes (certains possèdent même des gestionnaires d'événements). Quand vous maîtrisez le fonctionnement de toutes ces choses, vous bénéficiez d'un environnement de programmation très impressionnant.

NOTE TECHNIQUE

Avant que l'un de vous ne m'envoie un mail désagréable, je tiens à préciser que je suis au courant du débat qui consiste à déterminer si JavaScript est un vrai langage orienté objet. Je ne compte pas m'attarder sur les détails (ennuyeux et pas franchement importants) dans ce livre. Pour l'instant, je considère qu'il est orienté objet parce que c'est assez précis pour les débutants. Si cela vous ennuie, vous pouvez parler de JavaScript comme d'un langage basé objet. Tout le monde est plus ou moins d'accord avec cette idée. Vous trouverez plus d'informations sur ce sujet tout au long du livre et notamment quand vous apprendrez à créer vos propres objets dans le Chapitre 5 et à utiliser des éléments HTML en tant qu'objets dans le Chapitre 6.

Étudier la longueur d'une chaîne

Lorsque vous affectez du texte à une variable, JavaScript traite automatiquement la variable comme un objet chaîne. L'objet adopte instantanément les caractéristiques de l'objet chaîne. Les chaînes disposent d'une série de propriétés et de méthodes. L'une des propriétés importantes pour les débutants est `length`. L'exemple de la Figure 2.5 illustre la propriété `length` en action.

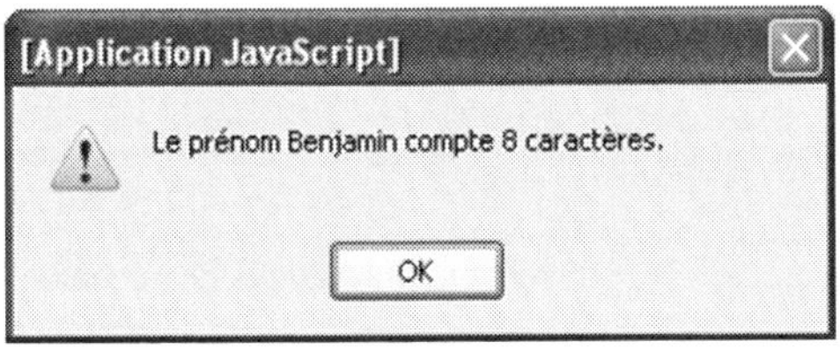

Figure 2.5 : Le programme renvoie la longueur du texte.

Quand vous attribuez une valeur texte à une variable, JavaScript interprète cette variable comme une chaîne. Et comme il s'agit d'une chaîne, elle a une propriété `length`. Cette propriété renvoie la longueur de la chaîne en indiquant le nombre de caractères. Voilà ce que cela donne dans le code :

```
<script type = "text/javascript">
  //<![CDATA[
  //extrait de nameLength.html

  var person = prompt("Entrez votre prénom.");
  var length = person.length;

  alert("Bonjour, " + person + " !");
  alert("Le prénom " + person + " compte " + length + "
        caractères.");

  //]]>
</script>
```

Ce code utilise la propriété `length` comme s'il s'agissait d'une sous-variable spéciale. Par exemple, `person` est une variable de l'exemple précédent et `person.length` est la propriété `length` de la variable `person`. En JavaScript, un objet et une variable sont reliés par un point (sans espace).

NOTE TECHNIQUE

En JavaScript, l'objet chaîne n'a que deux autres propriétés (`constructor` et `prototype`). Je ne m'attarde pas sur ces deux propriétés car elles sont uniquement utilisées en programmation avancée.

Utiliser des méthodes de chaîne pour manipuler le texte

La propriété `length` est plutôt simple, mais l'objet chaîne a plus d'un tour dans son sac. Les objets possèdent aussi des *méthodes* (actions que l'objet peut faire). Les chaînes en JavaScript disposent de toutes sortes de méthodes. Voici quelques-unes de mes méthodes préférées :

- `toUpperCase()` : convertit les caractères de la chaîne en majuscules.
- `toLowerCase()` : convertit les caractères de la chaîne en minuscules.
- `substring()` : renvoie une partie spécifique de la chaîne.
- `indexOf()` : indique si une chaîne est présente dans une autre chaîne.

L'objet chaîne possède beaucoup d'autres méthodes, mais je choisis de mettre celles-ci en évidence car elles sont très utiles pour débuter. Certaines méthodes de chaîne telles que *big()* et *fontColor()* ne font qu'ajouter du code HTML au texte. Elles sont rarement utilisées parce qu'elles produisent du code HTML qui ne sera pas validé et qu'elles ne servent finalement pas à grand-chose. D'autres méthodes comme `search()`, `replace()` et `slice()` utilisent des structures avancées telles que des tableaux et des expressions régulières inutiles pour les débutants. Rendez-vous respectivement aux Chapitres 5 et 7 pour en savoir plus sur les tableaux et les expressions régulières.

Ne me croyez pas sur parole ! N'hésitez pas à vous renseigner sur l'objet chaîne JavaScript dans l'aide en ligne d'Aptana (ou l'une des nombreuses références JavaScript en ligne) et découvrez toutes ses propriétés et méthodes.

Tout comme les propriétés, les méthodes sont associées à un objet au moyen d'un point. Les méthodes se distinguent par des parenthèses qui contiennent quelquefois des informations spécifiques appelées paramètres. Les paramètres sont des informations transmises à la méthode pour qu'elle puisse faire son travail. Certaines méthodes exigent des paramètres, d'autres non. Vous comprendrez mieux en utilisant les méthodes.

Le meilleur moyen d'observer le fonctionnement des méthodes est de les voir en action. Voici le code de `stringMethods.html` :

```
<script type = "text/javascript">
  //<![CDATA[
  //extrait de stringMethods.html

  var text = prompt("Entrez du texte.");

  alert("En majuscules :");
  alert(text.toUpperCase());

  alert("En minuscules...");
  alert(text.toLowerCase());

  alert("Le premier 'a' est la lettre...");
  alert(text.indexOf("a"));

  alert("Les trois premières lettres sont ...");
  alert(text.substring(0, 3));

  //]]>
</script>
```

La Figure 2.6 montre les résultats renvoyés par ce programme.

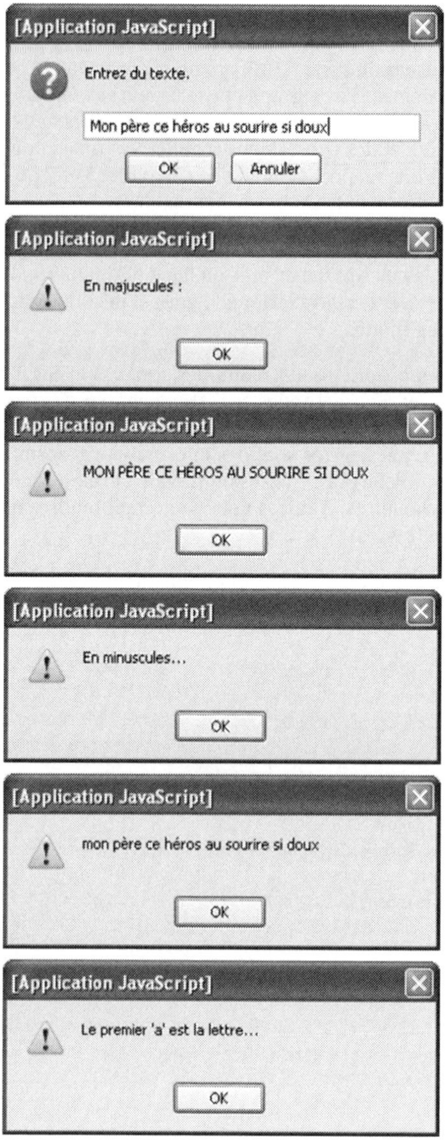

Figure 2.6 a : Les méthodes de chaîne peuvent être très amusantes...

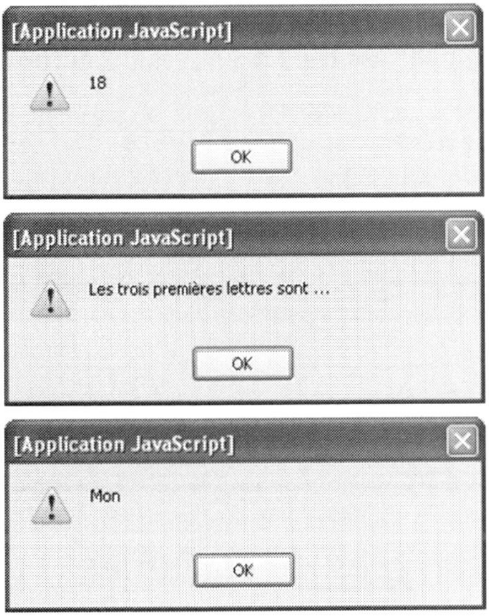

Figure 2.6 b :

TRUC

Encore un point intéressant concernant Aptana : quand vous tapez le terme `text.` (avec le point), Aptana sait qu'il s'agit d'une variable de chaîne et vous propose automatiquement une liste de propriétés et de méthodes possibles. Quel bonheur si j'avais pu bénéficier de cet avantage à mes débuts !

Ce code est la preuve que les méthodes sont relativement faciles à utiliser. Dès qu'une variable de chaîne est en place, vous pouvez appeler le nom de la variable, suivi d'un point et du nom de la méthode. Certaines méthodes, citées ci-après, exigent plus d'informations pour bien faire leur travail :

- `toUpperCase()` et `toLowerCase()` : prend la valeur de la variable et la convertit à la casse indiquée. Cette méthode est souvent utilisée quand la casse d'une variable n'a aucune importance.
- `indexOf(sous-chaîne)` : renvoie la position de la sous-chaîne dans la variable. Si la variable ne contient pas de sous-chaîne, la valeur -1 est renvoyée.
- `substring(début, fin)` : renvoie la sous-chaîne de la variable à partir de la valeur du caractère de début jusqu'à celui de fin.

Pourquoi (0,3) pour les trois premiers caractères ?

La position des caractères pour JavaScript (et pour la plupart des langages de programmation) peut vous sembler quelque peu étrange. C'est que vous ne connaissez pas encore le secret ! Vous pourriez vous attendre à ce que `text.substring(1,3)` renvoie les trois premiers caractères de la variable `text`, or j'ai utilisé `text.substring(0,3)`. La raison est simple : les indices ne correspondent pas à aux numéros des caractères, mais aux indices entre les caractères.

```
|a|b|c|d|
0 1 2 3 4
```

Si je veux que le programme renvoie les trois premiers caractères de la chaîne "*abcd*", j'utilise `substring(0,3)`. Si je ne veux que la partie "*cd*", c'est `substring(2,4)`.

Comprendre les types de variables

JavaScript n'est pas trop regardant quant au contenu des variables (texte ou valeur numérique) mais il est primordial de faire la distinction car ces deux éléments sont stockés différemment dans la mémoire. Et cette différence peut causer des problèmes surprenants.

Additionner des chiffres

Faisons une petite expérience pour voir ce qui se passe quand JavaScript interprète mal des types de données. Jetez tout d'abord un œil au programme suivant (comme à chaque fois dans ce chapitre, je vous montre uniquement la partie de script puisque le reste de la page est vierge) :

```
<script type = "text/javascript">
  //<![CDATA[
  //extrait de addNumbers.html

  var x = 5;
  var y = 3;
  var sum = x + y;

  alert(x + " plus " + y + " font " + sum);

  //]]>
</script>
```

Ce programme contient trois variables. J'ai attribué la valeur 5 à `x` et 3 à `y`. J'additionne ensuite `x + y` et j'affecte le résultat à une troisième variable, `sum`. La dernière ligne affiche les résultats qui sont aussi représentés sur la Figure 2.7.

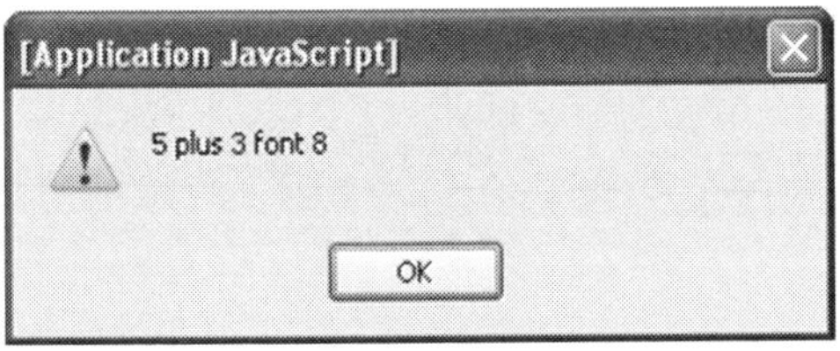

Figure 2.7 : Ce programme additionne (correctement) deux chiffres.

Notez quelques points importants de cet exemple :

- **Vous pouvez attribuer des valeurs aux variables.** Pensez à utiliser le verbe " valoir " pour interpréter le signe =. Vous devez donc lire " la variable x vaut 5 ".

```
var x = 5;
```

- **Les valeurs numériques ne sont pas entre guillemets.** Quand vous faites référence à du texte, vous le placez entre guillemets. En revanche, les valeurs numériques (comme la valeur 5) se passent de guillemets.
- **Vous pouvez additionner des valeurs numériques.** Comme `x` et `y` contiennent des valeurs numériques, vous pouvez les additionner.
- **Le résultat d'une opération peut être placé dans une variable.** Le résultat de l'opération `x + y` est placé dans une variable nommée `sum`.
- **Tout fonctionne comme prévu.** Le programme réagit conformément à vos attentes. C'est important parce que ce n'est pas toujours le cas, comme vous le verrez dans l'exemple suivant.

Additionner les chiffres saisis par l'utilisateur

La suite logique du programme `addNumbers.html` serait une fonctionnalité permettant à l'utilisateur de saisir deux valeurs et d'en renvoyer la somme. Ce pourrait être la base d'une calculatrice toute simple. Voici le code JavaScript :

```
<script type = "text/javascript">
  //<![CDATA[
  //extrait de addInputWrong.html

  var x = prompt("première valeur :");
  var y = prompt("deuxième valeur :");
  var sum = x + y;

  alert(x + " plus " + y + " font " + sum);

  //]]>
</script>
```

Ce code semble suffisant. Il demande chaque valeur et les stocke dans les variables. Ensuite, il additionne les variables et renvoie le résultat, n'est-ce pas ? Eh bien, observez la Figure 2.8, vous allez être surpris !

Apparemment, il y a une erreur. Pour comprendre le problème, il faut observer comment JavaScript interprète les types de données.

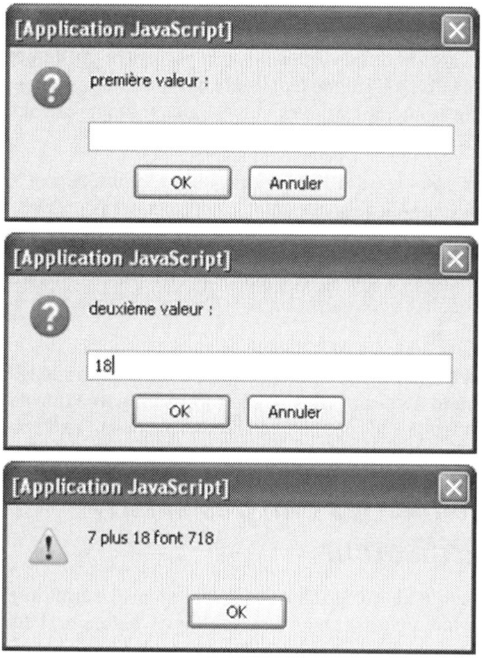

Figure 2.8 : Attendez une minute… 3 + 5 = 35 ?

Problème des données dynamiques

Toutes les informations stockées dans un ordinateur, des vidéos aux mails, sont sauvegardées sous forme de successions de 0 et de 1. La valeur 01000001 peut signifier toutes sortes de choses : elle peut représenter le nombre 65 ou le caractère A. En réalité, cette valeur correspond effectivement à ces deux choses, à replacer dans leur contexte. Une même valeur binaire peut représenter quelque chose de totalement différent si elle est interprétée comme un nombre réel, une couleur ou une partie de fichier son.

Rien d'inquiétant dans cette théorie, mais un point est réellement important : d'une manière ou d'une autre, l'ordinateur doit savoir quel type de donnée est stocké dans chaque variable. Beaucoup de langages (comme C ou Java) ont toutes sortes de règles à ce sujet. Si vous créez une variable dans l'un de ces langages, vous devez définir précisément quel type de donnée la variable doit contenir et vous ne pouvez pas changer d'avis.

JavaScript est bien plus souple quant aux types de variable. Quand vous créez une variable, vous pouvez y placer toutes sortes de données. En fait, le type de donnée peut changer. Une variable peut contenir un nombre entier au début du programme, puis du texte dans une autre partie du programme.

JavaScript utilise le contexte pour déterminer comment interpréter les données de chaque variable. Lorsque vous attribuez une valeur à une variable, JavaScript classe les données dans l'une des catégories suivantes :

- **Nombre entier** : les nombres entiers sont des nombres sans partie décimale. Il peut s'agir de valeurs positives ou négatives.
- **Nombre à virgule flottante** : un nombre à virgule flottante a une partie décimale comme 3,14. Les valeurs à virgule flottante peuvent adopter une forme scientifique, par exemple 6,02e23 (nombre d'Avogadro : 6,02 fois 10 exposant 23). Les nombres à virgule flottante peuvent aussi être négatifs.
- **Nombre booléen** : une valeur booléenne peut uniquement être `true` ou `false`.
- **Chaîne** : dans les langages de programmation, le texte est appelé " chaîne ". Les valeurs de chaîne sont placées entre guillemets.
- **Tableaux et objets** : types de données plus complexes que je choisis d'ignorer pour le moment. J'y reviendrai au Chapitre 5.

Ces différents types de données sont nécessaires car l'ordinateur utilise des techniques variées pour les stocker au format binaire qu'utilise toute mémoire d'ordinateur. La plupart du temps, lorsque vous créez une variable, JavaScript l'interprète correctement et vous ne rencontrez aucun problème. Mais il arrive aussi que JavaScript se trompe et que les choses se gâtent.

Élément perturbateur : le signe plus (+)

J'ai utilisé le signe plus de deux manières différentes dans ce chapitre. Le code suivant utilise le signe plus d'une manière :

```
var x = "Bonjour, ";
var y = "vous !";

result = x + y;
alert(result);
```

Dans ce code, `x` et `y` sont des variables texte. La ligne `result = x + y` est interprétée comme " concaténer x et y ", ce qui donne "`Bonjour, vous !`".

Chose étrange, le code suivant est quasi identique :

```
var x = 3;
var y = 5;

result = x + y;
alert(result);
```

La réaction du signe plus est très différente dans ce cas, même si l'instruction `result = x + y` est identique !

Dans ce second cas, `x` et `y` sont des valeurs numériques. L'opérateur plus exerce deux fonctions totalement différentes. Placé entre deux valeurs numériques, il additionne. Entouré de texte, il concatène automatiquement.

Voici ce qui arrive au premier programme de calculatrice (celui qui se trompe) : quand l'utilisateur saisit les données, JavaScript estime qu'il s'agit de texte. Ainsi, quand je tente d'additionner `x` et `y`, il concatène.

TRUC

Il existe un terme informatique élégant pour désigner ce phénomène (un opérateur faisant différentes choses en différentes circonstances). Les personnes qui s'intéressent à ce genre de choses parlent *d'opéra-*

teur saturé. Les arguments et les avis divergent quant à la légitimité des opérateurs saturés car ils peuvent causer des problèmes comme le programme qui concatène au lieu d'additionner. Les opérateurs saturés peuvent aussi vous faciliter la tâche dans d'autres contextes. Je ne vais pas entrer dans le débat. Quoi qu'il en soit, rien de grave tant que le problème peut être détecté et résolu.

Convertir les variables dans le type souhaité

Si JavaScript peine à identifier le type de données que contient une variable, vous pouvez lui donner un petit coup de main grâce aux fonctions de conversion proposées dans le Tableau 2.1.

Tableau 2.1 : Fonctions de conversion des variables.

Fonction	De	En	Exemple	Résultat
parseInt()	chaîne	nombre entier	parseInt("23")	23
parseFloat()	chaîne	nombre à virgule flottante	parseFloat("21.5")	21.5
toString()	toute variable	chaîne	myVar.toString()	varie
eval()	expression	résultat	eval("5 + 3")	8
Math.ceil()	nombre à virgule flottante	nombre entier	Math.ceil(5.2)	6
Math.floor()			Math.floor(5.2)	5
Math.round()			Math.round(5.2)	5

Utiliser les outils de conversion des variables

Les fonctions de conversion sont vraiment puissantes, mais ne les utilisez que si la conversion automatique pose problème. Elles agissent de la manière suivante :

- `parseInt()` : convertit du texte en nombre entier. Si vous placez une valeur texte entre les parenthèses, la fonction renvoie un nombre entier. Si la chaîne est une valeur à virgule flottante ("4.3" par exemple), le résultat renvoyé est une valeur entière (4).

- `parseFloat()` : convertit du texte en une valeur à virgule flottante.
- `toString()` : convertit tout type de variable en une chaîne. Notez qu'il n'est pas forcément nécessaire d'utiliser cette fonction puisque la conversion est activée automatiquement.
- `eval()` : cette méthode spéciale accepte une chaîne comme entrée. Elle tente ensuite d'évaluer la chaîne en tant que code JavaScript et de renvoyer le résultat. Vous pouvez l'utiliser comme fonction de conversion de variable ou comme simple calculatrice : `eval("5 + 3")` renvoie la valeur entière `8`.
- `Math.ceil()` : une des méthodes pour convertir un nombre à virgule flottante en entier. Cette technique arrondit à l'entier supérieur donc `Math.ceil(1.2)` et `Math.ceil(1.8)` renvoient `2`.
- `Math.floor()` : identique à `Math.ceil`, sauf que cette technique arrondit à l'entier inférieur. Ainsi `Math.floor(1.2)` et `Math.floor(1.8)` renvoient `1`.
- `Math.round()` : fonctionne comme la technique d'arrondi standard, pratiquée à l'école. Toutes les valeurs dont la décimale est inférieure à .5 sont arrondies à l'entier inférieur tandis que toutes celles dont la décimale est égale ou supérieure à .5 sont arrondies à l'entier supérieur. Dans ce cas, `Math.round(1.2)` renvoie 1 tandis que `Math.round(1.8)` renvoie 2.

Corriger le programme addInput

Maintenant que la conversion vous est familière, vous n'aurez aucun problème à corriger le programme `addInput` pour qu'il fonctionne correctement. Utilisez `parseFloat()` pour convertir les deux entrées en valeurs à virgule flottante avant de les additionner. Notez qu'il n'est pas nécessaire de convertir le résultat en chaîne. Cela se fait automatiquement si vous utilisez la méthode `alert()` :

```
//<![CDATA[
// extrait de addInput.html

var x = prompt("première valeur :");
var y = prompt("seconde valeur :");
var sum = parseFloat(x) + parseFloat(y);

alert(x + " plus " + y + " font " + sum);

//]]>
```

La Figure 2.9 prouve que le programme fonctionne correctement.

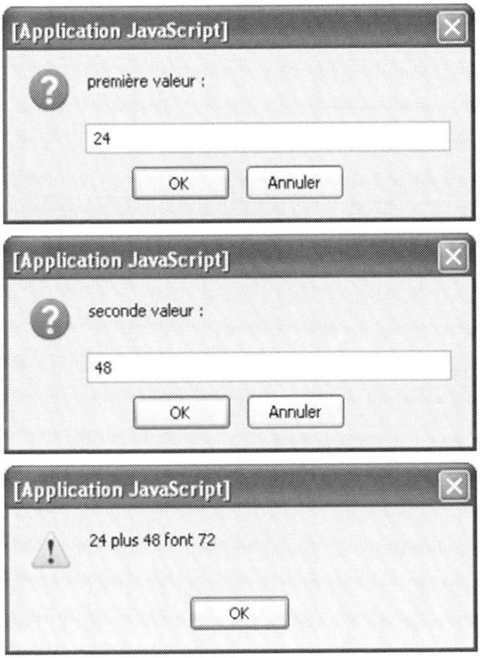

Figure 2.9 : Le programme demande une entrée et renvoie la somme exacte.

Grâce aux méthodes de conversion, vous pouvez vous assurer que les données sont au format souhaité.

Chapitre 3

Modifier le comportement du programme grâce aux conditions

Dans ce chapitre :

- Créer des nombres aléatoires et les convertir en nombres entiers.
- Comprendre les conditions.
- Utiliser la structure `if-else`
- Gérer plusieurs conditions.
- Utiliser la structure `switch`.
- Gérer des conditions peu communes.

L'un des aspects les plus importants des ordinateurs est leur apparente capacité à prendre des décisions. Les ordinateurs peuvent modifier leur comportement en fonction des circonstances. Dans ce chapitre, vous allez apprendre à créer des nombres aléatoires en JavaScript et étudier plusieurs méthodes pour que votre programme prenne des décisions qui dépendent du lancer d'un dé numérique.

Travailler avec des nombres aléatoires

Les nombres aléatoires occupent une place importante dans le traitement électronique des données. Ils confèrent aux jeux une note d'incertitude, mais sont aussi utilisés pour des applications sérieuses comme les simulations, la sécurité et la logique. Dans ce chapitre, vous allez créer des nombres aléatoires pour simuler un dé et explorer différentes méthodes pour modifier le comportement de l'ordinateur, en fonction du résultat du lancer.

La plupart des langages possèdent une fonctionnalité permettant de créer des nombres aléatoires et JavaScript en fait partie. La fonction `Math.random()` renvoie une valeur aléatoire à virgule flottante comprise entre 0 et 1.

D'un point de vue technique, les ordinateurs ne peuvent pas réellement créer des nombres aléatoires. En revanche, ils utilisent une formule complexe qui commence par une valeur et qui crée une seconde valeur semi-prévisible. En JavaScript, la première valeur (appelée *graine aléatoire*) provient de l'horloge système en millisecondes. Ainsi, les résultats d'une requête de nombre aléatoire semblent réellement aléatoires.

Créer un dé

C'est très simple de créer un nombre aléatoire à virgule flottante compris entre 0 et 1 car c'est exactement la tâche de la fonction `Math.random()`. Comment faire pour obtenir un nombre entier compris dans une fourchette spécifique ? Par exemple, imaginez que vous vouliez simuler le lancer d'un dé à six faces. Comment obtenir un entier entre 1 et 6 à partir d'une valeur à virgule flottante comprise entre 0 et 1 ?

Voici la méthode standard :

1. **Créez une valeur aléatoire à virgule flottante.**

   Utilisez la fonction `Math.random()` pour créer une valeur à virgule flottante comprise entre 0 et 1.

2. **Multipliez par 6 la valeur comprise entre 0 et 1.**

   Vous obtenez une valeur à virgule flottante comprise entre 0 et 5.999 (mais jamais 6).

3. **Utilisez `Math.ceil()` pour arrondir à l'entier supérieur.**

   Cette étape permet de convertir le nombre en un nombre entier. Dans le Chapitre 2, je cite trois fonctions qui convertissent un nombre décimal en nombre entier. `Math.ceil()` arrondit toujours à l'entier supérieur, ce qui signifie que vous obtiendrez toujours un nombre entier compris entre 1 et 6.

Lancer le dé

Jetez un œil au code `RollDie.html` qui jette votre dé numérique :

```
<!DOCTYPE html PUBLIC "-//W3C//DTD XHTML 1.0 Strict//EN"
"http://www.w3.org/TR/xhtml1/DTD/xhtml1-strict.dtd">
<html lang="EN" dir="ltr" xmlns="http://www.w3.org/1999/xhtml">
  <head>
    <meta http-equiv="content-type" content="text/xml;
        charset=iso-8859-1" />
    <title>rollDie.html</title>
    <script type = "text/javascript">
      //<![CDATA[
      // extrait de rollDie.html

      var number = Math.random();
      alert(number);

      var biggerNumber = number * 6;
      alert(biggerNumber);

      var die = Math.ceil(biggerNumber);
      alert(die);

      //]]>

    </script>
  </head>

  <body>
    <div id = "output">

    </div>
  </body>
</html>
```

Comme vous pouvez le voir, j'ai appliqué, dans le code JavaScript, l'astuce présentée dans la section précédente :

1. **Créez une valeur aléatoire à virgule flottante.**

   La fonction `Math.random()` crée un nombre aléatoire à virgule flottante et le stocke dans la variable `number`.

2. **Multipliez le nombre par 6.**

   Pour que le nombre soit compris dans la fourchette appropriée, je l'ai multiplié par 6 et ai stocké le résultat dans `biggerNumber`.

3. **Arrondissez à l'entier supérieur.**

   J'ai utilisé la fonction `Math.ceil()` pour arrondir le nombre à l'entier supérieur.

La Figure 3.1 montre le programme en cours d'exécution.

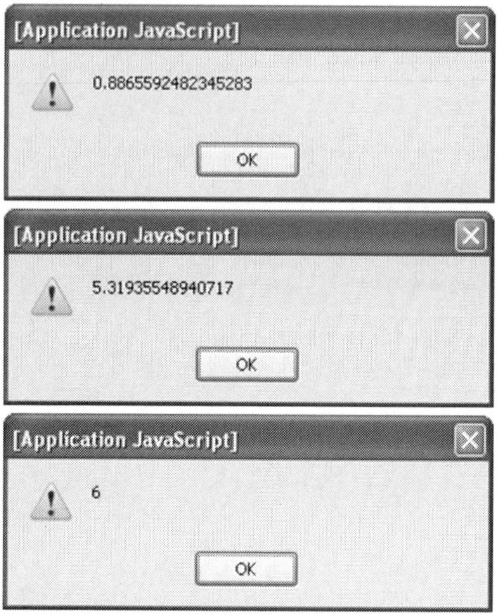

Figure 3.1 : Ce programme crée une valeur comprise entre 1 et 6.

N'hésitez pas à exécuter la page `rollDice.html` plusieurs fois pour confirmer que tout fonctionne comme prévu.

TRUC : Pour réexécuter un programme que vous avez déjà chargé dans votre navigateur, cliquez simplement sur le bouton Actualiser de la barre d'outils du navigateur.

Utiliser if pour contrôler le flux

Maintenant que vous savez jeter un dé, il peut être intéressant de créer différents événements en fonction du résultat du lancer de dé. La Figure 3.2 montre deux comportements différents d'un jeu simple appelé `deuce.html`.

Notez que le message "*Bravo, c'est un 2* !" s'affiche seulement quand le résultat de votre lancer est 2. Le code est simple et compact :

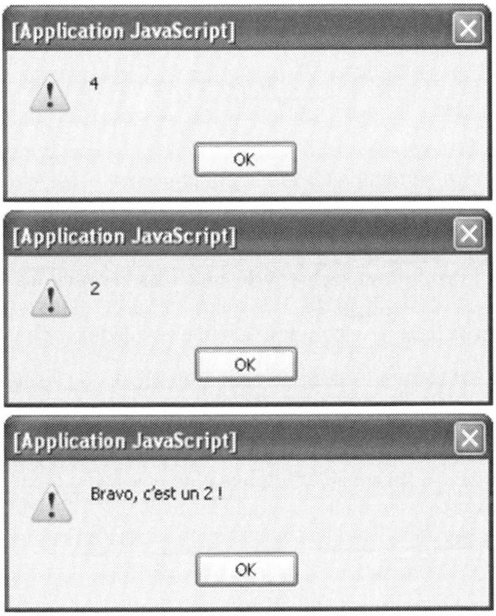

Figure 3.2 : Il ne se passe rien quand vous faites un 5, mais le programme réagit quand vous faites un 2.

```
<script type = "text/javascript">
  //<![CDATA[
  // extrait de deuce.html
  // obtenir un nombre aléatoire
  // Si c'est un 2, vous gagnez

    var die = Math.ceil(Math.random() * 6);
    alert(die);
    if (die == 2){
      alert („Bravo, c'est un 2 !");
    } // fin de if

  //]]>
</script>
```

Comme d'habitude, je me contente de la balise <script> et de son contenu puisque le reste de la page est vierge.

Si et seulement si

La clé de ce programme est l'instruction `if`. Cette commande puissante fait un tas de choses importantes :

- **Elle définit les conditions**. Je reviendrai sur les conditions dans un petit moment, mais l'idée principale est la suivante : une condition est une question vraie ou fausse. Les instructions `if` incluent toujours une condition entre parenthèses.
- **Elle introduit un segment de code**. Les instructions `if` définissent un segment de code qui n'est pas toujours exécuté. La fin de la ligne `if` est marquée d'une accolade ouvrante (`{`).
- **Elle est souvent suivie de code indenté**. La ou les lignes qui suivent l'instruction `if` font partie du segment. Elles sont donc indentées pour indiquer qu'elles sont spéciales.
- **Elle prend fin plusieurs lignes plus bas**. La fin d'une instruction `if` est marquée d'une accolade fermante (`}`), plusieurs lignes plus bas dans le code. Une instruction `if` contient essentiellement du code.
- **Elle est indentée**. La règle veut que tout le code entre l'instruction `if` et son accolade fermante soit indenté.

TRUC

Même si ce n'est pas obligatoire, il est de bon ton d'insérer un commentaire pour indiquer que l'accolade fermante marque la fin de l'instruction `if`. Dans les langages tels que C, ce symbole (`}`) est utilisé pour marquer la fin d'un tas de choses. C'est pourquoi il vaut mieux insérer un commentaire pour indiquer que c'est fini et ce qui est fini !

Utiliser les conditions

La condition est l'élément central des instructions `if` et de beaucoup d'autres structures importantes. Une condition est une expression qui peut être vraie ou fausse. Les conditions se classent en trois catégories :

- **Comparaison** : type de condition la plus courante. D'habitude, vous comparez une variable à une valeur ou deux variables entre elles. Le Tableau 3.1 décrit plusieurs types de comparaisons.
- **Variable booléenne :** les variables booléennes sont des variables qui contiennent uniquement la valeur `true` ou `false`. En JavaScript, toute variable peut être un booléen si vous lui attri-

buez une valeur `true` ou `false`. Inutile de comparer un booléen à autre chose puisqu'il est toujours vrai ou faux.

- **Fonction booléenne** : certaines fonctions renvoient une valeur `true` ou `false`. Ce type de fonction peut aussi être une condition.

À propos, les variables booléennes sont le seul type de variable à s'écrire souvent avec une majuscule dans la plupart des langages. Tout simplement parce qu'elles portent le nom de leur inventeur, George Boole. Ce mathématicien du 19e siècle a développé une sorte de calcul binaire. Il est mort en pensant que sa recherche était un échec. Finalement, son travail est à l'origine de l'informatique moderne. Alors rendez un petit hommage à George dans votre prochaine fonction pour gagner un max de points geek !

Opérateurs de comparaison

JavaScript prend en charge un certain nombre de types de comparaisons, présentées dans le Tableau 3.1 :

Tableau 3.1 : Opérateurs de comparaison JavaScript.

Nom	Opérateur	Exemple	Notes
Égalité	==	(x==3)	Fonctionne avec tous types de variables, y compris les chaînes
Différence	!=	(x != 3)	True si les valeurs sont différentes.
Infériorité stricte	<	(x < 3)	Comparaison numérique ou alphabétique.
Supériorité stricte	>	(x > 3)	Comparaison numérique ou alphabétique.
Infériorité	<=	(x <= 3)	Comparaison numérique ou alphabétique.
Supériorité	>=	(x >= 3)	Comparaison numérique ou alphabétique.

Voici quelques remarques utiles pour travailler avec les conditions :

- **Assurez-vous que les types de variables sont compatibles**. Vous risquez d'obtenir des résultats surprenants si vous comparez une valeur à virgule flottante à une chaîne.

- **Vous pouvez comparer des valeurs de chaîne**. En JavaScript, les opérateurs d'inégalité peuvent être utilisés pour déterminer l'ordre alphabétique de deux valeurs. Le symbole d'égalité (==) s'utilise aussi bien avec des chaînes qu'avec d'autres variables.

Attention, ce n'est pas vrai pour tous les langages de programmation.

- **L'opérateur d'égalité utilise un double signe égal**. Utilisé seul, le signe égal (=) correspond à une affectation. Quand vous comparez deux variables, utilisez un double signe égal (==).

Ne confondez pas affectation et comparaison ! Si vous utilisez (`x = 3`) au lieu de (`x == 3`), votre code ne va pas planter, mais il ne fonctionnera pas correctement. La première instruction affecte simplement la valeur 3 à la variable `x`. Elle renvoie la valeur `true` si l'affectation est correcte (elle l'est). Vous penserez alors avoir comparé `x` à 3 alors que vous avez juste décidé que `x` valait 3. Du coup, la condition est toujours vraie. C'est un cauchemar qui ne cesse de me hanter !

Fais ce que je te dis ou...

Deuce, le jeu que je vous ai proposé précédemment, n'est certes pas passionnant mais il pourrait l'être plus s'il renvoyait un commentaire quand vous faites un 2 et un autre commentaire quand vous réalisez un autre score. La structure `if-else` est conçue pour vous permettre de spécifier un comportement quand la condition est vraie et un autre quand elle est fausse. La Figure 3.3 montre un programme qui illustre ces comportements.

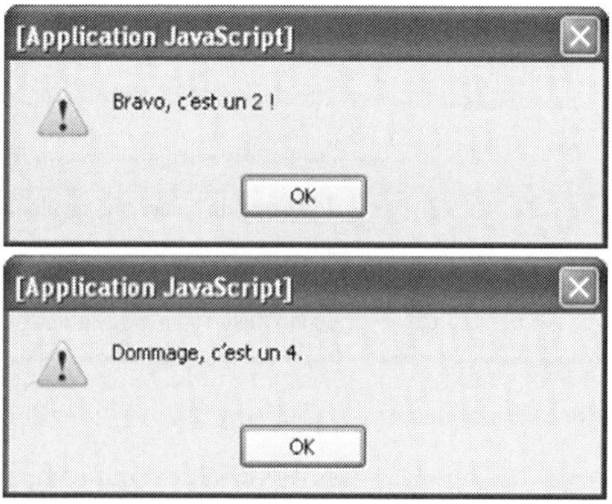

Figure 3.3 : Un message s'affiche quand vous réalisez un 2 et un autre message apparaît pour les autres valeurs.

Ce programme utilise les mêmes conditions, mais comporte une partie supplémentaire :

```
<script type = "text/javascript">
  //<![CDATA[
```

```
    // extrait de deuceOrNot.html

    var die = Math.ceil(Math.random() * 6);
    if (die == 2){
      alert("Bravo, c'est un 2 !");
    } else {
      alert("Dommage, c'est un " + die + ".");
    } // fin de if

    //]]>
  </script>
```

L'instruction `if` est identique, mais désormais le code contient une clause `else`. Voilà comment cela fonctionne :

- **L'instruction `if` définit une condition** : `if` indique le début d'une partie de code et prépare le terrain pour une condition.
- **La condition fait un test** : les conditions sont des expressions vraies ou fausses. La condition va donc renvoyer `true` ou `false`.
- **Si la condition est `true`** : le code contenu entre la condition et la clause `else` s'exécute. Une fois que ce code est fini, le contrôle du programme passe directement à la fin de la structure `if`. En d'autres termes, l'ordinateur ignore la clause `else` et exécute la ligne de code suivante, au-delà de la structure `if`.
- **Si la condition est `false`** : c'est le code entre `else` et la fin de `if` qui s'exécute.

La clause `else` agit comme une déviation sur la route. Le code va emprunter l'un des deux itinéraires (en fonction de la condition), mais jamais les deux.

Vous pouvez ajouter autant de code que vous voulez dans une clause `if` ou `else`, y compris des instructions `if` !

Notez que `else` s'utilise uniquement dans le contexte d'une instruction `if` et jamais tout seul.

Utiliser if-else pour une interaction plus complexe

La structure `if-else` est très utile s'il n'y a que deux possibilités. Qu'en est-il si les options sont plus nombreuses ? Imaginez, par exemple, que vous vouliez un résultat différent pour chaque valeur du

Binaire ?

Le format binaire est la structure fondamentale de toutes les données dans un ordinateur. Il utilise des 1 et des 0 pour sauvegarder d'autres nombres qui peuvent être combinés pour former tout ce que vous voyez sur votre écran, des images au texte en passant par les vidéos et les jeux. Voici quelques exemples de conversion pour que vous puissiez lire le dé :

1	001
2	010
3	011
4	100
5	101
6	110

Je vous rassure tout de suite : pas besoin de connaître le binaire pour bien vivre (à moins que vous ne soyez un as de l'informatique, dans quel cas vous devez rêver en binaire !). Quoi qu'il en soit, c'est sympa de savoir comment tout cela fonctionne.

dé. Il vous faudrait un dérivé de la structure `if` pour arriver à ce résultat. Je vais vous proposer un outil dans un court instant, mais pour l'heure, observez un programme qui utilise cette technique. La Figure 3.4 représente un dé que les geeks devraient adorer. Toutes les valeurs sont renvoyées sous forme binaire.

Figure 3.4 : Le dé du vrai geek.

Une simple structure `if-else` ne suffit plus car il y a six options différentes et `if-else` offre seulement deux possibilités. Le code suivant utilise un dérivé de `if` et `else` :

```
<script type = "text/javascript">
  //<![CDATA[
  // extrait de binaryDice.html
```

```
    var die = Math.ceil(Math.random() * 6);
    if (die == 1){
      alert("001");
    } else if (die == 2){
      alert("010");
    } else if (die == 3){
      alert("011");
    } else if (die == 4){
      alert("100");
    } else if (die == 5){
      alert("101");
    } else if (die == 6){
      alert("110");
    } else {
      alert("Il se passe quelque chose d'étrange...");
    } // fin de if

    //]]>
  </script>
```

Ce programme débute avec une instruction `if` standard, dotée d'un certain nombre de clauses `else`. Vous pouvez insérer autant de clauses `else` que vous voulez pourvu que chacune contienne sa propre condition.

Imaginez, par exemple, que l'ordinateur génère la valeur 3. Le processus va ressembler à ce qui suit :

1. La première condition (`die == 1`) est fausse. Le programme saute directement à la prochaine clause `else`.
2. Celle-ci définit une autre condition (`die == 2`) qui est aussi fausse. Le contrôle du programme passe à la clause `else` suivante.
3. Cette clause a une autre condition (`die == 3`) qui est vraie. Le code contenu dans cette clause est exécuté (et affiche la valeur "`011`").
4. Comme une condition a été réalisée, l'ordinateur ignore toutes les autres conditions `else` et passe à la ligne qui suit fin de `if`.
5. Il s'agit de la dernière ligne du code, donc le programme se termine.

Le mystère du else superflu

Lorsque vous utilisez plusieurs conditions, vous pouvez (et vous devriez) intégrer une clause `else` classique sans condition en dernière possibilité. Cette condition spéciale définit du code qui peut s'exécuter si aucune autre condition n'est réalisée. Elle sert de fonction fourre-tout au cas où vous n'auriez pas anticipé une condition dans les clauses `if-else`.

En vous intéressant de plus près au programme du dé binaire, vous remarquerez que la clause `else` paraît superflue. Elle n'est pas vraiment nécessaire ! Vous avez fait tous ces efforts pour créer un schéma de nombre aléatoire garantissant le renvoi d'un entier entre 1 et 6. Alors pourquoi ajouter une clause `else` si les six valeurs sont contrôlées ? Il se peut qu'elle ne serve jamais à rien.

Il y a une énorme différence entre ce qui doit arriver et ce qui arrive. Même si vous pensez avoir traité chaque cas, vous risquez d'être surpris plus d'une fois. Quand vous utilisez une structure `if` multiple, vous devriez toujours intégrer une clause `else` pour éviter les mauvaises surprises. Elle ne servira pas à grand-chose si ce n'est vous informer que quelque chose s'est très mal passé.

Place à switch

Le problème du dé est qu'il s'agit d'une situation très particulière dans laquelle il y a une expression (le dé) qui peut avoir plusieurs valeurs (1 à 6). Beaucoup de langages de programmation disposent d'un outil pratique pour gérer ce genre de situation. La Figure 3.5 présente une autre version du lancer de dé.

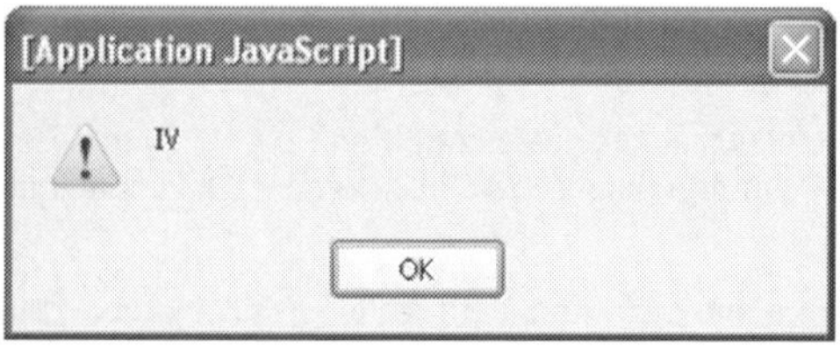

Figure 3.5 : Dé en chiffres romains, très utile si vous croisez des Romains !

Une fois de plus, je débute avec un nombre entier compris entre 1 et 6 et affecte une nouvelle valeur basée sur le jet d'origine. Cette fois, j'utilise une autre structure, spécialiste des situations de type " une expression avec plusieurs valeurs ". Jetez un œil au code :

```
<script type = "text/javascript">
  //<![CDATA[
  // extrait de RomanDice.html
  var die = Math.ceil(Math.random() * 6);
  var output = "";
  switch(die){
    case 1:
      output = "I";
      break;
    case 2:
      output = "II";
      break;
    case 3:
      output = "III";
      break;
    case 4:
      output = "IV";
      break;
    case 5:
      output = "V";
      break;
    case 6:
      output = "VI";
      break;
    default:
      output = "PROBLEME !!!";
  } // fin de switch
```

Créer une expression

La structure `switch` est organisée un peu différemment de la structure `if-else`.

Le mot-clé `switch` est suivi d'une expression entre parenthèses. Habituellement, l'expression est une variable pouvant contenir plusieurs valeurs. La structure `switch` fournit une série de valeurs test et du code à exécuter dans chaque cas.

Pour créer une instruction `switch` :

1. **Commencez avec le mot-clé** `switch`**.**

   Ceci définit la structure. Vous allez tout indenter jusqu'à l'accolade fermante (}) qui clôt la structure `switch`.

2. **Indiquez l'expression.**

Il s'agit d'une variable que vous voulez comparer à différentes valeurs. La variable se place entre parenthèses et est suivie d'une accolade ouvrante (`{`).

3. **Identifiez le premier cas.**

   Indiquez la première valeur à laquelle vous voulez comparer la variable. Assurez-vous que la valeur et la variable sont du même type.

4. **Placez un deux-points (:)à la fin de la description du cas.**

   Attention ! Les lignes de cas finissent par un deux-points (qui indique le début d'un cas) au lieu du traditionnel point-virgule. C'est vite oublié !

5. **Écrivez le code pour le cas.**

   Vous pouvez écrire autant de lignes de code que vous voulez. Ce code sera seulement exécuté si l'expression est égale au cas. Habituellement, tout le code d'un cas est indenté.

6. **Marquez la fin du cas avec une instruction `break`.**

   L'instruction `break` indique à l'ordinateur de sortir de la structure `switch` dès que le cas a été évalué (ce qui correspond presque toujours à ce que vous voulez).

7. **Répétez l'opération avec les autres cas.**

   Créez du code similaire pour tous les autres cas que vous souhaitez tester.

8. **Utilisez la clause `default` pour éviter les surprises.**

   Le cas spécial `default` fonctionne comme `else` dans une structure `if-else`. Il remplace les éventuels cas auxquels vous n'auriez pas pensé. Même si vous pensez avoir traité toutes les possibilités, utilisez la clause `default` juste au cas où.

Inutile de placer une instruction break dans la clause `default` car elle s'exécute toujours à la fin de la structure `switch`.

Switcher avec style

La structure `switch` est puissante, mais elle peut paraître un peu complexe car son format est étrange. Voici quelques astuces pratiques à retenir :

- **Vous pouvez comparer tous types d'expression.** Si vous avez déjà utilisé un autre langage (C ou Java), vous devriez savoir que les `switch` ne fonctionnent qu'avec des valeurs numériques. Les `switch` Javascript s'utilisent avec tous types de données.
- **Libre à vous de modifier le type.** Lorsque vous travaillez avec une variable numérique et que vous la comparez à des valeurs de chaîne, vous risquez de ne pas obtenir les résultats escomptés.
- **N'oubliez pas les deux-points.** À la fin des lignes, l'instruction `switch` utilise des points-virgules comme la plupart des autres commandes JavaScript. Les lignes qui décrivent des cas se terminent par des deux-points (:) et non par des points-virgules. Attention, il est facile de se tromper !
- **Terminez chaque cas avec un `break`.** Utilisez l'instruction `break` pour terminer chaque cas ou vous risquez d'obtenir des résultats bizarres.

NOTE TECHNIQUE

Si vous avez un peu d'expérience en programmation, vous allez me dire qu'il existe une meilleure solution : les tableaux. Je suis assez d'accord avec vous et vous invite à passer au Chapitre 5. Les `switch` et les structures `if` et `if-else` y ont aussi leur place.

Imbriquer des instructions if

Il est possible de combiner des conditions dans tous les sens. Une décision peut inclure d'autres décisions pouvant elles aussi contenir d'autres décisions. Vous pouvez imbriquer les instructions `if` les unes dans les autres pour gérer ce type de logique (parfois complexe).

La Figure 3.6 montre un exemple particulièrement bizarre. Imaginez que vous assistiez au tirage au sort de votre événement sportif préféré. Bien sûr, la pièce peut tomber sur pile ou face. Pour illustrer la possibilité d'imbriquer des instructions `if`, imaginez que l'arbitre ait une personnalité complexe : il est soit surfeur, soit L337 94m3r (traduction : joueur d'élite). La figure montre quelques résultats de tirages.

Tout cela commence à devenir compliqué, alors observez bien le code :

```
<script type = "text/javascript">
  //<![CDATA[
  // extrait de coinToss.html
  coin = Math.ceil(Math.random() * 2);
```

```
    character = Math.ceil(Math.random() * 2);
    if (character == 1){
      //L'arbitre est surfeur
      if (coin == 1){
        alert("Pile, mon pote !");
      } else {
        alert("Face, mon frère !");
      } // fin de coin if

    } else {
      //L'arbitre est L337
      if (coin == 1){
        alert("p1L3 r0xx0r$");
      } else {
        alert("F4c3 ruL3");
      } // fin de if coin
    } // fin de if character

    //]]>
  </script>
```

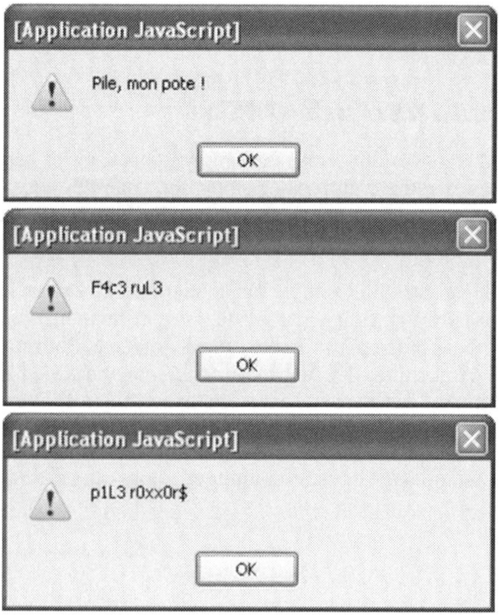

Figure 3.6 : Pile ou face ? Surfer ou joueur ?

Que signifie L337 ?

Leet (L337) est un phénomène social né au sein de la communauté des joueurs en ligne. À l'origine, il s'est lancé quand des personnes ont voulu créer des noms d'utilisateurs uniques pour les jeux multijoueurs. Par exemple, si vous vouliez vous appeler "joueur", le nom était déjà pris. Des joueurs audacieux ont alors commencé à substituer des lettres similaires et des nombres (et quelquefois une orthographe créative) pour créer des noms originaux mais lisibles. Cette pratique s'est étendue au point d'être désormais utilisée pour les SMS et les raccourcis de chat en ligne comme une sorte de code geek. Vous avez compris ? L337 94m3r signifie *Leet Gamer* ou joueur d'élite. Ne me demandez pas pourquoi l'arbitre est soit surfeur, soit L337 94m3r. C'est sûrement dû à d'obscures circonstances de jeunesse...

Créer les conditions imbriquées

Une fois que vous avez saisi comment fonctionnent les structures `if`, vous allez voir comment tout cela s'accorde. Cette démarche correspond à l'exemple de la section précédente :

1. **Lancez la pièce.**

   J'ai utilisé un dérivé de la technique du lancer de dé. Une pièce peut uniquement tomber sur pile ou sur face. J'ai donc lancé une valeur pouvant être 1 ou 2 pour la variable `coin`.

2. **Lancez une autre pièce pour la personnalité.**

   La personnalité de l'arbitre se reflète dans une autre valeur aléatoire, 1 ou 2.

3. **Testez pour le surfeur.**

   Si le lancer de `character` donne 1, c'est un surfeur. Dans ce cas, définissez une instruction `if` pour traiter le résultat du surfeur.

4. **Si c'est le surfeur, testez le tirage au sort.**

   Maintenant que vous savez que c'est le surfeur qui parle, vous devez tester la pièce avec pile ou face. Pour ce faire, il vous faut une autre instruction `if`.

5. **Répondez au tirage au sort en langage de surfeur.**

   Utilisez des instructions `alert()` pour renvoyer le résultat en langage de surfeur.

6. **Traitez le personnage L337.**

   La structure `if` extérieure détermine quel personnage parle. La clause `else` de ce cas se réalise si `character` n'est pas égal à 1. Alors tout le code L337 va dans la clause `else`.

7. **Testez la pièce une dernière fois.**

   Maintenant que vous parlez en code joueur, déterminez ce qu'il faut dire en consultant la pièce dans une autre instruction `if`.

Utilité des if imbriqués

Comme vous pouvez le constater, les structures `if` imbriquées ne sont pas si complexes, mais elles peuvent être très désordonnées. Voici quelques conseils pour vous assurer que tout reste en ordre :

- **Surveillez votre indentation**. L'indentation est un moyen simple de se repérer dans le code. Toutefois, soyez vigilant quant au schéma d'indentation que vous choisissez. Un éditeur comme Aptana, qui indente votre code automatiquement, est très pratique.

- **Utilisez les commentaires**. Il est facile de se perdre dans la logique d'une condition imbriquée. Ajoutez des commentaires pour vous rappeler où vous en êtes dans la logique. Notez que je précise, dans tous les exemples de ce chapitre, la fin de chaque instruction `if`.

- **Testez votre code**. Ne pensez pas que votre code va fonctionner juste parce que vous pensez qu'il fonctionne. Il y a souvent des surprises ! Testez-le minutieusement pour vous assurer que le code fasse réellement ce que vous voulez qu'il fasse.

Chapitre 4

Boucles et débogage

Dans ce chapitre :

- Créer des boucles.
- Étudier différentes versions de boucles.
- Créer des boucles `while` flexibles.
- Créer des boucles `while` au comportement parfait.
- Identifier les boucles réticentes.
- Repérer des plantages grâce aux outils de débogage.
- Détecter des erreurs logiques.
- Utiliser le débogueur Aptana ligne par ligne.
- Utiliser le débogueur Firebug.
- Observer des variables et des conditions.

Les programmes informatiques n'ont aucune peine à réaliser des tâches répétitives. Elles s'accomplissent au moyen d'une série de structures appelées boucles. Une boucle est une structure qui vous permet de répéter un segment de code. Dans ce chapitre, vous allez apprendre les deux principales techniques pour gérer les boucles.

Les boucles sont très efficaces, mais elles peuvent être dangereuses. Il est possible de créer des boucles qui réagissent mal et ces problèmes sont très difficiles à identifier. Pas de panique ! Je vais vous montrer plusieurs techniques très performantes pour examiner votre code et détecter le problème.

Créer des boucles avec le compteur for

La boucle `for` est un type de boucle standard. Vous pouvez utiliser ces boucles pour répéter du code un certain nombre de fois. La Figure 4.1 montre une boucle `for` en action.

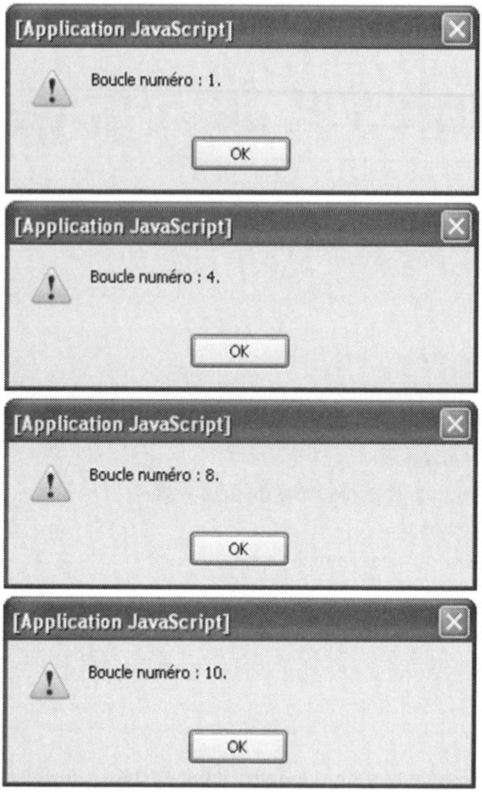

Figure 4.1 : Cette boucle se répète dix fois avant de s'arrêter.

Cela ressemble à dix instructions `alert()` différente, mais il n'y en a qu'une répétée dix fois.

N'OUBLIEZ PAS

Sur la Figure 4.1 et dans la plupart des autres démos de ce chapitre, je vous montre uniquement les premières boîtes de dialogue et la dernière, juste pour que vous puissiez vous faire une idée. Pour voir exactement comment cela fonctionne, n'hésitez pas à consulter le programme complet disponible sur le site Web des Éditions First à l'adresse http://www.editionsfirst.fr/telechargements/ (pour ce faire, vous devrez sélectionner *Pour les nuls GF informatique*, cliquer sur l'image de couverture du livre *Javascript et Ajax pour les nuls*, puis enregistrer le fichier ZIP).

La structure de la boucle `for` est claire dans le code :

```
<script type = "text/javascript">
  //<![CDATA[
  //extrait de BasicFor.html
  for (lap = 1; lap <= 10; lap++){
    alert("Boucle numéro : " + lap + ".");
  } // fin de for
  //]]>
</script>
```

Les boucles `for` sont basées sur un nombre entier (parfois appelé compteur). Dans cet exemple, `lap` sert de compteur utilisé pour compter le nombre de répétitions de la boucle.

L'instruction `for` présente trois parties distinctes :

- **Initialisation** : ce segment (`lap = 1`) définit la valeur initiale du compteur.
- **Condition** : la condition (`lap <= 10`) est une condition standard (même si elle ne requiert pas de parenthèses dans ce contexte). La boucle se répète tant que la condition est considérée comme vraie.
- **Modification** : la dernière partie de la structure `for` (`lap++`) indique que le compteur va être modifié dans la boucle. Dans ce cas, j'ajoute 1 à la variable `lap` à chaque itération de la boucle.

La structure `for` dispose de parenthèses contenant le code qui va être répété. Comme d'habitude, le code contenu dans cette structure est indenté. Vous pouvez ajouter autant de code que vous voulez dans une boucle.

L'opérateur `lap++` est un raccourci. Il est très courant d'ajouter 1 à une variable. Donc l'opération `lap++` signifie " ajouter un à `lap` ". J'aurais aussi pu écrire `lap = lap + 1` mais `lap++`, c'est bien plus simple !

Lorsque les programmeurs ont décidé de faire évoluer le langage C, ils ont appelé le nouveau langage C++. Vous saisissez ? C'est un niveau au-dessus de C !

Les boucles `for` sont très utiles quand vous savez combien de fois une action doit se produire.

Créer une boucle décroissante

Il est possible de modifier la boucle `for` standard pour qu'elle compte de manière décroissante. La Figure 4.2 vous donne un exemple de ce comportement.

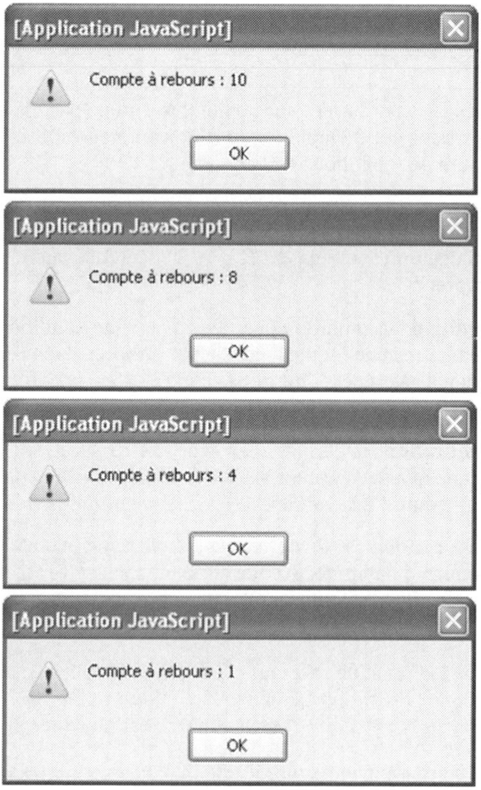

Figure 4.2 : Ce programme compte de façon décroissante en utilisant une boucle for.

La version décroissante de la boucle `for` utilise la même structure générale que la version croissante, mais avec des paramètres légèrement différents :

```
<script type = "text/javascript">
  //<![CDATA[
  //extrait de backwards.html

  for (lap = 10; lap >= 1; lap--){
```

```
    alert("Compte à rebours : " + lap);
  } // fin de for

  //]]>
</script>
```

Pour compter de façon décroissante, modifiez simplement les trois parties de l'instruction `for` :

- **Initialisez le compteur en lui attribuant un nombre élevé**. Si vous comptez de manière décroissante, mieux vaut commencer avec un nombre supérieur à 0 ou 1.
- **Laissez faire jusqu'à ce que le compteur soit supérieur à une certaine valeur**. Le code contenu dans la boucle s'exécute tant que la condition est réalisée. Le nombre va continuer à diminuer alors veillez à faire une comparaison `"supérieur à"` ou `"supérieur ou égal à"`.
- **Décrémentez le compteur**. Si vous voulez que le nombre diminue, vous devez y soustraire une valeur. Pour ce faire, utilisez l'opérateur `--`. Il soustrait 1 à la variable.

Ajouter 5 en une fois

Vous pouvez utiliser la boucle `for` pour réaliser d'autres types de boucles avec compteur. Par exemple, pour compter de 5 en 5, utilisez la version suivante :

```
<script type = "text/javascript">
  //<![CDATA[

  //extrait de byFive.html
  for (i = 5; i <= 25; i += 5){
    alert(i);
  } // fin de for

  //]]>
</script>
```

Ce code démarre avec `i = 5`, se répète tant que `i` est inférieur ou égal à 25 et `i` augmente de 5 à chaque itération de la boucle. La Figure 4.3 illustre ce code en action.

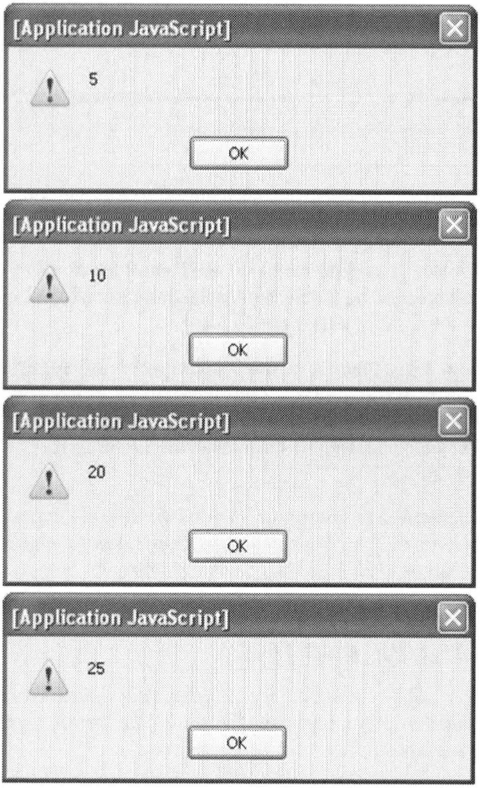

Figure 4.3 : Une boucle for peut aussi ignorer des valeurs.

Pour qu'une boucle `for` " saute " des nombres, effectuez quelques modifications dans le schéma général.

- **Initialisez le compteur à 5** : je veux que la boucle démarre à 5 qui sera donc la valeur initiale.
- **Comparez le compteur à 25** : il va de soi que la fin d'une boucle qui compte de 5 en 5 doit être un multiple de 5. Je veux que cette boucle continue jusqu'à ce qu'elle atteigne 25. Elle va donc continuer tant que `i` est inférieur ou égal à 25.
- **Ajoutez 5 à i à chaque tour** : l'instruction `i += 5` ajoute 5 à `i` (ce qui équivaut à `i = i + 5`).

La clé pour la construction de boucles `for` est de se souvenir de ces trois éléments et de s'assurer qu'ils travaillent ensemble. Il suffit de créer une variable compteur, de lui attribuer une valeur initiale, de la comparer à une condition et de modifier la variable à chaque tour.

C'est simple à faire dans une boucle `for` parce que tous ces éléments sont dans la structure de la boucle `for`. Toutefois, si votre boucle ne fonctionne pas comme vous le souhaitez, inspirez-vous des astuces de débogage décrites ultérieurement dans ce chapitre.

S'initier à while

La boucle `for` est très utile, mais elle a une cousine encore plus pratique, appelée `while`. Une boucle `while` n'est pas limitée à un certain nombre de répétitions. Elle se répète tant que sa condition est réalisée.

Créer une boucle while standard

La boucle `while` standard est facile à créer, mais elle est sournoise. Voici un exemple :

```
<script type = "text/javascript">
  //<![CDATA[
  // extrait de while.html

  answer = "-99";
  while (answer != "5"){
    answer = prompt("Combien font 3 + 2 ?");
    if (answer == "5"){
      alert("Bravo !");
    } else {
      alert("Essayez encore...");
    } // fin de if
  } // fin de while

  //]]>
</script>
```

Le script pose à l'utilisateur une question mathématique simple et continue à la poser jusqu'à ce que l'utilisateur réponde correctement. Observez le code en action sur la Figure 4.4.

Le fonctionnement d'une boucle `while` est relativement facile à comprendre. Voilà comment créer le programme :

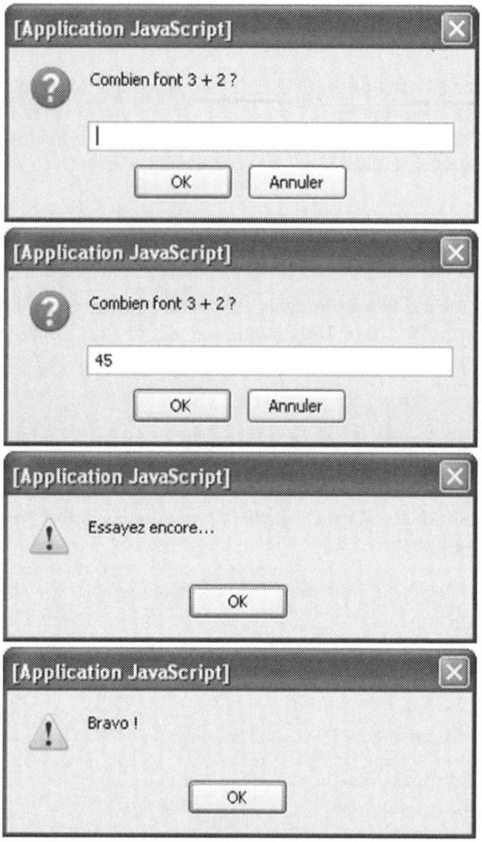

Figure 4.4 : Cette boucle continue jusqu'à ce que l'utilisateur entre la réponse exacte.

1. **Créez une variable appelée** `answer`**.**

   Elle va servir de compteur pour la boucle.

2. **Initialisez la variable.**

   La valeur initiale de la variable est fixée à "-99" qui ne peut évidemment pas être correcte. Agir ainsi garantit que la boucle va au moins s'exécuter une fois.

3. **Testez le contenu de la variable** `answer`**.**

   Dans ce programme, la réponse correcte est 5. Tant que la valeur d'`answer` est différente de 5, la boucle continue. J'ai prédéfini la valeur d'`answer` à "-99" pour être sûr que la boucle se réalise au moins une fois.

4. **Posez une question d'arithmétique à l'utilisateur.**

   Il est important de modifier la valeur de la variable `answer` pour pouvoir lui attribuer la valeur 5 et pouvoir ensuite sortir de la boucle.

5. **Envoyez un message à l'utilisateur.**

   Il est de bon ton d'informer l'utilisateur ; alors envoyez-lui un message d'information.

Éviter les erreurs dans les boucles

Une boucle `while` semble plus simple à utiliser qu'une boucle `for`, mais `while` a exactement les mêmes exigences que `for`.

- **Il y a souvent une variable compteur critique**. Les boucles `while` sont souvent (mais pas toujours) contrôlées par une variable clé.
- **Le compteur doit être initialisé**. Pour que la boucle se comporte correctement, la variable compteur doit être initialisée correctement. Dans la majorité des cas, il faut s'assurer que la boucle se réalise au moins une fois.
- **Vous devez imposer une condition**. Comme la boucle `for`, la boucle `while` est basée sur des conditions. Tant que la condition se réalise, la boucle continue.
- **Il faut modifier le compteur**. Dans la boucle, il doit y avoir une ligne qui modifie la valeur du compteur. Assurez-vous que la condition puisse aussi être fausse ou vous risquez de ne jamais en sortir !

Si vous sautez l'une de ces étapes, la boucle `while` peut ne pas fonctionner correctement. Attention, c'est facile de faire des erreurs avec une boucle `while` ! Malheureusement, ces erreurs n'entraînent généralement pas de plantage. Au lieu de cela, la boucle peut refuser de s'exécuter ou se dérouler indéfiniment.

S'initier à quelques mauvaises boucles

Quelquefois les boucles ne se comportent pas correctement. Même si la syntaxe est correcte, il est possible que votre boucle ne fasse pas ce que vous voulez. Il existe deux types d'erreurs courantes : les boucles qui ne se lancent jamais et celles qui ne s'arrêtent jamais.

Gérer des boucles réticentes

Il se peut que vous écriviez du code et que vous ayez l'impression que la boucle ne s'exécute jamais. Le programme suivant illustre cette triste condition :

```
<script type = "text/javascript">
  //<![CDATA[

  //extrait de never.html
  //Attention ! Ce script contient une erreur intentionnelle !

  i = 1;
  while (i > 10){
    i++;
  } // fin de while

  //]]>
</script>
```

Ce code semble tout à fait innocent, mais si vous l'exécutez, vous risquez d'être surpris. Il ne plante pas mais il n'a pas non plus l'air de faire grand-chose. Examinez le code pas à pas pour comprendre pourquoi. J'initialise `i` à 1 et le code se répète tant que `i` est supérieur à 10. Vous voyez où est le problème ? `i` est inférieur à 10 dès le départ, donc la condition est fausse et la boucle ne s'exécute jamais ! La condition correcte aurait été (`i < 10`). C'est une petite erreur d'inattention, mais typiquement le genre d'erreur idiote que je fais à chaque fois.

Gérer des boucles infinies

L'autre type de mauvaise boucle est le contraire de la boucle réticente. Elle commence bien mais ne s'arrête jamais !

Le code suivant illustre une boucle infinie :

```
<script type = "text/javascript">
  //<![CDATA[

  //extrait de endless.html
  // Attention : ce programme contient une erreur
```

```
  // intentionnelle ! Vous devez fermer le navigateur
  // pour arrêter la boucle.

  i = 0;
  j = 0;

  while (i < 10){
    j++;
    alert(j);
  } // fin de while

  //]]>
</script>
```

Si vous décidez d'exécuter le programme `endless.html`, notez qu'il ne fonctionnera pas correctement. Pire encore, le seul moyen de l'arrêter sera de fermer votre navigateur à l'aide du gestionnaire des tâches. Plus tard dans ce chapitre, je vous montrerai comment exécuter ce type de code dans un environnement sûr pour comprendre ce qui ne va pas.

Ce code est un exemple de boucle infinie. Généralement, la syntaxe de ce type de boucle est parfaitement valide, mais une erreur logique l'empêche de s'exécuter correctement. Cette erreur logique est souvent l'une des erreurs suivantes :

- **La variable n'a pas été initialisée correctement**. La valeur initiale du compteur empêche la boucle de se lancer correctement.
- **La condition teste quelque chose qui ne peut pas arriver**. Soit la condition contient une erreur, soit quelque chose l'empêche de se déclencher.
- **Le compteur n'a pas été modifié dans la boucle**. Si vous oubliez de modifier la variable compteur, vous allez obtenir une boucle infinie. Si vous modifiez la variable une fois que la boucle est terminée, vous obtenez une boucle infinie. Si vous demandez une entrée utilisateur au mauvais format, vous pouvez aussi obtenir une boucle infinie difficile à diagnostiquer.

Déboguer du code

En écrivant du code JavaScript, vous rencontrez forcément des erreurs. Ça fait partie de la vie du programmeur ! Les boucles sont particulièrement pénibles parce qu'elles peuvent créer des problèmes même s'il n'y a pas d'erreur de syntaxe. Heureusement, il existe des outils efficaces qui aident à détecter les bogues fâcheux.

Aide Aptana

Si vous écrivez du code avec Aptana, vous disposez d'emblée d'une aide formidable. Aptana met à votre disposition les mêmes outils de mise en évidence de la syntaxe et de complétion du code que ceux que vous utilisiez en écrivant du XHTML et du CSS.

De plus, Aptana détecte les erreurs JavaScript très rapidement. La Figure 4.5 montre un programme contenant une erreur.

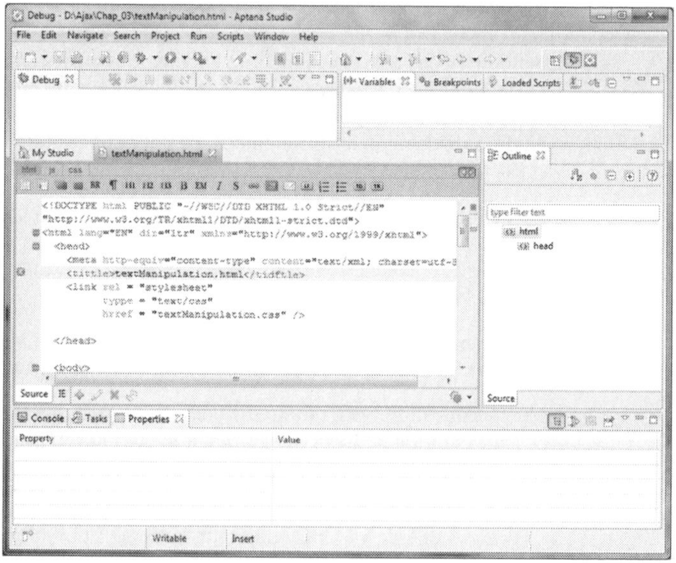

Figure 4.5 : Aptana a détecté l'erreur et me propose son aide.

Aptana utilise plusieurs méthodes pour vous signaler les erreurs dans le code :

- **Le code suspect est souligné d'un trait ondulé rouge**. Le trait est identique à celui qu'un correcteur orthographique utilise pour souligner un mot suspect dans un traitement de texte.
- **Un rond rouge indique la ligne problématique**. Examinez la marge pour localiser les erreurs rapidement.
- **Toutes les erreurs sont mentionnées dans la fenêtre de validation**. Vous disposez d'une liste de toutes les erreurs et du

numéro de ligne correspondant. Double-cliquez sur une erreur pour basculer directement sur l'erreur dans le code.

- **Vous pouvez pointer une erreur pour en savoir plus**. Pointez la souris sur une erreur pour en obtenir un résumé.

Déboguer JavaScript dans IE

Microsoft Internet Explorer a un comportement imprévisible avec les erreurs JavaScript. IE6 vous dirige vers une sorte d'éditeur, mais les éditeurs ont changé au fil du temps et sont modifiés (sans que vous ne le sachiez ou l'autorisiez) quand vous installez de nouveaux logiciels. IE7 et IE8 (tout du moins par défaut) ne font rien. Vous ne verrez aucune erreur ou indication d'erreur.

Suivez la démarche ci-après pour forcer IE à vous assister :

1. **Sélectionnez Outils>Options Internet>Avancé.**

   Une boîte de dialogue semblable à celle de la Figure 4.6 s'ouvre.

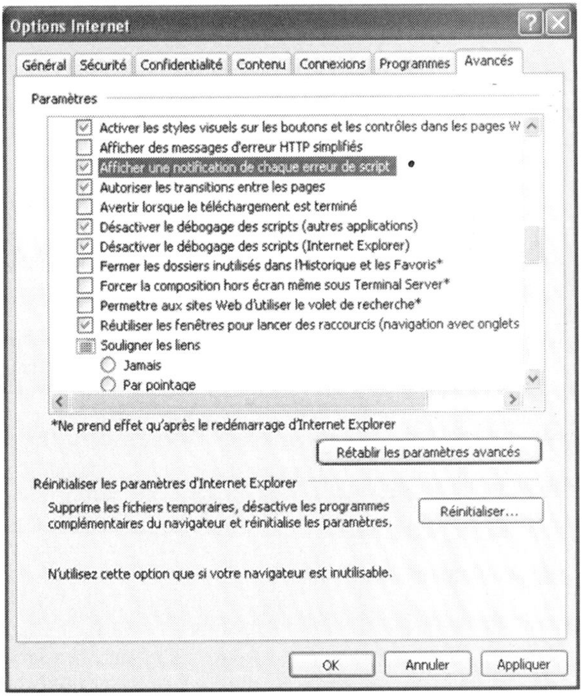

Figure 4.6 : La boîte de dialogue Options Internet vous permet d'afficher les messages d'erreur dans Internet Explorer.

2. **Sélectionnez Afficher une notification de chaque erreur de script.**

   Ne touchez pas aux autres paramètres. Inutile d'activer le débogage de script parce qu'il ne fonctionne pas très bien. Je vous révélerai une meilleure technique ultérieurement dans ce chapitre (consultez la section " Utiliser le débogueur Firebug ").

Désormais, si vous chargez `broken.html` dans IE, vous verrez quelque chose comme la Figure 4.7.

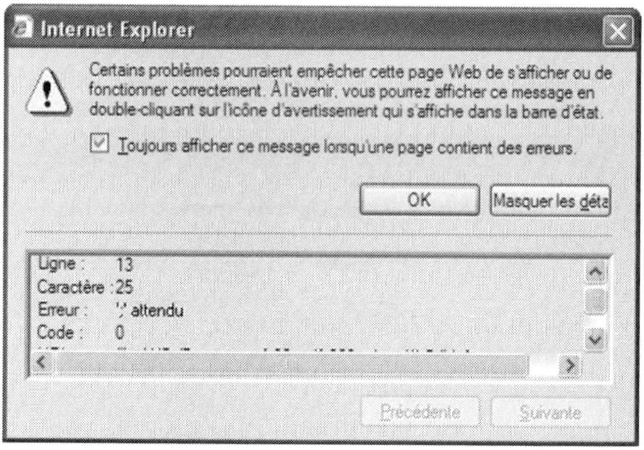

Figure 4.7 : Je ne pensais pas pouvoir un jour me réjouir de voir un message d'erreur !

C'est une bonne nouvelle puisque vous savez au moins qu'il y a un problème et vous disposez de quelques conseils pour le résoudre. Dans le cas présent, le message d'erreur est assez utile. C'est souvent le cas, mais quelquefois les messages d'erreur semblent avoir été rédigés par des extraterrestres.

Assurez-vous que l'affichage des messages d'erreur est activé dans IE pour que vous sachiez au moins s'il y a des erreurs. Bien sûr, je vous conseille de tester votre code dans Firefox qui possède un tas d'outils pratiques pour le tester.

Détecter des erreurs dans Firefox

Par rapport à IE, Firefox propose une meilleure gestion des erreurs. En plus, vous pouvez utiliser des extensions pour transformer Firefox en une vraie bête de débogage. Dans sa configuration par défaut, la notification d'erreurs est plutôt simpliste. Si vous suspectez la présence d'erreurs JavaScript, ouvrez la fenêtre des erreurs JavaScript. Pour ce faire, sélectionnez Console d'erreurs dans le menu Outils ou entrez

javascript: dans la barre d'adresses. La Figure 4.8 montre la console d'erreurs après exécution du programme `broken.html`.

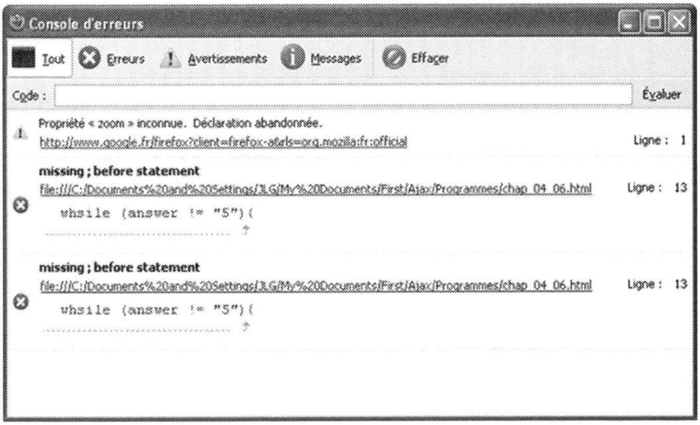

Figure 4.8 : La console d'erreurs Firefox est très utile.

En général, je trouve que les messages d'erreur de la console Firefox sont plus utiles que ceux fournis par IE.

TRUC

La console d'erreurs ne se vide pas automatiquement quand vous chargez une nouvelle page. Elle risque donc de contenir un tas de messages d'erreur. Veillez à effacer l'historique (cliquez sur le bouton Effacer de la console d'erreurs) et actualisez la page pour voir uniquement les erreurs survenues sur cette page.

Détecter des erreurs de syntaxe avec Firebug

L'un des principaux avantages de Firefox est son architecture évolutive. Des personnes très inspirées ont créé des extensions très performantes offrant toujours plus de fonctionnalités. Firebug en est un exemple. Cette extension (disponible sur https://addons.mozilla.org/fr/firefox/addon/1843) élargit nettement vos possibilités en matière de programmation.

Firebug (cité dans le Chapitre 1) est utile pour la programmation HTML et CSS, mais il déploie tout son art quand il s'agit de déboguer du code JavaScript.

Quand Firebug est actif, une petite icône s'affiche au bas de la fenêtre du navigateur. En cas de détection d'erreurs JavaScript, une icône d'erreur rouge apparaît. Cliquez sur cette icône pour ouvrir la fenêtre Firebug qui décrit le problème. La Figure 4.9 montre comment cela fonctionne.

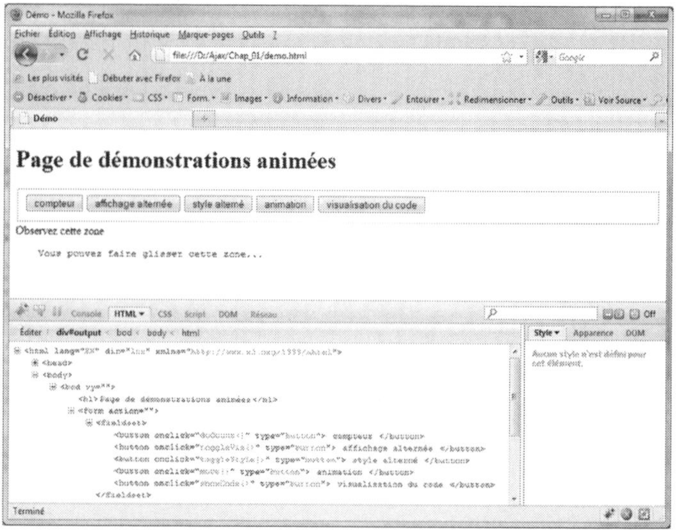

Figure 4.9 : L'extension Firebug signale une erreur. Cliquez sur la ligne de l'erreur pour la voir dans son contexte.

Si vous cliquez sur le segment de code erroné, vous pouvez examiner l'erreur dans son contexte, ce qui peut être très utile car l'erreur ne se situe pas forcément dans la ligne indiquée. Généralement, quand j'écris du code JavaScript, j'ouvre Firebug pour repérer tous les problèmes.

La version Firebug Lite de Firebug s'utilise dans d'autres navigateurs (IE, Chrome et Safari). Cette version est disponible sous forme d'applet. Cela signifie que vous pouvez insérer un lien vers le code dans vos signets et utiliser ce programme pour bénéficier des fonctionnalités de Firebug dans ces autres navigateurs. Consultez http://getfirebug.com/lite.html pour plus de détails.

Détecter des erreurs logiques

L'erreur présentée dans `broken.html` est plutôt facile à corriger. Elle plante le navigateur à un endroit spécifique du code, ce qui permet de repérer facilement ce qui a mal fonctionné. Le plantage est souvent suivi d'un message d'erreur qui vous fournit des indices sur l'erreur. La plupart du temps, il s'agit d'un problème de syntaxe : orthographe incorrecte, oubli de ponctuation ou une autre erreur facile à corriger.

Les boucles et les sauts provoquent un type de problème bien plus tenace, appelé erreur logique (en opposition à une erreur de syntaxe). Les erreurs logiques se distinguent par une absence totale d'erreurs de syntaxe et un comportement différent de celui escompté. Ces erreurs peuvent être beaucoup plus difficiles à repérer parce que vous manquez d'informations.

Bien évidemment, si vous disposez des bons outils, vous êtes en mesure de détecter les bogues les plus sournois. Le secret est d'observer soigneusement ce qu'il se passe dans vos variables, éléments que l'utilisateur ne voit pas.

Stocker des informations dans la console avec Firebug

Firebug possède un autre outil raffiné : vous pouvez envoyer des messages courts à sa console. Observez le programme `log.html` :

```
<script type = "text/javascript">
  //<![CDATA[
  // extrait de log.html
  // ce programme requiert firebug dans firefox

  for (i = 1; i <= 5; i++){
    console.log(i);
  } // fin de la boucle for

  //une autre boucle avec une sortie plus originale
  for (i = 1; i <= 5; i++){
    console.log("i vaut %d.", i);
  }

  console.info("Message d'information");
  console.warn("Message d'alerte");
  console.error("Message d'erreur");

  //]]>
</script>
```

Ce code est spécial car il contient plusieurs références à l'objet `console`. Cet objet est uniquement disponible dans les navigateurs Firefox équipés de l'extension Firebug. La Figure 4.10 montre ce que vous devriez voir quand vous exécutez le programme avec Firebug et que vous ouvrez l'onglet Console.

L'objet `console` vous permet d'écrire des messages lisibles uniquement dans la console. C'est un bon moyen pour tester votre code et observer

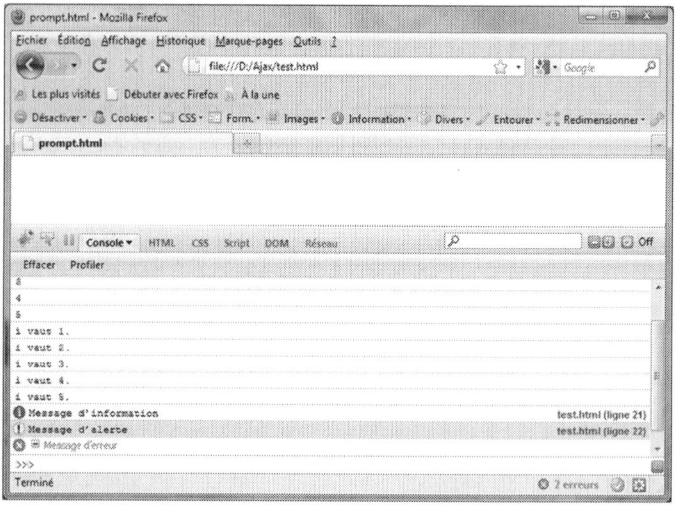

Figure 4.10 : La console Firebug affiche de nouvelles informations.

ce qui se passe, notamment si tout ne fonctionne pas comme vous le voulez.

TRUC

Pour tester votre code dans IE, il existe une version de Firebug (appelée Firebug Lite) qui fonctionne dans d'autres navigateurs. Consultez la page d'accueil de Firebug pour télécharger et installer cet outil si vous voulez utiliser les commandes de la console dans d'autres navigateurs. Notez que la syntaxe pour l'utilisation de la console est légèrement différente quand vous utilisez Firebug Lite. Consultez le site pour plus de détails.

Observer la sortie de la console

Le programme fonctionne ainsi :

- **La première boucle affiche la valeur de `i` dans la console.** À chaque première boucle, la fonction `console.log` affiche la valeur de `i`. Cette information peut être très utile si la boucle ne fonctionne pas correctement (par exemple). La méthode `console.log()` permet d'afficher la valeur de n'importe quelle variable.
- **La seconde boucle montre un type d'affichage plus élaboré.** Il se peut que vous vouliez définir clairement la valeur que vous envoyez à la console. Firebug supporte une syntaxe spécifique, appelée affichage disposé, qui simplifie ce processus.

```
console.log("i vaut %d.", i);
```

La chaîne "`i vaut %d`" représente ce que vous vous voulez afficher dans la console. Le caractère spécial `%d` indique que vous souhaitez placer une valeur numérique à cet endroit. Après la virgule, vous pouvez spécifier la variable à insérer dans le texte.

NOTE TECHNIQUE

Il existe d'autres caractères spécifiques : `%s` s'utilise pour une chaîne et `%o` pour un objet. Si `printf` vous est familier en C, vous allez vite adopter cette technique.

- **Vous pouvez spécifier des messages plus urgemment**. Il est possible d'utiliser des dérivés de `console.log` pour introduire une notion d'urgence dans vos messages. Comparez le code du programme `log.html` avec le résultat de la Figure 4.10 pour voir comment les messages d'information, d'alerte et d'erreur sont affichés.

Si votre programme ne fonctionne pas correctement, tentez d'utiliser les commandes de la console pour décrire précisément ce qu'il se passe pour chacune de vos variables. Cette démarche peut vous aider à repérer les problèmes et à les résoudre.

ATTENTION !

Une fois que votre programme fonctionne correctement, n'oubliez pas de fermer les commandes de la console ! Supprimez-les ou rendez-les inactives avec des caractères de commentaire. Les commandes de la console provoquent une erreur dans tous les navigateurs où Firebug n'est pas installé. Il y a de fortes chances pour que vos utilisateurs ne possèdent pas cette extension.

Utiliser un débogueur interactif

Les langages de programmation classiques privilégient souvent un outil de débogage spécifique pour corriger les problèmes particulièrement sévères. Un débogueur standard possède les fonctionnalités suivantes :

- **La possibilité d'interrompre un programme en cours d'exécution** : les erreurs logiques sont difficiles à repérer car le programme continue sans cesse. Un débogueur vous permet de définir une ligne comme *point d'arrêt*. Lorsque le débogueur rencontre le point d'arrêt, le programme est en mode " pause ". Il n'est plus exécuté, mais juste interrompu.
- **Un mécanisme permettant de se déplacer de ligne en ligne dans le code :** vous pouvez avancer de ligne en ligne dans le code pour vérifier si tout est conforme à vos attentes.

- **Un moyen de visualiser les valeurs de toutes les variables et expressions** : il est important pour vous de savoir ce qu'il se passe au niveau de vos variables (par exemple, la variable change-t-elle quand vous pensez qu'elle doit changer ?). Un débogueur doit vous permettre de visualiser les valeurs de toutes les variables.
- **La capacité de stopper les processus incontrôlables** : en créant des boucles, il se peut que vous génériez accidentellement des boucles infinies. Dans un navigateur standard, le seul moyen de sortir d'une boucle infinie est de fermer le navigateur avec le gestionnaire des tâches (ou gestionnaire de processus dans certains systèmes d'exploitation). C'est une solution quelque peu radicale. Un débogueur vous permet de stopper une boucle incontrôlable sans avoir recours au gestionnaire des tâches.

Les débogueurs sont extrêmement pratiques et couramment utilisés dans la plupart des langages de programmation. Par le passé, les programmeurs JavaScript ne disposaient pas d'outils de débogage car les considérations techniques d'un langage intégré rendaient le débogage difficile.

NOTE TECHNIQUE

Fort heureusement, Firebug et Aptana disposent d'un débogueur interactif qui propose toutes ces fonctionnalités. Mieux encore, ils travaillent ensemble pour vous fournir une aide de qualité.

Aptana possède un débogueur intégré. Initialement, il fallait s'équiper d'une extension Firefox qui renvoyait les informations à Aptana. Aujourd'hui, les développeurs de Firebug et d'Aptana collaborent pour permettre à Firebug de travailler directement avec Aptana. Quand vous utilisez le débogueur Aptana, il travaille automatiquement avec Firebug.

Pour tester les débogueurs, j'ai écrit un programme contenant une erreur intentionnelle, difficile à détecter sans débogueur :

```
//<![CDATA[
//extrait de debug.html
//contient une erreur intentionnelle

var i = 0;
var j = 0;
while (i <= 10){
  console.log(i);
  j++;
} // fin de while
```

```
  //]]>
</script>
```

Il s'agit d'une autre version du programme `endless.html`, utilisé précédemment dans ce chapitre. Vous devriez repérer le problème en un coup d'œil. Si ce n'est pas le cas, insistez un peu avant d'exécuter le débogueur. Quoi qu'il en soit, continuez votre lecture même si vous avez localisé le problème. Cela vous permettra d'apprendre à utiliser le débogueur.

TRUC

J'ai utilisé `console.log()` comme sortie dans ce programme afin d'éviter de faire des allers-retours entre le navigateur et l'éditeur pour gérer les boîtes de dialogue.

Pour contrôler un programme avec le débogueur Aptana, commencez par charger le fichier dans le débogueur.

Ajouter un point d'arrêt

Jusqu'à présent, vos programmes JavaScript étaient relativement courts. Désormais, ils vont être beaucoup plus volumineux. Je vous conseille de spécifier un point d'arrêt pour ne pas recommencer le débogage ligne par ligne à partir du début. Quand vous exécutez un programme en mode débogage, il s'exécute à une vitesse normale jusqu'à ce qu'il atteigne un point d'arrêt, puis il marque une pause de sorte que vous puissiez le contrôler plus facilement.

Pour définir un point d'arrêt, cliquez à droite du numéro de ligne dans l'éditeur de code.

La Figure 4.11 montre comment j'ajoute un point d'arrêt à la ligne 12 du code `debug.html`.

Exécuter le débogueur

Le débogueur exige que vous exécutiez votre programme d'une manière différente de celle dont vous avez l'habitude. Puisque votre programme est exécuté par le navigateur (et non par Aptana), il faut instaurer un mécanisme pour transmettre les informations du navigateur à Aptana.

1. **Cliquez sur l'icône Debug pour démarrer le débogueur.**

   Elle se présente sous forme d'un petit insecte.

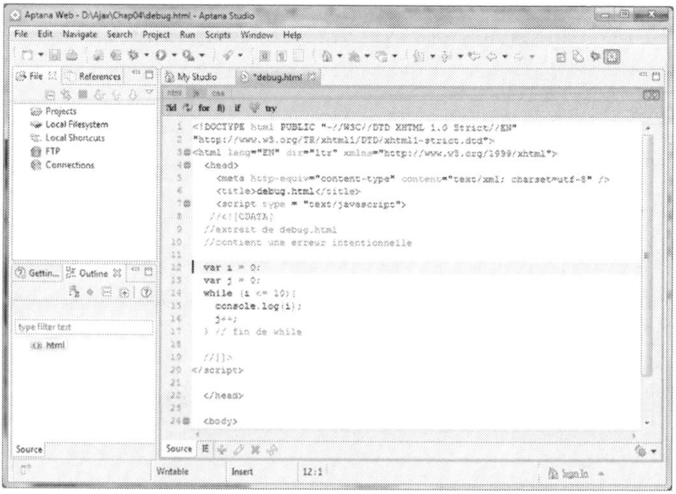

Figure 4.11 : Utilisez un point d'arrêt pour signaler au débogueur quand il doit marquer une pause.

2. **Installez automatiquement l'extension Aptana.**

   Quand vous déboguez un programme JavaScript pour la première fois, Aptana vous demande la permission d'installer une extension Firefox. Cliquez sur Yes pour autoriser l'installation. Vous ne devez réaliser cette opération qu'une seule fois.

3. **Basculez en mode Debug.**

   Aptana ouvre une boîte de message pour vous inviter à basculer en mode Debug. Cliquez sur Yes pour qu'Aptana passe (momentanément) en mode débogage.

Utiliser la fenêtre Debug

Quand Aptana est utilisé pour déboguer, il ouvre une nouvelle fenêtre (appelée perspective dans Aptana). Elle modifie l'apparence de l'écran et optimise l'éditeur pour le débogage. La Figure 4.12 montre le programme `debug.html` en mode Debug.

Le mode Debug modifie l'éditeur pour privilégier le débogage :

- **La fenêtre de complétion du code a disparu.** Cette fonctionnalité n'est pas utile pour le débogage. Elle est donc supprimée pour libérer de l'espace sur l'écran pour d'autres réjouissances.
- **La fenêtre de gestion de fichier manque aussi à l'appel.** De la même manière, vous n'avez pas besoin de manipuler le fichier

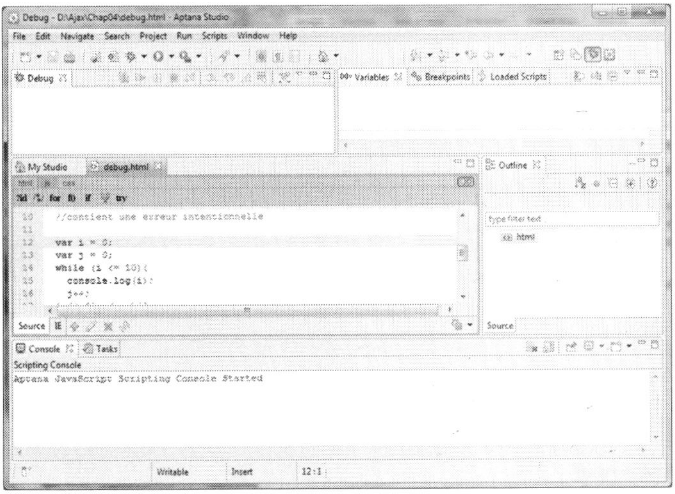

Figure 4.12 : Aptana change d'allure en mode Debug.

en mode Debug. C'est pourquoi cette fenêtre est aussi supprimée (ne vous inquiétez pas, vous la retrouverez en rebasculant en mode Editor standard).

- **Vous bénéficiez d'une nouvelle fenêtre de débogage**. Cette fenêtre affiche les processus en cours. Les éléments les plus importants de cette fenêtre sont les boutons placés en haut de la fenêtre.
- **Vous disposez aussi d'une fenêtre qui affiche les points d'arrêt et les variables.** Cette nouvelle fenêtre décrit les valeurs de toutes vos variables pendant l'exécution du programme.
- **Les autres fenêtres sont les mêmes qu'en mode Editor**. Vous disposez toujours des fenêtres Editor, Console et Outline, mais elles sont arrangées différemment. Bien sûr, vous pouvez les ajuster comme bon vous semble.

TRUC

Suite à la première exécution du mode Debug, une petite icône Debug se place dans le coin supérieur droit de l'interface Aptana. Quand elle est disponible, utilisez-la pour basculer en mode Debug et cliquez sur le bouton Aptana pour revenir en mode Editor standard.

Examiner le mode Debug avec un programme interrompu

Lorsque vous exécutez votre code dans le débogueur, Aptana lance une nouvelle instance de Firefox et y charge votre programme. Dès que votre programme est suspendu pour être débogué, vous disposez de nouveaux détails présentés sur la Figure 4.13.

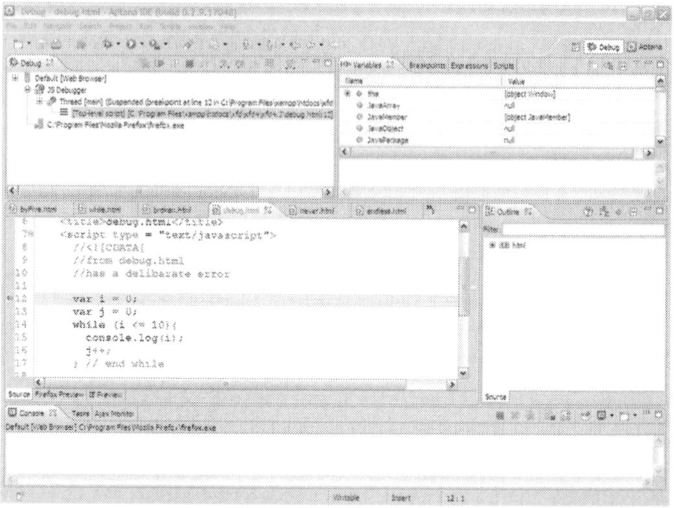

Figure 4.13 : Vous disposez de nouveaux boutons et outils quand vous déboguez un programme.

Quand votre programme est interrompu, vous pouvez observer de nouveaux indicateurs :

- **La fenêtre Debug affiche le script actif**. Pour l'instant, vos programmes n'ont qu'un script, mais plus tard ils en auront plus. La fenêtre de débogage vous indique quel script concentre l'attention du processeur.
- **Les boutons de la fenêtre Debug sont actifs**. Pointez la souris sur chaque nouveau bouton pour afficher l'info-bulle qui précise sa fonction. Je détaille ces boutons dans la prochaine section.
- **La fenêtre Breakpoints présente plus d'onglets**. Deux nouveaux onglets, Expressions et Scripts, viennent compléter les onglets Breakpoints et Variables.
- **La fenêtre Variables affiche toutes les variables de la page**. Même si ce programme ne contient que deux variables explicitement définies, il semblerait qu'il en compte bien plus. Chaque

programme JavaScript possède un tas de variables intégrées. Je reviendrai sur l'utilisation de cette fenêtre ultérieurement dans ce chapitre.

- **La fenêtre Breakpoints vous permet de gérer vos points d'arrêt**. Grâce à cette fenêtre, vous pouvez visualiser tous les points d'arrêt de votre projet et les activer ou les désactiver.
- **La fenêtre Expressions vous permet de suivre des variables ou des expressions spécifiques**. C'est un outil très puissant que je décris plus tard dans ce chapitre.
- **La ligne de code active est mise en évidence**. Si vous placez un point d'arrêt à la ligne 12, cette ligne est mise en évidence. Cette surbrillance se déplace au fur et à mesure que vous avancez dans le code. Ceci vous permet de garder le fil.

Dans certaines versions d'Aptana, un message commençant par `Type Error: request.loadGroup has no properties` risque de s'afficher lorsque vous déboguez un programme. Ce message ne signale pas d'erreur dans le code et ne semble pas provoquer de problème. Il suffit de l'ignorer. De temps en temps, je rencontre aussi une erreur de `connexion socket` mais je redémarre simplement Firefox pour contourner le problème.

Examiner le programme

Voilà la partie la plus intéressante ! Vous pouvez exécuter votre programme au ralenti pour examiner tous les aspects de son comportement.

1. **Avancez d'une ligne.**

   Cliquez sur le bouton Step Into de la fenêtre Debug. Il représente une flèche courbée entre deux points. Vous pouvez aussi utiliser la touche F5.

2. **Regardez attentivement le code.**

   La surbrillance s'est déplacée sur la ligne suivante (ligne 13).

3. **Pointez les variables.**

   Pointez la souris sur les deux variables (`i` et `j`) de votre code. Une boîte de dialogue s'affiche pour spécifier la valeur courante de chaque variable.

4. **Avancez de plusieurs lignes.**

Cliquez plusieurs fois sur le bouton Step Into et observez comment la surbrillance se déplace dans le programme, en faisant une boucle.

5. **Revérifiez les variables.**

   Observez une nouvelle fois les variables après quelques passages dans la boucle et vous allez comprendre ce qui ne va pas avec ce code. `j` augmente tandis que `i` est toujours à 0.

6. **Stoppez la session de débogage.**

   Si vous pensez avoir saisi le problème, cliquez sur le bouton Terminate (carré rouge) pour stopper la session de débogage. Cette action est nécessaire dans ce programme car c'est une boucle infinie qui ne s'arrêtera pas toute seule. Aptana ferme alors l'instance Firefox créée.

Si le débogueur ne fonctionne pas correctement, assurez-vous d'avoir défini un point d'arrêt. Sans point d'arrêt, le programme ne s'interrompt pas. Veillez aussi à utiliser le bouton Debug pour démarrer le programme. Le fait de cliquer sur Run ou de visualiser la page directement dans le navigateur n'active pas le débogueur.

Visualiser les expressions

L'objectif du débogage est de détecter les problèmes difficiles à résoudre. Habituellement, ces problèmes sont dus à des variables qui ne font pas ce que vous voulez qu'elles fassent. Aptana propose un onglet Variables qui affiche la valeur de toutes les variables du programme, mais il est étonnamment difficile à utiliser. Les programmes JavaScript contiennent des centaines de variables. En cherchant bien, vous allez trouver les variables `i` et `j` (faites défiler la liste pour les localiser). Chaque fois que vous passez à la ligne suivante, vous devez faire défiler la liste pour voir les valeurs ou pointer les variables dans le code.

Heureusement, Aptana propose une méthode beaucoup plus simple. Sélectionnez une variable, effectuez un clic droit et sélectionnez Watch dans le menu contextuel. La Figure 4.14 illustre le débogueur après sélection de la commande Watch pour les deux variables et exécution répétée de la boucle.

Dans ce mode, vous pouvez voir les valeurs exactes des variables que vous avez choisi de suivre. Quand la variable change de valeur, vous le voyez immédiatement.

La fenêtre Expressions présente un autre avantage : elle permet de visualiser les expressions et pas seulement les variables. Dans ce pro-

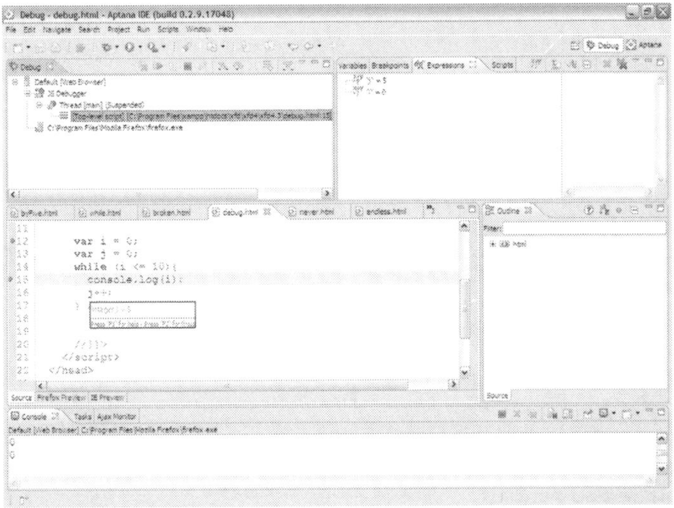

Figure 4.14 : La fenêtre Expressions affiche les variables qui m'intéressent.

gramme, vous voulez sûrement savoir pourquoi la boucle ne s'arrête pas. Pour ce faire, sélectionnez la condition (`i <= 10`) et affichez-la dans la fenêtre Expressions, comme vous venez de le faire pour les variables.

Maintenant, avancez dans le programme et examinez bien les variables et la condition. Avec toutes les informations que vous avez, mon erreur de programmation devrait vous sauter aux yeux. J'ai utilisé la variable `i` dans la condition, mais je ne l'ai jamais modifiée dans la boucle. Au lieu de cela, j'ai modifié la valeur de `j` qui n'a rien à voir avec la boucle !

Quand vous rencontrez un programme qui ne fonctionne pas comme vous voulez, démarrez le débogueur, examinez les valeurs critiques et avancez ligne par ligne dans le code. Cette méthode vous aidera à détecter les erreurs les plus complexes.

Utiliser le débogueur Firebug

Le débogueur d'Aptana est très performant, mais je l'ai trouvé un peu capricieux. Il est mécontent si la version de Firebug n'est pas adaptée et quelquefois il entre en conflit avec d'autres extensions. Heureusement, Firebug propose un débogueur presque aussi performant qu'Aptana (excepté sur un point). La Figure 4.15 montre le débogueur de Firebug en action.

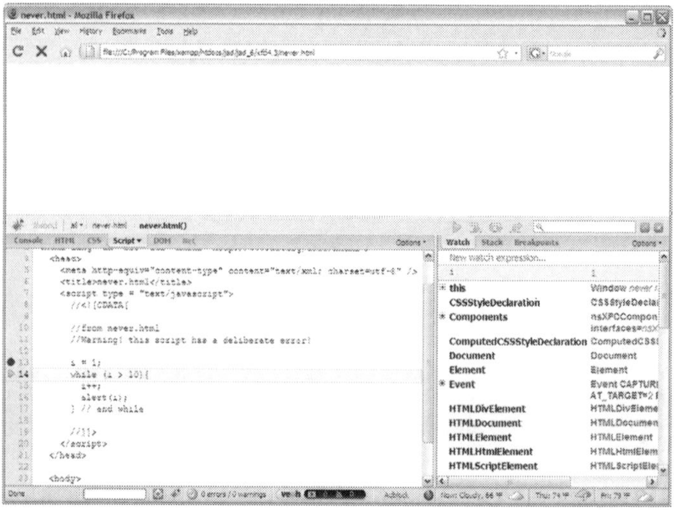

Figure 4.15 : Le débogueur de Firebug est semblable à celui intégré dans Aptana.

Globalement, le débogueur de Firebug fonctionne comme celui d'Aptana. Il s'utilise de la manière suivante :

1. **Ouvrez le fichier suspect dans Firefox.**

   Bien sûr, vous devez charger le fichier avant de pouvoir l'ouvrir.

2. **Ouvrez l'onglet `<script>` de Firebug.**

   Il se peut que vous deviez autoriser les scripts pour les fichiers locaux.

3. **Placez un point d'arrêt.**

   Cliquez sur le numéro de la ligne où vous voulez placer le point d'arrêt. Le point rouge qui s'affiche symbolise le point d'arrêt.

4. **Rechargez la page.**

   Appuyez sur la touche F5 ou cliquez sur le bouton Actualiser pour recharger la page en mode débogage.

5 **Examinez le programme interrompu au niveau du point d'arrêt.**

   Comme dans le débogueur d'Aptana, le programme marque une pause au niveau du point d'arrêt.

6. **Utilisez les boutons Pas à pas détaillé et Pas à pas principal pour vous déplacer dans le code.**

Tout comme le débogueur d'Aptana, le débogueur de Firebug dispose des boutons Pas à pas détaillé (Step Into) et Pas à pas principal (Step Over). Utilisez-les pour vous déplacer d'une ligne à l'autre dans le code.

7. **Entrez un nom de variable ou de condition dans le menu des expressions espions.**

   Cela vous permet d'examiner les variables ou les conditions qui vous posent problème.

Le débogueur de Firebug est très facile à utiliser, mais il a un gros défaut : il ne peut s'utiliser qu'une fois que le programme a été chargé dans la mémoire. Or, si le programme s'engouffre immédiatement dans une boucle infinie (comme c'est le cas pour `endless.html`), il ne s'arrêtera jamais et vous n'aurez jamais accès aux sessions de débogage.

La plupart des programmes JavaScript sont écrits de manière à éviter ce problème (rendez-vous au Chapitre 6 pour apprendre à initialiser le code JavaScript). Cependant, vous risquez de ne pas pouvoir déboguer tous les programmes en utilisant le débogueur de Firebug.

Bien sûr, vous n'êtes pas obligé d'utiliser un débogueur. Les débogueurs JavaScript sont relativement récents. Les programmeurs ont écrit du code JavaScript pendant des années sans avoir recours à un débogueur. Alors vous pouvez très bien travailler à l'ancienne avec les bonnes vieilles instructions `alert()`. Si vous n'êtes pas sûr de ce qui se passe dans votre code, affichez chaque variable pour vérifier sa valeur. Mais surtout n'oubliez pas de supprimer les instructions `alert()` après vérification.

Chapitre 5

Fonctions, tableaux et objets

Dans ce chapitre :

- Structurer le code avec des fonctions.
- Attribuer des paramètres aux fonctions.
- Renvoyer des valeurs à partir des fonctions.
- Examiner la portée des fonctions et des variables.
- Créer des tableaux basiques.
- Extraire des données d'un tableau.
- Créer un tableau multidimensionnel.
- Concevoir des objets personnalisés avec des propriétés et des méthodes.
- Créer des constructeurs d'objets.
- Construire des structures de données JSON.

Votre code risque rapidement de devenir complexe. Dans peu de temps, vous aurez envie d'écrire des programmes plus sophistiqués. Il vous faudra de nouvelles structures organisationnelles pour gérer la difficulté.

Il est possible de regrouper plusieurs lignes de code dans un conteneur et d'attribuer un nom à ce nouveau segment de code. C'est ce qu'on appelle une *fonction*. De même, il est possible de rassembler une série de variables, de les placer dans un conteneur et de le nommer. Il s'agit d'un tableau.

Ce chapitre vous montre comment travailler avec plus de code et de données, sous forme de fonctions et de tableaux, sans vous casser la tête.

Structurer le code avec des fonctions

Quand le code devient plus complexe, il faut s'équiper d'une sorte d'outil permettant de maîtriser la difficulté et de rendre le code plus facile à manipuler. C'est exactement ce que le concept appelé fonctions fait pour vous.

Inviter les fourmis au pique-nique

Pour expliquer les fonctions, je vais me servir d'une vieille chanson enfantine américaine. La Figure 5.1 recrée cette chanson classique au format JavaScript.

Si vous ne connaissez pas cette chanson, sachez qu'elle raconte l'histoire d'une colonie de fourmis. La plus petite d'entre elles a des petits problèmes d'inattention. Dans chaque couplet, elle se laisse distraire par une chose qui rime avec le numéro du couplet. La chanson complète compte dix couplets, mais je me limite à deux pour la démo.

Imaginer la structure de la chanson (et du programme)

Avant de regarder le code, réfléchissez à la structure de la chanson. Comme la plupart des chansons, elle compte deux parties principales. Le refrain est une phrase répétée plusieurs fois pendant la chanson et les couplets sont similaires mais pas totalement identiques.

Imaginez les paroles de la chanson écrites sur une feuille de papier. Le refrain complet y figure une seule fois, suivi de chaque couplet. La structure globale de la chanson est notée dans un coin de la feuille. Elle peut ressembler à ce qui suit :

```
Couplet 1
Refrain
Couplet 2
Refrain
```

C'est ce que les musiciens appellent une " feuille de route ". Il s'agit de la structure du morceau qui permet de savoir comment progresser dans la chanson. La feuille de route ne se soucie pas du contenu de chaque couplet ou du refrain. C'est une vue d'ensemble. À vous de consulter chaque couplet ou le refrain pour en connaître les détails.

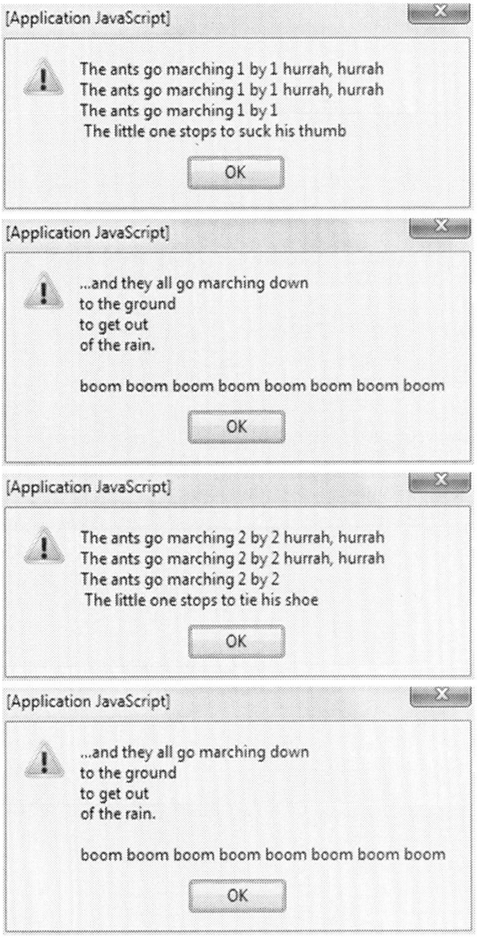

Figure 5.1 : Rien de mieux qu'une bonne vieille chanson de son enfance pour expliquer les fonctions.

Créer le programme antsFunction.html

Jetez un œil au code du programme `antsFunction.html` et notez à quel point il ressemble à la fameuse feuille de papier :

```
<script type = "text/javascript">
  //<![CDATA[
  //extrait de antsFunction.html
```

```
function chorus() {
  var text = "...and they all go marching down\n";
  text += "to the ground \n";
  text += "to get out \n";
  text += "of the rain. \n";
  text += " \n";
  text += "boom boom boom boom boom boom boom boom \n";
  alert(text);
} // fin de chorus

function verse1(){
  var text = "The ants go marching 1 by 1 hurrah, hurrah \n";
  text += "The ants go marching 1 by 1 hurrah, hurrah \n";
  text += "The ants go marching 1 by 1 \n";
  text += " The little one stops to suck his thumb \n";
  alert(text);
} // fin de verse1

function verse2(){
  var text = "The ants go marching 2 by 2 hurrah, hurrah \n";
  text += "The ants go marching 2 by 2 hurrah, hurrah \n";
  text += "The ants go marching 2 by 2 \n";
  text += " The little one stops to tie his shoe \n";
  alert(text);
} // fin de verse1

//code principal
verse1();
chorus();
verse2();
chorus();

//]]>
</script>
```

Le code de ce programme structure les parties de la chanson comme sur une feuille de papier. Le programme `antsFunction.html` présente quelques caractéristiques intéressantes :

- **J'ai créé une fonction appelée** `chorus()`. Les fonctions sont simplement des groupes de lignes de code avec un nom.
- **Tout le code du refrain est regroupé dans cette fonction**. Tout ce qui concerne le refrain est intégré dans la fonction `chorus()`. Plus tard, si je veux afficher le refrain, j'appelle simplement la fonction `chorus()` qui va exécuter tout le code que j'y ai stocké.

- **Chaque couplet a sa fonction**. J'ai aussi stocké le code de chaque couplet dans sa propre fonction.
- **Le code principal correspond à la feuille de route**. Une fois que tous les détails sont placés dans les fonctions, la partie principale du code contrôle l'ordre dans lequel les fonctions sont appelées.
- **Les détails sont cachés dans les fonctions**. Le code principal correspond à la vue d'ensemble. Les détails (comment afficher le refrain et les couplets) sont cachés dans les fonctions.

Les fonctions sont des outils très utiles pour maîtriser la difficulté. Elles permettent de structurer un programme long et complexe en plusieurs petites parties. Chaque partie est indépendante et résout une partie spécifique du problème global.

Représentez-vous une fonction comme un programme miniature. Vous pouvez y définir des variables, y intégrer des boucles et des sauts… En somme, vous pouvez faire tout ce qu'il est possible de faire avec un programme. Par essence, un programme qui utilise des fonctions est un programme contenant beaucoup de sous-programmes.

Une fois que vos fonctions sont définies, elles ressemblent à de nouvelles commandes JavaScript. En un sens, quand vous ajoutez des fonctions, vous imposez vos propres nouvelles commandes à JavaScript.

Envoyer des données aux fonctions et en récupérer

Les fonctions sont logiquement séparées du programme principal. C'est une bonne chose car cet isolement empêche la survenue de certains types d'erreurs. Cependant, il se peut que vous vouliez envoyer des informations à une fonction et, inversement, qu'une fonction renvoie un certain type de valeur. La page `antsParam.html` réécrit la chanson des fourmis en utilisant les entrées et les sorties des fonctions :

```
<script type = "text/javascript">
  //<![CDATA[
  //extrait d'antsParam.html
```

Je ne fournis pas de figure illustrant le programme puisque le résultat est identique à celui du programme `antsFunction.html`. C'est l'un des avantages des fonctions : vous pouvez modifier le comportement sous-jacent d'un programme sans imposer de changement à l'utilisateur. Désormais le code ressemble à ce qui suit :

```
function chorus() {
  var text = "...and they all go marching down\n";
  text += "to the ground \n";
  text += "to get out \n";
  text += "of the rain. \n";
  text += " \n";
  text += "boom boom boom boom boom boom boom boom \n";
  return text;
} // fin de chorus

function verse(verseNum){
  var distraction = "";
  if (verseNum == 1){
    distraction = "suck his thumb.";
  } else if (verseNum == 2){
    distraction = "tie his shoe.";
  } else {
    distraction = "I have no idea.";
  }

  var text = "The ants go marching ";
  text += verseNum + " by " + verseNum + " hurrah, hurrah \n";
  text += "The ants go marching ";
  text += verseNum + " by " + verseNum + " hurrah, hurrah \n";
  text += "The ants go marching ";
  text += verseNum + „ by „ + verseNum;
  text += " the little one stops to ";
  text += distraction;
  return text;
} // fin de verse1

//code principal
alert(verse(1));
alert(chorus());
alert(verse(2));
alert(chorus());

//]]>
</script>
```

Ce code concentre un tas de nouvelles idées dont voici un bref aperçu (je me penche sur les détails dans les sections suivantes) :

- **Ces fonctions renvoient une valeur**. Les fonctions n'exécutent plus leurs propres instructions `alert()`. Au lieu de cela, elles créent une valeur et la renvoient au programme principal.
- **Il n'y a qu'une seule fonction** `verse`. Puisque les couplets sont quasi identiques, il est logique de n'avoir qu'une seule fonction `verse`. Cette fonction améliorée doit savoir quel couplet est en cours d'exécution pour pouvoir gérer les petites différences qui existent d'un couplet à l'autre.

Inspecter le code principal

Le code principal a été modifié de manière significative. Dans le programme précédent, le code principal appelait les fonctions qui faisaient tout le travail. À présent, les fonctions ne créent plus réellement la sortie elles-mêmes. Elles se contentent de regrouper les informations et de les transmettre au programme principal. Au sein du code principal, chaque fonction est traitée comme une variable.

Vous avez déjà observé ce comportement précédemment : la méthode `prompt()` renvoie une valeur. Désormais, les méthodes `chorus()` et `verse()` renvoient aussi une valeur. Vous pouvez faire tout ce que vous voulez avec cette valeur, y compris l'afficher ou la comparer à une autre valeur.

Il est préférable de séparer la création des données de leur utilisation comme je l'ai fait ici. Cela permet d'avoir plus de flexibilité. Quand une fonction génère des données, il est possible de les afficher à l'écran, de les stocker dans une page Web, de les placer dans une base de données, *etc.*

Observer la ligne dédiée au refrain

La ligne du refrain a été modifiée pour qu'elle renvoie une valeur. Observez bien la fonction `chorus()` pour comprendre ce que je veux dire :

```
function chorus() {
  var text = "...and they all go marching down\n";
  text += "to the ground \n";
  text += "to get out \n";
  text += "of the rain. \n";
  text += " \n";
  text += "boom boom boom boom boom boom boom boom \n";
  return text;
} // fin de chorus
```

Voilà ce qui a changé :

- **L'objectif de la fonction a changé**. La fonction n'est plus simplement destinée à afficher une valeur sur l'écran. À présent, elle fournit du texte au programme principal qui peut faire ce qu'il veut avec le résultat.
- **Il y a une variable appelée** `text`. Cette variable contient tout le texte à envoyer au programme principal. C'était déjà le cas avant, mais c'est encore plus important maintenant.
- **La variable** `text` **est concaténée sur plusieurs lignes**. J'ai utilisé la concaténation de chaîne pour créer une valeur complexe.
- **L'instruction** `return` **renvoie** `text` **au programme principal**. Si vous voulez qu'une fonction renvoie une valeur, utilisez simplement `return` suivi d'une valeur ou d'une variable. Notez que `return` doit figurer dans la dernière ligne de la fonction.

Gérer les couplets

La fonction `verse()` est très intéressante. Pour être polyvalente, elle doit prendre l'entrée du programme principal et renvoyer la sortie. Elle présente les caractéristiques suivantes :

- **Elle est plus flexible que les fonctions précédentes**. Une même fonction est utilisée pour produire différents couplets.
- **Elle prend l'entrée pour déterminer quel couplet afficher**. La feuille de route envoie un numéro de couplet à la fonction.
- **Elle modifie le couplet conformément à l'entrée**. Le numéro de couplet sert à indiquer comment le reste du couplet doit être créé.
- **Elle renvoie une valeur, comme le fait** `chorus()`. La sortie de cette fonction est transmise au programme principal pour qu'il puisse traiter le couplet qui vient d'être composé.

Envoyer des données à la fonction `verse()`

Notez que la fonction `verse()` est toujours appelée avec une valeur entre parenthèses. Par exemple, le programme principal indique `verse(1)` pour appeler le premier couplet et `verse(2)` pour le deuxième. La valeur entre parenthèses est appelée *argument*.

La fonction `verse()` doit être désignée pour accepter un argument. Regardez la première lige pour voir comment j'ai fait :

```
function verse(verseNum){
```

J'ai inclus un nom de variable, `verseNum`, dans la définition de la fonction. Dans la fonction, cette variable est appelée *paramètre*. Ne vous attachez pas à la terminologie, les termes " paramètre " et " argument " sont souvent confondus. Ce qu'il faut retenir c'est qu'à chaque fois que la fonction `verse()` est appelée, elle a automatiquement une variable appelée `verseNum`. Quel que soit l'argument que le programme principal envoie à la fonction `verse()`, il devient la valeur de la variable `verseNum` dans la fonction.

Vous pouvez affecter autant de paramètres que vous voulez à une fonction. Chaque paramètre vous donne la possibilité d'envoyer une information à la fonction.

Définir la distraction

Le numéro du couplet définit ce qui distrait la petite fourmi dans la chanson. Il existe plusieurs moyens pour gérer cela, mais une simple structure `if/else if` suffit pour cet exemple :

```
var distraction = "";
if (verseNum == 1){
  distraction = "suck his thumb.";
} else if (verseNum == 2){
  distraction = "tie his shoe.";
} else {
  distraction = "I have no idea.";
}
```

J'ai initialisé la variable `distraction` de sorte qu'elle soit vide. Si `verseNum` vaut `1`, `distraction` est `"suck his thumb"`. Si `verseNum` vaut `2`, `distraction` est `"tie his shoe"`. Toute autre valeur pour `verseNum` est considérée comme une erreur par la clause `else`.

Si vous êtes un programmeur expérimenté, vous devez faire de grands yeux. Je sais que le programme n'est pas encore optimal. Plus tard dans ce chapitre, je vous montrerai une meilleure solution pour traiter cette situation en utilisant des tableaux.

Pour l'heure, ce segment de code est complet et contient une valeur légitime pour `verseNum` et `distraction`.

Créer le texte

```
Maintenant que vous connaissez ces variables (verseNum et
distraction), il est facile de construire le texte de sortie :
    var text = "The ants go marching ";
    text += verseNum + " by " + verseNum + " hurrah, hurrah \n";
    text += "The ants go marching ";
    text += verseNum + " by " + verseNum + " hurrah, hurrah \n";
    text += "The ants go marching ";
    text += verseNum + „ by „ + verseNum;
    text += " the little one stops to ";
    text += distraction;
    return text;
  } // fin de versel
```

Cette série de concaténations est quasi identique au code de la fonction `verse()` d'origine. Elle est surtout beaucoup plus flexible car elle traite chaque couplet (à condition que la fonction ait été initialisée pour savoir comment traiter les numéros de couplet. Plus d'infos dans un instant).

Gérer la portée

Une fonction ressemble à un miniprogramme indépendant. Toutes les variables que vous créez au sein d'une fonction ont une portée uniquement dans cette fonction. Quand la fonction finit d'exécuter ses variables, elles disparaissent ! C'est une très bonne chose quand on sait qu'un gros programme peut contenir des centaines de variables. Elles sont très difficiles à contrôler, d'autant plus qu'un nom de variable peut être réutilisé sans le savoir ou qu'une valeur peut être modifiée par inadvertance. Quand vous structurez votre code avec des fonctions, chaque fonction possède sa propre série de variables. Il est impossible que les variables causent des problèmes ailleurs.

S'initier aux variables locales et globales

Vous pouvez aussi définir des variables au niveau principal (script). Ces variables sont considérées comme des *variables globales*. Une variable globale est disponible au niveau principal et dans chaque fonction. Une *variable locale* (définie dans une fonction) a uniquement une portée dans la fonction. Le concept de fonction locale *versus* fonction globale est appelé *portée*.

Les variables locales sont une espèce de police locale qui a une juridiction géographique limitée mais qui est très utile au sein de ce territoire et connaît le voisinage. Certaines situations dépassent le cadre de la juridiction locale. Dans ce cas, il faut faire appel à la police nationale. Les variables locales correspondent aux agents de la police locale et les variables globales à ceux de la police nationale.

Tentez de faire en sorte que la majorité de vos variables soient locales. Le seul moment où vous devez avoir recours à une variable globale est quand vous voulez qu'une information soit utilisée dans plusieurs fonctions.

Examiner la portée des variables

Jetez un œil à `scope.html` pour comprendre l'importance de la portée des variables :

```
<script type = "text/javascript">
  //<![CDATA[
  //extrait de scope.html
  var globalVar = "Je suis globale !";

  function myFunction(){
    var localVar = "Je suis locale";
    console.log(localVar);
  }

  myFunction();

  //]]>
</script>
```

Ce programme définit deux variables. La variable `globalVar` est déclarée dans le code principal et `localVar` dans une fonction. Observez les variables pendant que vous exécutez le programme en mode débogage pour comprendre comment elles se comportent. La Figure 5.2 montre le programme au début de l'exécution.

Notez que la variable `localVar` n'a aucune portée tant que la fonction n'est pas appelée. Elle n'est pas déclarée avant que l'ordinateur atteigne cette partie du code. Avancez de quelques lignes et vous verrez que `localVar` a une valeur, comme le montre la Figure 5.3.

Dans cet exemple, préférez le bouton Pas à pas détaillé (ou Step Into) à Pas à pas principal (ou Step Over) pour avancer dans le programme. Quand Pas à pas principal rencontre une fonction, il exécute toute la

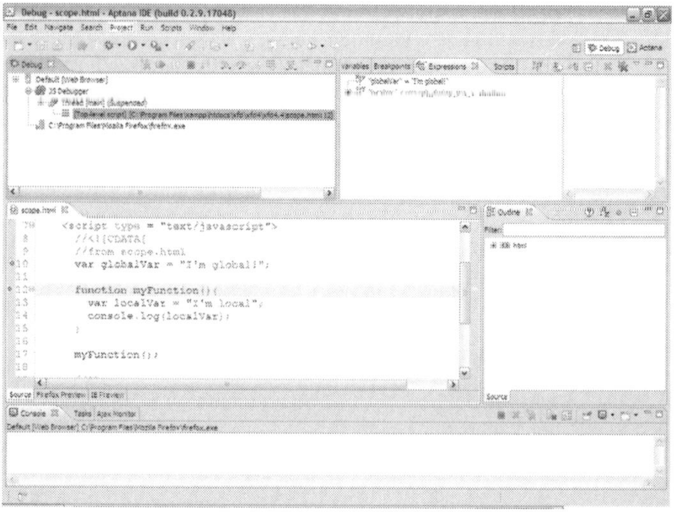

Figure 5.2 : La variable globalVar est déclarée, localVar ne l'est pas.

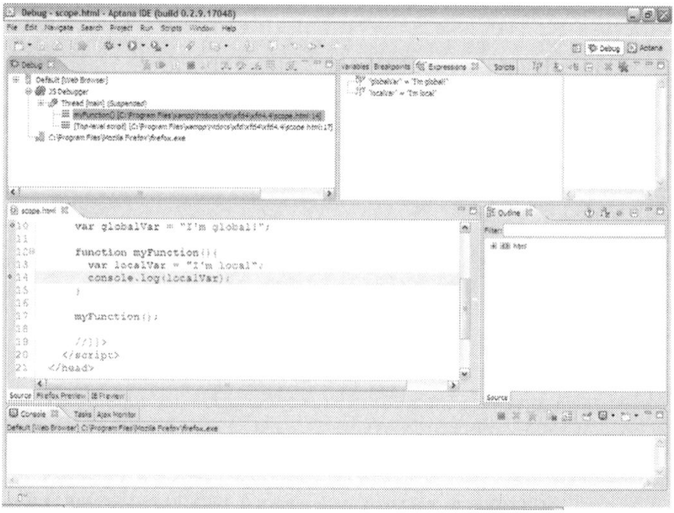

Figure 5.3 : La variable localVar a une valeur car je suis dans la fonction.

fonction comme une ligne. Si vous voulez examiner la fonction et voir ce qu'il s'y passe (comme vous le faites dans ce cas), utilisez le bouton Pas à pas détaillé. Retournez au Chapitre 4 si vous avez besoin d'un petit rappel sur l'utilisation du mode débogage.

Notez que la variable `globalVar` a une valeur, tout comme `localVal` puisque je suis dans la fonction.

Si vous avancez encore de quelques lignes dans le code, vous remarquerez que la variable `localVar` n'a plus de valeur une fois que la fonction est terminée. La Figure 5.4 le confirme.

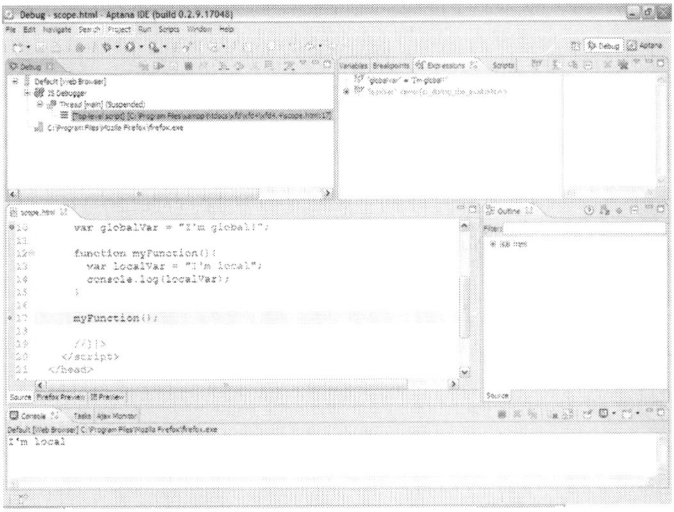

Figure 5.4 : Quand la fonction est terminée, localVar n'a plus aucune portée.

La portée d'une variable est une bonne chose car cela signifie qu'il faut seulement surveiller les variables globales et les variables déclarées dans la fonction active. Autre avantage de la portée : vous pouvez réutiliser un nom de variable. En effet, dix fonctions différentes peuvent utiliser le même nom de variable. Elles ne vont pas interférer car chacune d'entre elles est une variable totalement différente.

Créer un tableau basique

Tandis qu'une fonction est un groupe de lignes de code portant un nom, un tableau est un groupe de variables portant un nom. En fait, un tableau est un type spécifique de variable utilisé pour gérer la difficulté. Utilisez un tableau dès qu'il s'agit de travailler avec une liste de types de données identiques.

Stocker une liste de données dans un tableau

Le code suivant illustre un exemple simple de tableau :

```
<script type = "text/javascript">
  //<![CDATA[
  //extrait de genres.html

  //création d'un tableau vide
  var genre = new Array(5);

  //stockage des données dans le tableau
  genre[0] = "de simulation de vol";
  genre[1] = "de tir";
  genre[2] = "de conduite";
  genre[3] = "d'action";
  genre[4] = "de stratégie";

  //renvoi des données du tableau
  alert ("J'aime les jeux " + genre[4] + ".");

  //]]>
</script>
```

La variable `genre` est une variable spécifique car elle contient plusieurs valeurs différentes. En l'occurrence, il s'agit d'une liste de types de jeux. La structure `newArray(5)` crée un espace dans la mémoire pour cinq variables, toutes appelées `genre`.

Accéder aux données du tableau

Après avoir spécifié un tableau, vous pouvez travailler avec les différents éléments en utilisant des crochets. Chaque élément du tableau est indexé avec un numéro. En général le premier indice est 0 :

```
genre[0] = "de simulation de vol";
```

Cette ligne signifie : affecter la valeur textuelle "de simulation de vol" à la variable de tableau `genre`, en position 0.

La plupart des langages exigent que tous les éléments d'un tableau soient du même type. JavaScript n'est pas regardant à ce niveau-là. Vous pouvez combiner tous types de données dans un tableau JavaScript. Ce peut être très utile, mais notez bien que tous les langages n'offrent pas cette possibilité. Habituellement, j'essaie de faire en sorte que tous les éléments d'un tableau soient du même type. N'oubliez pas que les indices d'un tableau commencent généralement par 0.

Une fois que vos données sont stockées dans le tableau, vous pouvez aussi utiliser les crochets pour lire l'information.

La ligne

```
alert ("J'aime les jeux " + genre[4] + ".");
```

signifie " trouver l'élément 4 du tableau genre et l'inclure dans un message de sortie ".

Quand `genre.html` est exécuté, le programme affiche ce que vous voyez sur la Figure 5.5.

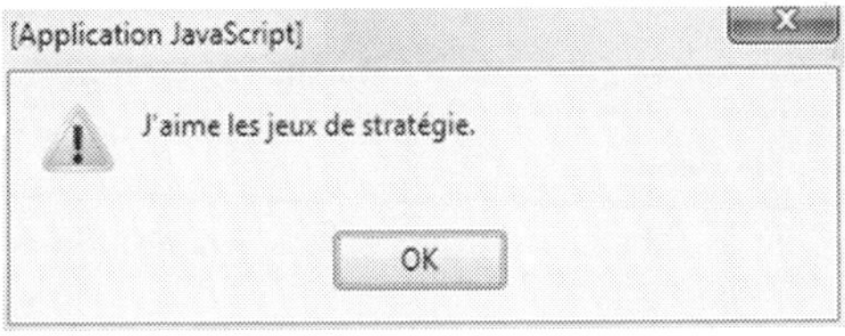

Figure 5.5 : Cette information est extraite d'un tableau.

Utiliser un tableau avec une boucle for

La principale raison qui pousse à utiliser un tableau est le confort. Quand vous disposez de beaucoup d'informations dans un tableau, vous pouvez écrire du code pour travailler rapidement avec les données. En principe, si vous créez un tableau de données, c'est que vous voulez utiliser chaque élément de ce tableau. Observez `games.html` pour savoir comment faire :

```
<script type = "text/javascript">
  //<![CDATA[
  //extrait de games.html

  //initialisation du tableau
  var gameList = new Array("Flight Gear", "Sauerbraten",
      "Future Pinball", "Racer", "TORCS", "Orbiter",
      "Step Mania", "NetHack",
      "Marathon", "Crimson Fields");

  var text = "";
  for (i = 0; i < gameList.length; i++){
```

```
    text += "J'adore " + gameList[i] + "\n";
  } // fin de la boucle for
  alert(text);

  //]]>
</script>
```

Ce code induit ces quelques remarques :

- **Il utilise un tableau appelé** `gameList`. Ce tableau contient le nom de certains de mes jeux préférés.
- **Le tableau est initialisé avec des valeurs**. Si vous fournissez une liste de valeurs quand vous créez un tableau, JavaScript initialise simplement le tableau avec les valeurs indiquées. Inutile de préciser la taille du tableau si vous l'initialisez.
- **Une boucle** `for` **passe par le tableau**. Les tableaux et les boucles `for` sont des amis fidèles. La boucle `for` passe par chaque élément du tableau.
- **La taille du tableau est utilisée dans la condition de la boucle** `for`. Plutôt que de spécifier la valeur 10, j'ai utilisé la propriété `length` du tableau dans ma boucle `for`. C'est un bon point car la boucle va automatiquement s'adapter à la taille du tableau si j'ajoute ou si je supprime des éléments.
- **Chaque élément est pris en compte**. Comme `i` est compris entre 0 et 9 (indices du tableau), je peux facilement afficher chaque valeur du tableau. Dans cet exemple, j'ajoute juste une chaîne de sortie.
- **Notez le saut de ligne**. La combinaison `\n` est un caractère spécial qui indique à JavaScript d'insérer un retour chariot (ce qui correspond à appuyer sur la touche Entrée).

La Figure 5.6 représente la sortie de `games.html`.

Si vous voulez complètement ruiner votre productivité, tapez le nom des jeux de la Figure 5.6 dans Google. Ils sont absolument géniaux et totalement gratuits. Difficile de faire mieux ! Entre nous, si vous n'apprenez pas à programmer avec ce livre, vous en aurez au moins tiré quelque chose de bien !

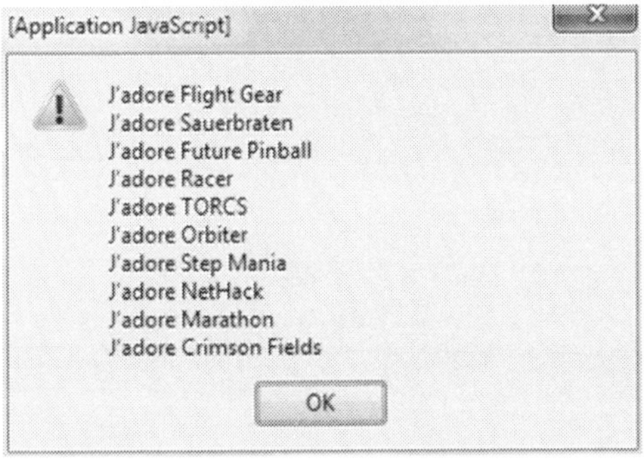

Figure 5.6 : Maintenant, j'ai une liste de jeux. Vive les tableaux et les boucles !

De retour chez les fourmis

Maintenant que la chanson des fourmis vous est enfin sortie de la tête, je vous en propose une nouvelle version. Elle utilise un tableau et une boucle pour simplifier le code !

```
<script type = "text/javascript">
  //<![CDATA[
  //extrait de antsArray.html

  var distractionList = new Array("", "suck his thumb",
          "tie his shoe");

  function chorus() {
    var text = "...and they all go marching down\n";
    text += "to the ground \n";
    text += "to get out \n";
    text += "of the rain. \n";
    text += " \n";
    text += "boom boom boom boom boom boom boom boom \n";
    return text;
  } // fin de chorus

  function verse(verseNum){
    //extraction de la distraction du tableau
    var distraction = distractionList[verseNum];

    var text = "The ants go marching ";
    text += verseNum + " by " + verseNum + " hurrah, hurrah \n";
    text += "The ants go marching ";
    text += verseNum + " by " + verseNum + " hurrah, hurrah \n";
```

```
    text += "The ants go marching ";
    text += verseNum + " by " + verseNum;
    text += " the little one stops to ";
    text += distraction;
    return text;
  } // fin de verse1

  //désormais le code principal est une boucle
  for (verseNum = 1; verseNum < distractionList.length; verseNum++){
    alert(verse(verseNum));
    alert(chorus());
  } // fin de la boucle for

  //]]>
</script>
```

Ce code est légèrement différent du programme `antsParam` étudié précédemment.

- **Il utilise un tableau appelé** `distractionList`. Ce tableau est une liste de distractions. Le premier élément (élément 0) est vierge pour que le numéro des couplets coïncide.
- **La fonction** `verse()` **consulte une distraction**. Comme les distractions sont désormais dans un tableau, `verseNum` peut être utilisée comme un indice pour consulter une distraction spécifique. Comparez cette fonction à la fonction `verse()` dans `antsParam`. Même si les tableaux exigent un peu plus d'organisation que les structures de code, ils améliorent nettement la lisibilité de votre code.
- **Le programme principal est dans une boucle**. Je passe par chaque élément du tableau `distractionList` pour afficher le couplet approprié et le refrain.
- **La fonction** `chorus()` **reste inchangée**. Inutile de modifier `chorus()`.

Travailler avec des tableaux bidimensionnels

Les tableaux sont utiles pour travailler avec des listes de données. Certaines données sont même plus faciles à se représenter dans un tableau. Par exemple, imaginez que vous vouliez créer un calculateur de distance pour déterminer la distance entre deux villes. Les données d'origine seraient approximativement celles du Tableau 5.1.

Tableau 5.1 : Distances en miles entre plusieurs grandes villes.

	0) Indianapolis	1) New York	2) Tokyo	3) Londres
0) Indianapolis	0	648	6476	4000
1) New York	648	0	6760	3470
2) Tokyo	6476	6760	0	5956
3) Londres	4000	3470	5956	0

Pensez à la manière d'utiliser ce tableau pour évaluer une distance. Par exemple, si vous voyagiez de New York à Londres, vous vous reporteriez à l'intersection entre la ligne New York et la colonne Londres. La donnée qui figure dans cette cellule correspond à la distance (3470 miles).

Dès que vous consultez des données dans un tableau, vous travaillez avec une *structure de données bidimensionnelle*. C'est un terme pompeux qui signifie simplement " tableau ". Pour trouver une information dans un tableau, il vous faut deux indices : un premier qui détermine la ligne et un second qui détermine la colonne.

Si ce n'est pas clair dans votre esprit, rappelez-vous du bon vieux jeu de bataille navale. Le terrain de jeu est une grille. Si vous annoncez I-5 (qui signifie colonne I, ligne 5), votre adversaire consulte sa grille pour voir si vous avez touché l'un de ses navires. En programmation, les deux indices sont des numéros mais le principe est le même : dès que vous êtes face à des données bidimensionnelles, vous pouvez les consulter avec deux indices.

Ces indices sont souvent appelés *ligne* et *colonne* pour vous aider à visualiser la structure sous forme de tableau. Quelquefois les noms des indices sont plus explicites et décrivent clairement ce qui se passe. Jetez un œil à la Figure 5.7 : le programme `distance.html` demande le nom de deux villes et renvoie la distance qui les sépare en se basant sur le tableau de données.

NOTE TECHNIQUE

Notez qu'il existe aussi des tableaux à 3, 4 ou n dimensions en programmation. Ne vous en souciez pas, votre tête risque d'exploser ! La plupart du temps, les tableaux uni- ou bidimensionnels sont largement suffisants.

Ce programme est légèrement plus long que certains autres. J'ai donc choisi de le couper en plusieurs parties pour qu'il soit plus facile à digérer. Pour voir exactement comment cela fonctionne, n'hésitez pas

Figure 5.7 : La distance entre les deux villes s'affiche clairement.

à consulter le programme complet disponible sur le site Web des Éditions First à l'adresse http://www.editionsfirst.fr/telechargements/ (pour ce faire, vous devrez sélectionner *Pour les nuls GF informatique*, cliquer sur l'image de couverture du livre *Javascript et Ajax pour les nuls*, puis enregistrer le fichier ZIP).

Créer les tableaux

La clé de ce programme est l'organisation des données. La première étape consiste à créer deux tableaux :

```
<script type = "text/javascript">
  //<![CDATA[
  //extrait de distance.html

  //cityName contient les noms de villes
  cityName = new Array("Indianapolis", "New York", "Tokyo",
```

```
        "Londres");

//création d'un tableau bidimensionnel pour les distances
distance = new Array (
  new Array (0, 648, 6476, 4000),
  new Array (648, 0, 6760, 3470),
  new Array (6476, 6760, 0, 5956),
  new Array (4000, 3470, 5956, 0)
);
```

Le premier tableau est un tableau unidimensionnel contenant les noms de villes. J'ai veillé à toujours placer les villes dans le même ordre de sorte que la ville 0 corresponde à Indianapolis. New York se place en position 1, *etc.*

Dans votre structure de données, pensez à toujours respecter le même ordre. Je vous conseille d'organiser vos données sur papier avant de les entrer dans l'ordinateur afin de savoir comment les structurer.

Le tableau `cityName` a deux objectifs. Premièrement, il me rappelle l'ordre des villes, deuxièmement, il me permet de retrouver facilement le nom de la ville qui correspond à chaque indice. Par exemple, je sais que `cityName[2]` correspond à Tokyo.

Le tableau distance est très intéressant. En l'observant de plus près, vous remarquerez qu'il ressemble beaucoup au Tableau 5.1. Il lui ressemble pour la simple et bonne raison que c'est le Tableau 5.1 dans un format légèrement différent.

Gardez à l'esprit que distance est un tableau. Les tableaux JavaScript peuvent contenir toutes sortes de choses, y compris d'autres tableaux ! C'est le cas de distance : il contient un tableau de lignes. Chaque élément du tableau distance est un autre tableau (sans nom) contenant toutes les données de cette ligne. Pour extraire une information du tableau, il vous faut deux types d'information. D'abord, il vous faut la ligne. Ensuite, comme la ligne est un tableau, il vous faut le numéro de la colonne au sein du tableau. Ainsi `distance [1][3]` signifie "aller à la ligne 1 (`New York`) du tableau `distance`. Dans cette ligne, aller à l'élément 3 (`Londres`) et renvoyer la valeur correspondante (3470)". Génial, non ?

Demander les noms de villes

Le programme demande à l'utilisateur de choisir deux villes. Cependant, vous voulez qu'il entre un numéro, et non un nom, à deux reprises. Il semblerait bien que ce soit le travail d'une fonction.

```
function getCity(){
  // présente une liste de villes et demande un numéro
  // correspondant au nom de la ville
  var theCity = "";  //va contenir le numéro de la ville

  var cityMenu = "Entrez le numéro d'une ville : \n";
  cityMenu += "0) Indianapolis \n";
  cityMenu += "1) New York \n";
  cityMenu += "2) Tokyo \n";
  cityMenu += "3) Londres \n";

  theCity = prompt(cityMenu);
  return theCity;
} // fin de getCity
```

La fonction `getCity()` affiche une liste des villes au choix et demande une entrée. Ensuite, elle renvoie cette entrée.

Il existe plusieurs façons d'améliorer `getCity()`. D'une part, elle devrait se répéter jusqu'à obtention d'un numéro valide pour que l'utilisateur ne puisse pas saisir le nom de la ville ou faire quelque chose d'imprévisible. Pour l'instant, je préfère ne pas la modifier. Le chapitre suivant vous indique comment utiliser les éléments d'une interface utilisateur pour aider ce dernier à ne soumettre que des entrées valides.

Créer une fonction main ()

La fonction `main()` gère la majorité du code pour le programme :

```
function main(){
    var output = "";
    var from = getCity();
    var to = getCity();
    var result = distance[from][to];
    output = "La distance de " + cityName[from];
    output += " à " + cityName[to];
    output += " est de " + result + " miles.";
    alert(output);
  } // fin de main

main();
```

Dans ce code, la fonction `main()` contrôle le trafic. La démarche est la suivante :

1. **Créez une variable de sortie.**

   La clé de cette fonction est de créer un texte de sortie indiquant la distance. Je commence par créer une variable appelée `output` et je définis sa valeur initiale comme vide.

2. **Demandez la ville de départ.**

   Heureusement, vous disposez d'une fonction très utile, appelée `getCity()`, qui gère tous les détails pour récupérer un numéro de ville au bon format. Appelez cette fonction et affectez sa valeur à la nouvelle variable `from`.

3. **Demandez la ville d'arrivée.**

   La fonction `getCity()` est vraiment très pratique ! Réutilisez-la pour obtenir le numéro de la ville que vous appelez `to`.

4. **Récupérez la distance.**

   Maintenant que vous disposez des deux indices au format adapté, il suffit de consulter le tableau. Consultez distance `[from][to]` et stockez le résultat dans la variable `result`.

5. **Renvoyez la réponse.**

   Utilisez la concaténation pour créer une chaîne de sortie appropriée et renvoyez-la à l'utilisateur.

6. **Récupérez les noms de villes dans le tableau `cityNames`.**

   Le programme utilise les indices numériques pour les villes qui n'ont aucune signification pour l'utilisateur. Utilisez le tableau `cityName` pour récupérer les deux noms de villes pour la sortie.

7. **Exécutez la fonction `main()`.**

   Une seule ligne de code n'est pas dans une fonction. Cette ligne appelle la fonction `main()` qui exécute tout.

En fait, je n'ai pas écrit le programme dans l'ordre dans lequel je le décris. En programmation, il est quelquefois plus pertinent d'avoir une démarche inversée. À vrai dire, j'ai d'abord créé la structure des données (comme un tableau sur papier) avant de construire la fonction `main()`. Il m'a donc paru évident de devoir créer une fonction `getCity()` capable de me présenter une liste de villes et de demander une entrée numérique.

Créer des objets personnalisés

Jusqu'à présent vous avez utilisé de nombreux objets intéressants en JavaScript et ce n'est que le début ! Il va de soi que vous pouvez créer vos propres objets. Ces objets peuvent être très puissants et flexibles. Les objets sont associés à deux éléments importants : les propriétés et les méthodes. Une propriété est semblable à une variable associée à un objet. Elle décrit l'objet. Une méthode est semblable à une fonction associée à un objet. Elle décrit ce que l'objet peut faire.

N'OUBLIEZ PAS

Les fonctions permettent de regrouper des segments de code, les tableaux des variables et les objets des segments de code et des variables (donc des fonctions et des tableaux) dans une même structure.

Créer un objet simple

JavaScript simplifie la création des objets. Puisqu'une variable peut contenir tout type de valeur, vous pouvez traiter une variable comme un objet et elle le devient.

La Figure 5.8 dévoile la propriété d'une créature.

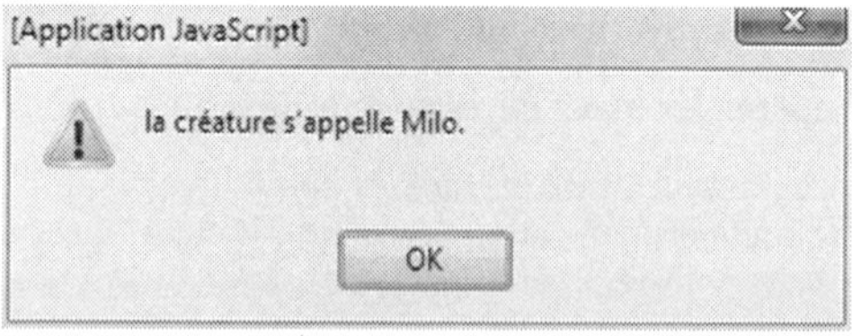

Figure 5.8 : Cette boîte d'alerte utilise un objet.

Observez le code suivant :

```
//extrait de basicObject.html
//création d'une créature
var critter = new Object();

//ajout des propriétés
critter.name = "Milo";
critter.age = 5;

//affichage de la valeur d'une propriété
alert("la créature s'appelle " + critter.name + ".");
```

C'est très simple :

1. **Créez un nouvel objet.**

   JavaScript possède un objet intégré appelé `Object`. Créez une variable avec la syntaxe `newObject()`. Vous venez de créer un nouvel objet standard.

2. **Ajoutez des propriétés à l'objet.**

   Une propriété est une sorte de sous-variable. Ce n'est rien d'autre qu'une variable associée à un objet spécifique. Par exemple, quand vous attribuez une valeur à `critter.name`, vous précisez que `critter` a une propriété appelée `name` et vous lui attribuez une valeur initiale.

3. **Un objet peut posséder un nombre infini de propriétés.**

   N'hésitez pas à ajouter des propriétés. Cela vous permet de regrouper plusieurs variables dans un objet plus grand.

4. **Les propriétés peuvent contenir tous types de données.**

   Contrairement aux tableaux (dans lesquels tous les éléments contiennent le même type de données), les propriétés peuvent contenir différents types de données.

5. **Utilisez le point pour signifier ou modifier une propriété.**

   Si l'objet `critter` a un nom comme propriété, vous pouvez utiliser `critter.name` comme une variable. Comme les autres variables, vous pouvez modifier sa valeur en affectant une nouvelle valeur à `critter.name` ou lire le contenu de la propriété.

Si vous êtes habitué à un langage orienté objet plus strict, tel que Java, vous risquez de trouver l'attitude décontractée de JavaScript quelque peu étrange voire négligente. Les autres langages possèdent beaucoup plus de règles relatives à la structure et à l'utilisation des objets, mais l'approche de JavaScript a son charme. Ne vous attardez pas sur les différences. La manière dont JavaScript traite les objets est pratique et rafraîchissante.

Ajouter des méthodes à un objet

Outre des propriétés, les objets peuvent aussi posséder des *méthodes*. Une méthode est simplement une fonction associée à un objet. L'exemple suivant illustre ce dont je parle :

```
//création de la créature
//extrait d'addingMethods.html
```

```
var critter = new Object();

//ajout des propriétés
critter.name = "Milo";
critter.age = 5;

//création d'une méthode
critter.talk = function(){
  msg = "Salut ! Je m'appelle " + this.name;
  msg += " et j'ai " + this.age + " ans";
  alert(msg);
}; // fin de la méthode

// appel de la méthode talk
critter.talk();
```

Cet exemple complète l'objet `critter` décrit précédemment. Outre ses propriétés, le nouveau `critter` a une méthode `talk()`. Une propriété décrit une caractéristique de l'objet tandis qu'une méthode décrit une action que l'objet peut réaliser. La Figure 5.9 montre `critter` qui exécute sa méthode `talk()`.

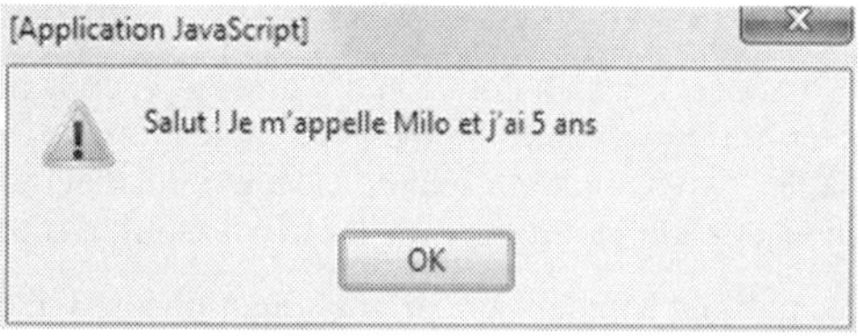

Figure 5.9 : La créature parle !

Procédez comme suit :

1. **Créez un objet avec toutes les propriétés que vous voulez.**

   Commencez par créer un objet et par lui attribuer des propriétés.

2. **Définissez une méthode comme s'il s'agissait d'une propriété.**

   En fait, les méthodes sont des propriétés dans JavaScript. Faites comme si vous ne le saviez pas, cela risque de vous perturber !

3. **Vous pouvez affecter une fonction déjà existante à une méthode.**

   Si vous avez déjà créé une fonction que vous souhaitez utiliser comme méthode, il suffit de la lui affecter.

4. **Vous pouvez aussi créer une fonction anonyme.**

   Pour créer votre méthode, vous pouvez créer une fonction directement avec la syntaxe `function(){`.

5. **Le mot-clé `this` fait référence à l'objet courant.**

   Il se peut que vous vouliez appeler les propriétés de l'objet à l'intérieur de la fonction. `this.name` fait référence à la propriété `name` de l'objet courant.

6. **Vous pouvez appeler la méthode directement.**

   Après avoir déclaré un objet avec une méthode, vous pouvez l'appeler. Par exemple, si l'objet `critter` a une méthode `talk()`, utilisez `critter.talk()` pour appeler cette méthode.

Créer un objet réutilisable

Ces objets sont pratiques, mais comment faire pour créer plusieurs objets avec la même définition ? JavaScript prend en charge un concept appelé constructeur qui vous permet de définir un modèle d'objet et de le réutiliser.

Voici un exemple :

```
//création d'un constructeur
//extrait de constructor.html
function Critter(lName, lAge){
this.name = lName;
this.age = lAge;
this.talk = function(){
  msg = "Salut ! Je m'appelle " + this.name;
  msg += " et j'ai " + this.age + " ans";
  alert(msg);
} // fin de la méthode talk
} // fin de la définition de la classe Critter

function main(){
//création de deux créatures

critterA = new Critter("Alpha", 1);

critterB = new Critter("Beta", 2);
critterB.name = "Charlie";
critterB.age = 3;

//attribution de la parole aux créatures
```

```
critterA.talk();
critterB.talk();

} // fin de main
main();
```

Cet exemple induit la création d'une classe (un modèle permettant de créer des objets) et la réutilisation de cette définition pour créer deux créatures différentes. Pour définir une classe :

1. **Créez une fonction standard.**

   Les classes JavaScript sont définies comme des extensions d'une fonction. Le nom de la fonction est aussi celui de la classe. Notez que le nom d'une fonction de classe commence généralement par une majuscule. Quand une fonction est utilisée dans le but de décrire un objet, elle est appelée le constructeur de l'objet. Le constructeur peut posséder des paramètres, mais il ne renvoie aucune valeur. Dans mon exemple, j'ajoute des paramètres pour le nom et l'âge.

2. **Utilisez `this` pour définir des propriétés.**

   Ajoutez autant de propriétés que vous voulez, y compris des valeurs par défaut. Notez que vous pourrez modifier ces valeurs ultérieurement. Chaque propriété devrait commencer par `this` et un point. Ainsi, si vous voulez que votre objet ait une propriété `color`, spécifiez quelque chose comme `this.color = "blue"`. Mon exemple utilise les paramètres locaux pour définir les propriétés. C'est une pratique très courante car elle permet d'initialiser facilement des propriétés importantes.

3. **Utilisez `this` pour définir toutes les méthodes que vous voulez.**

   Si vous voulez que votre objet possède des méthodes, définissez-les en utilisant l'opérateur `this` suivi du mot-clé `function() {`. De cette manière, vous pouvez ajouter autant de fonctions que vous voulez.

La manière dont JavaScript définit et utilise les objets est simple, mais pas vraiment dans la norme. La plupart des autres langages qui prennent en charge la programmation orientée objet (POO) utilisent des techniques différentes de celle décrite ici. Certains diront que JavaScript n'est pas un vrai langage POO parce qu'il ne prend pas en charge pas la notion *d'héritage* mais utilise plutôt celle de *prototype*. La différence n'est pas si flagrante d'autant que la majorité des utilisations de POO dans JavaScript sont des objets très simples comme ceux décrits ici ou JSON, décrit à la fin de ce chapitre. Appréciez simplement le fait que cette initiation à la programmation orientée objet soit concise mais suffisante pour démarrer.

Utiliser les nouveaux objets

Dès que vous avez défini une classe, vous pouvez la réutiliser. Jetez un œil à la fonction `main` pour voir comment j'utilise ma nouvelle classe `Critter` :

```
function main(){
//création de deux créatures

critterA = new Critter("Alpha", 1);

critterB = new Critter("Beta", 2);
critterB.name = "Charlie";
critterB.age = 3;

//attribution de la parole aux deux créatures
critterA.talk();
critterB.talk();

} // fin de main
main();
```

Une fois que la classe est définie, vous pouvez l'utiliser comme un nouveau type de données. C'est une possibilité très intéressante. Voici comment procéder :

1. **Assurez-vous que la classe est disponible.**

   Une classe est inutilisable jusqu'à ce que JavaScript l'identifie. Dans cet exemple, la classe est définie au sein du code.

2. **Créez une instance de la classe avec le mot-clé `new`.**

   Le mot-clé `new` signifie que vous voulez créer un `critter` spécifique, basé sur la définition. Normalement, vous l'affectez à une variable. Mon constructeur attend que je lui fournisse un nom et un âge, c'est pourquoi il crée automatiquement un `critter` avec le nom et l'âge indiqués.

3. **Modifiez les propriétés de la classe tant que vous le voulez.**

   Vous pouvez modifier les valeurs de toutes les propriétés de la classe. Dans mon exemple, je modifie le nom et l'âge du second `critter` juste pour vous montrer comment faire.

4. **Appelez les méthodes de la classe.**

   Puisque la classe `Critter` possède une méthode `talk()`, utilisez-la dès que vous voulez qu'un `critter` parle.

S'initier à JSON

Les objets et les tableaux JavaScript sont extrêmement flexibles. En fait, ils sont tellement réputés pour leur puissance et leur facilité d'utilisation qu'un format de données spécifique, appelé JSON (*JavaScript Object Notation*), a été adopté par beaucoup d'autres langages.

Le format JSON est principalement utilisé pour stocker des données complexes (notamment les tableaux multidimensionnels) et transférer des données d'un programme à l'autre. JSON permet de décrire les données complexes sous forme d'objet JavaScript. Quand vous décrivez des données en JSON, vous avez généralement besoin d'un constructeur car les données elles-mêmes sont utilisées pour définir la structure de la classe.

Le format JSON occupe une place grandissante dans l'univers de la programmation Web car il permet d'échanger facilement des données entre différents programmes et langages de programmation. Dans cet ouvrage (notamment dans les parties dédiées à AJAX et à la bibliothèque jQuery), vous remarquerez que le format JSON est souvent utilisé pour gérer facilement des données complexes.

Stocker des données au format JSON

Observez ce fragment de code pour voir comment JSON fonctionne :

```
var critter = {
  "name": "George",
  "age": 10
};
```

Ce code décrit un `critter` avec deux propriétés, un nom et un âge. `critter` ressemble plutôt à un tableau mais au lieu d'utiliser un indice numérique (comme la plupart des tableaux), `critter` utilise des valeurs texte comme indices. En fait, il s'agit d'un objet.

Vous pouvez faire référence aux différents éléments avec une variante de la syntaxe de tableau, comme :

```
alert(critter["name"]);
```

Vous pouvez aussi utiliser la syntaxe à point (comme pour les objets) :

```
alert(critter.age);
```

Les deux syntaxes travaillent de la même manière. La plupart des objets JavaScript intégrés utilisent la syntaxe à point, mais les deux variantes sont possibles.

La raison pour laquelle les tableaux JavaScript sont si utiles est que ce sont en fait des objets. Quand vous créez un tableau en JavaScript, vous créez un objet avec des noms de propriétés numériques. C'est pourquoi vous pouvez utiliser indifféremment la syntaxe de tableau ou d'objet pour gérer les propriétés des objets JSON.

Pour voir exactement comment cela fonctionne, n'hésitez pas à consulter le programme complet disponible sur le site Web des Éditions First à l'adresse http://www.editionsfirst.fr/telechargements/ (pour ce faire, vous devrez sélectionner *Pour les nuls GF informatique*, cliquer sur l'image de couverture du livre *Javascript et Ajax pour les nuls*, puis enregistrer le fichier ZIP). Je ne vous propose pas de figure car tout le travail intéressant se passe dans le code.

Démarche à suivre pour stocker des données au format JSON :

1. **Créez la variable.**

   Utilisez l'instruction `var` comme pour toutes les variables.

2. **Placez le contenu entre deux accolades (`{}`).**

   La méthode est identique à celle que vous utilisez pour créer un tableau initialisé (décrite précédemment dans ce chapitre).

3. **Désignez une clé.**

   Pour ce qui est de `critter`, je veux que les propriétés soient nommées `"name"` et `"age"`, c'est-à-dire qu'elles soient désignées par des mots et non par des indices numériques. Pour chaque propriété, je commence par le nom de la propriété. La clé peut être une chaîne ou un nombre entier.

4. **Placez un deux-points (:) après la clé.**

   La clé est suivie d'un deux-points.

5. **Créez la valeur associée à cette clé.**

   Vous pouvez associer tout type de valeur à la clé. Dans ce cas, j'associe la valeur `"George"` à la clé `"name"`.

6. **Séparez chaque paire nom/valeur avec une virgule (,).**

Vous pouvez ajouter autant de paires nom/valeur que vous souhaitez.

Si vous utilisez d'autres langages de programmation, vous devez sûrement considérer une structure JSON comme une table de hachage ou un tableau associatif. JavaScript utilise les structures JSON de la même manière que ces autres structures sont utilisées, mais il n'est pas exact de dire que JSON est une table de hachage ou un tableau de hachage. C'est simplement un objet.

Créer une structure JSON plus complexe

JSON est pratique car il permet de gérer des structures de données relativement complexes. L'exemple suivant (qui va vous paraître familier) propose une structure de données écrite au format JSON :

```
var distance = {
  "Indianapolis" :
    { "Indianapolis": 0,
      "New York": 648,
      "Tokyo": 6476,
      "Londres": 4000 },

  "New York" :
    { "Indianapolis": 648,
      "New York": 0,
      "Tokyo": 6760,
      "Londres": 3470 },

  "Tokyo" :
    { "Indianapolis": 6476,
      "New York": 6760,
      "Tokyo": 0,
      "Londres": 5956 },

  "Londres" :
    { "Indianapolis": 4000,
      "New York": 3470,
      "Tokyo": 5956,
      "Londres": 0 },
};
```

Cette structure de données illustre l'exemple sur les distances d'une manière différente. Il s'agit d'un autre tableau bidimensionnel, légèrement différent de celui décrit précédemment.

- `distance` **est un objet JSON**. Toute la structure des données est stockée dans une seule variable. Cette variable est un objet JSON avec des paires nom/valeur.
- **L'objet `distance` compte quatre clés**. Elles correspondent aux quatre lignes du tableau d'origine.
- **Les clés sont les noms des villes**. Le tableau bidimensionnel utilisait des indices numériques. Dans la structure JSON, les indices sont les noms des villes.
- **La valeur de chaque entrée est un autre objet JSON**. La valeur d'un élément JSON peut être n'importe quoi, y compris un autre objet JSON. Des relations très complexes peuvent être résumées dans une seule variable.
- **Chaque ligne est résumée comme un objet JSON**. Par exemple, la valeur associée à `"Indianapolis"` est une liste de distances d'Indianapolis aux autres villes.
- **L'intégralité de la définition est une " ligne " de code**. Même si elle s'étend sur plusieurs lignes dans l'éditeur (dans un souci de clarté), l'intégralité de la définition correspond en fait à une seule ligne de code.

Structurer les données de cette manière peut paraître un peu laborieux, mais travailler avec ce type de structure est très facile. Les noms des villes sont utilisés directement pour extraire les données. Vous pouvez donc utiliser la syntaxe de tableau pour trouver la distance entre deux villes :

```
alert(distance["Indianapolis"]["Londres"]);
```

Si vous préférez, vous pouvez utiliser la syntaxe à point :

```
alert(distance.Indianapolis.Tokyo);
```

Vous pouvez même opter pour une sorte de mélange :

```
alert(distance["Londres"].Tokyo);
```

Le format de données JSON présente un grand nombre d'avantages :

- **Il est autodocumenté**. Même si vous ne voyez que la structure de données, sans code autour, vous comprenez immédiatement de quoi il s'agit.
- **L'utilisation de chaînes en tant qu'indices rend le code plus lisible**. Il est plus facile de comprendre `distance["Indianapolis"]["Londres"]` que de déchiffrer `distance[0][3]`.

- **Les données JSON peuvent être stockées et transmises comme du texte**. Cela suppose d'avoir de solides bases en programmation Web, notamment en AJAX (techniques décrites ultérieurement dans cet ouvrage).
- **JSON peut décrire les relations complexes**. L'exemple proposé est un tableau bidimensionnel simple. Cependant, le format JSON permet de décrire des relations bien plus complexes, notamment des bases de données complètes.
- **De nombreux langages prennent en charge le format JSON**. Beaucoup de langages Web proposent désormais une prise en charge de JSON. Le plus important est PHP, très souvent utilisé avec JavaScript dans des applications AJAX.
- **JSON est plus compact que XML**. Un autre format de données, appelé XML, est souvent utilisé pour échanger des données complexes. Toutefois, JSON est plus compact et moins fastidieux que XML.
- **JavaScript lit JSON nativement**. Certains formats doivent être traduits avant de pouvoir être utilisés. Dès que votre programme JavaScript rencontre des données JSON, il peut les utiliser directement.

Vous vous demandez sûrement si vous pouvez imbriquer des méthodes dans des objets JSON. La réponse est oui. Toutefois, cette possibilité n'est pas exploitée quand il s'agit d'utiliser JSON pour transmettre des données. Dans la partie qui concerne AJAX, vous verrez que ces méthodes sont souvent appliquées aux objets JSON pour servir de fonctions de rappel. Inutile de vous y intéresser avant de vous familiariser avec les événements. Reportez-vous au Chapitre 14 pour plus de détails sur le sujet.

Deuxième partie

Utiliser JavaScript pour améliorer les pages Web

" De toute évidence, il s'agit d'une mort naturelle, provoquée par une session marathon visant à animer son site Web. Quelle ironie du sort, Morganstern. "

Dans cette partie...

JavaScript a été développé comme un langage permettant de manipuler les pages Web. Plongez-vous dans cette partie pour comprendre comment JavaScript interagit avec la page Web.

Le Chapitre 6 décrit le Document Object Model et la façon dont ce mécanisme permet à vos programmes d'interagir avec la page Web. Vous apprendrez à travailler avec les événements de bouton et à modifier des parties de la page à la volée.

Le Chapitre 7 propose plusieurs méthodes pour obtenir des entrées plus fiables. Dans un premier temps, vous apprendrez à utiliser des éléments d'interface utilisateur spécialisés comme les zones de liste et les cases d'option. Ensuite, vous apprendrez à utiliser les expressions régulières pour vous assurer que la valeur des zones de texte est au format adéquat.

Le Chapitre 8 est dédié à l'animation de votre page. Vous apprendrez à déplacer des éléments de la page sur toute la page et sous contrôle de l'utilisateur ou du programme, mais aussi à animer des éléments et à précharger des images pour fluidifier vos animations. Enfin, vous apprendrez à " lire " le clavier et la souris.

Chapitre 6

Communiquer avec la page

Dans ce chapitre :

- S'initier au Document Object Model.
- Répondre aux événements de formulaire.
- Connecter un bouton à une fonction.
- Récupérer des données d'une zone de texte.
- Modifier du texte dans une zone de texte.
- Envoyer des données à la page.
- Travailler avec d'autres éléments texte de formulaire.
- Visualiser la source de code généré dynamiquement.

JavaScript est un langage plaisant qui vit dans les navigateurs Web pour une raison : vous permettre de modifier les pages Web. Le point fort de JavaScript est sa façon de vous aider à contrôler la page. Vous pouvez utiliser JavaScript pour lire les informations de l'utilisateur et modifier la page rapidement.

Comprendre le Document Object Model

Généralement, les programmes JavaScript vivent dans le contexte d'une page Web. Ils peuvent accéder au contenu de la page grâce à un mécanisme appelé *Document Object Model* (DOM).

Le DOM est un ensemble de variables complexes qui encapsulent l'intégralité du contenu de la page Web. Vous pouvez utiliser JavaScript pour lire dans le DOM et déterminer le statut d'un élément. Vous pouvez aussi modifier une variable DOM ainsi que la page à partir du code JavaScript.

Naviguer dans le DOM

Le moyen le plus simple de se familiariser avec le DOM est de charger une page dans Firefox et de consulter l'onglet DOM de la fenêtre Firebug. C'est ce que je fais sur la Figure 6.1. J'utilise l'extension Firebug pour voir ce qu'il se passe dans le DOM. Retournez au Chapitre 1 si vous avez besoin d'un petit rappel sur l'utilisation de Firebug. Notez aussi que certaines versions de Firebug (notamment sur Mac) sont légèrement différentes, mais l'idée générale est la même.

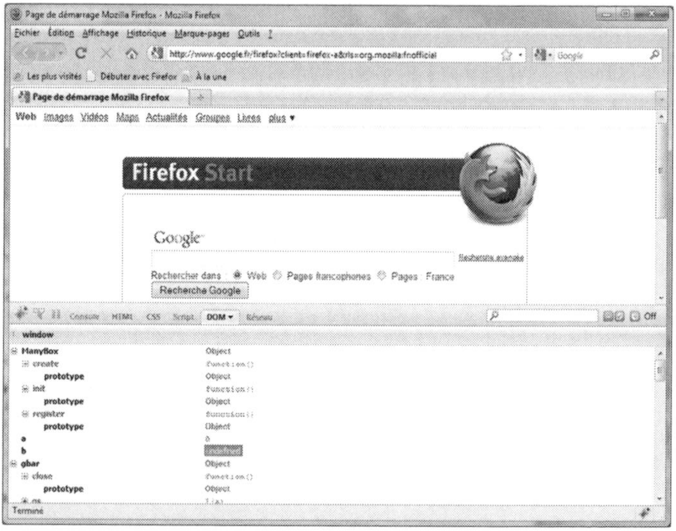

Figure 6.1 : Même une page simple possède un DOM complexe.

L'observation du DOM d'une page très simple peut vous laisser perplexe. Vous n'y verrez qu'une liste de variables. D'un point de vue technique, il s'agit d'éléments d'un objet spécifique appelé `window`. L'objet `window` dispose d'un grand nombre de sous-objets, énumérés dans la fenêtre DOM. Le Tableau 6.1 décrit quelques variables `window` importantes.

Tableau 6.1 Principaux objets du DOM.

Variable	Description	Notes
document	Représente la page XHTML	Élément le plus souvent utilisé.
location	Décrit l'URL courante	Modifiez `location.href` pour basculer sur une nouvelle page.
history	Liste les pages récemment visitées	Utilisez cette variable pour afficher les pages précédemment visitées.
status	Correspond à la barre d'état du navigateur	Modifiez cette variable pour définir un message dans la barre d'état.

Modifier les propriétés du DOM avec Firebug

Tentez cette expérience dans Firefox pour vous rendre compte de la puissance du DOM :

1. **Chargez une page.**

   Le choix de la page n'a aucune importance. J'utilise `simple.html`, une page très simple contenant seulement un en-tête `<h1>`.

2. **Activez l'extension Firebug.**

   Il existe plusieurs moyens pour s'amuser avec le DOM, mais l'extension Firebug est l'un des outils les plus simples et les plus performants pour réaliser cette expérience.

3. **Ouvrez l'onglet DOM.**

   Il affiche une liste de toutes les variables parents.

4. **Faites défiler la liste jusqu'à l'élément** `status` et **double-cliquez-le.**

5. **Tapez un message qui vous est destiné.**

   Tapez un texte dans la boîte de dialogue qui s'ouvre et appuyez sur la touche Entrée.

6. **Regardez la partie inférieure du navigateur.**

   La barre d'état située au bas de la fenêtre du navigateur contient votre message !

7. **Faites vos propres tests.**

Amusez-vous avec les différents éléments de la liste du DOM. Beaucoup d'entre eux peuvent être modifiés. Tentez de remplacer `window.location.href` par n'importe quelle URL et observez ce qu'il se passe. Ne vous inquiétez pas, vous ne pouvez rien endommager !

TRUC

Cette expérience ne fonctionne pas toujours. Il se peut que certaines extensions bloquent le DOM ou qu'il ne réagisse pas conformément à vos attentes. Si cette expérience ne fonctionne pas, passez à la suite. De toute manière, vous ne procéderez plus de la sorte désormais. Une fois que vous saurez à quel point il est facile de manipuler le DOM grâce au code, vous opterez toujours pour cette solution.

Examiner l'objet document

Si l'objet `window` est puissant, l'objet enfant `document` est plutôt surprenant.

Une fois de plus, le meilleur moyen de le découvrir est de le tester :

1. **Rechargez** `simple.html`**.**

   Si vos tests précédents ont engendré des réactions bizarres, redémarrez Firefox. Assurez-vous que l'extension Firebug affiche l'onglet DOM.

2. **Recherchez l'objet** `document`**.**

   Généralement, il se trouve dans le haut de la liste `window`. Quand vous sélectionnez `document`, il se développe et affiche un grand nombre d'éléments enfants.

3. **Recherchez** `document.body`**.**

   `body` devrait se trouver quelque part dans le document. Sélectionnez-le pour le développer.

4. **Recherchez** `document.body.style`**.**

   L'objet `document` a un objet `body` et l'objet `body` a un sous-objet `style`. Ça ne finira donc jamais ?

5. **Examinez les éléments de** `style`**.**

   Certains styles vous paraîtront peu familiers, mais continuez et découvrez quelques vieux amis.

6. **Double-cliquez sur** `backgroundColor`**.**

Chaque attribut de style CSS a un équivalent qui lui correspond (mais qui n'est pas identique) dans le DOM. Entrez une nouvelle couleur (en utilisant un nom de couleur ou une couleur hexadécimale) et observez ce qu'il se passe.

7. **Laissez libre cours à votre imagination.**

   Vous pouvez naviguer dans le DOM pour réaliser toutes sortes de modifications dans la page. Si vous êtes capable de manipuler les éléments du DOM, vous pouvez aussi écrire du code pour parvenir aux mêmes résultats.

Si vous êtes complètement perdu, la Figure 6.2 me représente en train de modifier le `backgroundColor` du style du corps (`body`) du document. Toutefois, une figure ne peut pas vraiment témoigner de l'action. Vous devez tester vous-même. Mais ne vous embrouillez pas ! Vous n'avez pas besoin de maîtriser les détails de fonctionnement du DOM de Firebug. Sachez juste que cela existe car c'est la base de tout le travail que vous allez réaliser à partir de maintenant.

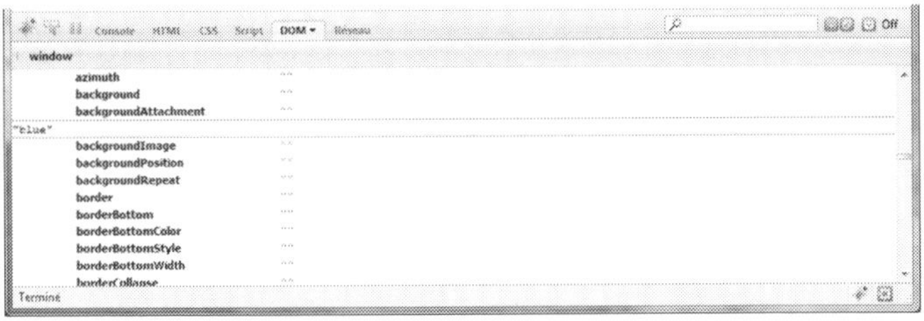

Figure 6.2 : Firebug me permet de modifier directement le DOM de ma page.

Exploiter le DOM avec JavaScript

Utiliser Firebug pour manipuler une page Web est astucieux mais pourquoi s'encombrer ? L'intérêt du DOM est de fournir à JavaScript un accès magique à tous les fonctionnements internes de votre page.

Voir la vie en bleu avec JavaScript

Vous êtes prêt à vous amuser ? Je vais vous initier à l'écriture de code JavaScript pour accéder au DOM. Jetez un œil à *blue.html,* Figure 6.3.

La page présente un texte blanc sur fond bleu mais il n'y a pas de CSS ! En revanche, il existe un petit script qui modifie directement le DOM en contrôlant les couleurs de la page *via* le code. Le script est le suivant :

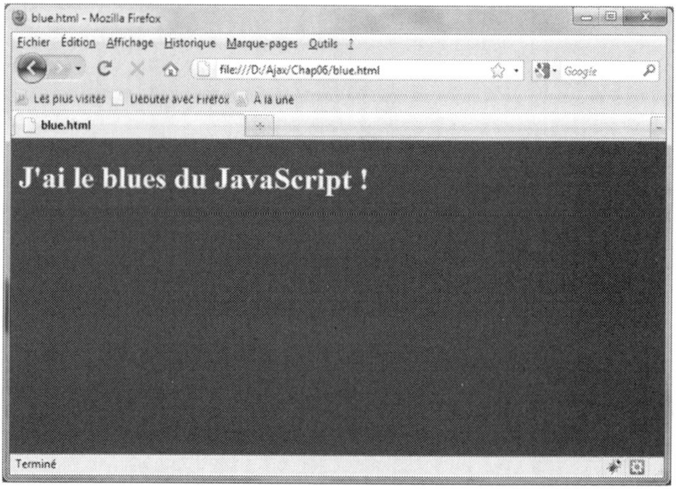

Figure 6.3 : Cette page est bleue ; mais où est le CSS ?

```
<!DOCTYPE html PUBLIC "-//W3C//DTD XHTML 1.0 Strict//EN"
"http://www.w3.org/TR/xhtml1/DTD/xhtml1-strict.dtd">
<html lang="EN" dir="ltr" xmlns="http://www.w3.org/1999/xhtml">
  <head>
    <meta http-equiv="content-type" content="text/xml;
        charset=iso-8859-1" />
    <title>blue.html</title>

  </head>

  <body>
    <h1>J'ai le blues du JavaScript</h1>
    <script type = "text/javascript">
      //<![CDATA[

      // utilisation de javascript pour définir les couleurs
      document.body.style.color = "white";
      document.body.style.backgroundColor = "blue";

      //]]>
    </script>
  </body>
</html>
```

Dans les premiers chapitres de cet ouvrage, je me suis concentré sur JavaScript, sans me soucier du HTML. Le code HTML était insignifiant dans ces programmes ; c'est pourquoi je ne l'ai pas inclus dans mes descriptions de code. Comme ce chapitre traite de la manière d'intégrer du code avec HTML, j'inclus désormais le code HTML et les segments JavaScript. Quelquefois, je vous propose du code séparé en plusieurs segments, alors essayez de visualiser le code dans son intégralité sur le site Web des Éditions First à l'adresse http://www.editionsfirst.fr/telechargements/ (pour ce faire, vous devrez sélectionner *Pour les nuls GF informatique*, cliquer sur l'image de couverture du livre *Javascript et Ajax pour les nuls*, puis enregistrer le fichier ZIP).

Écrire le code JavaScript pour modifier les couleurs

La page est relativement simple, mais elle présente de nouvelles caractéristiques :

- **Elle n'a pas de CSS**. Une forme de CSS est créée dynamiquement par le code.
- **Le script est dans le corps**. Je ne peux pas placer ce script dans l'en-tête car il fait référence au corps.

  Lorsque le navigateur voit le script pour la première fois, il doit y avoir un corps (`body`) pour modifier le texte. Si je place le script dans l'en-tête, il n'y a plus de corps quand le navigateur lit le code. Si je place le script dans le corps, il y a un corps et le script peut le modifier. Pas de panique si vous ne saisissez pas la nuance. C'est certainement la seule fois que vous entendrez parler de cette astuce car je vais vous montrer une meilleure solution dans le prochain exemple.
- **Utilisez une référence au DOM pour modifier les couleurs du style**. Ce long fil d'Ariane vous mène du document au corps puis au style et enfin à la couleur. C'est long mais précis.
- **Affectez la couleur blanche à l'avant-plan**. Vous pouvez remplacer la propriété de la couleur par n'importe quelle valeur de couleur CSS (nom de couleur ou couleur hexadécimale). Ça ressemble à du CSS car vous affectez réellement le CSS.
- **Affectez la couleur bleue à l'arrière-plan**. Là aussi, il s'agit de configurer le CSS.

Pourquoi pas background-color ?

Nul doute que vous aurez relevé des détails intéressants en fouillant dans les éléments de style du DOM. Tout d'abord, beaucoup de noms d'éléments sont similaires mais pas identiques : `background-color` devient `backgroundColor` et `font-weight` devient `fontWeight`. Le CSS utilise le tiret pour signaler la coupure entre deux mots tandis que le DOM combine les mots et utilise une majuscule pour marquer le début du mot suivant. Vous allez donc retrouver tous vos éléments CSS préférés mais leur nom diffère, conformément à cette formule. Si vous vous emmêlez les pinceaux, utilisez l'inspecteur DOM de Firebug pour examiner les différents éléments de style.

Gérer des événements de bouton

Bien sûr, aucune bonne raison ne justifie l'écriture de code tel que `blue.html`. Il est aussi facile de créer du CSS que d'écrire du JavaScript. L'avantage se précise quand vous utilisez le DOM dynamiquement pour modifier le comportement de la page une fois qu'elle est chargée.

La Figure 6.4 représente une page appelée `backgroundColors.html`.

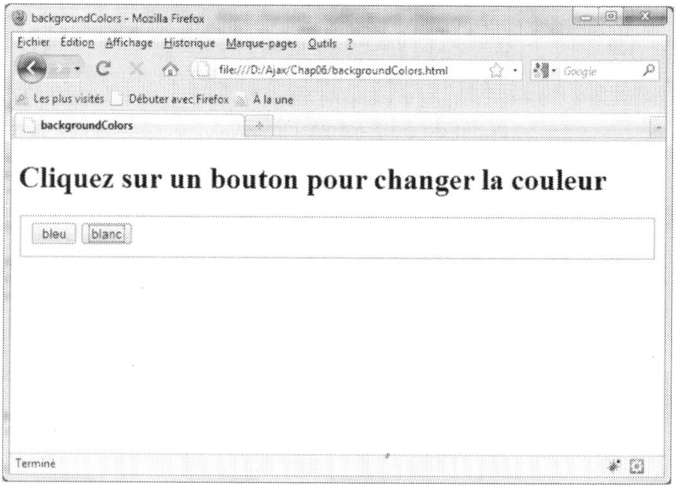

Figure 6.4 : La page est blanche et contient deux boutons.

La page est configurée avec la couleur d'arrière-plan par défaut : blanc. Elle présente deux boutons qui devraient modifier la couleur d'arrière-plan du corps. Cliquez sur le bouton " bleu " pour vérifier que cela fonctionne, comme le montre la Figure 6.5.

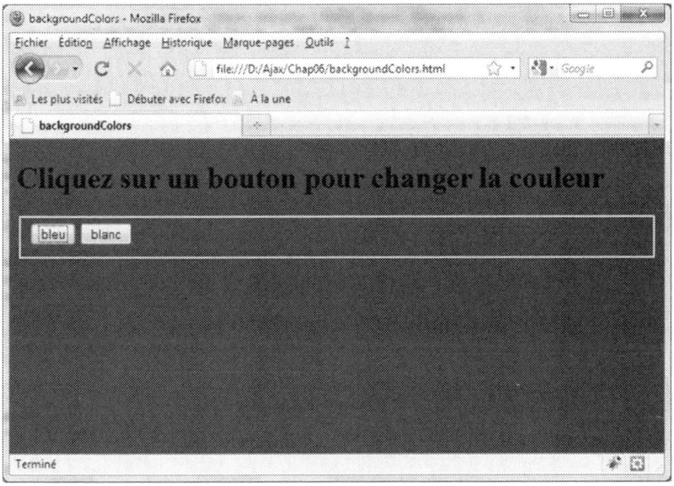

Figure 6.5 : La page est bleue !

Encore une fois, le changement de couleur n'est pas vraiment convaincant dans un livre en noir et blanc. La figure devrait réellement vous montrer que la couleur change. Alors rendez-vous sur le site Web pour voir le changement de couleur en action. Il se passe des choses vraiment intéressantes :

- **La page possède un formulaire**. Si vous avez besoin d'un rappel sur les formulaires, reportez-vous au Chapitre 1.
- **Le bouton agit**. Les bons vieux formulaires XHTML ne font strictement rien. Vous devez écrire du code de programmation pour que le bouton agisse. Ce programme réagit sous vos yeux.
- **Il y a une fonction** `setColor()`. La page possède une fonction qui prend un nom de couleur et l'applique au style d'arrière-plan.
- **Les deux boutons transmettent des informations à la fonction** `setColor()`. Le nom de la couleur est transmis en tant que paramètre à la fonction `setColor()`.

Configurer le terrain de jeu

Ce n'était qu'un aperçu. Observez le code de plus près :

```
<!DOCTYPE html PUBLIC "-//W3C//DTD XHTML 1.0 Strict//EN"
"http://www.w3.org/TR/xhtml1/DTD/xhtml1-strict.dtd">
<html lang="EN" dir="ltr" xmlns="http://www.w3.org/1999/xhtml">
  <head>
    <meta http-equiv="content-type" content="text/xml;
          charset=iso-8859-1" />
    <title>backgroundColors</title>
    <script type = "text/javascript">
      //<![CDATA[
      // extrait de backgroundColors

      function changeColor(color){
        document.body.style.backgroundColor = color;
      } // fin de changeColor

      //]]>
    </script>
  </head>

  <body>
    <h1>Cliquez sur un bouton pour changer la couleur</h1>
    <form action = "">
      <fieldset>
        <input type = "button"
               value = "bleu"
               onclick = "changeColor('blue')"/>

        <input type = "button"
               value = "blanc"
               onclick = "changeColor('white')" />
      </fieldset>

    </form>
  </body>
</html>
```

La plupart des pages Web considèrent la page XHTML comme l'interface utilisateur et le JavaScript comme le code sous-jacent de gestion des événements. Il est donc pertinent d'inspecter d'abord le code HTML qui correspond en quelque sorte au terrain de jeu.

- **Il contient un formulaire**. Notez que l'attribut `action` du formulaire est vide. Ne vous tracassez pas avec ça avant de travailler avec un serveur, dans le Chapitre 14.
- **Le formulaire possède un** `fieldset`. Les éléments d'entrée doivent être contenus dans quelque chose : un `fieldset` semble être un choix tout à fait pertinent.
- **La page compte deux boutons**. Les deux boutons de la page ne sont pas neufs, mais ils n'ont rien fait jusqu'à présent.
- **Les deux boutons possèdent un attribut** `onclick`. Cet attribut spécial accepte une ligne de code JavaScript. Généralement, cette ligne appelle une fonction, comme c'est le cas dans ce programme.
- **Les deux boutons appellent la même fonction, mais avec un paramètre différent**. Les deux boutons appellent `changeColor()` mais l'un envoie la valeur `"blue"` et l'autre `"white"`.
- **Nul doute que** `changeColor` **va modifier une couleur**. En fait, `changeColor` modifie la couleur de l'arrière-plan.

D'habitude, j'écris le code XHTML avant le script. Comme vous pouvez le voir, le formulaire fournit toutes sortes d'informations utiles qui m'aident à écrire le script. Notamment, il est clair que je dois écrire une fonction appelée `changeColor()` qui accepte un nom de couleur comme paramètre et remplace la couleur de l'arrière-plan par celle spécifiée. Grâce à ce type d'information, la fonction est quasiment écrite !

Imbriquer des guillemets dans des guillemets

Examinez les lignes `onclick` de plus près. Il se peut qu'un point important vous ait échappé : `onclick` est un paramètre XHTML dont la valeur doit être placée entre guillemets. Le paramètre est un appel de fonction qui envoie une valeur de chaîne. Les valeurs de chaîne doivent aussi être placées entre guillemets. Tout cela deviendrait très confus si vous utilisiez des guillemets doubles partout car le navigateur n'a aucun moyen de savoir comment les guillemets sont imbriqués. Si votre code ressemble à cela…

```
onclick = "changeColor("white")" />
```

…alors XHTML suppose que le paramètre `onclick` contient la valeur `"changeColor("` et n'a aucune idée de ce que signifie `white")"`.

Heureusement, JavaScript propose une solution pour résoudre ce problème. Pour imbriquer des guillemets dans d'autres guillemets, il suffit d'utiliser des guillemets simples. La ligne suivante est écrite avec le paramètre entre guillemets simples :

```
onclick = "changeColor('white')" />
```

Écrire la fonction changeColor

La fonction `changeColor()` est facile à écrire :

```
<script type = "text/javascript">
  //<![CDATA[
  // extrait de backgroundColors

  function changeColor(color){
    document.body.style.backgroundColor = color;
  } // fin de changeColor

  //]]>
</script>
```

Elle se place dans l'en-tête, comme d'habitude. C'est simplement une fonction qui accepte un paramètre appelé `color`. La propriété `backgroundColor` du corps prend le paramètre `color`.

Cette fois, je peux écrire du JavaScript faisant référence au corps dans l'en-tête car le code d'en-tête est dans une fonction. La fonction est lue avant que le corps ne soit en place, mais elle n'est pas activée tant que l'utilisateur ne clique pas sur le bouton. Vous voyez ? Il y a un corps, mais il n'y a pas de problème.

Interagir avec des entrées et des sorties texte

L'application la plus intrigante du DOM est celle qui permet à l'utilisateur de communiquer avec le programme *via* la page Web, sans toutes ces boîtes de dialogue encombrantes. La Figure 6.6 représente une page avec un formulaire Web contenant deux zones de texte et un bouton.

Lorsque vous cliquez sur le bouton, il se passe quelque chose d'intéressant, comme le montre la Figure 6.7.

Figure 6.6 : J'ai entré un nom dans la zone de texte supérieure.

Figure 6.7 : Je reçois un message d'accueil, sans boîte de dialogue !

Les entrées et les sorties basées sur les formulaires sont nettement plus agréables que les constantes interruptions des boîtes de dialogue.

S'initier à la programmation événementielle

Les interfaces utilisateur graphiques utilisent généralement une technique appelée programmation événementielle. L'idée est simple :

1. **Créez une interface utilisateur.**

   Dans les pages Web, l'interface utilisateur est généralement créée en XHTML et CSS.

2. **Identifiez les événements auxquels le programme devra répondre.**

   Si vous créez un bouton, les utilisateurs vont cliquer dessus. Les boutons possèdent presque toujours des événements. Certains autres éléments aussi.

3. **Écrivez une fonction qui répond à chaque événement.**

   Écrivez une fonction pour chaque événement que vous voulez tester.

4. **Récupérez les informations dans les éléments de formulaire.**

   Accédez maintenant au contenu des éléments de formulaire pour récupérer les informations fournies par l'utilisateur. Il vous faut un mécanisme pour récupérer les informations dans une zone de texte et d'autres éléments de formulaire.

5. **Utilisez des éléments de formulaire pour la sortie.**

   Pour cet exemple, j'utilise aussi des éléments de formulaire pour la sortie. Elle s'affiche dans une seconde zone de texte même si je n'invite pas l'utilisateur à y saisir du texte.

Créer le formulaire XHTML

La première étape consiste à créer la structure XHTML. Voici le code XHTML :

```
<title>textBoxes.html</title>

<link rel = "stylesheet"
      type = "text/css"
      href = "textBoxes.css" />

</head>
```

```
  <body>
    <h1>Zone de texte d'entrée et de sortie</h1>
    <form action = "">
      <fieldset>
        <label>Entrez votre prénom : </label>
        <input type = "text"
               id = "txtName" />

        <input type = "button"
               value = "cliquez ici"
               onclick = "sayHi()"/>

        <input type = "text"
               id = "txtOutput" />
      </fieldset>
    </form>

  </body>
</html>
```

Notez ces quelques remarques pendant que vous examinez le code :

- **La page utilise un CSS externe**. Le style CSS est bien, mais il n'a aucune importance. Il reste sagement encapsulé dans son propre fichier. Libre à vous de l'inspecter ou de le modifier.
- **La majeure partie de la page est un formulaire**. Tous les éléments de formulaire doivent être dans un formulaire.
- **Un `fieldset` est utilisé pour contenir les éléments de formulaire**. Les éléments `input` doivent être dans une sorte d'élément conteneur : `fieldset` est un choix naturel.
- **L'une des zones de texte s'appelle** `txtName`. Cette zone de texte va contenir le prénom de l'utilisateur. Je commence par le préfixe `txt` pour me souvenir que c'est une zone de texte.
- **Le deuxième élément est un bouton**. Il est inutile de nommer le bouton (il n'a pas d'ID dans le code) mais il possède un événement `onclick()`.
- **L'événement** `onclick()` **du bouton fait référence à une fonction (que je n'ai pas encore définie)**. L'événement `onclick()` est appelé `"sayHi()"`.
- **Une seconde zone de texte contiendra le message d'accueil**. Cette seconde zone de texte est appelée `txtOutput` car il s'agit de la zone de texte utilisée pour la sortie.

Après avoir configuré la page HTML, la fonction est facile à écrire car vous avez identifié l'architecture principale. Vous savez qu'il vous faudra une fonction appelée `sayHi()` et que cette fonction va lire le texte de la zone `txtName` et écrire dans la zone `txtOutput`.

Utiliser getElementById() pour accéder à la page

XHTML est une chose, JavaScript en est une autre. Il vous faut un moyen de convertir un formulaire HTML en quelque chose que JavaScript peut lire. C'est exactement ce que fait la méthode magique `getElementById()`. Je vous invite d'abord à observer les deux premières lignes de la fonction `sayHi()` qui est, comme d'habitude, définie dans l'en-tête :

```
function sayHi(){
  var txtName = document.getElementById("txtName");
  var txtOutput = document.getElementById("txtOutput");
```

Tous les éléments créés dans votre page Web peuvent être extraits en fouillant dans le DOM. Autrefois, c'était le seul moyen pour accéder aux formulaires. Les navigateurs modernes proposent désormais la fonction `getElementById()`. Cette petite perle fouille dans le DOM et renvoie une référence à un objet portant l'ID recherché.

Une référence est simplement une indication de la localisation de l'objet spécifié dans la mémoire. Vous pouvez stocker une référence dans une variable. Manipuler cette variable revient à manipuler l'objet qu'elle représente. Si vous voulez, c'est comme si vous convertissiez la zone de texte en une variable.

Notez que j'ai appelé la variable `txtName` : elle porte le même nom que la zone de texte d'origine. Cette variable fait référence à la zone de texte du formulaire et non à la valeur de cette zone de texte. Si vous disposez d'une référence à un objet zone de texte, vous pouvez utiliser ses méthodes et ses propriétés pour en extraire des données et lui envoyer de nouvelles valeurs.

Manipuler les zones de texte

Quand vous avez accès aux zones de texte, vous pouvez manipuler leurs valeurs grâce à la propriété `value` :

```
var name = txtName.value;
txtOutput.value = "Salut, " + name + " !"
```

Les zones de texte (et plus précisément toutes les zones d'entrée) possèdent une propriété `value`. Vous pouvez lire cette valeur comme une variable de chaîne classique. Vous pouvez aussi écrire à cette propriété de sorte que la zone de texte soit rapidement mise à jour.

Ce code, créé en respectant les étapes suivantes, gère l'entrée et la sortie des données :

1. **Créez une variable pour le prénom.**

   Il s'agit d'une variable de chaîne classique.

2. **Copiez la valeur de la zone de texte dans la variable.**

   Maintenant que vous disposez d'une variable représentant la zone de texte, vous pouvez accéder à sa propriété `value` pour inviter l'utilisateur à entrer la valeur.

3. **Créez un message adressé à l'utilisateur en utilisant la concaténation de chaîne.**

4. **Envoyez le message à la zone de texte de sortie.**

   Vous pouvez aussi écrire un texte à la propriété `value` qui va modifier le contenu de la zone de texte sur l'écran.

Les zones de texte renvoient toujours des valeurs de chaîne (tout comme les prompts). Si vous souhaitez obtenir une valeur numérique d'une zone de texte, vous devez la convertir à l'aide des fonctions `parseInt()` ou `parseFloat()`.

Écrire au document

Les formulaires sont parfaits pour collecter les entrées de l'utilisateur, mais ils ne sont pas idéaux pour les sorties. Il n'est pas pertinent de placer une sortie dans une zone modifiable. Mieux vaut modifier le document Web.

Le DOM prend en charge une telle technique. La plupart des éléments XHTML acceptent une propriété `innerHTML`. Elle décrit le code HTML à l'intérieur de l'élément. Dans la majorité des cas, il peut être récupéré et remplacé.

Quelles sont les exceptions ? Les balises à un élément (comme `<img>` et `<input>`) ne contiennent pas de HTML. Il n'y a donc aucun intérêt à vouloir lire ou modifier leur code HTML. Les éléments des tableaux peuvent être récupérés mais pas modifiés directement.

La Figure 6.8 représente un programme avec un formulaire simple.

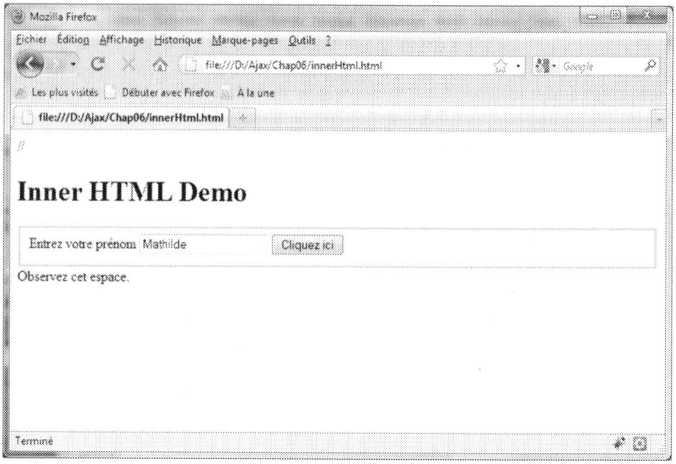

Figure 6.8 : Stop ! Il n'y a pas de zone de texte de sortie !

Ce formulaire ne contient pas d'élément pour la sortie. Entrez un prénom et cliquez sur le bouton. Le résultat affiché est illustré par la Figure 6.9.

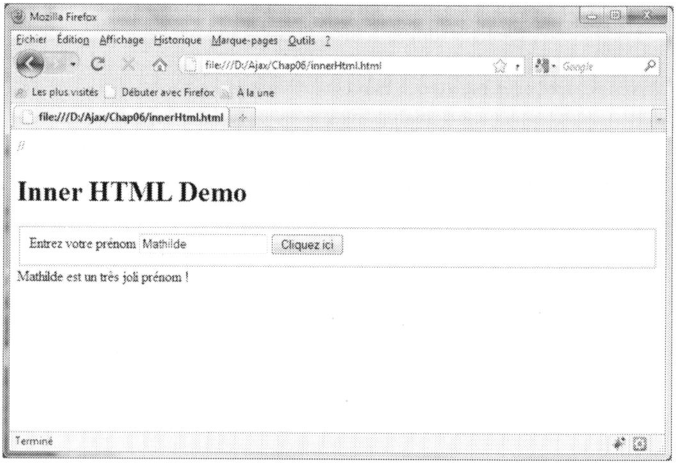

Figure 6.9 : La page s'est modifiée toute seule.

N'est-ce pas surprenant ? Cette page peut se modifier elle-même dynamiquement. Elle ne modifie pas seulement les valeurs des zones de formulaire, mais aussi le code HTML.

Préparer le cadre HTML

Observez le corps XHTML d'`innerHTML.html` pour comprendre comment cela est possible :

```
<body>
  <h1>Démo innerHTML</h1>
  <form action = "">
    <fieldset>
      <label>Entrez votre prénom</label>
      <input type = "text"
             id = "txtName" />
      <button type = "button"
              onclick = "sayHi()">
        Cliquez ici
      </button>
    </fieldset>
  </form>

  <div id = "divOutput">
    Observez cet espace.
  </div>
</body>
```

Le corps du code présente plusieurs caractéristiques intéressantes :

- **Le programme contient un formulaire**. Le formulaire est standard. Il contient une zone de texte pour l'entrée et un bouton, mais pas d'éléments pour la sortie.
- **Le bouton appelle une fonction** `sayHi()`. La page requiert une fonction portant ce nom. Elle va renvoyer une salutation d'une manière ou d'une autre.
- **Il y a un élément** `div` **pour la sortie**. Un élément `div` dans le corps principal est désigné pour la sortie.
- **L'élément** `div` **possède un ID**. L'attribut `id` est souvent utilisé pour le style CSS, mais il peut aussi l'être par le DOM.

  N'OUBLIEZ PAS : Tous les éléments HTML codés dynamiquement devraient posséder un `id`.

Écrire le JavaScript

Le code JavaScript pour modifier le code HTML est simple :

```
<script type = "text/javascript">
  //<![CDATA[
  //extrait de innerHTML.html

  function sayHi(){
    txtName = document.getElementById("txtName");
    divOutput = document.getElementById("divOutput");

    name = txtName.value;

    divOutput.innerHTML = „<em>“ + name +  „<\/em>“;
    divOutput.innerHTML += " est un très joli prénom !";
  }
  //]]>
</script>
```

La première étape (comme d'habitude avec les formulaires Web) consiste à extraire les données des éléments d'entrée. Notez que je peux créer une représentation variable de tous les éléments du DOM, pas seulement des éléments de formulaire. La variable `divOutput` est une représentation JavaScript de l'élément `div` du DOM.

Trouver le code HTML interne

Tout comme les éléments de formulaire, les `div` possèdent d'autres propriétés intéressantes que vous pouvez modifier. La propriété `innerHTML` vous permet de modifier le code HTML affiché par le `div`. Vous pouvez insérer tout le code XHTML valide que vous voulez dans la propriété `innerHTML`, y compris des balises HTML. Veillez, cependant, à toujours respecter les règles XHTML pour que votre code soit valide.

Même si l'élément `CDATA` est en place, les validateurs ont du mal avec les barres obliques (comme celles dans la balise `</em>`). Quand vous voulez utiliser une barre oblique / dans une chaîne JavaScript, faites-la précéder d'une barre oblique inverse (`<\/em>`). Cette astuce aide le validateur à comprendre qu'une barre oblique va suivre.

Travailler avec d'autres éléments texte

Une fois que vous savez travailler avec les zones de texte, vous maîtrisez près de la moitié des éléments de formulaire. Certains autres éléments de formulaire fonctionnent exactement comme les zones de texte, notamment ceux qui suivent :

- **Les zones de mot de passe** : notez qu'une zone de mot de passe dissimule l'entrée de l'utilisateur avec des astérisques, mais elle conserve le texte saisi.
- **Les zones cachées** : elles vous permettent de stocker des informations dans une page sans les montrer à l'utilisateur. Ces zones sont utilisées en programmation côté client, mais rarement en JavaScript.
- **Les zones de texte multilignes** : ce sont des zones de texte avec plusieurs lignes. Elles peuvent être dimensionnées pour accueillir plusieurs lignes d'entrée.

La Figure 6.10 présente une page proposant tous ces éléments sur le même formulaire.

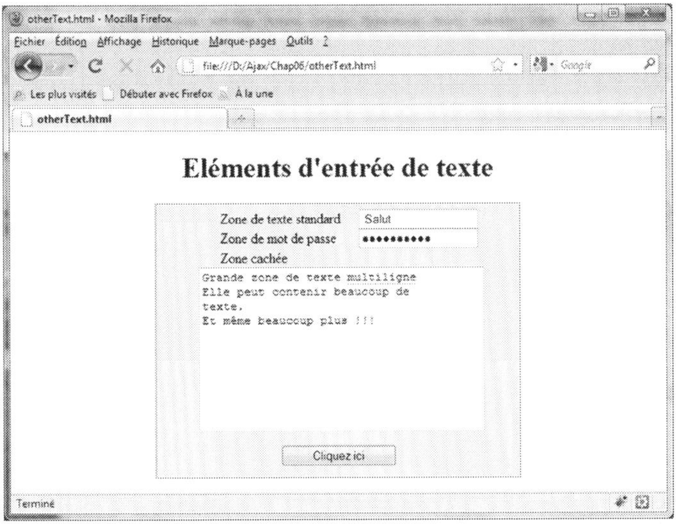

Figure 6.10 : JavaScript ne fait pas de différence entre zone de mot de passe, zone cachée et zone de texte multiligne.

Lorsque l'utilisateur clique sur le bouton, le contenu de toutes les zones (même la zone de mot de passe et la zone cachée) s'affiche au pied de la page, comme le montre la Figure 6.11.

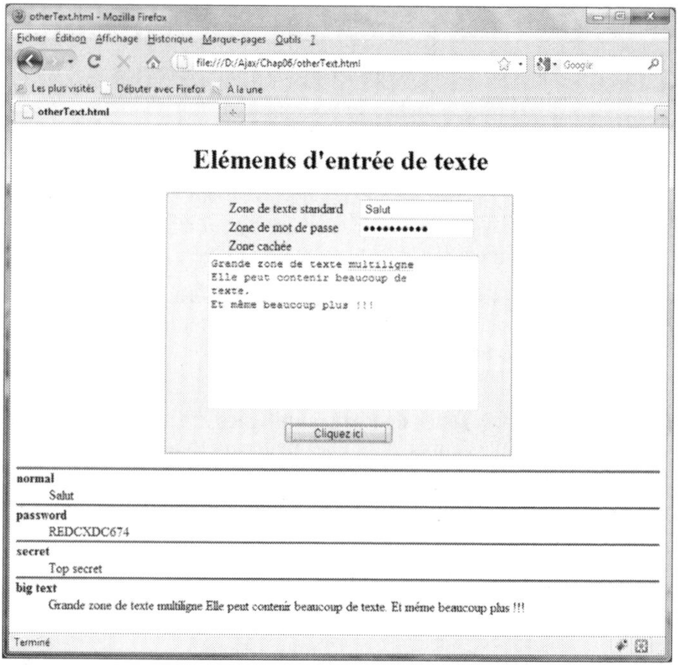

Figure 6.11 : Vous pouvez voir le contenu de chaque zone.

Créer le formulaire

Voici le XHTML à l'origine du formulaire :

```
<body>
  <h1>Eléments d'entrée de texte</h1>
  <form action = "">
    <fieldset>
      <label>Zone de texte standard</label>
      <input type = "text"
             id = "txtNormal" />
      <label>Zone de mot de passe</label>
      <input type = "password"
             id = "pwd" />
      <label>Zone cachée</label>
      <input type = "hidden"
             id = "hidden"
             value = "Top secret" />
      <textarea id = "txtArea"
```

```
                rows = "10"
                cols = "40">
Grande zone de texte multiligne.
Elle peut contenir beaucoup de texte.
      </textarea>
      <button type = "button"
              onclick = "processForm()">
        Cliquez ici
      </button>
    </fieldset>
 </form>

<div id = "output">

</div>
</body>
```

Le code devrait vous sembler familier (reportez-vous au Chapitre 1 pour plus d'infos sur les formulaires). Certains éléments ne servent à rien dans cet exemple :

- **Il y a une zone de texte standard**. Elle est uniquement présente pour permettre la comparaison. Elle possède un `id` pour pouvoir être identifiée dans le JavaScript.
- **La zone suivante est une zone de mot de passe**. Les zones de mot de passe affichent des astérisques mais enregistrent le texte saisi. Cette zone possède un `id pwd`.
- **La zone cachée est quelque peu étrange**. Les zones cachées peuvent être utilisées pour stocker des informations dans la page sans les montrer à l'utilisateur. L'utilisateur ne peut pas modifier une zone cachée comme il le fait pour les autres zones de texte (généralement, il ignore même que la zone cachée existe). Cette zone cachée possède l'`id secret` et la valeur ("`Top secret`").
- **La zone de texte multiligne présente un format différent**. Les éléments `input` sont des éléments à balise unique. Mais l'élément `textarea` est conçu pour contenir beaucoup de texte ; il présente donc une balise de début et une balise de fin. L'`id` de la zone de texte multiligne est `txtArea`.
- **Le bouton donne le coup d'envoi**. Comme souvent, la plupart des éléments sont présents pour collecter les données et le bouton est associé à un événement `onclick` qui appelle une fonction.

- **Le CSS externe peaufine le tout**. La page contient un peu de CSS pour être présentable (je ne m'attarde pas sur le CSS car ce n'est pas le sujet). Notez que la page pourrait posséder un `dl` et donc un style CSS, même s'il n'apparaît pas par défaut.

ATTENTION ! La zone de mot de passe et la zone cachée semblent sécurisées mais elles ne le sont pas. Toute personne qui visualise le code source d'une page est en mesure de consulter la valeur d'une zone cachée et les mots de passe qui y figurent en clair. Il est donc fortement déconseillé d'utiliser une technologie Web (notamment celle-ci) pour stocker des codes de lancement nucléaire ou l'une de vos recettes secrètes !

TRUC Quand je crée une zone de texte, j'ignore souvent mes règles d'indentation car la zone de texte conserve tout, y compris son indentation.

Écrire la fonction

À présent, il ne manque plus que la fonction. Bonne nouvelle : JavaScript traite tous ces éléments de la même manière ! Qu'il s'agisse d'une zone de mot de passe, d'une zone cachée ou d'une zone de texte multiligne, la technique est la même que pour une zone de texte standard. Voici le code :

```
<script type = "text/javascript">
//<![CDATA[

// extrait de otherText.html
function processForm(){
  //extraction des entrées du formulaire
  var txtNormal = document.getElementById("txtNormal");
  var pwd = document.getElementById("pwd");
  var hidden = document.getElementById(“hidden");
  var txtArea = document.getElementById(“txtArea");

  var normal = txtNormal.value;
  var password = pwd.value;
  var secret = hidden.value;
  var bigText = txtArea.value;

  //création de la sortie
  var result = “”
  result += “<dl> \n";
  result += “  <dt>normal<\/dt> \n";
  result += “  <dd>" + normal + “<\/dd> \n";
  result += “ \n";
  result += “  <dt>password<\/dt> \n";
```

```
  result += "  <dd>" + password + "<\/dd> \n";
  result += " \n";
  result += "  <dt>secret<\/dt> \n";
  result += "  <dd>" + secret + "<\/dt> \n";
  result += "   \n";
  result += "  <dt>big text<\/dt> \n";
  result += "  <dd>" + bigText + "<\/dt> \n";
  result += "<\/dl> \n";

  var output = document.getElementById("output");
  output.innerHTML = result;

} // fin de la fonction
```

La fonction `processForm()` est légèrement plus longue que les autres fonctions de ce chapitre, mais elle suit le même modèle : elle extrait les données des zones, crée une chaîne de sortie et écrit cette sortie à l'attribut `innerHTML` d'un `div` de cette page.

Le code n'a rien de neuf mais il présente quelques caractéristiques à prendre en compte :

- **Créez une variable pour chaque élément de formulaire**. Utilisez la technique `document.getElementById`.
- **Créez une variable de chaîne pour le contenu de chaque élément**. N'oubliez pas : `getElementById` renvoie un objet. Pour voir ce que l'objet contient, vous devez extraire la propriété `value`.
- **Formez une longue variable de chaîne pour gérer la sortie**. Si la sortie est longue et confuse comme dans ce cas, concaténez une longue variable et renvoyez-la en une fois.
- **HTML est votre ami**. Cette sortie est un peu complexe, mais `innerHTML` contient le code HTML donc vous pouvez utiliser tous les styles HTML que vous voulez pour formater votre code. La chaîne `return` est une liste complète de définitions. Tout ce que contient la zone de texte sera (dans ce cas) reproduit sous forme de texte HTML. Si je veux qu'il y ait des retours chariot ou une mise en forme, je dois les ajouter dans le code.
- **N'oubliez pas de signaler les barres obliques**. Le validateur s'embrouille avec les balises de fin. Pensez à insérer une barre oblique inverse dans toutes les balises de fin contenues dans les variables de chaîne JavaScript (`</dl>` devient `<\/dl>`).
- **Les sauts de ligne (`\n`) rendent la sortie présentable**. Si j'écrivais une liste de définitions en HTML, j'écrirais chaque

ligne sur une nouvelle ligne. J'essaie de faire en sorte que mes programmes écrivent du code comme je le fais, donc j'insère des sauts de ligne partout où j'aurais ajouté un retour chariot dans le code HTML standard.

Comprendre le code source généré

Quand vous exécutez le programme, votre code JavaScript modifie la page dans laquelle il vit. Le code qui ne provient pas de votre serveur mais qui est créé par votre programme est appelé *code source généré*. La technique du code généré est puissante, mais elle peut présenter un problème majeur. Testez l'expérience suivante pour comprendre ce que je veux dire :

1. **Rechargez la page pour l'afficher sans le contenu du formulaire.**

   Observez ensuite le code source.

2. **Notez que tout est en ordre.**

   Le code source affiche exactement ce que vous avez écrit.

3. **Cliquez sur le bouton** `Cliquez ici`**.**

   Votre fonction va s'exécuter et votre page va se modifier. Vous avez clairement ajouté du HTML au `div output` parce que vous pouvez afficher la sortie directement sur l'écran.

4. **Observez de nouveau le code source.**

   Vous allez être surpris ! Le `div output` est vide, pourtant vous savez bien qu'il a été modifié.

5. **Les validateurs ne contrôlent pas le code généré.**

   Que vous utilisiez l'extension HTML `validator` ou le validateur w3, ils ne vont pas rechercher les erreurs dans le code généré. Vous devez l'inspecter vous-même, mais il n'est pas facile à identifier !

La Figure 6.12 illustre ce problème.

Voici ce qu'il se passe : en fait, (dans la plupart des navigateurs) la commande permettant de voir la source n'affiche pas le code source de la page courante. Il s'adresse au serveur et interroge la page, mais l'affiche comme code source plutôt que comme sortie renvoyée. Cela signifie que la commande d'affichage de la source n'est pas utile pour vous montrer comment la page a été modifiée dynamiquement. Aussi, les validateurs de page inspectent la page telle qu'elle est sur

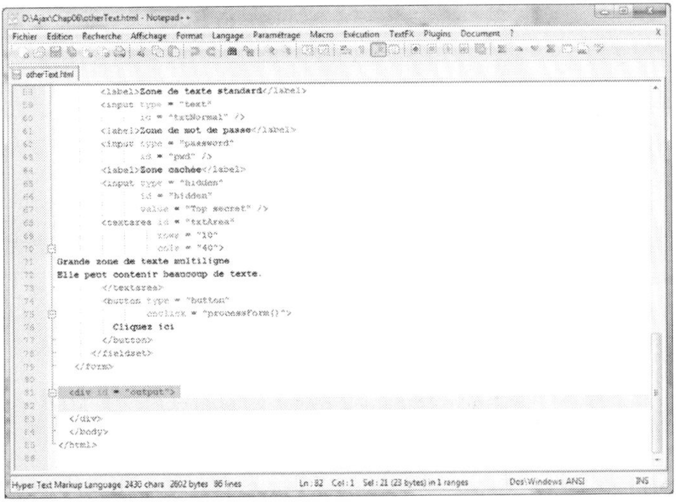

Figure 6.12 : La commande standard pour visualiser le code source n'affiche pas le contenu du div !

le serveur sans se soucier des choses qui auraient pu être modifiées dynamiquement.

Ce problème n'existait pas quand vous vous contentiez de créer des pages Web basiques car elles ne sont pas modifiées. Les pages générées dynamiquement peuvent être modifiées rapidement, sans que le navigateur s'y attende. Si vous avez fait une erreur dans le code HTML, vous ne pouvez pas simplement afficher le code source pour voir ce qui ne va pas dans le code généré par votre script. Heureusement, il existe deux solutions proposées par des extensions Firefox :

- **Barre d'outils Web Developer**. Cette barre d'outils possède un outil formidable appelé Voir le code source généré, disponible dans le menu Voir Source. Il vous permet d'afficher le code source de la page courante dans son état actuel, y compris l'éventuel code généré dynamiquement par votre JavaScript.
- **Firebug**. Ouvrez la fenêtre Firebug quand une page est ouverte et naviguez (avec l'onglet HTML) dans la page. Firebug vous propose un aperçu précis du contenu de la page, même quand il est modifié dynamiquement. Cela peut être très utile.

Ces outils sont une aide précieuse quand vous tentez de comprendre pourquoi votre code généré n'agit pas correctement.

La Figure 6.13 montre la barre d'outils Firebug qui affiche le contenu généré dynamiquement.

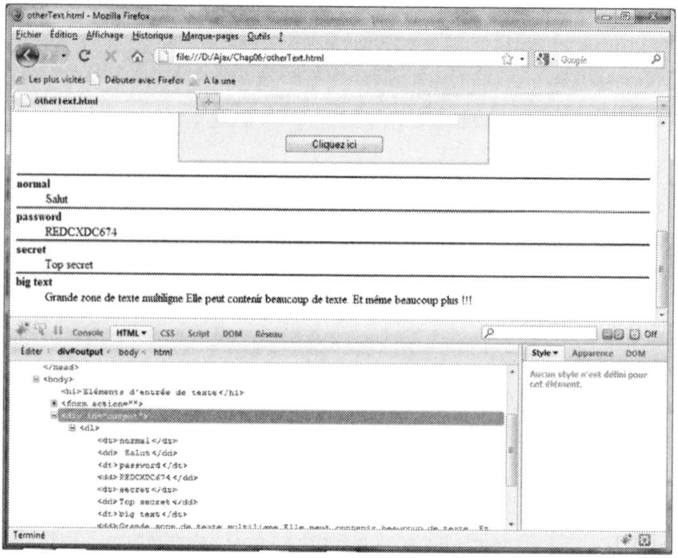

Figure 6.13 : Firebug affiche l'état courant de la page, même si elle est modifiée dynamiquement.

Chapitre 7

Récupérer des entrées valides

Dans ce chapitre :

- Extraire des données d'une liste déroulante.
- Gérer des listes à sélection multiple.
- Récupérer des données de cases à cocher.
- Récupérer des informations de cases d'option.
- Valider des entrées avec les expressions régulières.
- Utiliser des caractères, limites et opérateurs de répétition.
- Travailler avec la mémoire du motif.

C'est génial de pouvoir récupérer des entrées utilisateur, mais quelquefois les utilisateurs font des erreurs. Ce serait bien s'il existait des solutions pour faciliter la tâche de l'utilisateur et éviter certaines erreurs.

Bien évidemment, il existe des outils dont c'est précisément l'objectif. Dans ce chapitre, je vais vous présenter deux stratégies pour améliorer les entrées utilisateur : les éléments spécialisés dans les entrées et la correspondance de motif. Ces outils vous aident à vous assurer que les données entrées par l'utilisateur sont utiles et valides.

Récupérer des entrées d'une liste déroulante

Le moyen le plus simple pour s'assurer que l'entrée utilisateur est valide est de soumettre à l'utilisateur une sélection de choix valides. La liste déroulante est un outil simple et efficace, comme le montre la Figure 7.1.

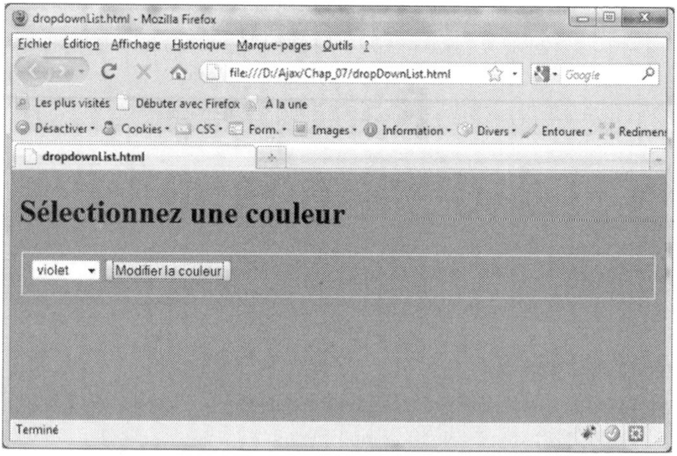

Figure 7.1 : L'utilisateur sélectionne son entrée dans une liste prédéfinie de choix valides.

Le concept de *zone de liste déroulante* présente de nombreux avantages par rapport à l'entrée dans une zone de texte :

- **L'utilisateur peut spécifier l'entrée avec la souris**. Cette solution est plus rapide et plus simple que la saisie.
- **Pas de faute d'orthographe**. Comme l'utilisateur ne tape pas la réponse, il ne fait pas d'erreur.
- **Toutes les réponses sont disponibles**. L'utilisateur sait quelles réponses sont disponibles puisqu'elles figurent dans une liste.
- **Vous êtes sûr que la réponse est valide**. Comme vous fournissez les réponses possibles, vous êtes sûr qu'elles sont toutes valides.
- **Les réponses de l'utilisateur peuvent être associées à d'autres valeurs plus complexes**. Par exemple, vous pouvez proposer la réponse "`rouge`" à l'utilisateur et faire en sorte que la zone de liste déroulante renvoie la valeur hexadécimale "`#FF0000`".

Si vous avez besoin d'un petit rappel concernant la création de zones de liste déroulante avec l'objet `XHTML select`, reportez-vous au Chapitre 2.

Créer le formulaire

Il vaut mieux d'abord créer le formulaire HTML car il définit tous les éléments dont vous aurez besoin pour la fonction. Le code est un formulaire standard :

```
<body>
  <form action = "">
    <h1>Sélectionnez une couleur</h1>
    <fieldset>
      <select id = "selColor">
        <option value = "#FFFFFF">blanc</option>
        <option value = "#FF0000">rouge</option>
        <option value = "#FFCC00">orange</option>
        <option value = "#FFFF00">jaune</option>
        <option value = "#00FF00">vert</option>
        <option value = "#0000FF">bleu</option>
        <option value = "#663366">indigo</option>
        <option value = "#FF00FF">violet</option>
      </select>

      <input type = "button"
             value = "Modifier la couleur"
             onclick = "changeColor()" />
    </fieldset>
  </form>

 </body>
</html>
```

Le comportement par défaut de l'objet `select` est de fournir une liste déroulante. Seul le premier élément de la liste est visible, mais quand l'utilisateur clique sur la liste, les autres options s'affichent également.

L'objet `select` auquel vous ferez référence dans le code doit posséder un champ `id`.

TRUC

Dans cet exemple, comme dans la plupart des exemples de ce chapitre, j'ai ajouté quelques lignes de CSS externe pour rendre chaque formulaire présentable. Consultez les programmes de ce chapitre disponibles sur le site Web des Éditions First à l'adresse `http://www.editionsfirst.fr/telechargements/` (pour ce faire, vous devrez sélectionner *Pour les nuls GF informatique*, cliquer sur l'image de couverture du livre *Javascript et Ajax pour les nuls*, puis enregistrer le fichier ZIP).

L'autre élément du formulaire est un bouton. Un clic sur ce bouton active la fonction `changeColor()`.

Comme le seul élément de ce formulaire est l'objet `select`, vous pouvez faire en sorte que la couleur de l'arrière-plan soit modifiée immédiatement, sans demander à l'utilisateur de cliquer sur le bouton. Pour ce faire, appliquez un gestionnaire d'événements à l'objet `select`, comme suit :

```
<select id = "selColor"
    onchange = "changeColor()">
```

Cette petite astuce provoque le déclenchement de la fonction `changeColor()` dès que l'utilisateur modifie la valeur de l'objet `select`. Utilisez cette astuce uniquement si `select` est le seul élément du formulaire. S'il y a plusieurs éléments, l'exécution ne s'opère que lorsque l'utilisateur clique sur le bouton.

Lire la zone de liste déroulante

Heureusement, les listes déroulantes basiques sont faciles à lire. Voici le code JavaScript :

```
<script type = "text/javascript">
  //<![CDATA[
  // extrait de drop-downList.html

  function changeColor(){
    var selColor = document.getElementById("selColor");
    var color = selColor.value;
    document.body.style.backgroundColor = color;
  } // fin de la fonction
  //]]>
</script>
```

Comme vous pouvez le constater, la lecture de l'objet `select` fonctionne quasiment comme avec une zone de texte :

1. **Créez une variable pour représenter l'objet `select`.**

   `document.getElementById()` travaille comme avec les zones de texte.

2. **Récupérez la propriété `value` de l'objet `select`.**

   La propriété `value` de l'objet `select` reflète la propriété `value` de l'option sélectionnée. Donc, si l'utilisateur sélectionne `"jaune"`, la valeur de `selColor` sera `"#FFFF00"`.

3. **Modifiez la couleur de l'arrière-plan du document.**

   Utilisez la technique du DOM pour appliquer la valeur sélectionnée à la couleur de l'arrière-plan du corps.

Gérer des listes à sélection multiple

L'objet `select` peut être utilisé plus efficacement : la Figure 7.2 représente une page avec une zone de liste déroulante à sélection multiple. Pour que la sélection multiple fonctionne, vous devez effectuer quelques modifications dans le code HTML et dans le JavaScript.

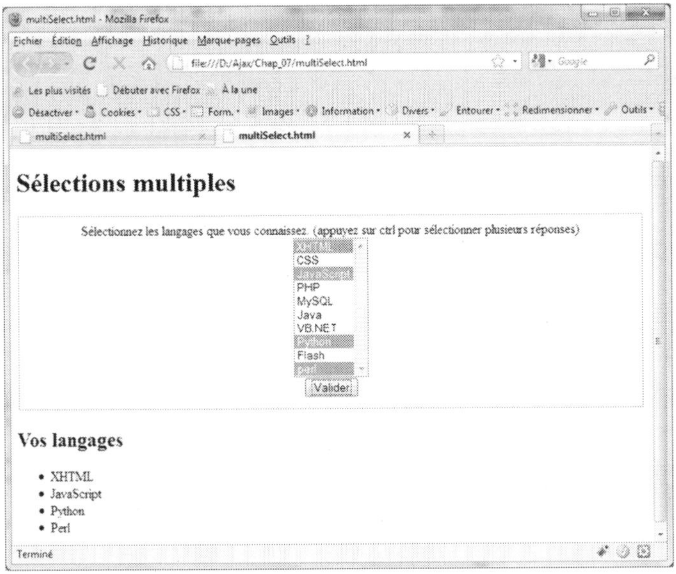

Figure 7.2 : Vous pouvez sélectionner plusieurs options dans la liste.

Programmer un objet select à sélection multiple

Vous devez modifier le code `select` de deux façons pour permettre plusieurs sélections :

- **Précisez que plusieurs sélections sont possibles**. Par défaut, les objets `select` n'acceptent qu'une seule valeur. Vous devez définir un commutateur pour indiquer au navigateur d'autoriser la sélection de plusieurs options.

- **Créez un** `select` **multiligne**. Le comportement d'une liste déroulante standard n'est pas intéressant si vous voulez permettre plusieurs sélections car l'utilisateur doit pouvoir voir toutes les options simultanément. La plupart des navigateurs commutent automatiquement en mode multiligne, mais il vaut mieux contrôler le processus directement pour être sûr.

Le code XHTML du programme `multiSelect.html` ressemble à celui de la page `drop-downList`, à quelques détails près :

```
    <body>
      <h1>Sélections multiples</h1>
      <form action = "">
        <fieldset>
          <label>
            Sélectionnez les langages que vous connaissez.
            (appuyez sur ctrl pour sélectionner plusieurs réponses)
          </label>
          <select id = "selLanguage"
                  multiple = "multiple"
                  size = "10">
            <option value = "XHTML">XHTML</option>
            <option value = "CSS">CSS</option>
            <option value = "JavaScript">JavaScript</option>
            <option value = "PHP">PHP</option>
            <option value = "MySQL">MySQL</option>
            <option value = "Java">Java</option>
            <option value = "VB.NET">VB.NET</option>
            <option value = "Python">Python</option>
            <option value = "Flash">Flash</option>
            <option value = "Perl">perl</option>
          </select>
          <button type = "button"
                  onclick = "showChoices()">
            Valider
          </button>
        </fieldset>
      </form>

      <div id = "output">

      </div>
    </body>
  </html>
```

Le code n'a rien d'original mais il présente quelques caractéristiques à noter :

- **L'objet** `select` **s'appelle** `selLanguage`. Comme d'habitude, les éléments du formulaire possèdent un attribut `id` pour pouvoir les lire dans le JavaScript.
- **Ajoutez l'attribut** `multiple = "multiple"` **à votre objet** `select`. Il indique au navigateur d'accepter plusieurs entrées sélectionnées avec le bouton Maj (sélection continue) ou le bouton Ctrl (sélection précise).
- **Affectez 10 à** `size`. `size` indique le nombre de lignes affichées. J'attribue 10 à `size` car ma liste compte 10 options.
- **Créez un bouton**. Avec la sélection multiple, il n'y a aucun intérêt à ce que l'action se déclenche avant que l'utilisateur ait fini sa sélection. Le meilleur moyen est de créer un bouton séparé.
- **Créez un** `div output`. Cet élément doit contenir la réponse.

Écrire le code JavaScript

Le code JavaScript dédié à la lecture d'une zone de liste déroulante à sélection multiple est légèrement différent du code de sélection standard. La propriété `value` ne renvoie qu'une valeur, alors que la zone de liste déroulante à sélection multiple renvoie souvent plus qu'un résultat.

La clé est d'admettre qu'une liste d'objets `option` à l'intérieur d'un objet `select` est une sorte de tableau. Ainsi, vous pouvez examiner de plus près la liste des objets pour voir ceux qui sont sélectionnés. C'est principalement ce que fait la fonction `showChoices()` :

```
<script type = "text/javascript">
  //<![CDATA[
  //extrait de multi-select.html
  function showChoices(){
    //récupération des données
    var selLanguage = document.getElementById("selLanguage");

    //définition de la chaîne de sortie
    var result = "<h2>Vos langages<\/h2>";
    result += "<ul> \n";

    //examen des options
    for (i = 0; i < selLanguage.length; i++){
```

```
        //examen de l'option courante
        currentOption = selLanguage[i];

        //affichage de l'option si elle est sélectionnée
        if (currentOption.selected == true){
          result += "  <li>" + currentOption.value + "<\/li> \n";
        } // fin de if
      } // fin de la boucle for

      //fermeture de la liste et affichage
      result += "<\/ul> \n";

      output = document.getElementById("output");
      output.innerHTML = result;
    } // fin de showChoices
    //]]>
  </script>
```

De prime abord, le code peut impressionner, mais en l'observant en détail, vous verrez qu'il n'est pas si complexe.

1. **Créez une variable pour représenter l'intégralité de l'objet `select`.**

   La technique `document.getElementById()` standard fonctionne bien :

   ```
   var selLanguage = document.getElementById("selLanguage");
   ```

2. **Créez une variable de chaîne pour contenir la sortie.**

   Quand vous créez une sortie HTML complexe, il est plus facile de travailler avec une variable de chaîne que d'écrire le code pour l'élément :

   ```
   var result = "<h2>Vos langages<\/h2>";
   ```

3. **Créez une liste non numérotée pour afficher les résultats.**

   Une liste non numérotée est une bonne solution pour afficher les résultats. C'est pourquoi j'en crée une dans ma variable `result` :

   ```
   result += "<ul> \n";
   ```

4. **Analysez `selLanguage` comme si c'était un tableau.**

   Utilisez une boucle `for` pour examiner la zone de liste ligne par ligne :

```
for (i = 0; i < selLanguage.length; i++){
```

Notez que `selLanguage` possède une propriété `length`, comme les tableaux.

5. **Affectez un élément `current` à une variable temporaire.**

   La variable `currentOption` fait référence à chaque élément option dans l'objet `select` d'origine pendant que la boucle progresse :

```
currentOption = selLanguage[i];
```

6. **Vérifiez si l'élément courant a été sélectionné.**

   Ici, `currentOption` est un objet qui possède une propriété `selected`. Cette propriété vous indique si l'objet a été sélectionné par l'utilisateur. `selected` est une propriété booléenne, donc les seules valeurs possibles sont `true` et `false`.

```
if (currentOption.selected == true){
```

7. **Si l'élément a été sélectionné, ajoutez une entrée à la liste de sortie.**

   Si l'utilisateur a sélectionné cet objet, créez une entrée dans la liste non numérotée logée dans la variable `result` :

```
result += "  <li>" + currentOption.value + "<\/li> \n";
```

8. **Fermez la liste.**

   Quand la boucle a fini d'analyser tous les objets, vous pouvez fermer la liste non numérotée que vous avez créée :

```
result += "<\/ul> \n";
```

9. **Affichez les résultats dans le `div output`.**

   La propriété `innerHTML` du `div output` est un emplacement parfait pour afficher la liste non numérotée :

```
output = document.getElementById("output");
output.innerHTML = result;
```

Quelque chose d'étrange est en train de se produire. Les options de la zone de sélection agissent comme un tableau. Une liste non numérotée ressemble à un tableau qui ressemble lui-même à une zone de sélection. Bingo ! En fait, ce sont des tableaux qui se présentent sous une forme différente. Toute liste de données peut être considérée comme un tableau. Quelquefois les données s'organisent sous forme de liste (pour l'affichage), quelquefois sous forme de tableau (pour le stockage en mémoire) et quelquefois sous forme de zone de sélection (pour l'entrée utilisateur). Ça y est, vous commencez à penser comme un programmeur !

Analyser des cases à cocher

Les cases à cocher exercent une autre fonction utile pour l'entrée de données : elles gèrent parfaitement les données booléennes. La case à cocher est un bon outil quand la valeur peut être `true` ou `false`. La Figure 7.3 illustre une page avec des cases à cocher.

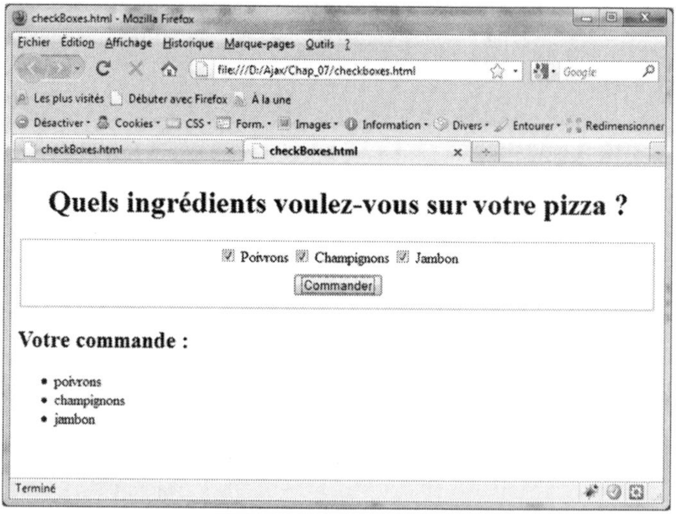

Figure 7.3 : Choisissez tous les ingrédients que vous voulez.

N'OUBLIEZ PAS

Il est important de comprendre que les cases à cocher sont indépendantes les unes des autres. Même si elles se présentent souvent en groupe, elles peuvent être activées ou désactivées sans se soucier du statut de leurs voisines.

Créer la page avec les cases à cocher

Comme d'habitude, je vous invite à observer le code HTML :

```
<body>
  <h1>Quels ingrédients voulez-vous sur votre pizza ?</h1>
  <form action = “”>
    <fieldset>
      <input type = “checkbox”
             id = “chkPepperoni”
             value = “poivrons” />
      <label for = “chkPepperoni”>Poivrons</label>

      <input type = “checkbox”
             id = “chkMushroom”
             value = “champignons” />
      <label for = “chkMushroom”>Champignons</label>

      <input type = “checkbox”
             id = “chkSausage”
             value = “jambon” />
      <label for = “chkSausage”>Jambon</label>

      <button type = “button”
              onclick = “order()”>
        Commander
      </button>
    </fieldset>
  </form>
  <h2>Votre commande :</h2>
  <div id = “output”>

  </div>
</body>
```

Chaque case à cocher est un élément `input` individuel. Notez que les valeurs `checkbox` ne sont pas affichées. Au lieu de cela, un label (ou texte similaire) est généralement placé après la case à cocher. Un bouton appelle la fonction `order()`.

TRUC

Observez les labels. Chacun possède l'attribut `for`, utilisé pour associer le label à la case à cocher correspondante. Ce n'est pas obligatoire, mais cela permet à l'utilisateur de cliquer sur le label pour activer la case à cocher.

Répondre aux cases à cocher

Les cases à cocher n'exigent pas beaucoup d'attention. Quand vous extrayez un objet `checkbox`, il possède deux propriétés critiques :

- **La propriété** `value` : comme les autres éléments `input`, la propriété `value` peut être utilisée pour stocker une valeur associée à une case à cocher.
- **La propriété** `checked` : cette propriété est une valeur booléenne qui indique si la case à cocher est activée.

Le code de la fonction `order()` montre comment cela fonctionne :

```
<script type = "text/javascript">
  //<![CDATA[
  //extrait de checkBoxes.html

  function order(){
    //récupération des variables
    var chkPepperoni = document.getElementById("chkPepperoni");
    var chkMushroom = document.getElementById("chkMushroom");
    var chkSausage = document.getElementById("chkSausage");

    var output = document.getElementById("output");
    var result = "<ul> \n"

    if (chkPepperoni.checked){
      result += "<li>" + chkPepperoni.value + "<\/li> \n";
    } // fin de if

    if (chkMushroom.checked){
      result += "<li>" + chkMushroom.value + "<\/li> \n";
    } // fin de if

    if (chkSausage.checked){
      result += "<li>" + chkSausage.value + "<\/li> \n";
    } // fin de if

    result += "<\/ul> \n"
    output.innerHTML = result;
  } // fin de la fonction

  //]]>
</script>
```

Veillez à utiliser les deux propriétés pour chaque case à cocher :

1. **Déterminez si la case à cocher est activée.**

   Utilisez la propriété `checked` comme une condition.

2. **Si la case est activée, renvoyez la propriété `value` associée à la case à cocher.**

Dans la pratique, la propriété `value` est souvent omise. L'important est de savoir si la case à cocher est activée ou non. Il est évident que si `chkMushroom` est coché, l'utilisateur veut des champignons. Il n'est donc pas nécessaire de stocker explicitement cette donnée dans `checkbox`.

Travailler avec des cases d'option

Les groupes de cases d'option paraissent simples, mais ils sont plus complexes qu'ils en ont l'air. La Figure 7.4 représente une page qui utilise des cases d'option.

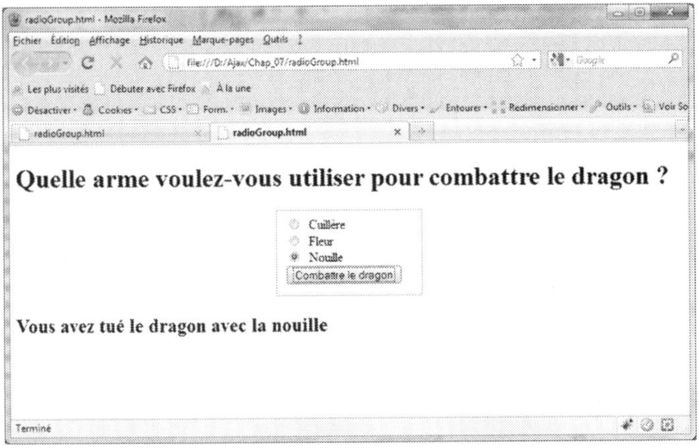

Figure 7.4 : Vous ne pouvez sélectionner qu'une seule case du groupe de cases d'option.

La principale règle à respecter avec les cases d'option est qu'elles doivent toujours être en groupe. Chaque groupe de cases d'option tolère l'activation d'une seule case. Le groupe doit être défini de sorte qu'une case soit active dès le départ. Ainsi, il y a toujours au moins une case active dans le groupe.

Vous devez spécifier le groupe de cases d'option dans le code XHTML. Chaque élément du groupe peut posséder un attribut `id` (même si les ID ne sont pas vraiment nécessaires dans cette application). Le plus important ici est l'attribut `name`. En observant le code, vous devriez relever un détail intéressant. Toutes les cases d'option portent le même nom !

```
<body>
  <h1>Quelle arme voulez-vous utiliser pour combattre
        le dragon ?</h1>
  <form action = "">
    <fieldset>
      <input type = "radio"
             name = "weapon"
             id = "radSpoon"
             value = "cuillère"
             checked = "checked" />
      <label for = "radSpoon">Cuillère</label>

      <input type = "radio"
             name = "weapon"
             id = "radFlower"
             value = "fleur" />
      <label for = "radSpoon">Fleur</label>

      <input type = "radio"
             name = "weapon"
             id = "radNoodle"
             value = "nouille" />
      <label for = "radNoodle">Nouille</label>
      <button type = "button"
              onclick = "fight()">
        Combattre le dragon
      </button>
    </fieldset>
  </form>
  <div id = "output">

  </div>
</body>
```

C'est un peu particulier d'avoir un attribut `name` alors que les autres éléments possèdent un attribut `id`. Il y a une bonne raison à cela. L'attribut `name` est utilisé pour signifier le groupe de cases d'option. Toutes les cases de ce groupe portent le même nom…

- **Toutes les cases sont liées et seule l'une d'entre elles sera sélectionnée.**
- **Le navigateur reconnaît ce comportement et désélectionne automatiquement les autres cases du groupe dès que l'une d'entre elles est sélectionnée.**

- **J'ai ajouté un label pour décrire ce que représente chaque case d'option**. Les labels visent également à faciliter leur utilisation puisque désormais l'utilisateur peut cliquer sur le label ou sur la case pour l'activer.

TRUC

Il est important d'appliquer `true` à l'une des cases d'option avec l'attribut `checked = "checked"`. Si vous ne le faites pas, vous devez ajouter du code pour admettre la possibilité qu'il n'y ait pas de réponse.

Interpréter les cases d'option

Récupérer des informations d'un groupe de cases d'option nécessite une technique légèrement différente de celle utilisée pour la plupart des éléments de formulaire. Contrairement à l'objet `select`, il n'y a pas d'objet conteneur pouvant renvoyer une valeur simple. Vous ne pouvez pas non plus analyser chaque case d'option de la page car il pourrait y avoir plus qu'un groupe. Imaginez, par exemple, un questionnaire à choix multiples.

C'est là qu'intervient l'attribut `name`. Tandis que chaque attribut `id` doit être unique, les éléments multiples d'une page peuvent posséder le même `name`. Si c'est le cas, ces éléments peuvent être considérés comme un tableau.

Regardez le code et je vous montre comment cela fonctionne :

```
<script type = "text/javascript">
  //<![CDATA[
  // extrait de radioGroup.html
  function fight(){

    var weapon = document.getElementsByName(“weapon”);

    for (i = 0; i < weapon.length; i++){
      currentWeapon = weapon[i];

      if (currentWeapon.checked){
        var selectedWeapon = currentWeapon.value;
      } // fin de if

    } // fin de for

    var output = document.getElementById("output");
    var response = "<h2>Vous avez tué le dragon avec la ";
    response += selectedWeapon + “<\/h2> \n”;
```

```
    output.innerHTML = response;
  } // fin de la fonction

  //]]>
</script>
```

Ce code ressemble beaucoup aux autres codes de ce chapitre, mais il présente une différence subtile qui apparaît dans ces étapes :

1. **Utilisez** `getElementsByName` **pour récupérer un tableau d'éléments portant ce nom.**

   Maintenant que vous êtes à l'aise avec `getElementById`, je vous propose un dérivé. Notez que c'est un pluriel (dans `getElementsByName`, `Elements` prend un " s " car l'outil est utilisé pour extraire un tableau d'éléments. Il va renvoyer un tableau d'éléments (dans ce cas, toutes les cases d'option du groupe `weapon`).

2. **Traitez le résultat comme un tableau.**

   La variable qui en résulte (`weapon` dans cet exemple) est un tableau. Comme d'habitude, la chose la plus courante à faire avec un tableau est de l'exécuter avec une boucle. Utilisez une boucle `for` pour analyser chaque élément du tableau.

3. **Affectez chaque élément du tableau à** `currentWeapon`**.**

   Cette variable fait référence à la case d'option courante.

4. **Vérifiez si la case d'option courante est cochée.**

   La propriété `checked` indique si une case d'option est cochée.

5. **Si la case d'option courante est cochée, stockez la valeur de la case d'option.**

   Si la case d'option courante est cochée, sa valeur sera la valeur courante du groupe, alors stockez-la dans une variable pour une utilisation ultérieure.

6. **Renvoyez les résultats.**

   Vous pouvez renvoyer les résultats comme vous le feriez avec des données de n'importe quelle ressource.

Travailler avec des expressions régulières

Il peut être très utile de disposer du type d'élément de formulaire adapté. Mais cela ne vous met pas à l'abri des problèmes. Dans certains cas, vous devez permettre à l'utilisateur de saisir des données et ces données doivent être dans un format particulier. La Figure 7.5 vous propose un exemple.

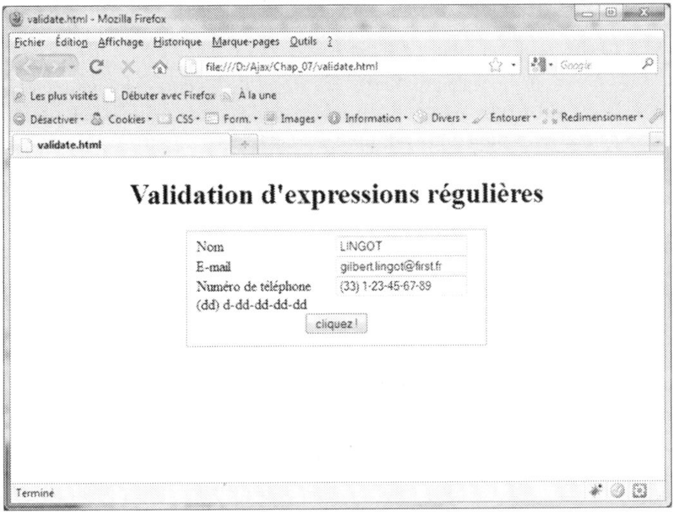

Figure 7.5 : Cette page est désordonnée. Il n'y a pas de nom d'utilisateur et l'adresse e-mail et le numéro de téléphone ne sont pas valides.

Ce serait pratique de disposer d'un mécanisme capable d'inspecter les entrées d'un formulaire pour vérifier si elles présentent le bon format. C'est possible avec des fonctions de chaîne, mais ce peut être très complexe. Imaginez le nombre d'instructions `if` et de méthodes de chaîne nécessaires pour imposer les règles suivantes à cette page :

1. **Une entrée est obligatoire pour chaque champ.**

   Cette exigence est facile à satisfaire : il suffit de vérifier que des valeurs ont été définies.

2. **L'adresse e-mail doit présenter un format valide.**

   Plus concrètement, elle doit consister en quelques caractères, une arobase (@), quelques caractères supplémentaires, un point puis un nom de domaine de deux à quatre caractères. Cette règle est vraiment difficile à vérifier.

3. **Le numéro de téléphone doit aussi présenter un format valide.**

   Il existe différents formats. Supposez que vous exigiez le format américain : un indicatif entre parenthèses, suivi d'une espace optionnelle puis de trois caractères numériques, d'un tiret et de quatre caractères numériques.

Il est tout à fait possible d'imposer ces règles, mais la tâche risque d'être extrêmement difficile si vous utilisez les outils classiques de manipulation des chaînes.

Les chaînes JavaScript disposent d'une méthode `match` qui permet de trouver une sous-chaîne à l'intérieur d'une chaîne plus longue. C'est une bonne chose, toutefois je ne recherche pas un texte spécifique, mais un motif de texte. Par exemple, je cherche à savoir si l'entrée saisie est bien une adresse e-mail (du texte, un @, encore du texte, un point puis deux ou quatre caractères).

Imaginez à quel point ce code serait difficile à écrire… et jetez un œil au code de la page `validate.html` :

```
<script type = "text/javascript">
  function validate(){
    // récupération des entrées
    name = document.getElementById("txtName").value;
    email = document.getElementById("txtEmail").value;
    phone = document.getElementById("txtPhone").value;

    //création d'un message d'erreur vide
    errors = "";

    //vérification du nom. Il doit simplement exister
    if (name == ""){
      errors += "Veuillez entrer un nom \n";
    } // fin de if

    //vérification de l'adresse e-mail
    emailRE = /^.+@.+\..{2,4}$/;
    if (email.match(emailRE)){
      //console.log("l'e-mail correspond");
      //ne rien faire.
    } else {
      //console.log("l'e-mail ne correspond pas");
      errors += "Veuillez entrer une adresse e-mail valide \n";
    } // fin de if

    //vérification du numéro de téléphone
    phoneRE = /\(\d{2}\) *\d{1}-\d{2}-\d{2}-\d{2}-\d{2}/;
    if (phone.match(phoneRE)){
      //console.log("le numéro de téléphone correspond");
      //ne rien faire
    } else {
      //console.log("problème avec le numéro de téléphone");
      errors += "Veuillez entrer un numéro de téléphone valide #\n";
```

```
    } // fin de phone if

    //vérification des erreurs
    if (errors == ""){
      alert ("Traitement des données en cours");
      //exécution du formulaire
    } else {
      alert(errors);
    } // fin de if

  } // fin de la fonction


</script>
```

Je vous propose uniquement le code JavaScript pour économiser de l'espace. Reportez-vous au site Web des Éditions First à l'adresse http://www.editionsfirst.fr/telechargements/ pour voir comment le code HTML et le CSS sont écrits (pour ce faire, vous devrez sélectionner *Pour les nuls GF informatique*, cliquer sur l'image de couverture du livre *Javascript et Ajax pour les nuls*, puis enregistrer le fichier ZIP).

Surprise ! Le code n'est pas si difficile ! Voici ce qu'il se passe :

1. **Laissez le code extraire les données du formulaire comme d'habitude.**

2. **Créez une variable pour contenir les messages d'erreur.**

   La variable d'erreur commence par être vide (car il n'y a pas d'erreur au départ). Quand je teste le code, j'ajoute un texte d'erreur à cette variable. S'il n'y a pas d'erreur, la variable d'erreur reste vide.

3. **Testez le nom.**

   C'est très simple : cette condition n'est pas réalisée si aucun nom n'a été saisi.

4. **Si la condition n'est pas réalisée, ajoutez un message de rappel à la variable d'erreur.**

   Si aucun nom n'a été saisi, ajoutez un message à la variable d'erreur. L'utilisateur sera averti de ce problème (et d'éventuels autres) ultérieurement.

5. **Créez un motif.**

Tout cela paraît très simple jusqu'à ce qu'on arrive à la ligne contenant `emailRE = /^.+@.+\..{2,4}$/;`. Ça ressemble à l'expression d'un dessinateur de B.D. contrarié ! En fait, c'est un motif qui indique s'il s'agit d'une adresse e-mail valide. J'explique comment le créer dans la prochaine section.

6. **Notez qu'il faut que l'adresse e-mail corresponde à `emailRE`.**

   Quelle que soit la signification d'`emailRE` (je promets de l'expliquer bientôt), la ligne suivante indique clairement que l'adresse e-mail doit correspondre à cette chose. Il s'agit d'une opération booléenne. Si elle est `true`, l'adresse e-mail correspond au motif.

7. **Ne faites rien si l'e-mail correspond au motif.**

   Si l'adresse e-mail est valide, continuez l'analyse. Notez que j'ai placé une commande `console.log` en vue du débogage et que je l'ai commentée.

8. **Si l'e-mail ne correspond pas au motif, ajoutez un autre message d'erreur.**

   La variable d'erreur cumule tous les messages d'erreur. Si la correspondance n'est pas vérifiée, l'adresse e-mail ne présente pas un format valide. Il faut donc ajouter un message approprié à la variable d'erreur.

9. **Analysez le numéro de téléphone.**

   Une fois de plus, l'analyse du numéro de téléphone est simple, sauf l'expression `phoneRE` qui est tout aussi mystérieuse que la précédente : `/\(\d{2}\) *\d{1}-\d{2}-\d{2}-\d{2}-\d{2}/`. Là aussi, si la correspondance est vérifiée, ne faites rien. En cas de problème, ajoutez un message à la variable d'erreur.

10. **Si tout fonctionne bien, exécutez le formulaire.**

    L'état de la variable d'erreur indique s'il y a eu (ou non) des problèmes. Si la variable d'erreur est toujours vide, il est temps d'exécuter le formulaire.

11. **Affichez les erreurs si nécessaire.**

    Si la variable d'erreur contient un message, le formulaire n'est pas exécuté. En revanche, affichez le contenu de la variable d'erreur pour informer l'utilisateur.

NOTE TECHNIQUE

En JavaScript, vous devrez souvent faire des validations avant de transmettre l'information à un programme sur le serveur. Ainsi, le programme de votre serveur saura immédiatement que les données sont valides au moment où il les reçoit, ce qui réduira l'encombrement au niveau du serveur. Généralement, les programmes JavaScript transmettent les données au serveur *via* la technique AJAX, étudiée dans la troisième partie de cet ouvrage.

S'initier aux expressions régulières

Bien sûr, le secret est de décrypter les expressions mystérieuses utilisées dans les instructions `match`. Ce ne sont pas des chaînes mais une technique de manipulation de texte très puissante appelée analyse d'expression régulière. Les expressions régulières ont migré de l'univers Unix vers de nombreux langages de programmation dont JavaScript. Une expression régulière est un mini langage très performant pour rechercher et remplacer des motifs de texte, même les plus complexes. C'est un langage à la syntaxe quelque peu étrange. Nul doute que vous lui trouverez un certain charme quand vous serez habitué à lire ces expressions obscures.

Les expressions régulières sont généralement utilisées avec la méthode de chaîne `match()` en JavaScript mais elles peuvent aussi l'être avec la méthode `replace()` et dans certains autres cas.

Le Tableau 7.1 présente les principaux opérateurs des expressions régulières JavaScript.

Tableau 7.1 Principaux opérateurs JavaScript.

Opérateur	Description	Exemple de motif	Correspond	Ne correspond pas
. (point)	Tout caractère sauf le saut de ligne	.	E	\n
^	Début de chaîne	^a	ananas	bandana
$	Fin de chaîne	a$	bandana	ananas
[caractères]	Tout caractère parmi ceux entre crochets	[abcABC]	A	D
[intervalle]	Tout caractère de l'intervalle	[a-zA-Z]	F	9
\d	N'importe quel chiffre	\d\d\d-\d\d\d\d	123-4567	Bon-jour
\b	Limite de mot	\bcar\b	car	autocar

Opérateur	Description	Exemple de motif	Correspond	Ne correspond pas
+	Une ou plusieurs occurrences du caractère précédent	\d+	1234	texte
*	Aucune ou plusieurs occurrences du caractère précédent	[a-zA-Z]\d*	B17, g	7
{n}	Caractère précédent répété n fois	\d{3}-\d{4}	123-4567	999-99-9999
{min, max}	Caractère précédent répété entre min et max fois	{2,4}	ca, com, info	pastèque
(segment de motif)	Résultats stockés dans la mémoire du motif, renvoyés avec le code	^(.).*\1$	gag, encore	Jean

Ne mémorisez pas ce tableau ! J'explique exactement comment cela fonctionne dans le reste du chapitre. Gardez juste cette page sous la main, en guise de référence.

La Figure 7.6 vous propose `regex.html` comme exemple.

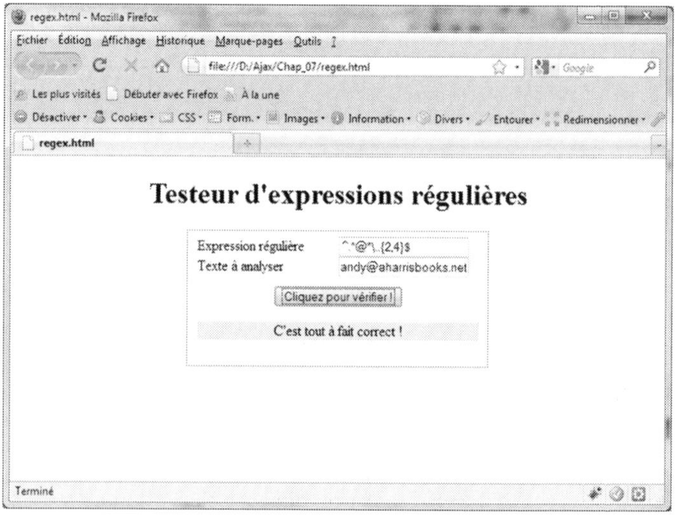

Figure 7.6 : Cet outil vous permet de tester des expressions régulières.

La première zone de texte accepte une expression régulière et la seconde contient le texte à analyser. Testez les exemples suivants pour observer le fonctionnement des expressions régulières. Ils peuvent être très utiles si vous en percevez le sens. Analysez-les dans ce testeur au fil de votre lecture. Le testeur et le code sont disponibles sur la page Web des Éditions First à l'adresse http://www.editionsfirst.fr/telechargements/.

Caractères des expressions régulières

La principale fonction associée à une expression régulière est la recherche de texte. Imaginez : vous travaillez dans la société bigCorp et vous voulez connaître les adresses e-mails des employés. Pour ce faire, vous créez un formulaire qui accepte uniquement les adresses e-mails contenant le terme `bigCorp`. Votre code pourrait ressembler à celui qui suit :

```
if (email.match(/bigCorp/)){
  alert("correspond");
} else {
  alert("ne correspond pas");
} // fin de if
```

C'est le type de correspondance le plus simple. Je recherche l'existence d'une aiguille (`bigCorp`) dans une meule de foin (l'adresse e-mail stockée dans email). Si le texte `bigCorp` est trouvé n'importe où dans le texte, la correspondance est vraie et je peux faire ce que je veux (en principe, j'exécute le formulaire sur le serveur). Dans certains cas, il se peut que vous détectiez une erreur. N'hésitez pas à faire part à l'utilisateur des corrections à effectuer.

Notez que le texte à l'intérieur de la méthode `match()` est placé entre des barres obliques (/) plutôt que des guillemets. C'est important car, ici, le texte "`bigCorp`" n'est pas défini comme étant une valeur de chaîne. Les barres obliques indiquent que le texte doit être considéré comme une expression régulière, ce qui exige un traitement spécifique de la part de l'interpréteur.

ATTENTION !

Si vous placez accidentellement une expression régulière entre des guillemets plutôt que des barres obliques, l'expression fonctionne quand même dans la plupart des cas parce que JavaScript tente de convertir le texte en expression régulière. Toutefois, ce processus ne fonctionne pas toujours comme prévu. Il est donc préférable de ne pas se fier à la conversion automatique et de placer toutes les expressions régulières entre des barres obliques plutôt que des guillemets.

Marquer le début et la fin d'une ligne

Vous pouvez améliorer votre recherche car vous savez que les adresses finissent par "`bigCorp.com`". Insérez un caractère spécial dans la chaîne de correspondance pour indiquer la fin de la ligne :

```
if (email.match(/bigCorp.com$/)){
  alert("correspond");
} else {
  alert("ne correspond pas");
} // fin de if
```

Le symbole du dollar placé à la fin de la chaîne de correspondance indique que cette partie de texte doit figurer à la fin de la chaîne de recherche. Ainsi, `andy@bigCorp.com` correspond mais pas "`bigCorp.com annonce un nouveau site Web`".

Si vous maîtrisez déjà les expressions régulières, vous savez que cet exemple présente un problème mineur, presque pointilleux (je m'expliquerai dans un petit moment). Pour l'heure, appréciez le fait de pouvoir inclure la fin de la chaîne comme paramètre de recherche.

De même, vous pouvez utiliser l'accent circonflexe (^) pour spécifier le début d'une chaîne.

Si vous voulez vous assurer qu'une zone de texte contient uniquement l'expression `oogie boogie` (pourquoi pas ?), placez les symboles de début et de fin. `/^oogie boogie$/` correspond seulement s'il n'y a rien d'autre dans l'expression.

Travailler avec des caractères spéciaux

Outre le texte standard, vous pouvez utiliser un grand nombre de caractères spéciaux pour une correspondance plus flexible.

Représenter un caractère à l'aide du point

Le caractère le plus puissant est le point (`.`). Il représente un caractère quelconque. Tout caractère, excepté le saut de ligne (`\n`), va correspondre au point.

Cela peut sembler fou mais c'est plutôt puissant. L'expression `/b.g/` correspond à `big`, `bag` et `bug`. En fait, elle va correspondre à n'importe quelle expression contenant un b suivi d'un caractère quelconque puis d'un g. Ainsi, `bxg`, `b g` et `b9g` correspondent aussi.

Utiliser une classe de caractères

Vous pouvez spécifier une liste de caractères entre crochets. JavaScript considère qu'il y a correspondance si l'un de ces caractères correspond. Cette liste de caractères est quelquefois appelée une classe de caractères. Par exemple, `b[aeiou]g` va correspondre à `bag`, `beg`, `big`, `bog` ou `bug`. C'est un moyen très rapide de vérifier d'éventuelles correspondances.

Vous pouvez aussi spécifier une classe de caractères avec un intervalle. Par exemple, l'intervalle `[a-zA-Z]` vérifie toutes les lettres, mais pas la ponctuation ni les chiffres.

Utiliser des caractères numériques

L'une des opérations les plus courantes consiste à rechercher des chiffres. Le caractère spécial `\d` représente un chiffre (un entier de 0 à 9). Vous pouvez vérifier un numéro de téléphone américain (sans indicatif) en utilisant ce motif :

```
\d\d\d-\d\d\d\d
```

Ce motif représente trois chiffres suivis d'un tiret et de quatre chiffres.

Distinguer les signes de ponctuation

Les expressions régulières utilisent beaucoup de signes de ponctuation tels que le point ou les crochets. Qu'en est-il si vous recherchez l'un de ces caractères ? Utilisez une barre oblique inverse (\) pour indiquer que vous recherchez le caractère et non ce qu'il représente. Par exemple, la recherche concernant les adresses e-mails sera plus efficace avec `/bigCorp\.com/` car vous spécifiez qu'il doit y avoir un point. Si vous n'utilisez pas la barre oblique inverse, l'outil d'expression régulière interprète le point comme un " caractère quelconque " et peut accepter quelque chose comme `bigCorpucom`. Utilisez l'astuce de la barre oblique inverse pour tous les signes de ponctuation, tels que les parenthèses, les crochets, les points et les barres obliques.

Si vous voulez ajouter un indicatif entre parenthèses dans l'exemple du numéro de téléphone, utilisez des barres obliques pour spécifier les parenthèses : `/\(\d\d\d\) \d\d\d-\d\d\d\d/`.

Délimiter les mots

Il peut être judicieux de délimiter précisément un mot. Imaginez que vous recherchez le mot `car` mais ne voulez pas de fausse alerte avec `autocar` ou `carrière`. Le caractère `\b` signifie " limite du mot ", ainsi `/\bcar\b/` va correspondre à `car` mais pas aux mots contenant `car`.

Opérations de répétition

Tous les caractères font référence à un seul caractère. Il se peut que vous vouliez gérer plusieurs caractères en une fois. Divers opérateurs sont à votre service.

Rechercher un ou plusieurs éléments

Le signe plus (+) indique " une ou plusieurs " occurrences du caractère qui le précède. Ainsi, le motif `/ab+c/` va correspondre à `abc` ou `abbbbbbbc` mais pas à `ac` (il faut au moins un `b`) ni à `afc`.

Correspondance de zéro ou plusieurs éléments

L'astérisque signifie " aucune ou plusieurs " occurrences du caractère qui le précède. Ainsi, `/Je .* mange/` va correspondre à `Je mange` (aucune occurrence d'un caractère quelconque entre `Je` et `mange`) mais aussi à `Je te mange` (présence de caractères entre `Je` et `mange`).

La combinaison `.*` est très pratique car elle permet d'améliorer des correspondances telles que les adresses e-mails. `/^.*@bigCorp\.com$/` est très efficace pour rechercher les adresses e-mails dans notre société fictive.

Indiquer le nombre d'occurrences

Utilisez les accolades (`{}`) pour indiquer combien de fois le caractère qui les précède doit être répété. Par exemple, vous pouvez réécrire le motif du numéro de téléphone de la manière suivante : `/\(\d{3}\) *\d{3}-\d{4}/`. Il signifie " trois chiffres entre parenthèses, suivis d'un nombre indéfini d'espaces (zéro ou plus), de trois chiffres, d'un tiret puis de quatre chiffres ". En utilisant ce motif, vous êtes capable de dire si le format du numéro de téléphone saisi par l'utilisateur est valide.

Vous pouvez aussi spécifier un nombre minimum et maximum d'occurrences. Ainsi, `/[aeiou]{1,3}/` signifie " au moins une voyelle mais pas plus de trois ".

À présent, vous êtes en mesure d'améliorer le motif de l'adresse e-mail pour qu'il comprenne un nombre indéfini de caractères, un signe @ puis un point et deux à quatre lettres : `/^.*@.*\..{2,4}$/`.

Travailler avec la mémoire du motif

Il se peut que vous vouliez mémoriser une partie de votre motif et la réutiliser. Les parenthèses sont utilisées pour regrouper un fragment du motif et le mémoriser. Par exemple, `/(foo){2}/` ne correspond pas à `foo` mais à `foofoo`. C'est l'intégralité du segment qui est répétée deux fois.

Rappeler un motif

Vous pouvez aussi faire référence à un motif mémorisé ultérieurement dans l'expression. Le motif `/^(.).*\1$/` correspond à n'importe quel mot qui commence et se termine par le même caractère. Le symbole `\1` représente le premier motif dans la chaîne, `\2` représente le deuxième, *etc.*

Utiliser les motifs en mémoire

À la fin d'une correspondance de motif, les motifs mémorisés sont toujours disponibles dans des variables spécifiques : `$1` est le premier, `$2` le deuxième, *etc.* Vous pouvez utiliser cette astuce pour rechercher des balises HTML et renvoyer la balise trouvée : recherchez la correspondance de `/^<(.*)>.*<\/\1>$/` puis affichez `$1` pour voir de quelle balise il s'agissait.

Il y a bien plus à apprendre sur les expressions régulières. Cet aperçu basique devrait être suffisant pour vous permettre d'écrire des motifs performants et efficaces.

Chapitre 8

Déplacer et animer

Dans ce chapitre :

- Déplacer un objet sur l'écran.
- Répondre à une entrée clavier.
- Lire les entrées souris.
- Exécuter du code de manière répétée.
- Dépasser les limites.
- Utiliser la permutation d'images et les images composées.
- Réutiliser du code.
- Utiliser des fichiers de script externes.

JavaScript a un côté sérieux qui peut aussi être amusant. Vous pouvez utiliser JavaScript pour déplacer et animer des éléments. Dans ce chapitre, vous allez faire danser vos pages ! Même si l'animation ne vous intéresse pas, je vous conseille de feuilleter ce chapitre pour découvrir quelques idées intéressantes pour concevoir vos pages et votre code plus efficacement.

Animer des éléments

Vous pensez certainement devoir utiliser Flash ou Java pour insérer des animations dans vos pages. C'est faux ! Vous pouvez utiliser JavaScript pour créer d'intéressants effets de mouvement. Commencez par jeter un œil à la Figure 8.1.

TRUC

Étant donné que ce chapitre traite d'animation, la plupart des pages présentent des mouvements. Vous devez observer ces pages dans votre navigateur pour saisir l'effet. Une capture d'écran statique n'est pas très démonstrative.

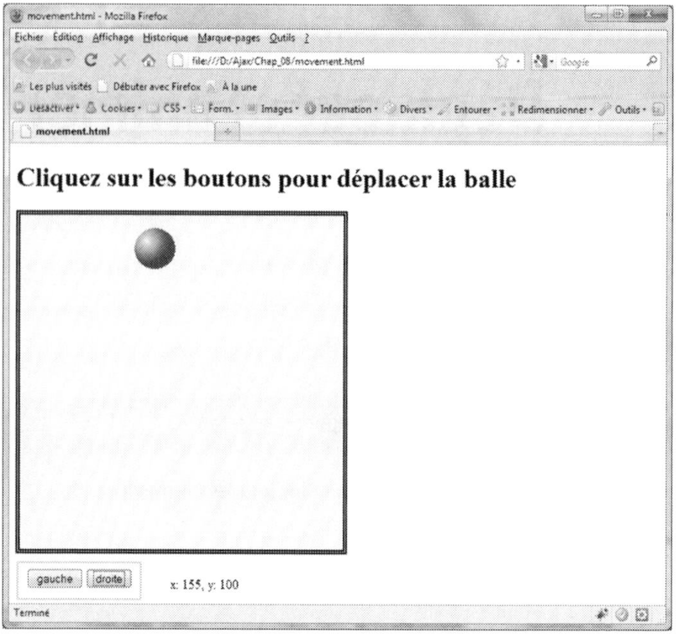

Figure 8.1 : Cliquez sur les boutons pour déplacer la balle.

La structure générale de cette page fournit une base pour d'autres types d'animations :

- **Le HTML est relativement simple**. Comme vous le verrez en observant le script, le code HTML n'a rien de spécial : quelques blocs `div` et quelques boutons.
- **La balle est dans un `div` spécial appelé `sprite`**. Les développeurs de jeux appellent les petites images qui se déplacent sur l'écran des *sprites*. J'utilise donc le même terme dans le code.
- **Le `div sprite` possède un style local**. Les animations JavaScript exigent un style défini localement.
- **Le `div sprite` a un positionnement absolu**. Comme je veux déplacer cet élément sur l'écran, il est logique que le `div sprite` ait une position absolue.
- **Le code et le CSS sont aussi modulaires que possible**. Les choses se compliquent quand il s'agit d'animer des éléments. C'est pourquoi j'essaie de simplifier au maximum tout au long

de ce chapitre. Les styles CSS sont définis en externe et le code JavaScript est également importé.

- **Le code est conçu pour être réutilisé**. Les programmes de ce chapitre sont très similaires. Pour économiser mes efforts, j'ai conçu certaines choses de sorte à ne pas devoir sans cesse réécrire le code.

Observer le code HTML

Le code HTML du programme `move.html` fournit la structure :

```
<!DOCTYPE html PUBLIC "-//W3C//DTD XHTML 1.0 Strict//EN"
"http://www.w3.org/TR/xhtml1/DTD/xhtml1-strict.dtd">
<html lang="EN" dir="ltr" xmlns="http://www.w3.org/1999/xhtml">
  <head>
    <meta http-equiv="content-type" content="text/xml;
          charset=iso-8859-1" />
    <title>movement.html</title>

    <link rel = "stylesheet"
        type = "text/css"
        href = "movement.css" />

    <script type = "text/javascript"
          src = "movement.js">
    </script>
  </head>

  <body onload = "init()">
    <h1>Cliquez sur les boutons pour déplacer la balle</h1>
    <div id = "surface">
    <div id = "sprite"
         style = "position: absolute;
         top: 100px;
         left: 100px;
         height: 25px;
         width: 25px;" >
       <img src = "ball.gif"
           alt = "ball" />
    </div>
  </div>
  <form action = ""
        id = "controls">
    <fieldset>
      <button type = "button"
```

```
                onclick = "moveSprite(-5, 0)">
          gauche
        </button>
        <button type = "button"
                onclick = "moveSprite(5, 0)">
          droite
        </button>
      </fieldset>
    </form>
    <p id = "output">
      x = 100, y = 100
    </p>
    </body>
</html>
```

Voici quelques éléments intéressants concernant ce code :

- **Il possède une feuille de style externe**. La majorité du CSS (ce qui définit la surface et les formes) est en coulisse, dans une feuille de style externe. Cependant, une partie du CSS doit être définie localement.

```
<link rel = "stylesheet"
      type = "text/css"
      href = "movement.css" />
```

- **Le JavaScript est aussi externe**. La balise `<script>` possède un attribut `src` que vous pouvez utiliser pour charger le code JavaScript à partir d'un fichier externe. Le navigateur charge le fichier et le lit comme s'il était directement dans le code. Notez que les scripts externes requièrent une balise `<script>`. Ce programme tire son script d'un fichier nommé `movement.js`.

```
<script type = "text/javascript"
        src = "movement.js">
</script>
```

- **La balise `<body>` appelle une méthode**. En animation (et en JavaScript avancé), vous pouvez avoir du code que vous voulez exécuter immédiatement. Le corps possède un événement `onload`. Vous pouvez lui attribuer le nom d'une fonction (comme vous le faites avec un événement `onclick` de bouton). Dans ce cas, je veux que la fonction `init()` soit exécutée dès que le corps est chargé dans la mémoire de l'ordinateur.

```
<body onload = "init()">
```

- **La fenêtre jaune est un** `div` **appelé** `surface`. Elle n'est pas absolument nécessaire, mais quand un élément se déplace partout sur l'écran, il est préférable d'imposer des limites pour que l'utilisateur sache où il peut déplacer la balle.
- **Il y a un** `div sprite` **dans surface**. Ce `sprite` est l'élément qui se déplace.

```
<div id = "sprite"
       style = "position: absolute;
       top: 100px;
       left: 100px;
       height: 25px;
       width: 25px;" >
    <img src = "ball.gif"
         alt = „ball" />
</div>
```

- **Le** `div sprite` **possède un style local**. Votre code peut uniquement modifier les styles définis localement. Le `div sprite` possède un style local qui spécifie sa position absolue, les propriétés `top` et `left`.
- **Il y a un formulaire pour les boutons**. Ce programme utilise des boutons pour que l'utilisateur déplace la balle. Quand vous utilisez des boutons, placez-les dans un formulaire (même si le formulaire n'est pas absolument nécessaire dans ce cas).

```
<button type = "button"
        onclick = "moveSprite(-5, 0)">
  gauche
</button>
```

- **Chaque bouton appelle la méthode** `moveSprite()`. La méthode `moveSprite()` est définie dans le fichier `movement.js`. Elle accepte deux paramètres. `dx` détermine le déplacement de la balle sur l'axe des abscisses (horizontalement) et `dy` contrôle le mouvement de la balle sur l'axe des ordonnées (vertical).

Aperçu du JavaScript

Étant donné que le code JavaScript devient de plus en plus complexe, je vous conseille de retenir les concepts suivants afin d'améliorer votre efficacité en programmation :

- **Déplacez le code dans un fichier externe.** Quand le JavaScript devient plus complexe, mieux vaut le déplacer dans son propre fichier (comme le code CSS). Ainsi, il est plus facile à gérer et à réutiliser.
- **Encapsulez le code dans des fonctions.** Plutôt que d'écrire une longue fonction complexe, essayez de couper le code en fonctions plus courtes qui résolvent les différents problèmes. Si vos fonctions sont bien conçues, votre code sera plus facile à lire, à comprendre et à réutiliser.
- **Créez quelques variables globales.** Certaines variables clés seront réutilisées dans votre code. Créez des variables globales pour ces éléments clés mais ne faites rien de global qui ne soit pas absolument nécessaire.
- **Définissez des constantes dans un souci de clarté.** Il peut être pratique de disposer de quelques valeurs clés stockées dans des variables spécifiques. Dans `movement.html`, j'ai créé quelques constantes qui m'aident à tracer les limites de la surface visuelle.

Créer des variables globales

La première partie de ce document définit les variables globales que j'utilise dans ce programme :

```
//movement.js
//variables globales
var sprite;
var x, y;    //position des variables

//constantes
var MIN_X = 15;
var MAX_X = 365;
var MIN_Y = 85;
var MAX_Y = 435;
```

Ce programme possède trois variables globales :

- `sprite` : représente le `div` qui va se déplacer sur l'écran.
- `x` : correspond à la position `x` (horizontale) de la balle.
- `y` : correspond à la position `y` (verticale) de la balle.

Il n'est pas nécessaire d'attribuer immédiatement des valeurs aux variables globales. Pensez toutefois à les définir en dehors des fonctions pour que leur valeur soit disponible à toutes les fonctions (reportez-vous au Chapitre 5 pour plus d'infos sur les fonctions et la portée des variables).

ATTENTION !

Notez qu'en infographie, l'axe des ordonnées ne fonctionne pas comme en maths. Le zéro se situe en haut de l'écran et les valeurs de y augmentent quand vous vous déplacez vers le bas de la page. Ce système est utilisé pour respecter le modèle du haut vers le bas sur lequel se basent la plupart des écrans.

Ce programme présente aussi quelques *constantes*. Une constante est une variable (généralement globale) avec une valeur qui ne change pas pendant l'exécution du programme. Les constantes sont souvent utilisées dans un souci de clarté.

En testant l'animation, je me suis rendu compte que la valeur `x` de la balle ne devait pas être inférieure à 15 ou supérieure à 365. En définissant des constantes spécifiques avec ces valeurs, j'explique clairement ce que ces valeurs représentent. Reportez-vous au code de test des limites dans la section " Déplacer la balle " pour voir comment cela fonctionne.

TRUC

Les programmeurs écrivent les constantes en lettres majuscules. Certains langages possèdent des modificateurs spéciaux pour créer des constantes. JavaScript n'en fait pas partie. Pour créer une constante, créez une variable avec un nom en majuscules et traitez-la comme une constante (ne la modifiez pas pendant l'exécution du programme).

Initialiser

La fonction `init()` est courte mais puissante :

```
function init(){
  sprite = document.getElementById("sprite");
} // fin de init
```

Elle effectue un travail simple qui a son importance. Elle charge le `div` `sprite` et le stocke dans une variable nommée `sprite`. Comme `sprite` est une variable globale, toutes les fonctions ont accès à la variable `sprite` et peuvent la manipuler.

Vous serez souvent amené à utiliser la fonction `init()` pour initialiser les variables clés dans vos programmes. Vous pouvez aussi utiliser cette fonction pour définir des gestionnaires d'événements plus avancés, comme vous le verrez ultérieurement dans ce chapitre dans les exemples concernant le clavier et la souris.

Déplacer la balle

Bien sûr, la fonction la plus intéressante du programme est celle qui déplace la balle sur l'écran. Examinez-la avant de lire mes explications.

```
function moveSprite(dx, dy){
  var surface = document.getElementById("surface");

  x = parseInt(sprite.style.left);
  y = parseInt(sprite.style.top);

  x += dx;
  y += dy;

  checkBounds();

  // déplacement de la balle vers la nouvelle position
  sprite.style.left = x + "px";
  sprite.style.top = y + "px";

  //description de la position
  var output = document.getElementById("output");
  output.innerHTML = "x: " + x + ", y: " + y;
} // fin de MoveSprite
```

La fonction travaille en déterminant d'abord le déplacement de la balle en x et y puis en manipulant les propriétés `left` et `top` de son style.

1. **Définissez `dx` et `dy` comme paramètres.**

   La fonction accepte deux paramètres : `dx` correspond à *delta-x* et `dy` à *delta-y*. Vous pouvez aussi les interpréter comme différence en x et différence en y. Ces paramètres indiquent le déplacement de la balle sur chaque axe :

   ```
   function moveSprite(dx, dy){
   ```

Peut-être vous demandez-vous pourquoi je travaille avec `dx` et `dy` alors que cet objet ne se déplace qu'horizontalement. J'anticipe ! Je vais réutiliser cette fonction dans les programmes suivants. Même si je n'ai pas encore besoin du déplacement vertical, cela va changer sous peu. Voilà pourquoi j'ai inclus cette possibilité.

2. **Utilisez une référence à la surface.**

   Utilisez `document.getElementById` pour extraire la balle de la page. Assurez-vous que la balle que vous animez ait une position absolue avec des propriétés `top` et `left` définies dans un style local.

   ```
   var surface = document.getElementById("surface");
   ```

3. **Extrayez les paramètres `x` et `y` de la balle.**

   La position horizontale est stockée dans la propriété `left`. Les styles CSS sont stockés sous forme de chaînes et incluent une mesure. Par exemple, la valeur `left` d'origine de la balle est `100px`. Pour le programme, seule la partie numérique est utile. La fonction `parseInt()` extrait uniquement la partie numérique de la propriété `left` et la convertit en un nombre entier qui est ensuite stocké dans `x`. Procédez de la même manière pour extraire la valeur `y`.

   ```
   x = parseInt(sprite.style.left);
   y = parseInt(sprite.style.top);
   ```

4. **Incrémentez les variables `x` et `y`.**

   Maintenant que les valeurs `x` et `y` sont stockées sous forme de variables entières, additionnez `dx` à `x` et `dy` à `y`. Cela vous permet de déplacer l'objet d'autant de pixels que l'utilisateur le souhaite sur les axes x et y.

   ```
   x += dx;
   y += dy;
   ```

5. **Testez les limites.**

   Si vous avez des enfants, vous connaissez cette règle : quand un élément peut se déplacer, il va aller au-delà des limites. Si vous laissez votre balle se déplacer, elle va sortir de l'espace que vous aviez conçu. Tester les limites n'est pas difficile, mais c'est une nouvelle tâche. Pour l'accomplir, j'appelle une fonction. Je décris `checkBounds()` dans la section suivante. Globalement, cette fonction vérifie si la balle dépasse la surface et ajuste sa position pour qu'elle reste à l'intérieur des limites.

```
checkBounds();
```

6. **Déplacez la balle.**

   Modifier les propriétés `x` et `y` ne déplace pas la balle. Pour ce faire, vous devez convertir les entiers au format CSS. Si x est `120`, définissez `left` à `120px`. Concaténez simplement "`px`" à la fin de chaque variable.

```
// déplacement de la balle vers la nouvelle position
sprite.style.left = x + "px";
sprite.style.top = y + "px";
```

7. **Affichez la position.**

   Pour des raisons de débogage, je veux connaître la position exacte de `x` et de `y`. C'est pourquoi j'ai créé une chaîne que j'affiche dans une fenêtre de sortie.

```
//description de la position
var output = document.getElementById("output");
output.innerHTML = "x: " + x + ", y: " + y;
```

Tester les limites

Quand un objet quitte le terrain de jeu, vous pouvez répondre de plusieurs manières. J'utilise l'une des techniques les plus simples, l'enveloppement. Si un élément dépasse la limite à droite, faites-le sauter vers la gauche.

Le code traite les quatre limites :

```
function checkBounds(){
  //enveloppement
  if (x > MAX_X){
    x = MIN_X;
  } // fin de if
  if (x < MIN_X){
    x = MAX_X;
  } // fin de if
  if (y > MAX_Y){
    y = MIN_Y;
```

```
    } // fin de if
    if (y < MIN_Y){
      y = MAX_Y;
    } // fin de if
  } // fin de la fonction
```

La fonction `checkBounds()` dépend des constantes. Observez le code pour comprendre ce qu'il se passe :

```
    if (x > MAX_X){
      x = MIN_X;
    } // fin de if
```

Si `x` est supérieur à la valeur maximum de `x`, affectez-lui la valeur minimum. Impossible d'être plus clair ! Si la taille de la surface de jeu change, modifiez simplement les valeurs des constantes.

Tout cela est bien beau, mais vous vous demandez sûrement comment j'ai défini les valeurs des constantes. Dans certains langages, il faut user de quelques astuces mathématiques pour prévoir les valeurs maximales et minimales. En JavaScript, cette technique est risquée car l'environnement n'est pas très précis.

J'ai choisi une technique simple mais efficace. J'ai temporairement extrait l'appel `checkbounds()` et j'ai simplement observé la sortie pour voir qu'elles étaient les valeurs de `x` et `y`. J'ai regardé la valeur maximum de `x` jusqu'à ce que la balle bute et l'ai notée sur un morceau de papier. J'ai utilisé la même technique pour trouver les valeurs maximales et minimales de `y`.

J'ai ensuite placé ces valeurs dans des constantes. Je me fiche de savoir que la valeur maximale de `x` est `365`. Je veux juste connaître cette valeur pour empêcher `x` de dépasser la valeur `MAX_X`.

Si la taille de ma surface de jeu change, je modifie les constantes et tout se passe bien.

TRUC

Si cela vous intéresse, voici quelques autres techniques à utiliser quand une balle risque de quitter le champ de vision :

- **Rebondir** : l'objet rebondit contre le mur. Il suffit d'inverser la valeur de `dx` ou `dy` (tout dépend s'il s'agit d'un mur vertical ou horizontal).
- **Stopper** : l'objet s'immobilise quand il touche le mur. Affectez `0` à `dx` et `dy` pour réaliser cet effet.

- **Continuer** : l'objet continue de se déplacer même s'il est hors du champ de vision. Cette option est souvent utilisée pour les simulations de contrôle du trafic aérien (visualiser la position fait partie du jeu) ou les simulations orbitales (l'objet va sûrement revenir).
- **Combiner** : quelquefois vous pouvez rencontrer des combinaisons comme dans les jeux de civilisation qui simulent une carte cylindrique en s'arrêtant en haut et en bas et en défilant sur les côtés.

Pourquoi ne pas utiliser les valeurs de la taille de la surface ?

Dans un monde parfait, j'aurais extrait les valeurs de la surface de jeu. Malheureusement, JavaScript/DOM n'est pas un cadre d'animation parfait. HTML 5 prend en charge une balise formidable appelée `canvas` qui sert de plateforme de dessin et d'animation, mais elle n'est pas disponible dans tous les navigateurs.

Comme j'utilise le positionnement absolu, la position de la balle ne dépend pas de la surface (comme ce pourrait être le cas) mais de l'écran. C'est un peu surprenant mais quelques tests simples vous permettent de trouver les bonnes valeurs. Rappelez-vous : dès que vous utilisez le positionnement absolu sur une page, vous y êtes soumis. Si vous utilisez une animation comme celle-ci, vous voudrez certainement utiliser le positionnement absolu partout ou trouver d'autres astuces pour faire en sorte que la balle reste là où vous voulez qu'elle soit, sans dépasser les limites de la page. Néanmoins, l'utilisation de constantes rend le code plus facile à lire et à manipuler, même si vous devez ruser pour trouver les valeurs spécifiques dont vous avez besoin.

Lire une entrée clavier

Vous pouvez utiliser JavaScript pour lire directement à partir du clavier. Ce peut être très utile dans bon nombre de situations, et particulièrement pratique pour l'animation et les applications de jeux simples.

La Figure 8.2 représente un programme avec une autre balle qui se déplace.

La page `keyboard.html` ne possède aucun bouton car il faut utiliser les touches de direction pour gérer toutes les entrées.

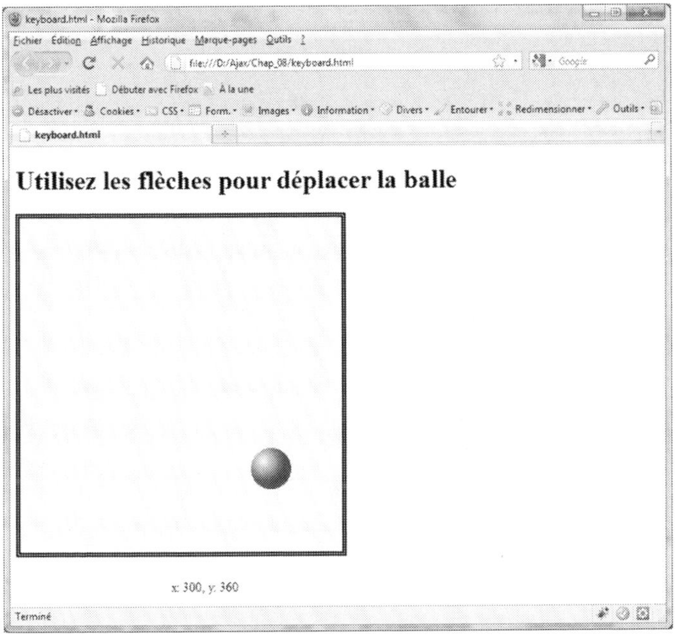

Figure 8.2 : Vous pouvez déplacer la balle avec les touches de direction.

TRUC

Vous savez ce que je vais dire ! Observez ce programme dans votre navigateur parce qu'il n'a aucun charme si vous ne l'exécutez pas et que vous ne jouez pas avec les flèches du clavier.

Créer la page keyboard

La page `keyboard.html` ressemble beaucoup à la page `movement.html` précédemment étudiée dans ce chapitre.

```
<!DOCTYPE html PUBLIC "-//W3C//DTD XHTML 1.0 Strict//EN"
"http://www.w3.org/TR/xhtml1/DTD/xhtml1-strict.dtd">
<html lang="EN" dir="ltr" xmlns="http://www.w3.org/1999/xhtml">
  <head>
    <meta http-equiv="content-type" content="text/xml;
        charset=iso-8859-1" />
    <title>keyboard.html</title>

    <link rel = "stylesheet"
      type = "text/css"
      href = "keyboard.css" />
```

```
    <script type = "text/javascript"
        src = "movement.js">
    </script>
    <script type = "text/javascript"
        src = "keyboard.js">
    </script>

  </head>

  <body onload = "init()">
    <h1>Utilisez les flèches pour déplacer la balle</h1>

    <div id = "surface">
      <div id = "sprite"
       style = "position: absolute;
       top: 100px;
       left: 100px;
       height: 25px;
       width: 25px;" >
      <img src = "ball.gif"
         alt = "ball" />
    </div>
  </div>

  <p id = "output">
    x = 100, y = 100
  </p>
 </body>
</html>
```

En effet, la page `keyboard.html` est quasiment identique à la page `movement.html` déjà décrite dans ce chapitre. Ce genre de situation prouve que cela vaut le coup de créer du code réutilisable ! J'ai simplement copié la page `movement.html` et ai effectué quelques modifications subtiles mais notoires :

- **Importez le script** `movement.js`. Cette page utilise les mêmes fonctions que la page `movement.html`. Il vous suffit donc d'importer le script.
- **Ajoutez un autre script spécifique pour la lecture du clavier**. Vous avez besoin d'une série de modifications qui sont contenues dans un second fichier de script appelé `keyboard.js`.
- **Gardez le reste de la page tel qu'il est**. Vous appelez encore `init()` quand le corps est chargé et vous gardez le même design

visuel, sauf pour les boutons. Les `div` `surface` et `sprite` sont identiques à ceux de `movement.html`.

- **Supprimez le formulaire**. Cette page répond au clavier donc vous n'avez plus besoin de formulaire.

Examiner le script keyboard.js

Rappelez-vous que ce programme commence avec le script `movement.js`. En ce qui concerne le navigateur, ce fichier de script a été chargé avant l'apparition du script `keyboard.js`. La base est bien en place avec `movement`. Le script `keyboard` traite uniquement des modifications utiles pour que le support clavier fonctionne.

Écraser la fonction init ( )

Travailler avec un clavier exige une initialisation. Il faut retoucher la fonction `init()` pour créer une nouvelle version qui va remplacer celle créée dans `movement.js`.

```
//support de movement.js

function init(){
  sprite = document.getElementById("sprite");
  document.onkeydown = keyListener;
} // fin de init
```

L'ordre d'importation des scripts a son importance. Si vous copiez une fonction, le navigateur interprète seulement la dernière qu'il lit.

Configurer un gestionnaire d'événements

Dans ma fonction `init()`, je veux initialiser la balle (comme je l'ai fait dans `movement.js`). Pour lire le clavier, vous devez utiliser la technique de gestion d'événements du navigateur. Les navigateurs offrent un support standard pour les événements basés sur les pages (tels que `body.onload` et `button.onclick`). Ils proposent également un support pour les entrées plus basiques comme les entrées clavier ou souris.

Si vous voulez lire cette entrée, vous devez spécifier une fonction capable de répondre à l'entrée.

```
document.onkeydown = keyListener;
```

Cette ligne indique qu'une fonction spéciale, appelée `keyListener`, est appelée dès que l'utilisateur appuie sur une touche. Gardez les remarques suivantes en tête quand vous créez ce type de gestionnaire d'événements :

1. **Le gestionnaire d'événements doit être appelé dans `init()`.**

   Vous voulez certainement que la gestion du clavier soit disponible immédiatement. Dans ce cas, définissez le gestionnaire d'événements dans la fonction `init()`.

2. **La fonction est appelée comme si c'était une variable.**

   La syntaxe est légèrement différente de ce que vous avez pu voir jusqu'à présent. Quand vous créez un gestionnaire de fonctions dans le code HTML, vous alimentez simplement une chaîne qui représente le nom complet de la fonction avec des paramètres (`button onclick = "doSomething()"`). Quand vous appelez une fonction dans le JavaScript (au lieu de l'appeler dans le HTML), le nom de la fonction ressemble plus à une variable et ne requiert donc pas de guillemets.

   NOTE TECHNIQUE

   À vrai dire, les fonctions sont des variables en JavaScript. La prochaine fois que quelqu'un ose vous dire que JavaScript est un " jouet ", répondez-lui qu'il prend en charge le *déréférencement automatique des pointeurs de fonction* et courez vite avant qu'on ne vous demande ce que cela veut dire.

3. **Vous devez créer une fonction avec un nom spécifique.**

   Si ce code est dans `init`, le navigateur appelle une fonction nommée `keyListener()` dès que l'utilisateur appuie sur une touche. Notez que vous pouvez nommer la fonction différemment, à votre convenance.

Répondre aux frappes de touches

Après avoir configuré un gestionnaire d'événements, vous devez écrire la fonction qui va répondre aux frappes. C'est une tâche relativement facile. Voici le code `keyListener` (trouvé dans `keyboard.js`) :

```
function keyListener(e){
  // si e n'existe pas encore, créez-le car nous sommes dans IE

  if (!e){
    e = window.event;
  } // fin du code spécifique pour IE
```

```
  //gauche
  if (e.keyCode == 37){
    moveSprite(-10, 0);
  } // fin de if

  //haut
  if (e.keyCode == 38){
    moveSprite(0, -10);
  } // fin de if

  //droite
  if (e.keyCode == 39){
    moveSprite(10, 0);
  } // fin de if

  //bas
  if (e.keyCode == 40){
    moveSprite(0, 10);
  } // fin de if

} // fin de keyListener
```

Ce code extrait un objet événement en cas de besoin puis analyse cet objet pour déterminer quelle touche (et si une touche) a été actionnée. Il appelle ensuite une fonction `moveSprite()` pour déplacer la balle. Voici les faits :

1. **Les fonctions événements possèdent des objets événements.**

   Il ne suffit pas de savoir qu'un événement s'est produit. Vous devez savoir quelle touche a été actionnée. Heureusement, les navigateurs disposent tous d'un objet événement qui vous informe de ce qui s'est passé.

2. **Certains navigateurs passent l'événement comme paramètre.**

   Quand vous créez une fonction événement, le navigateur affecte automatiquement un paramètre spécial à la fonction. Ce paramètre (appelé `e`) représente l'événement. Contentez-vous donc de créer une fonction avec un paramètre nommé `e` et le navigateur se charge de créer `e` automatiquement.

   ```
   function keyListener(e){
   ```

3. **Internet Explorer a besoin d'un petit coup de pouce.**

   IE ne crée pas automatiquement un objet événement. Vous devez donc le créer vous-même.

```
// si e n'existe pas encore, créez-le car nous sommes dans IE
if (!e){
  e = window.event;
} // fin du code spécifique pour IE
```

4. **Vous pouvez utiliser** `e` **pour déterminer sur quelle touche l'utilisateur a appuyé.**

   L'objet `e` possède quelques propriétés élégantes telles que `keyCode`. Cette propriété renvoie un nombre qui indique la touche sur laquelle l'utilisateur a appuyé.

   Faites une recherche rapide sur l'objet événement JavaScript pour trouver d'autres types d'astuces d'événement. Je vous montre les caractéristiques les plus critiques mais ce n'est qu'une initiation à toutes les choses intéressantes que les événements peuvent faire.

5. **Comparez la propriété** `keycode` **de l'objet événement aux codes de touche qui correspondent aux touches qui vous intéressent.**

   Vous pouvez déterminer les codes de touche de chaque touche de votre clavier et utiliser des instructions `if` pour répondre de manière appropriée (je vous explique les codes de touche dans la section suivante).

```
  //gauche
  if (e.keyCode == 37){
moveSprite(-10, 0);
  } // fin de if
```

6. **Appelez les versions appropriées de** `moveSprite`.

   Si l'utilisateur a appuyé sur la flèche gauche, déplacez la balle vers la gauche. Pour ce faire, vous pouvez utiliser la fonction `moveSprite()` définie dans `movement.js`.

Déchiffrer le mystère des codes de touche

En observant le code contenu dans la fonction `keyListener`, vous pourrez y voir quelques nombres étranges. Par exemple, le code qui représente la flèche gauche compare `e.keyCode` à la valeur 37. Le grand mystère est de comprendre d'où viennent tous les nombres de la fonction `keyListener` (voir section précédente).

Ces nombres sont des *codes de touche*. Ce sont des représentations numériques des touches physiques du clavier. Chaque touche du clavier possède un code de touche lui correspondant. Les codes de touche sont mappés aux touches physiques, c'est-à-dire que le code de touche correspondant à une touche reste le même, même si le mappage du clavier est modifié (changement de langue ou de configuration d'entrée, par exemple).

Comment pouvais-je savoir que la flèche gauche correspondait au code de touche 37 ? C'est très simple : j'ai écrit un programme qui m'en a informé. La Figure 8.3 représente `readKeys.html` en action.

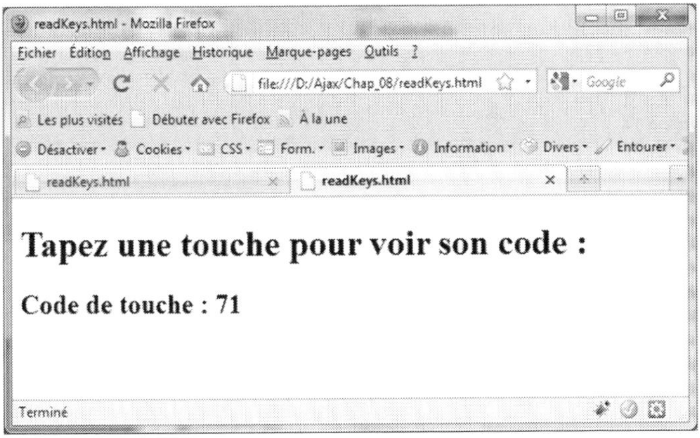

Figure 8.3 : Ce programme lit le clavier et renvoie les codes de touche.

Exécutez `readKeys` et appuyez sur quelques touches. Désormais, vous êtes en mesure de déterminer facilement le code de touche correspondant à chaque touche. N'hésitez pas à consulter le code si vous n'avez pas tout saisi. Il est plus facile à lire que le code écrit pour les déplacements.

TRUC

Si vous utilisez un bloc-notes électronique ou un clavier international, notez que certains codes de touche peuvent ne pas être standard, notamment ceux qui correspondent aux touches du pavé numérique. Essayez de vous contenter des touches basiques pour vous assurer que votre programme fonctionne avec tous les claviers.

Suivre la souris

Il est possible de créer un gestionnaire d'événements capable de lire la souris. La Figure 8.4 illustre un tel programme.

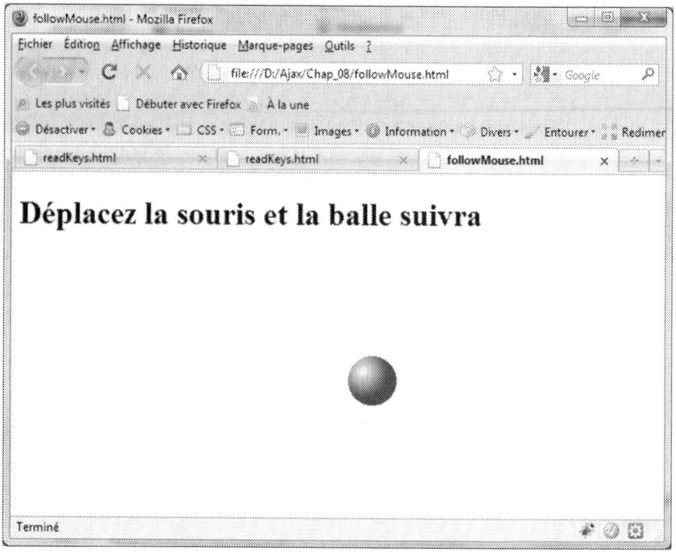

Figure 8.4 : À présent, la balle suit la souris.

Réaliser cet effet est très simple quand vous savez comment lire le clavier. La technique est quasiment identique avec la souris.

Observer le code HTML

Le code du programme `followMouse.html` est si simple que je l'ai mis dans un seul fichier.

```
<!DOCTYPE html PUBLIC "-//W3C//DTD XHTML 1.0 Strict//EN"
"http://www.w3.org/TR/xhtml1/DTD/xhtml1-strict.dtd">
<html lang="EN" dir="ltr" xmlns="http://www.w3.org/1999/xhtml">
  <head>
    <meta http-equiv="content-type" content="text/xml;
          charset=iso-8859-1" />
    <title>followMouse.html</title>
    <script type = "text/javascript">
      var sprite;

      function init(){
        sprite = document.getElementById("sprite");
        document.onmousemove = mouseListener;
      } // fin de init
```

```
      function mouseListener(e){
        if (!e){
          e = window.event;
        } // fin de l'objet événement

        //définition de la largeur et de la hauteur
        height = parseInt(sprite.style.height);
        width = parseInt(sprite.style.width);

        //placement de la souris au centre de la balle
        x = e.pageX - (width/2);
        y = e.pageY - (height/2);

        sprite.style.left = x + "px";
        sprite.style.top = y + "px";
      } // fin de la fonction
    </script>
  </head>

  <body onload = "init()">
    <h1>Déplacez la souris et la balle suivra</h1>
    <div id = "sprite"
         style = "position: absolute;
              left: 100px;
              top: 100px;
              width: 50px;
              height: 50px;">
    <img src = "ball.gif"
      alt = "ball" />
    </div>
  </body>
</html>
```

Définir le code HTML

La page HTML est simple. Cette fois, je permets à la souris de se déplacer sur toute la page. Les limites ne sont pas nécessaires puisque la balle ne peut pas quitter la page (si la souris quitte la page, elle n'envoie plus de messages d'événement).

Créez une balle avec une image comme d'habitude et appelez `init()` quand le corps est chargé.

Initialiser le code

L'initialisation est directe :

1. **Créez une variable globale pour la balle.**

   Définissez la variable `sprite` en dehors de toute fonction pour qu'elle soit disponible pour toutes les fonctions.

   ```
   var sprite;
   ```

2. **Créez la balle dans `init()`.**

   La fonction `init()` est idéale pour créer la balle.

   ```
   function init(){
     sprite = document.getElementById("sprite");
     document.onmousemove = mouseListener;
   ```

3. **Définissez un gestionnaire d'événements pour le déplacement de la souris.**

   Définissez un gestionnaire d'événements dans `init()`. Cette fois, il va devoir lire les événements de la souris. Je l'ai donc appelé `mouseListener`.

   ```
   document.onmousemove = mouseListener;
   ```

Créer le " mouse listener "

Le " mouse listener " fonctionne comme le " keyboard listener ". Le mouse listener est appelé dès que la souris bouge et examine l'objet événement pour déterminer la position actuelle de la souris. Ensuite, il utilise cette valeur pour positionner la balle :

1. **Récupérez l'objet événement.**

   Utilisez la technique multiplateforme pour récupérer l'objet événement.

   ```
   function mouseListener(e){
     if (!e){
       e = window.event;
     } // fin de l'objet événement
   ```

2. **Déterminez la largeur et la hauteur de la balle.**

Les propriétés `top` et `left` vont pointer la partie supérieure gauche de la balle. Il semble plus naturel que la souris soit au centre de la balle. N'oubliez pas d'ajouter ces valeurs au style local pour la balle.

```
//définition de la largeur et de la hauteur
height = parseInt(sprite.style.height);
width = parseInt(sprite.style.width);
```

3. **Utilisez `e.pageX` et `e.pageY` pour obtenir la position de la souris.**

   Ces propriétés renvoient la position actuelle de la souris sur la page.

4. **Déterminez `x` et `y` pour le pointeur de la souris.**

   Retirez la moitié de la largeur de la balle de la valeur `x` de la souris (`e.pageX`) pour que la position horizontale de la balle soit centrée sur la souris. Faites de même avec la position `y`.

```
//placement de la souris au centre de la balle
x = e.pageX - (width/2);
y = e.pageY - (height/2);
```

5. **Déplacez la souris aux nouvelles coordonnées `x` et `y`.**

   Utilisez les techniques de conversion pour déplacer la balle à la nouvelle position.

```
sprite.style.left = x + "px";
sprite.style.top = y + "px";
```

TRUC

Autre effet sympa : la balle est influencée par la souris. Ne la faites pas directement suivre la souris, mais faites un test pour voir à quel endroit la souris est liée à la balle. Par exemple, déplacez la balle quand la souris est au-dessus de la balle.

Déplacement automatique

Vous pouvez faire en sorte que la balle se déplace automatiquement en associant un intervalle de temps à l'objet. La Figure 8.5 représente la balle qui se déplace de façon autonome sur la page.

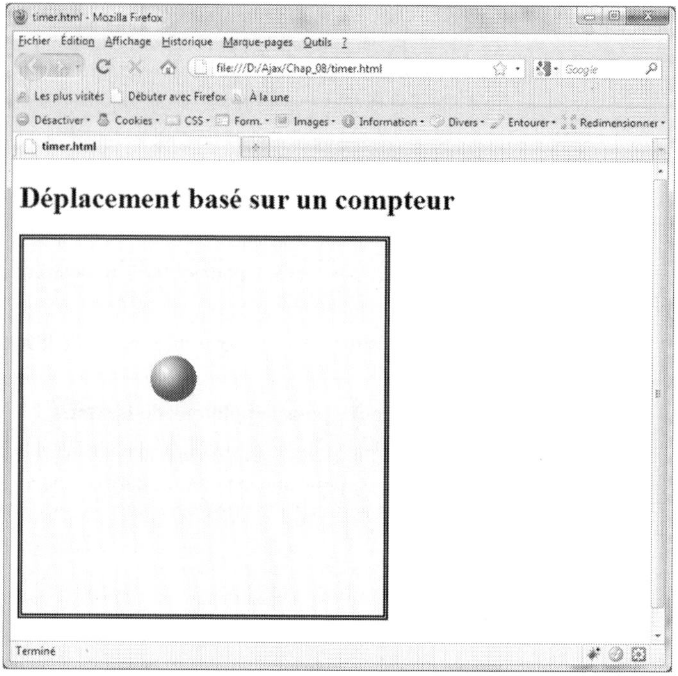

Figure 8.5 : La balle se déplace toute seule (la flèche représente le mouvement).

Le code `timer.html` est étonnamment simple ; il emprunte beaucoup d'éléments à d'autres codes.

```
<!DOCTYPE html PUBLIC "-//W3C//DTD XHTML 1.0 Strict//EN"
"http://www.w3.org/TR/xhtml1/DTD/xhtml1-strict.dtd">
<html lang="EN" dir="ltr" xmlns="http://www.w3.org/1999/xhtml">
  <head>
    <meta http-equiv="content-type" content="text/xml;
            charset=iso-8859-1" />
    <title>timer.html</title>

    <link rel = "stylesheet"
      type = "text/css"
      href = "keyboard.css" />

    <script type = "text/javascript"
        src = "movement.js">
    </script>

    <script type = "text/javascript">
```

```
    function init(){
      sprite = document.getElementById("sprite");
      setInterval("moveSprite(5, 3)", 100);
    } // fin de init

  </script>
    </head>

    <body onload = "init()">
  <h1>Déplacement basé sur un compteur</h1>

  <div id = "surface">
    <div id = "sprite"
     style = "position: absolute;
     top: 100px;
     left: 100px;
     height: 25px;
     width: 25px;" >
  <img src = "ball.gif"
       alt = "ball" />
  </div>
 </div>

 <p id = "output">
   x = 100, y = 100
 </p>
 </body>
</html>
```

Le HTML et le CSS sont parfaitement identiques à ceux du code `button.html`. Une grande partie du JavaScript est tirée de `movement.js`. Le seul élément nouveau est une modification, légère mais radicale, dans la méthode `init()`.

JavaScript dispose d'une fonction très utile, appelée `setInterval`, qui prend deux paramètres :

- **Un appel de fonction** : créez une chaîne contenant un appel de fonction qui inclut l'un de ces paramètres.
- **Un intervalle de temps en millisecondes** : vous pouvez spécifier un intervalle en millièmes de secondes. Si l'intervalle est 500, la fonction est appelée deux fois par seconde, 50 millisecondes correspondent à 20 appels par seconde, *etc.*

Vous pouvez définir l'intervalle à la vitesse souhaitée, mais il n'est pas garanti que les choses se passent aussi vite. Si vous insérez du code complexe dans une fonction et que vous indiquez au navigateur de l'exécuter 1000 fois par seconde, il ne sera sûrement pas capable de suivre (surtout si l'utilisateur a une machine plus lente que la vôtre).

Le navigateur appelle la fonction en respectant l'intervalle spécifié. Placez tout le code que vous voulez répéter dans la fonction donnée.

Ne mettez pas d'éléments qui n'ont rien à y faire dans la fonction intervalle. Étant donné que ce code se répète plusieurs fois par seconde, il est appelé chemin critique. Tout gaspillage à ce niveau pourrait sévèrement ralentir le programme. Il faut donc toujours essayer de faire en sorte que le code d'une fonction intervalle soit aussi clair que possible. C'est pourquoi j'ai créé `sprite` comme variable globale. Je ne voulais pas recréer la balle 20 fois par seconde et rendre mon programme impossible à exécuter par les navigateurs plus lents.

En utilisant des objets qui se déplacent automatiquement, vous avez la chance de pouvoir jouer avec d'autres types de détection de limites. Si vous voulez voir comment faire rebondir un objet quand il atteint la limite, observez `bounce.html` et `bounce.js` disponible sur le site Web des Éditions First à l'adresse http://www.editionsfirst.fr/telechargements/ (pour ce faire, vous devrez sélectionner *Pour les nuls GF informatique*, cliquer sur l'image de couverture du livre *Javascript et Ajax pour les nuls*, puis enregistrer le fichier ZIP).

Permuter des images

Il existe un autre type d'animation qui consiste à changer rapidement d'image. Observez la Figure 8.6 pour voir l'image d'un personnage animé.

Difficile de représenter une animation avec une capture d'écran figée. La Figure 8.7 montre une séquence d'images qui est utilisée pour créer le personnage qui donne un coup de pied.

Vous pouvez utiliser la série d'images de votre choix. J'ai extrait ces images d'un site appelé Reiner's Tilesets (http://reinerstileset.4players.de/englisch.html). Il contient un grand nombre de personnages et d'animations. Ce personnage se prénomme Freya.

Préparer les images

Vous pouvez créer vos propres images ou les extraire d'un site comme Reiner's Tilesets. Dans ce cas, notez ces quelques conseils à respecter avant de créer vos animations :

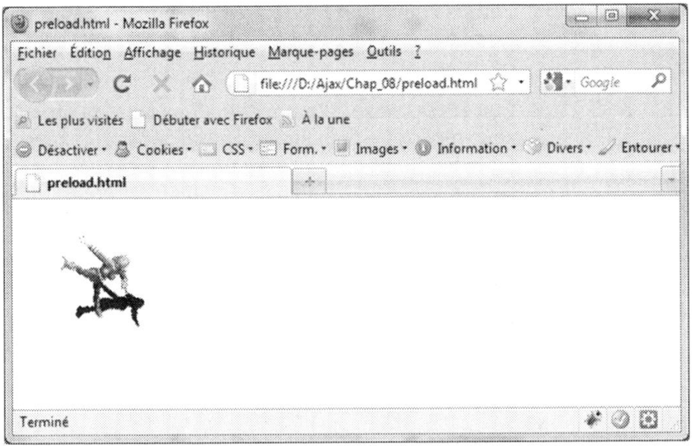

Figure 8.6 : Le personnage donne un coup de pied !

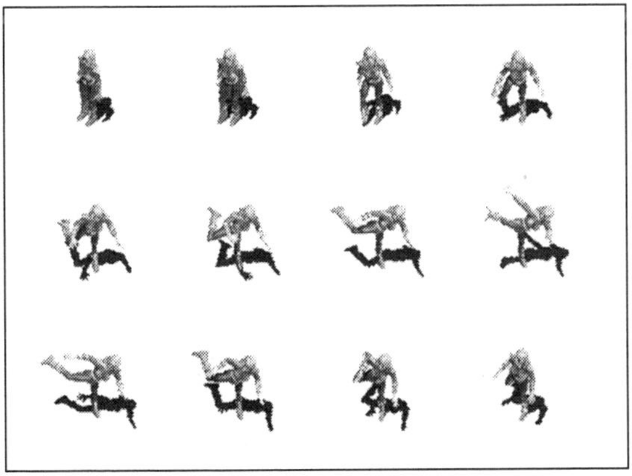

Figure 8.7 : J'ai utilisé cette série d'images pour créer l'animation.

- **Conservez leur petite taille**. Les images plus grandes mettent plus de temps à charger et ne permutent pas aussi facilement que les petites. Mes images font 128 x 128 pixels, ce qui est une bonne taille.
- **Pensez à ajouter de la transparence**. Les images de Reiner's Tilesets ont un arrière-plan marron. J'ai appliqué un arrière-plan transparent en utilisant mon éditeur graphique préféré (GIMP).
- **Modifiez le format de fichier**. Les images étaient au format .bmp qui n'est pas pratique et ne supporte pas la transparence. Je les ai enregistrées au format .gif pour réduire leur taille et permettre la transparence de l'arrière-plan.

- **Pensez à modifier les noms**. J'ai renommé les images pour simplifier les noms et supprimer les espaces. Je les ai nommées de `kick00.gif` à `kick12.gif`.
- **Placez les images d'animation dans un sous-répertoire**. Un sous-répertoire peut être utile. Quand vous commencez à créer les animations, vous risquez de vous retrouver avec un tas de petites images qui traînent partout. C'est pourquoi il vaut mieux les stocker dans un sous-répertoire.
- **Soyez sûr d'avoir l'autorisation pour utiliser les images**. Le fait de pouvoir utiliser une image ne signifie pas que vous avez le droit de l'utiliser. Pensez à demander l'autorisation du propriétaire, citez vos sources et hébergez les images sur votre propre serveur. C'est la moindre des choses !

Créer la page

Le code de cette animation utilise des dérivés d'éléments que vous avez déjà utilisés : une fonction `setInterval` et du code DOM.

```
<!DOCTYPE html PUBLIC "-//W3C//DTD XHTML 1.0 Strict//EN"
"http://www.w3.org/TR/xhtml1/DTD/xhtml1-strict.dtd">
<html lang="EN" dir="ltr" xmlns="http://www.w3.org/1999/xhtml">
  <head>
    <meta http-equiv="content-type" content="text/xml;
          charset=iso-8859-1" />
    <title>imageSwap.html</title>
    <script type = "text/javascript">
      //<![CDATA[
      var imgList = new Array (
        "freya/kick00.gif",
        "freya/kick01.gif",
        "freya/kick02.gif",
        "freya/kick03.gif",
        "freya/kick04.gif",
        "freya/kick05.gif",
        "freya/kick06.gif",
        "freya/kick07.gif",
        "freya/kick08.gif",
        "freya/kick09.gif",
        "freya/kick10.gif",
        "freya/kick11.gif",
        "freya/kick12.gif"
      );
```

```
      var frame = 0;
      var spriteImage

      function init(){
        setInterval("animate()", 100);
        spriteImage = document.getElementById("image");
      } // fin de init

      function animate(){
        frame += 1;
        if (frame > imgList.length){
          frame = 0;
        } // fin de if
        spriteImage.src = imgList[frame];
      }
      //]]>
    </script>
  </head>

  <body onclick = "init()">
    <div id = "sprite">
      <img id = "image"
       src = "freya/kick00.gif"
       alt = "kicking sprite" />
    </div>
  </body>
</html>
```

Le HTML est extrêmement simple :

1. **Configurez le corps avec une méthode** `init()`**.**

   Comme toujours, l'événement `onclick` du corps appelle une méthode `init()` pour déclencher les éléments.

2. **Créez un** `div sprite`**.**

   Créez un `div` nommé `sprite`. Comme vous n'allez pas modifier la position de ce `div` (pas encore), vous n'avez pas besoin de vous soucier du style local.

3. **Nommez l'**`img`**.**

   Dans ce programme, vous voulez animer l'`img` dans le `div`. Vous devez donc lui attribuer un `id`.

Créer les variables globales

Le code JavaScript n'est pas trop difficile mais il demande un peu de réflexion :

1. **Créez un tableau de noms d'images.**

   Vous devez travailler avec une liste d'images. Le moyen le plus simple de procéder est de créer un tableau contenant le nom des images. Chaque élément de ce tableau correspond au nom de fichier d'une image. Placez-les dans l'ordre dans lequel vous voulez que les images d'animation s'affichent.

```
var imgList = new Array (
  "freya/kick00.gif",
  "freya/kick01.gif",
  "freya/kick02.gif",
  "freya/kick03.gif",
  "freya/kick04.gif",
  "freya/kick05.gif",
  "freya/kick06.gif",
  "freya/kick07.gif",
  "freya/kick08.gif",
  "freya/kick09.gif",
  "freya/kick10.gif",
  "freya/kick11.gif",
  "freya/kick12.gif"
);
```

2. **Créez une variable `frame` pour contenir le numéro de l'image courante.**

   Puisque cette animation compte 12 images, la variable `frame` varie de 0 à 11.

```
var frame = 0;
```

3. **Définissez spriteImage.**

   Cette variable fait référence à la balise `img` contenue dans la balise `sprite`.

```
var spriteImage
```

Définir l'intervalle

La fonction `init()` associe la variable `spriteImage` à l'objet image et définit la méthode `animate()` pour qu'elle s'exécute dix fois par seconde.

```
function init(){
  setInterval("animate()", 100);
  spriteImage = document.getElementById("image");
} // fin de init
```

Animer le personnage

L'animation courante se produit dans la fonction `animate()`.

La fonction est directe :

1. **Incrémentez le compteur d'images.**

   Ajoutez 1 à la variable `frame`.

   ```
   frame += 1;
   ```

2. **Testez les limites.**

   Dès que vous modifiez une variable, vous devez considérer l'éventualité qu'elle puisse dépasser les limites. J'utilise `frame` comme indice dans le tableau `imgList`. Ainsi, je veille à ce que `frame` soit toujours inférieur à la taille de `imgList`.

   ```
   if (frame > imgList.length){
     frame = 0;
   } // fin de if
   ```

3. **Réinitialisez `frame` si nécessaire.**

   Si le compteur d'images est trop élevé, réinitialisez-le à 0 et relancez l'animation.

4. **Copiez les noms des fichiers image du tableau dans la propriété `src` de l'objet `spriteImage`.**

   Cette étape affiche le fichier spécifié sur l'écran.

   ```
   spriteImage.src = imgList[frame];
   ```

Améliorer l'animation avec le préchargement

Lors de l'exécution du programme `imageSwap`, il se peut que vous constatiez des décalages, le temps que les images chargent. Réduire la taille des images et les enregistrer au format .gif ou .png permet de réduire les décalages. La plupart des navigateurs stockent les images localement pour que celles-ci s'animent facilement après le premier passage.

Utilisez la technique du préchargement pour fluidifier votre animation. Elle consiste à charger toutes les images avant le démarrage de l'animation. Le fichier `Preload.html` contient quelques modifications pour précharger les images.

Le code HTML ne change pas. Seul le code JavaScript subit quelques modifications :

```
var imgFiles = new Array (
  "freya/kick00.gif",
  "freya/kick01.gif",
  "freya/kick02.gif",
  "freya/kick03.gif",
  "freya/kick04.gif",
  "freya/kick05.gif",
  "freya/kick06.gif",
  "freya/kick07.gif",
  "freya/kick08.gif",
  "freya/kick09.gif",
  "freya/kick10.gif",
  "freya/kick11.gif",
  "freya/kick12.gif"
);

var frame = 0;
var spriteImage
var images = new Array(12);

function init(){
  setInterval("animate()", 100);
  spriteImage = document.getElementById("image");
  loadImages();
} // fin de init

function animate(){
  frame += 1;
  if (frame >= images.length){
    frame = 0;
```

```
    } // fin de if
    spriteImage.src = images[frame].src;
  } // fin de animate

  function loadImages(){
    //préchargement de toutes les images pour un affichage plus rapide.
    for (i=0; i < images.length; i++){
      images[i] = new Image();
      images[i].src = imgFiles[i];
    } // fin de la boucle for
  } // fin de loadImages
```

Le préchargement fonctionne de la manière suivante :

1. **Modifiez le nom du tableau, nommez-le** `imgFiles`**.**

   Cette distinction est subtile mais importante. Le tableau ne représente pas les images mais les noms de fichier des images. Vous devez créer un autre tableau contenant les données de l'image courante.

2. **Créez un tableau d'images.**

   JavaScript dispose de données spécialement conçues pour contenir des données image. Le tableau `images` contient les données de l'image courante (pas seulement le nom de fichier, mais aussi l'image active). Le tableau `images` doit être global.

3. **Créez une fonction pour charger le tableau** `images`**.**

   La fonction `loadImages()` crée le tableau de données image. Appelez `loadImages()` à partir de `init()`.

4. **Créez une boucle qui passe en revue chaque élément du tableau** `imgFiles`**.**

   Créez un objet image correspondant à chaque nom de fichier. La taille des deux tableaux doit être identique.

5. **Créez un nouvel objet** `image` **pour chaque nom de fichier.**

   Utilisez la structure `newImage()` pour créer un objet image représentant les données image associées à un fichier spécifique.

6. **Associez cet objet image au tableau** `images()`**.**

   Ce tableau contient désormais toutes les données image.

7. **Modifiez** `animate()` **pour lire à partir du tableau** `images()`**.**

La fonction `animate()` lit maintenant à partir du tableau `images()`. Comme les données image ont été préchargées dans le tableau, l'affichage devrait être plus fluide.

TRUC

Le préchargement des images n'accélère pas l'animation. Il retarde le lancement de l'animation jusqu'à ce que les images soient chargées dans le cache et fluidifie l'affichage. Certains navigateurs lisent l'animation avant que le cache ait fini de charger. Cette technique présente aussi des avantages.

N'OUBLIEZ PAS

Même si vous n'êtes pas fan de l'animation, ces techniques peuvent être utiles. Vous pouvez utiliser la technique `setInterval()` pour tous types de code répétitif, y compris l'affichage dynamique de menus ou d'autres éléments d'une page. En fait, avant que CSS ne devienne la technique de référence, la plupart des menus dynamiques utilisaient l'animation JavaScript.

Travailler avec des images composées

Une autre approche de l'animation par permutation d'images consiste à combiner toutes les images en un seul fichier image et à utiliser les techniques CSS pour afficher seulement une partie de cette image. La Figure 8.8 illustre mon discours.

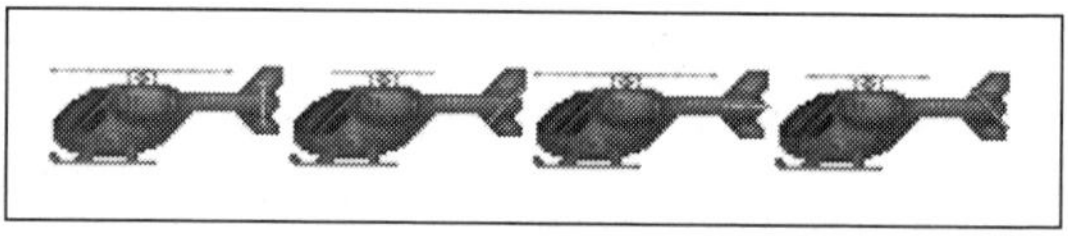

Figure 8.8 : Image composée d'un hélicoptère.

Ce fichier image contient plusieurs images d'un hélicoptère. Chaque sous-image présente une position différente du rotor principal et du rotor arrière. La page `compound.html` montre cette image mais affiche seulement une partie de l'image à la fois. La partie de l'image qui est affichée est modifiée rapidement pour donner l'impression d'une animation. Cette technique présente quelques avantages :

- Une seule image se charge plus facilement que plusieurs images séparées.
- L'intégralité de l'image est chargée en une fois, ce qui supprime le décalage dû au chargement de plusieurs images.
- Cette technique permet de combiner des images très complexes avec plusieurs animations.

Le HTML renvoie l'illustration de la Figure 8.9 (sauf que sur la vraie page, vous pouvez voir la rotation du rotor de l'hélicoptère).

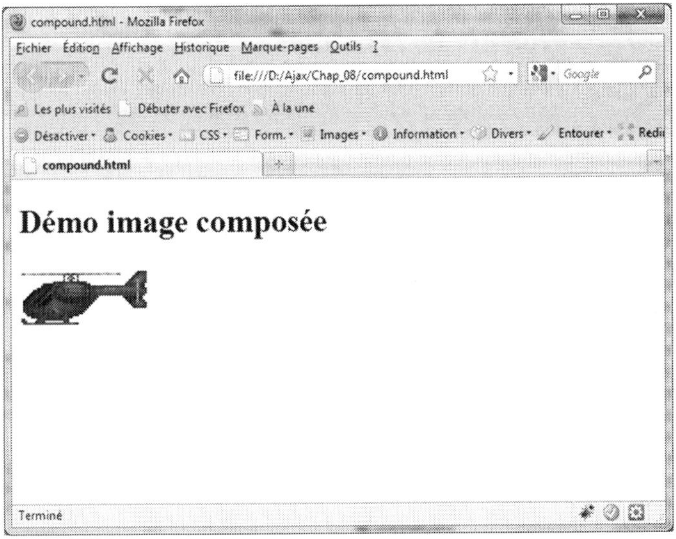

Figure 8.9 : L'image est déplacée dans le div pour donner l'effet d'animation.

Préparer l'image

Préparer une image qui va utiliser cette technique demande de l'attention. Vous devez vous assurer que ce sera simple d'animer l'image :

- **Regroupez toutes les images dans un fichier**. Utilisez un éditeur d'images comme Gimp ou Photoshop.
- **Assurez-vous que toutes les sous-images aient la même taille**. La tâche sera plus facile si toutes les images sont de même taille. Toutes les images de l'hélicoptère font 64 pixels de haut et 132 pixels de large.
- **Appliquez la même distance entre toutes les images**. Les images sont toutes séparées par 132 pixels.
- **Classez les images en ligne ou en colonne**. Si vous ne prévoyez qu'une animation, placez les images en ligne ou en colonne pour vous faciliter la tâche. Vous pouvez combiner plus d'images pour des animations plus complexes.

L'image utilisée dans cet exemple provient de Ari's SpriteLib (`www.flyingyogi.com/fun/spritelib.html`), une excellente ressource d'illustrations de jeux open-source. J'ai légèrement modifié l'image pour pouvoir l'utiliser dans cet exemple.

Définir le HTML et le CSS

Comme pour beaucoup d'exemples d'animation, le code HTML est plutôt minimaliste. Il suffit d'un `div` avec un attribut `id` :

```
<body onload = "init()">
  <h1>Démo image composée</h1>
    <div id = "chopper">
  </div>

</body>
```

Comme vous pouvez le voir, le `div` ne contient pas d'image. L'image est placée et manipulée *via* le CSS avec la propriété `background.image`.

Le CSS est tout aussi simple :

```
<style type = "text/css">
  #chopper {
    background-image: url("heli.gif");
    height: 64px;
    width: 128px;
    background-position: 0px 0px;
  }
</style>
```

Le CSS réalise beaucoup de tâches importantes :

1. **Appliquez l'image.**

   L'intégralité de l'image est appliquée comme image d'arrière-plan du `div`.

2. **Redimensionnez le** `div`**.**

   La taille du `div` est ajustée pour correspondre à celle d'une sous-image. Si vous observez le code HTML à ce moment-là, le `div` ressemble à une image standard qui n'affiche que la première sous-image de l'hélicoptère.

3. **Définissez la position initiale de l'arrière-plan.**

Seul le premier hélicoptère est affiché mais l'intégralité de l'image (avec quatre hélicoptères) est associée au `div`. J'utilise CSS pour déplacer l'image de sorte que différentes images de l'animation apparaissent dans l'espace visible du `div`. La position initiale est `0px 0px`, c'est-à-dire que le coin supérieur gauche de l'image est aligné sur le coin supérieur gauche du `div`.

TRUC

Cette animation peut sembler sans intérêt. Peut-être vous demandez-vous pourquoi je me donne tant de mal alors que je pourrais utiliser une image GIF animée. La réponse est : contrôle. Je pourrais effectivement utiliser ces alternatives qui, dans certains cas, seraient un meilleur choix. Cependant, si vous savez comment contrôler l'animation directement avec JavaScript, vous pouvez faire des choses que vous ne pourriez pas faire autrement, comme modifier la vitesse de l'animation ou figer une image.

Écrire le JavaScript

La méthode générale consiste à exécuter une boucle d'animation standard et à modifier la position de l'arrière-plan du `div` à chaque image pour qu'il affiche une image différente de l'animation. La deuxième image de l'animation apparaît au pixel 132. Donc, si vous déplacez l'image de l'arrière-plan vers la gauche de 132 pixels, vous voyez la deuxième image. J'ai stocké la position nécessaire pour afficher chaque image dans un tableau appelé offset. Une grande partie de ce programme est identique au code précédent.

Définir les variables globales

Commencez par créer quelques variables globales qui seront utilisées au fil de l'application :

```
var offsetList = new Array(0, -132, -264, -396);
var frame = 0;
var chopper;
```

1. **Créez un tableau** `offsetList`**.**

   Ce tableau contient les coordonnées nécessaires pour afficher chaque image de la liste. Utilisez un éditeur d'images pour contrôler les positions.

2. **Créez une variable** `frame`**.**

Cet entier décrit l'image affichée. Il sera utilisé comme indice du tableau pour afficher les différentes images de l'animation.

3. **Créez une variable contenant le** `div`**.**

   La variable `chopper` va contenir une référence au `div`. La modification du style de la variable `chopper` modifie l'image affichée.

Créer une fonction init()

La fonction d'initialisation définit l'animation :

```
function init(){
  chopper = document.getElementById("chopper");
  setInterval("animate()", 100);
} // fin de init
```

La fonction `init()` est appelée par l'événement `onload` du corps. Elle a deux tâches :

1. **Créez une référence au** `div chopper`**.**

   Rappelez-vous, le `div` n'existe pas tant que le corps n'est pas entièrement chargé. Vous devez donc charger la variable `chopper` dans une fonction. La fonction `init()` est idéale.

2. **Utilisez** `setInterval()` **pour créer une boucle d'animation.**

   Le programme appelle la fonction `animate()` toutes les 100 millisecondes, soit dix fois par seconde.

Animer le personnage

L'animation est plus facile que la préparation.

```
function animate(){
  frame++;
  if (frame >= offsetList.length){
    frame = 0;
  } // fin de if

  offset = offsetList[frame] + "px 0px";
  chopper.style.backgroundPosition = offset;
} // fin de animate
```

Respectez les étapes suivantes pour lancer l'animation :

1. **Incrémentez le compteur d'images.**

   Cette étape indique que vous passez à une nouvelle image.

2. **Vérifiez que l'image ne dépasse pas les limites.**

   La variable `frame` est utilisée comme indice pour le tableau `offsetList`. Vous devez vous assurer qu'elle est inférieure à la taille du tableau. Si elle est trop élevée, réinitialisez-la à 0.

3. **Créez une valeur `offset`.**

   La valeur `offset` est générée à partir du tableau `offsetList`. Notez que le tableau contient uniquement la valeur `x`. Concaténez-la avec "`px 0px`" pour créer un décalage au format adapté au CSS (reportez-vous au CSS d'origine de la position d'arrière-plan pour voir le format).

4. **Appliquez le décalage à la variable `chopper`.**

   Utilisez l'attribut `backgroundPosition` de l'attribut style pour modifier dynamiquement la position de l'image d'arrière-plan.

Déplacement et permutation

Vous pouvez combiner le déplacement avec la permutation d'images pour qu'une image animée se déplace sur l'écran. La Figure 8.10 tente d'illustrer cet effet, mais vous devez vraiment utiliser un navigateur pour le saisir (j'ai ajouté la flèche pour indiquer le déplacement).

La réalisation de ce programme n'exige aucune nouvelle technique. C'est juste une combinaison des techniques utilisées dans ce chapitre. La Figure 8.11 représente la série d'images utilisées pour faire courir Freya.

Créer le cadre HTML

Une fois de plus, le code HTML est plutôt minimaliste :

```
<!DOCTYPE html PUBLIC "-//W3C//DTD XHTML 1.0 Strict//EN"
"http://www.w3.org/TR/xhtml1/DTD/xhtml1-strict.dtd">
<html lang="EN" dir="ltr" xmlns="http://www.w3.org/1999/xhtml">
  <head>
    <meta http-equiv="content-type" content="text/xml;
          charset=iso-8859-1" />
```

```
    <title>run.html</title>
    <script type = “text/javascript”
        src = “run.js”>
    </script>
      </head>

      <body onload = “init()”>
        <div id = “sprite”
            style = “position: absolute;
                  top: 100px;
                  left: 100px;”>
          <img src = “freya/run0.gif”
           id = “image”
           alt = “running image” />
    </div>
  </body>
</html>
```

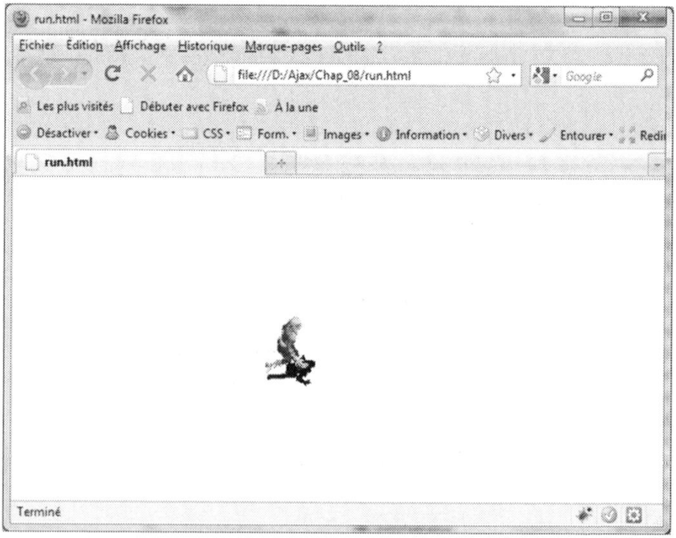

Figure 8.10 : Cours, Freya, cours !

Suivez ces étapes pour créer une animation combinant déplacement et permutation :

1. **Importez le script.**

   Vous pouvez créer le script localement (comme je l'ai fait dans l'exemple précédent), mais dès que le script devient plus complexe, il est préférable de le stocker dans un fichier externe.

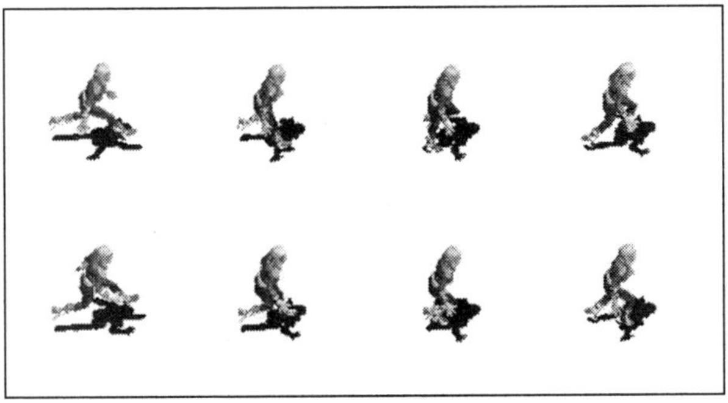

Figure 8.11 : Ces images de course sont signées Reiner's Tilesets.

2. **Appelez une méthode** `init()`**.**

   La plupart des animations exigent une méthode `init()` appelée par `body.onload()`. Cette animation n'est pas une exception.

3. **Nommez le personnage.**

   Le personnage est un `div` qui va se déplacer. Il lui faut donc une position absolue et des propriétés `top` et `left` définies comme des styles locaux.

4. **Nommez l'image.**

   Vous pouvez également animer l'image dans le `sprite`. La seule propriété à modifier est le `src`, donc aucun style local n'est nécessaire ici.

Créer le code

Le code JavaScript vous est familier puisque tous les éléments peuvent être repris des programmes précédents. Voici le code pour `run.js` (utilisé par `run.html`) dans son intégralité.

```
//run.js

var frame = 0;
var imgList = new Array(
  "freya/run0.gif",
  "freya/run1.gif",
  "freya/run2.gif",
  "freya/run3.gif",
  "freya/run4.gif",
  "freya/run5.gif",
  "freya/run6.gif",
```

```
  "freya/run7.gif"
);

var sprite;
var spriteImage;
var MAX_X = 500;

function init(){
  sprite = document.getElementById("sprite");
  spriteImage = document.getElementById("image");

  setInterval("animate()", 100);
} // fin de init

function animate(){
  updateImage();
  updatePosition();
} // fin de animate

function updateImage(){
  frame++;
  if (frame > imgList.length){
    frame = 0;
  } // fin de if
  spriteImage.src = imgList[frame];
} // fin de updateImage

function updatePosition(){
  sprite = document.getElementById("sprite");
  var x = parseInt(sprite.style.left);
  x += 10;
  if (x > MAX_X){
    x = 0;
  } // fin de if
  sprite.style.left = x + "px";
} // fin de la fonction
```

Définir les variables globales

Il y a, dans le code, certaines variables globales de la section précédente :

- `frame` : numéro d'image. C'est un entier compris entre 0 et 11 qui sert d'indice au tableau `imgList`.

- `imgList` : tableau contenant les noms de fichier avec les images d'animation.
- `sprite` : le `div` qui va se déplacer sur l'écran.
- `spriteImage` : l'élément `img` du `sprite`. C'est l'image qui va être permutée.
- `MAX_X` : une constante qui contient la valeur maximale de X. Dans ce programme, je déplace dans une seule direction. La seule limite qui m'intéresse est donc `MAX_X`. Si le personnage se déplaçait dans d'autres directions, j'ajouterais d'autres constantes pour représenter les autres limites.

Initialiser les données

La fonction `init()` réalise des tâches basiques : définition des variables `sprite` et appel de la fonction `animate()` à intervalles réguliers.

```
function init(){
  sprite = document.getElementById("sprite");
  spriteImage = document.getElementById("image");

  setInterval("animate()", 100);
} // fin de init
```

TRUC

Quand vous déplacez et permutez des images, vous pouvez être amené à ajuster l'intervalle de l'animation et la distance entre chaque image pour que l'animation soit réussie. Sinon, le personnage semble plutôt faire du skate que de courir.

Animer l'image

Deux sortes d'animation se produisent en même temps. Dans la grande tradition de l'encapsulation, la fonction `animate()` délègue son travail à deux autres fonctions :

```
function animate(){
  updateImage();
  updatePosition();
} // fin de animate
```

Actualiser l'image

La fonction `updateImage()` s'occupe des détails pour la permutation :

```
function updateImage(){
  frame++;
  if (frame > imgList.length){
    frame = 0;
  } // fin de if
  spriteImage.src = imgList[frame];
} // fin de updateImage
```

Déplacer le personnage

Le personnage se déplace dans la fonction `updatePosition()` :

```
function updatePosition(){
  sprite = document.getElementById("sprite");
  var x = parseInt(sprite.style.left);
  x += 10;
  if (x > MAX_X){
    x = 0;
  } // fin de if
  sprite.style.left = x + “px”;
} // fin de la fonction
```

TRUC

Je sais ce que vous pensez : vous pourriez utiliser ces techniques pour créer un super jeu. C'est vrai ! Vous pouvez utiliser JavaScript pour créer des jeux, mais vous risquez de vous heurter aux limites du design JavaScript. Je préfère utiliser Flash ou Python comme langages pour développer des jeux.

Troisième partie

Passer à AJAX

" Oups, je crois que j'ai oublié de vous prévenir ! On a une fonction de gestion Web qui nous signale automatiquement quand un lien est rompu sur le site Web de l'Aquarium. "

Dans cette partie...

De temps à autre, une technologie fait son apparition et menace de tout changer. C'est le cas d'AJAX. Dans cette partie, vous découvrirez de quoi il s'agit et pourquoi AJAX est si puissant. Vous apprendrez à créer vos propres requêtes AJAX manuellement et à travailler en Web 2.0 avec la bibliothèque jQuery.

Le Chapitre 9 décrit AJAX en détail : son fonctionnement, le non-sens de son acronyme, etc. Vous y apprendrez à établir une connexion AJAX manuellement (testez cette méthode une fois puis utilisez une bibliothèque, comme tout le monde).

Le Chapitre 10 présente l'élégante bibliothèque jQuery. Cette boîte à outils gratuite simplifie nettement AJAX et développe les possibilités de JavaScript. Dans ce chapitre, vous apprendrez à intégrer jQuery dans vos pages et à travailler avec cet outil incroyable.

Le Chapitre 11 vous montre comment utiliser plusieurs fonctions d'animation jQuery. Vous serez en mesure de jouer à cache-cache, faire glisser, fondre et animer différents éléments. C'est très amusant !

Le Chapitre 12 introduit l'incomparable interface utilisateur jQuery. Cet outil vous permettra de créer et d'utiliser les superbes thèmes CSS. Vous apprendrez aussi à glisser, déposer et redimensionner tout élément de la page.

Le Chapitre 13 décrit plus en détail l'interface utilisateur jQuery, notamment les éléments qui améliorent l'ergonomie. Vous apprendrez à créer des interfaces à accordéon et à onglets et vous initierez aux calendriers automatiques, aux listes triables, aux sliders et aux boîtes de dialogue personnalisées.

Le Chapitre 14 explique comment jQuery et des fonctions AJAX avancées vous aident à travailler avec des données. Dans un premier temps, ce chapitre vous offre un aperçu de la programmation classique côté serveur avec PHP. Ensuite, il vous montre comment AJAX simplifie ce processus et vous apprend à gérer des données aux formats spécifiques tels que XML et JSON.

Chapitre 9

Les fondamentaux AJAX

Dans ce chapitre :

- Comprendre AJAX.
- Utiliser JavaScript pour gérer les requêtes HTTP.
- Créer un objet XMLHttpRequest.
- Créer une requête AJAX synchrone.
- Récupérer des données d'une requête AJAX.
- Gérer des requêtes AJAX asynchrones.

Si vous suivez les tendances du Web, vous avez certainement entendu parler d'AJAX. Cette technologie a généré beaucoup d'intérêt. Les avis sont partagés : soit AJAX va " bouleverser l'Internet ", soit " c'est une énorme escroquerie ". Dans ce livre, je veux vous montrer ce qu'est réellement AJAX, comment s'en servir et comment utiliser une bibliothèque AJAX spécifique pour doper vos pages Web.

AJAX : retour à Troie

J'admets, AJAX n'a rien à voir avec une suite éventuelle de l'Iliade (cela aurait été plutôt sympa). Mais maintenant que j'ai capté toute votre attention, laissez-moi vous parler d'AJAX, une technologie Web puissante et concrète. J'aimerais tout d'abord définir exactement ce qu'est AJAX et ce que ce n'est pas. AJAX n'est pas....

- **Un langage de programmation**. Non, ce n'est pas un énième langage à retenir (en plus de tous ceux que vous connaissez déjà).

- **Nouveau**. Une grande partie de la technologie AJAX n'est pas vraiment nouvelle. C'est la façon de l'utiliser qui est différente.
- **Totalement différent**. Pas vraiment. AJAX ressemble beaucoup à ce que vous avez étudié dans le reste de ce livre. Il s'agit de créer des pages Web conformes qui interagissent avec l'utilisateur.

Vous vous demandez sûrement pourquoi les gens sont si excités à propos d'AJAX. En fait, c'est une technologie assez simple qui peut potentiellement changer la vision du monde sur le développement Internet. Voici ce qu'est, ce que possède et ce que fait AJAX :

- **Contrôle direct de la communication client-serveur**. Plutôt que de s'appuyer sur la communication automatique entre client et serveur qui s'établit entre les sites Web et les programmes côté serveur, AJAX gère cette relation plus directement.
- **Utilisation de l'objet** `XMLHttpRequest`. C'est un objet spécial qui a été créé dans le DOM de tous les principaux navigateurs il y a un certain temps, mais qui n'a pas été très utilisé. La vraie innovation d'AJAX a été de trouver (intentionnellement) une idée créative pour utiliser cet outil jusqu'alors obscur.
- **Une relation rapprochée entre la programmation côté client et côté serveur**. Jusqu'à présent, les programmes côté client (JavaScript) et les programmes côté serveur (PHP) travaillaient chacun dans leur coin, sans se soucier les uns des autres. AJAX permet à ces deux types de programmation de mieux collaborer.
- **Une série de bibliothèques qui facilitent cette communication**. AJAX n'est pas si difficile à utiliser mais il contient beaucoup de détails. Plusieurs bonnes bibliothèques ont vu le jour pour simplifier l'utilisation des technologies AJAX. Il existe des bibliothèques AJAX pour les langages côté client (comme JavaScript) et pour les langages côté serveur (comme PHP). Autre point positif, ces bibliothèques incluent souvent d'autres fonctionnalités pratiques qui rendent la programmation JavaScript plus simple et plus performante.

Imaginez que vous effectuez un achat en ligne avec un panier virtuel.

Dans un système classique (avant AJAX), une page Web entière est chargée sur l'ordinateur de l'utilisateur. Il devrait y avoir un minimum d'interactivité basée sur JavaScript mais tout ce qui demande une requête de données doit être renvoyé au serveur. Par exemple, si vous êtes sur un site commercial et que vous voulez plus d'informations sur un article que vous avez repéré, vous cliquez sur le bouton Plus d'infos. Cette action envoie une requête au serveur qui crée une nouvelle page Web contenant votre nouvelle requête.

À chaque fois que vous faites une requête, le système crée une nouvelle page complète à la volée. Le client et le serveur entretiennent une relation longue distance.

Autrefois, quand vous vouliez gérer le contenu de votre site Web, vous deviez rafraîchir chaque page Web, ce qui prenait beaucoup de temps. Avec AJAX, vous pouvez actualiser le contenu sans rafraîchir la page. Au lieu d'envoyer une page entière de réponse pour actualiser quelques mots, le serveur envoie seulement les mots nécessaires pour l'actualisation et rien d'autre.

Si vous utilisez un panier adapté à AJAX, il vous suffit de cliquer sur l'image de l'article. Une requête AJAX est envoyée au serveur et récupère les informations sur l'article. Et voilà la meilleure partie : ces informations s'affichent immédiatement sur la page courante sans devoir complètement la rafraîchir.

La technologie AJAX vous permet d'envoyer une requête au serveur qui peut juste modifier une petite partie de la page. Avec AJAX, vous pouvez créer des tas de petites requêtes qui s'exécutent sans cesse, plutôt que quelques grosses qui recréent l'intégralité de la page et monopolisent l'activité.

Pour l'utilisateur, la page Web ressemble à une application traditionnelle. C'est là tout le charme d'AJAX. Il permet aux applications Web d'agir comme des applications de bureau, même si les applications Web ont des fonctionnalités plus complexes (comme l'accès à une base de données distante).

Le Gmail de Google a été la première application importante à utiliser AJAX. Il a impressionné pas mal de monde car il ressemblait plus à une application classique dans un navigateur Web.

AJAX en détail

Les ingénieurs aiment les acronymes mordants. Il n'y a rien de plus grisant que d'inventer un mot. *AJAX* est un mot à part entière. Comme beaucoup d'acronymes informatiques, il est agréable à l'oreille mais il ne veut pas dire grand-chose. AJAX signifie *Asynchronous JavaScript And XML*. Je suspecte ces termes d'avoir été choisis pour former un acronyme facile à prononcer plutôt que pour leur précision ou leur signification par rapport au fonctionnement d'AJAX. Après tout, qu'est-ce que j'en sais ?

A pour asynchronous

Une transaction asynchrone (du moins en termes AJAX) est une transaction pendant laquelle plusieurs choses peuvent se produire en même temps. Par exemple, un appel AJAX peut traiter une requête pendant que le reste de votre formulaire est traité. Les requêtes AJAX ne doivent pas obligatoirement être asynchrones mais elles le sont souvent. Ce n'est pas grave si vous ne saisissez pas tout. Il ne s'agit pas d'une partie importante pour comprendre AJAX, mais les voyelles sont très jolies dans un acronyme !

En matière de développement Web, *asynchrone* signifie que vous pouvez envoyer et recevoir, indépendamment, autant de requêtes différentes que vous voulez. Des données peuvent être transmises à tout moment, sans avoir aucun effet sur les autres transmissions de données. Vous pouvez avoir un formulaire qui enregistre chaque champ dans la base de données dès qu'il est complet ou encore une série de listes déroulantes qui génèrent une autre liste déroulante basée sur la valeur que vous venez de sélectionner.

Dans ce chapitre, je vous montre comment implémenter les versions synchrones et asynchrones d'AJAX.

J pour JavaScript

Pour créer une requête AJAX, il suffit d'écrire du code JavaScript qui simule un formulaire. Il est alors possible d'accéder à un objet spécial caché dans le DOM (l'objet XMLHttpRequest) et d'utiliser ses méthodes pour envoyer cette requête à l'utilisateur. Votre programme agit comme un formulaire même s'il n'en contient pas. En ce sens, quand vous écrivez du code AJAX, vous utilisez JavaScript. Bien sûr, vous pouvez utiliser un autre langage de programmation côté client avec le DOM, y compris Flash et (dans une moindre mesure) Java. JavaScript est la technologie dominante et est donc mentionné dans l'acronyme.

JavaScript est aussi utilisé pour décoder la réponse de la requête AJAX.

A pour... and ?

Je pense que c'est inutile de valoriser " and " dans un acronyme mais AJX, c'est moins bien qu'AJAX.

X pour... données ?

Le X est mis pour XML qui est un moyen d'échanger des données avec le serveur.

Comme l'objet utilisé est l'objet *XMLHttpRequest*, il paraît logique qu'il interroge le XML. Il peut le faire mais il peut aussi extraire tous types de données texte. Vous pouvez utiliser AJAX pour récupérer toutes sortes de choses :

- **Du texte brut** : quelquefois vous voulez juste récupérer du texte du serveur, par exemple un fichier texte contenant une citation ou autre.
- **Du HTML formaté** : vous pouvez stocker du texte sur le serveur, sous forme de segment de code HTML/XHTML et utiliser AJAX pour charger ce segment de page dans votre navigateur. C'est un moyen pratique pour créer une page à partir de plusieurs petits segments. Vous pouvez utiliser cette technique pour réutiliser des parties de votre page (comme les en-têtes ou les menus) sans les copier sur le serveur.
- **Des données XML** : XML est idéal pour transférer des données (ce pour quoi il a été inventé). Vous pouvez envoyer une requête à un programme qui consulte une base de données, crée une requête et renvoie le résultat en XML.
- **Des données JSON** : un nouveau format appelé JSON (*JavaScript Object Notation*, présenté dans le Chapitre 5) se pose comme une alternative à XML pour le transfert de données formatées. Il présente quelques avantages intéressants.

Dans ce chapitre, je me limite au texte brut et à HTML. Le Chapitre 14 décrit des mécanismes pour travailler avec des données XML et JSON dans AJAX.

Créer une connexion AJAX basique

TRUC

AJAX utilise quelques parties techniques du Web de façons qui peuvent vous sembler peu familières. Lisez le reste de ce chapitre pour savoir ce que fait AJAX mais ne vous perdez pas dans les détails. Personne ne travaille de tête (sauf les personnes qui écrivent les bibliothèques AJAX ou les livres sur l'utilisation d'AJAX). Dans le Chapitre 10, je vous montre une bibliothèque qui accomplit tout le travail pour vous. Si tous ces détails vous ennuient, passez directement au chapitre suivant et revenez quand vous serez prêt à voir comment la magie opère.

Le programme `basicAjax.html` représenté sur la Figure 9.1 illustre AJAX au travail.

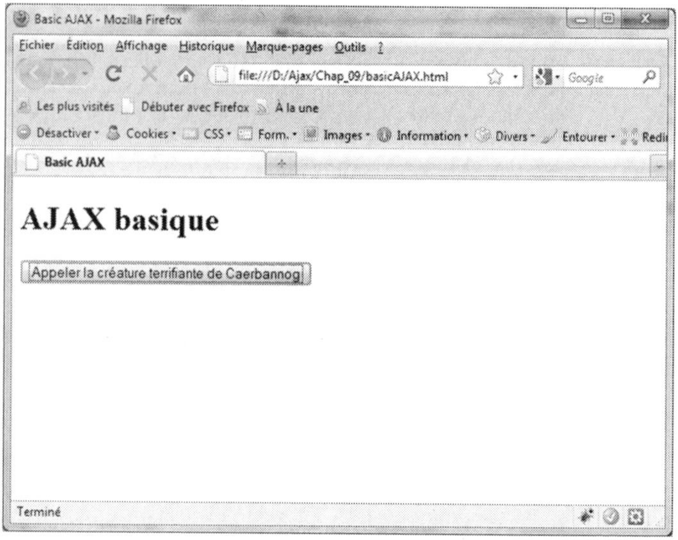

Figure 9.1 : Cliquez sur le bouton et observez la magie d'AJAX.

Quand l'utilisateur clique sur le lien, une petite boîte de dialogue, représentée sur la Figure 9.2, s'affiche.

Si vous chargez ce fichier sur votre machine, il risque de ne pas s'exécuter correctement car AJAX s'appuie sur un serveur Web. Le code AJAX fonctionne correctement seulement s'il est sur un serveur Web. Pour tester AJAX, vous devez le publier sur un hôte Web ou installer un serveur sur votre machine. Le Chapitre 14 détaille ce processus. Les exemples sont disponibles sur le site Web des Éditions First à l'adresse http://www.editionsfirst.fr/telechargements/.

Si vous ne saisissez pas la plaisanterie, allez vite louer le DVD *Monty Python : Sacré Graal*. Ça fait partie de la culture geek ; en fait, vous devriez même en posséder une copie !

C'est très simple de faire en sorte que JavaScript ouvre une boîte de dialogue. L'élément intéressant ici est de savoir d'où vient ce texte : les données sont stockées dans un fichier texte, sur le serveur. Sans AJAX, il n'y a pas de moyen simple pour récupérer des données du serveur sans recharger la page entière.

Vous vous dites sûrement que les cadres HTML permettent de récupérer des données du serveur. Sachez que les cadres ont été condamnés

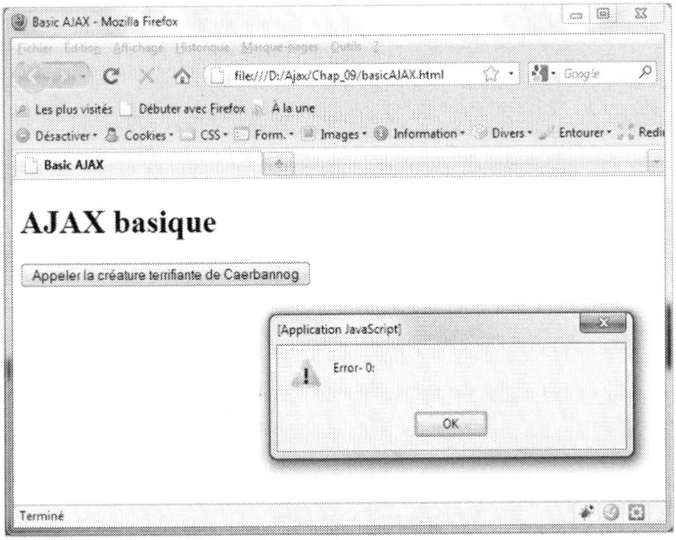

Figure 9.2 : Ce texte provient du serveur.

(considérés comme obsolètes) en XHTML car ils causent trop de problèmes. Vous pouvez utiliser un cadre pour charger des données du serveur, mais vous ne pouvez pas réaliser toutes les autres actions intéressantes qu'AJAX permet de réaliser avec des données basées sur un cadre. Même si les cadres étaient tolérés, AJAX offre une meilleure solution dans la plupart des cas.

Cet exemple utilise une série de raccourcis pour être plus facile à comprendre :

- **Il n'est pas totalement asynchrone**. Le programme marque une pause pendant qu'il récupère les données. En tant qu'utilisateur, vous ne le remarquez pas mais vous verrez que cela peut présenter un inconvénient majeur. Comme c'est plus simple, je commence par cet exemple puis je le développe pour créer la version asynchrone.
- **Il n'est pas complètement multinavigateur**. La technique AJAX que j'utilise dans ce programme fonctionne bien dans IE 7 et 8 et toutes les versions de Firefox (et la plupart des autres navigateurs conformes aux standards). En revanche, il ne fonctionne pas correctement dans IE 6 et les versions antérieures. Je vous conseille d'utiliser jQuery ou une autre bibliothèque (décrite dans le Chapitre 10) pour la compatibilité multinavigateur.

Observez le code. Je suis sûr que vous allez le trouver simple :

```
<!DOCTYPE html PUBLIC
"-//W3C//DTD XHTML 1.0 Strict//EN"
"http://www.w3.org/TR/xhtml1/DTD/xhtml1-strict.dtd">
<html lang = "EN" xml:lang = "EN" dir = "ltr">
<head>
<meta http-equiv="content-type" content="text/xml;
        <<<<<<<charset=iso-8859-1" />

<title>Basic AJAX</title>
<script type = "text/javascript">
//<![CDATA[

function getAJAX(){
  var request = new XMLHttpRequest();
  request.open("GET", "beast.txt", false);
  request.send(null);

  if (request.status == 200){
    //obtention de la réponse
    alert(request.responseText);
  } else {
    //quelque chose s'est mal passé
    alert("Error- " + request.status + ": " + request.statusText);
  } // fin de if
} // fin de la fonction
//]]>

</script>


</head>

<body>
<h1>AJAX basique</h1>

<form action = "">
  <p>
    <button type = "button"
        onclick = "getAJAX()">
      Appeler la créature terrifiante de Caerbannog
    </button>
  </p>
</form>


</body>
</html>
```

Créer le formulaire HTML

Vous n'avez pas absolument besoin d'un formulaire HTML pour AJAX. Là, il se trouve que j'en ai un simple et complet, avec un bouton. Notez que le formulaire n'est pas relié au serveur de quelque manière que ce soit. Voici le code :

```
<form action = “”>
  <p>
    <button type = “button"
        onclick = "getAJAX()">
      Appeler la créature terrifiante de Caerbannog
    </button>
  </p>
</form>
```

Le bouton est associé à une fonction JavaScript nommée `getAJAX()`.

Tout ce dont vous avez réellement besoin est une sorte de structure qui puisse déclencher une fonction JavaScript.

AJAX n'est pas une technologie complexe, mais elle s'appuie sur plusieurs autres technologies. Je vous invite à relire certains chapitres précédents dédiés à JavaScript si ce support ne vous est pas familier. Bien que ces exemples ne requièrent pas PHP, ils utilisent des réponses côté serveur comme le fait PHP. C'est pourquoi AJAX est généralement étudié par des personnes à l'aise avec JavaScript et PHP. Je vous propose un bref aperçu de PHP et de son utilisation avec AJAX dans le Chapitre 14.

Créer un objet XMLHttpRequest

La clé d'AJAX est un objet spécial appelé `XMLHttpRequest`. Les principaux navigateurs le possèdent. Son utilisation dans du code permet de faire fonctionner AJAX. Il est facile à créer avec le mot-clé new :

```
var request = new XMLHttpRequest();
```

Les versions 5 et 6 d'Internet Explorer appellent l'objet `XMLHttpRequest` de manière totalement différente : elles utilisent la technologie ActiveX. Si vous voulez prendre en compte ces vieux navigateurs, utilisez l'une des bibliothèques citées dans le Chapitre 10 (j'ai décidé de ne pas m'en soucier dans ce chapitre d'initiation).

Cette ligne crée une instance de l'objet `XMLHttpRequest`. Vous allez utiliser les méthodes et les propriétés de cet objet pour contrôler une requête au serveur.

AJAX n'est rien de plus que du HTML, le protocole que votre navigateur et votre serveur utilisent constamment et en silence pour communiquer. Représentez-vous une requête AJAX de la manière suivante : imaginez que vous avez un panier avec un ballon fixé à la poignée et une longue corde. Pendant que vous vous promenez dans les rues, vous pouvez poser le panier sous des fenêtres spécifiques et le laisser s'envoler. La fenêtre (serveur) va déposer quelque chose dans le panier et vous pourrez tirer sur la corde pour faire redescendre le panier et récupérer son contenu.

Tableau 9.1 : Membres utiles de l'objet `XMLHttpRequest`.

Membre	Description	Analogie avec le panier
`open(méthode, URL, synchronisation)`	Établit une connexion avec le fichier spécifié sur le serveur.	Le panier est placé sous une fenêtre spécifique.
`Send(paramètres)`	Prépare la transaction avec les paramètres donnés (ou `null`).	Le panier est lâché mais il reste attaché à la corde.
`status`	Renvoie le code de statut HTTP renvoyé par le serveur (200 si succès).	Contrôle les erreurs "fenêtre fermée", "ballon éclaté", "corde cassée" ou "tout va bien").
`statusText`	Texte accompagnant le statut HTTP.	Version texte du code de statut : traduction texte du code d'erreur numérique renvoyé par status.
`responseText`	Texte de réponse de la transaction.	Le contenu du panier est récupéré.
`readyState`	Décrit le statut de disponibilité de la transaction.	Le panier est-il vide, s'envole-t-il, redescend-il ou est-il prêt à accueillir un contenu ?
`onReadyStateChange`	Gestionnaire d'événements. Associez une fonction à cette propriété. Lorsque `readyState` change, la fonction est appelée automatiquement.	Que faire lorsque le statut du panier change ? Par exemple, dois-je faire quelque chose quand je récupère le panier ?

TRUC

Ne vous souciez pas de tous les détails de ce tableau. Je décris chacun des éléments quand vous en avez besoin dans le texte. Notez que certains de ces éléments concernent uniquement les connexions asynchrones, donc vous ne les utiliserez pas toutes.

Établir une connexion avec le serveur

L'objet `XMLHttpRequest` possède plusieurs méthodes utiles. L'une des plus importantes est la méthode `open()`. Voilà à quoi elle ressemble en pleine action :

```
request.open("GET", "beast.txt", false);
```

La méthode `open()` établit une connexion avec le serveur. Pour ce qui est du serveur, cette connexion est identique à la connexion créée quand l'utilisateur clique sur un lien ou soumet un formulaire. La méthode `open()` accepte trois paramètres :

- **La méthode** `request` : elle décrit comment le serveur doit traiter la requête. Les valeurs classiques sont `GET` et `POST`. L'utilisation de ces valeurs est décrite dans le Chapitre 14.
- **Un nom de fichier ou de programme** : le deuxième paramètre est le nom d'un fichier ou d'un programme sur le serveur. Il s'agit généralement d'un programme ou d'un fichier localisé dans le même répertoire que la page courante.
- **Un déclencheur de synchronisation** : AJAX travaille en mode synchrone ou asynchrone. La version synchrone est plus facile à comprendre donc je l'utilise en premier. Le prochain exemple (et tous les autres dans ce livre) utilisera l'approche asynchrone.

Pour cet exemple, j'utilise le mécanisme `GET` pour charger un fichier nommé `beast.txt` à partir du serveur en mode synchrone.

Envoyer la requête et les paramètres

Une fois que la connexion est établie, il faut envoyer la requête au serveur. La méthode `send()` réalise cette tâche. Elle permet aussi d'envoyer des données au serveur. Cette option est pertinente seulement si la requête est destinée à un programme PHP (ou un autre programme sur le serveur). Comme je demande un document texte classique, j'envoie la valeur `null` au serveur :

```
request.send(null);
```

Il s'agit d'une connexion synchrone donc le programme marque une pause jusqu'à ce que le serveur envoie le fichier demandé. Si le serveur ne répond jamais, la page se bloque. Voilà pourquoi l'approche normale consiste à utiliser une connexion asynchrone.

Pour revenir à l'histoire du panier, la méthode `send()` lâche le panier qui s'envole jusqu'à la fenêtre. Avec une connexion synchrone, le panier est rempli et revient automatiquement. L'étape suivante ne se produit pas avant que le panier touche le sol. En revanche, si quelque chose se passe mal, la prochaine étape ne se produit jamais car le panier ne redescend jamais.

Contrôler le statut

La prochaine ligne de code ne s'exécute pas tant que le serveur ne transmet pas de réponse. Toute requête `Hest` est suivie d'un code numérique. Généralement, votre navigateur contrôle automatiquement ces codes. Vous ne les voyez même pas ! De temps en temps, au fil de votre navigation Web, vous rencontrez un code d'erreur HTTP tel que 404 (file not found) ou 500 (internal server error). Si le serveur est capable de répondre à la requête, il envoie le code de statut 200 (vous ne le voyez pas quand vous naviguez puisqu'il signifie que la requête de la page est un succès, donc vous voyez la page). L'objet `XMLHttpRequest` possède une propriété appelée `status` qui renvoie le code de statut HTTP. Si `status` est 200, tout s'est bien passé et vous pouvez continuer. Si `status` porte une autre valeur, une erreur s'est produite.

Il faut vous assurer que le statut de la requête est un succès avant d'exécuter le code qui dépend de la requête. Vous pouvez contrôler tous les codes de statut que vous souhaitez. Dans cet exemple simple, je m'assure juste que `status` est 200 :

```
if (request.status == 200){
  //obtention de la réponse
  alert(request.responseText);
} else {
  //quelque chose s'est mal passé
  alert("Error- " + request.status + ": " + request.statusText);
} // fin de if
```

La propriété `request.status` va contenir la réponse du serveur. Si cette valeur est 200, je peux utiliser la réponse. Dans ce cas, j'affiche simplement le texte dans une boîte de dialogue. Si la valeur n'est pas 200, j'utilise la propriété `statusText` pour déterminer ce qui s'est mal passé et envoyer l'information à l'utilisateur.

Utiliser la propriété `status` équivaut à regarder dans le panier quand il redescend. Le conteneur devrait contenir les données demandées ou un message (par exemple, " Désolé, la fenêtre était fermée. Impossible de remplir votre panier. "). Il n'y a donc aucun intérêt à traiter les données si la réponse est un échec.

Bien sûr, je pourrais faire d'autres choses avec les données. Si elles se présentent sous forme de code HTML, je peux utiliser les astuces `innerHTML` du DOM, décrites dans le Chapitre 6, pour afficher le code dans une partie de ma page. S'il s'agit d'un autre type de données formatées (XML ou JSON), je peux les manipuler avec JavaScript et en faire ce que je veux. Cette technique est décrite dans le Chapitre 14.

Jouer avec les codes de réponse HTTP

À l'image des messages de succès/erreur tamponnés sur vos enveloppes postales, le serveur renvoie des messages de statut avec votre requête. Tous les codes de statut possibles sont disponibles sur le site Web du W3C (www.w3.org/Protocols/rfc2616/rfc2616-sec10.html). Je vous propose une liste des codes les plus importants :

- **200 = OK** : succès. Tout s'est bien passé et votre réponse a été renvoyée.
- **400 = Bad Request** : erreur du client. Cela signifie que quelque chose s'est mal passé du côté de l'utilisateur. La requête est erronée et n'a pas été comprise.
- **404 = Not Found** : erreur du client. La page demandée par l'utilisateur n'existe pas ou n'a pas été trouvée.
- **408 = Request Timeout** : erreur du client. Le serveur cesse d'attendre que l'ordinateur de l'utilisateur fasse sa requête.
- **500 = Internal Server Error** : erreur du serveur. Cela signifie que le serveur a rencontré une erreur et n'a pas pu honorer la requête.

Tous en chœur : rendre la connexion asynchrone

La connexion AJAX synchrone, décrite dans la section précédente, est facile à comprendre, mais présente un inconvénient majeur : la page du client bloque tout traitement pendant l'attente de la réponse du serveur. De prime abord, cela ne semble pas être un problème important mais c'en est un. Si des extraterrestres attaquent le serveur

Web, il ne peut pas établir la connexion et le reste de la page n'est jamais activé. Le navigateur de l'utilisateur se bloque indéfiniment. Dans la majorité des cas, l'utilisateur doit interrompre le processus du navigateur en appuyant sur la combinaison Ctrl + Alt + Suppr (ou une combinaison similaire sur d'autres systèmes d'exploitation). Bien évidemment, mieux vaut éviter ce genre d'erreur.

C'est pourquoi la plupart des requêtes AJAX utilisent la technique asynchrone. Il y a une grosse différence : quand vous envoyez une requête asynchrone, le client continue de traiter le reste de la page. Une fois que la requête est complète, un gestionnaire d'événements exécute l'événement. Si le serveur bogue, le navigateur ne se bloque pas (même si la page ne fait probablement pas ce que vous souhaitez).

En d'autres termes, la propriété `readyState` correspond à l'observation de la progression du panier. Le panier peut être vide au sol car vous n'avez pas encore commencé le traitement. Il peut aussi s'envoler vers la fenêtre, être rempli, redescendre ou être au sol, prêt à être utilisé. Je vous propose d'étudier ce dernier statut de disponibilité qui signifie que les données sont prêtes.

Je n'intègre pas de figure représentant la version asynchrone puisqu'aux yeux de l'utilisateur, le résultat est identique à celui obtenu avec la connexion synchrone. Copiez ce code dans votre serveur et testez-le vous-même (ou observez-le sur mon serveur).

La version asynchrone est identique à l'écran, mais le code est structuré un peu différemment :

```
<!DOCTYPE html PUBLIC
"-//W3C//DTD XHTML 1.0 Strict//EN"
"http://www.w3.org/TR/xhtml1/DTD/xhtml1-strict.dtd">
<html lang = "EN" xml:lang = "EN" dir = "ltr">
<head>
<meta http-equiv="content-type" content="text/xml;
      charset=iso-8859-1" />

<title>asynch.html</title>
<script type = "text/javascript">
//<![CDATA[

var request;  //requête d'une variable globale

function getAJAX(){
  request = new XMLHttpRequest();
  request.open("GET", "beast.txt");
  request.onreadystatechange = checkData;
```

```
  request.send(null);
} // fin de la fonction

function checkData(){
  if (request.readyState == 4) {
    // si la requête est terminée
    if (request.status == 200) {
      // et si la requête est un succès
      alert(request.responseText);
    } // fin de if
  } // fin de if
} // fin de checkData

//]]>

</script>

</head>

<body>
<h1>Transmission AJAX asynchrone</h1>
<form action = "">
  <p>
    <button type = "button"
        onclick = "getAJAX()">
      Appeler la créature terrifiante de Caerbannog
    </button>
  </p>
</form>
</body>
</html>
```

Définir le programme

La définition générale de ce programme est identique à celle du précédent exemple AJAX. Le HTML est un bouton simple qui appelle la fonction `getAJAX()`.

À présent, le code JavaScript compte deux fonctions. La fonction `getAJAX()` définit la requête et une autre fonction (`checkData()`) répond à la requête. Dans un modèle AJAX asynchrone, il est courant de séparer la requête et la réponse dans des fonctions différentes.

Notez que, dans le code JavaScript, j'ai placé l'objet `XMLHttpRequest` (c'est-à-dire l'objet `request`) dans une variable globale en la déclarant hors de toute fonction. Généralement, j'évite de créer des variables globales, mais c'est judicieux dans ce cas parce que j'ai deux fonctions différentes qui demandent l'objet `request`. Reportez-vous au Chapitre 5 si vous avez besoin d'un petit rappel sur les avantages et les inconvénients des variables globales.

Créer la fonction getAJAX()

La fonction `getAJAX()` définit et exécute la communication avec le serveur.

```
function getAJAX(){
  request = new XMLHttpRequest();
  request.open("GET", "beast.txt");
  request.onreadystatechange = checkData;
  request.send(null);
} // fin de la fonction
```

Le code de cette fonction est simple. La démarche est la suivante :

1. **Créez l'objet `request`.**

   L'objet `request` est créé comme dans le premier exemple.

2. **Appelez la méthode `open()` de la requête pour établir une connexion.**

   Notez que, cette fois, je me passe du paramètre synchrone, ce qui crée une connexion asynchrone (par défaut).

3. **Assignez un gestionnaire d'événements pour récupérer les réponses.**

   Vous pouvez utiliser des gestionnaires d'événements comme ceux dans le DOM. Dans ce cas particulier, j'indique à l'objet `request` d'appeler une fonction nommée `checkData` dès que le statut de la requête change.

   Il n'est pas facile d'envoyer un paramètre à une fonction quand vous l'appelez en utilisant cette technique. C'est pourquoi j'utilise une variable globale.

4. **Envoyez la requête.**

   Comme auparavant, la méthode `send()` envoie la requête. Comme il s'agit d'une connexion asynchrone, le reste de la page continue d'être exécuté. Dès que le statut de la requête change (pourvu que ce soit un succès), la fonction `checkData()` est activée.

Lire la réponse

À présent, il vous faut une fonction pour exécuter la réponse renvoyée par le serveur. Pour ce faire, vous devez contrôler le statut de disponibilité de la réponse. Toute requête HTTP possède un statut de disponibilité qui est une valeur entière décrivant le statut courant de la requête. Il existe plusieurs statuts de disponibilité mais celui qui m'intéresse est le 4 car il signifie que la requête est terminée et prête à être exécutée.

La méthode basique pour contrôler une réponse consiste à vérifier le statut de disponibilité dans la propriété `request.readyState` (qui porte bien son nom !). Si le statut de disponibilité est égal à 4, contrôlez le code de statut pour vous assurer qu'il n'y a pas d'erreur. Si le statut de disponibilité est 4 et le code de statut 200, vous pouvez exécuter le formulaire. Voici le code :

Prêt, partez, readyState !

La propriété `readyState` de l'objet `request` indique le statut de disponibilité de la requête. Les cinq valeurs possibles sont :

- **0 = non initialisé**. L'objet `request` a été créé mais la méthode `open()` n'a pas été appelée.
- **1 = en charge**. L'objet `request` a été créé, la méthode `open()` a été appelée mais la méthode `send()` n'a pas été appelée.
- **2 = chargé**. L'objet `request` a été créé, la méthode `open()` a été appelée, la méthode `send()` a été appelée mais la réponse du serveur n'est pas disponible.
- **3 = réponse en cours**. L'objet `request` a été créé, la méthode `open()` a été appelée, la méthode `send()` a été appelée, la réponse est en cours de réception mais n'a pas encore été livrée dans son intégralité.
- **4 = terminé**. L'objet `request` a été créé, la méthode `open()` a été appelée, la méthode `send()` a été appelée, la réponse a été reçue avec succès et l'objet `request` a terminé ses tâches.

À chaque fois que la propriété `readyState` de la requête change, la fonction `readyStateChanged` correspondante est appelée. Dans un programme AJAX classique, cela va se produire quatre fois par transaction. Impossible de lire les données avant la fin de la transaction, c'est-à-dire quand `readyState` = 4.

```
function checkData(){
  if (request.readyState == 4) {
    // si la requête est terminée
    if (request.status == 200) {
      // et si la requête est un succès
      alert(request.responseText);
    } // fin de if
  } // fin de if
} // fin de checkData
```

Une fois de plus, vous pouvez faire ce que vous voulez avec le texte que vous recevez. Je décide de l'afficher tout en sachant que j'aurais pu intégrer les données dans la page ou les exécuter à ma guise.

Chapitre 10

Améliorer JavaScript et AJAX avec jQuery

Dans ce chapitre :

- Télécharger et intégrer la bibliothèque jQuery.
- Créer une requête AJAX avec jQuery.
- Utiliser des sélecteurs de composants.
- Ajouter des événements à des composants.
- Créer un système de gestion de contenu simple avec jQuery.

JavaScript a des possibilités étonnantes. Utilisé seul, il est pratique et avec AJAX, il devient incroyablement puissant. Toutefois, JavaScript peut être fatigant. Il faut mémoriser beaucoup de choses et ce peut être très pénible de gérer des questions de plateforme multiple. Certaines tâches (comme AJAX) sont quelque peu complexes et exigent de nombreuses étapes. Outre les tâches, il faut sans cesse gérer des questions de compatibilité de navigateur.

Les bibliothèques AJAX viennent à sa rescousse ! La bibliothèque jQuery, en particulier, est un outil performant pour simplifier AJAX. Ce chapitre explique le travail des bibliothèques JavaScript et vous initie à l'une des bibliothèques les plus couramment utilisées.

S'initier aux bibliothèques JavaScript

Pour toutes ces raisons, les programmeurs Web se sont mis à compiler les fonctions les plus fréquemment utilisées dans des bibliothèques réutilisables. Ces bibliothèques sont devenues de plus en plus puissantes avec le temps et certaines d'entre elles sont aujourd'hui indispensables pour le développement Web.

Au fur et à mesure de leur développement, ces bibliothèques ne se sont plus limitées aux possibilités d'AJAX. En effet, les développeurs de ces bibliothèques y ont aussi intégré des fonctionnalités pour la programmation JavaScript/DOM qui étaient uniquement disponibles dans les langages de programmation classiques. Un grand nombre de ces bibliothèques offrent une nouvelle esthétique visuelle et des possibilités techniques améliorées. En fait, la plupart des applications considérées comme appartenant à la révolution Web 2.0 sont en partie fondées sur l'une de ces bibliothèques.

Il existe un grand nombre de bibliothèques JavaScript/AJAX très performantes. Elles simplifient le JavaScript basique et chacune d'entre elles a sa propre courbe d'apprentissage. Aucune bibliothèque n'écrira du code à votre place, mais une bonne bibliothèque peut gérer certaines tâches pour que vous puissiez vous concentrer sur l'aspect créatif de votre programme. Les bibliothèques JavaScript vous permettent de travailler à un niveau plus élevé que le JavaScript basique. Vous pouvez donc écrire des pages plus élaborées en peu de temps.

Plusieurs bibliothèques JavaScript/AJAX importantes sont disponibles :

- **DOJO** (www.dojotoolkit.org/) : une bibliothèque très puissante qui compte une série de composants d'interface utilisateur (comme ceux dans Visual Basic et Java) ainsi que des fonctionnalités AJAX.
- **MochiKit** (http://mochikit.com/) : un bel ensemble de fonctions JavaScript pour améliorer la programmation JavaScript. MochiKit contraint JavaScript à travailler comme le langage Python, avec un interpréteur interactif.
- **Prototype** (www.prototypejs.org/) : l'une des premières bibliothèques AJAX à être devenue célèbre. Elle inclut un excellent support pour AJAX et des extensions pour les objets d'interface utilisateur (grâce à l'extension Scriptaculous).
- **YUI Yahoo! Interface Library** (http://developer.yahoo.com/yui) : bibliothèque utilisée par Yahoo pour toutes les applications AJAX. Yahoo a publié cette bibliothèque impressionnante comme open-source.
- **jQuery** (http://jquery.com/) : jQuery s'impose comme l'une des bibliothèques JavaScript et AJAX les plus populaires. C'est la bibliothèque que je vous présente dans ce livre.

Le Web 2.0, c'est quoi ?

Je suis presque réticent à l'idée d'utiliser le terme Web 2.0 car ce n'est pas une description très parlante. Il existe trois façons de décrire le Web 2.0 (si tant est qu'une telle chose puisse exister).

Certains considèrent le Web 2.0 comme un modèle de design (beaucoup d'espaces blancs, des thèmes aux couleurs simples et des angles arrondis). Je pense que les tendances visuelles vont évoluer et que d'autres aspects de la sensibilité du Web 2.0 auront un impact à plus long terme.

Les aspects techniques du Web 2.0 (utilisation intense d'AJAX et des bibliothèques pour que la programmation Web ressemble à la programmation classique) sont plus importants que les aspects visuels. Ces technologies permettent de créer des applications Web comme s'il s'agissait d'applications de bureau.

Personnellement, je pense que le modèle émergeant le plus important du Web est le changement de mode de communication. Le Web 2.0 n'est pas un modèle de communication à diffusion unilatérale mais plutôt une conversation entre les utilisateurs d'un site ou d'un système. Même si les aspects visuels et techniques sont importants, la relation changeante entre les producteurs et les utilisateurs de l'information est bien plus profonde.

Les aspects du design et de la communication sont fascinants, mais ce livre se concentre sur les aspects techniques. Quand vous travaillez avec les technologies Web 2.0, vous pouvez décider comment exprimer la technologie visuellement et socialement. Je suis impatient de voir ce que vous allez produire !

Faire connaissance avec jQuery

Cet ouvrage se concentre sur la bibliothèque jQuery. Dans la foule de bibliothèques AJAX/JavaScript disponibles, jQuery est rapidement devenue l'une des plus utilisées. Plusieurs raisons expliquent sa popularité :

- **C'est une bibliothèque puissante**. Le système jQuery réalise toutes sortes de tâches impressionnantes pour simplifier l'écriture de votre JavaScript.
- **Elle est légère**. Il faut inclure une référence à votre bibliothèque dans chaque fichier qui l'utilise. La bibliothèque jQuery fait 55 ko, une taille inférieure à certains fichiers image. Elle n'a donc aucun impact significatif sur la vitesse de chargement.

- **Elle prend en charge un mécanisme de sélection flexible.** jQuery simplifie et développe le mécanisme `document.getElementById`, essentiel pour la manipulation du DOM.
- **Elle dispose d'un excellent support d'animation**. Vous pouvez utiliser jQuery pour afficher et masquer, déplacer et glisser des éléments.
- **Elle rend les requêtes AJAX évidentes**. Vous allez être surpris par la facilité d'AJAX avec jQuery.
- **Elle possède un mécanisme d'événements amélioré**. JavaScript dispose d'un support très limité pour les événements. jQuery offre un outil très puissant pour ajouter un gestionnaire d'événements à presque tous les éléments.
- **Elle fournit un support multiplateforme**. La bibliothèque jQuery tente de gérer des questions de compatibilité de navigateur pour vous. Ainsi, vous n'avez pas à vous soucier d'éventuels problèmes de navigateur.
- **Elle prend en charge les composants d'interface utilisateur**. jQuery propose une bibliothèque d'interface utilisateur puissante qui compte des outils que HTML n'a pas, comme les contrôles glisser-déposer, les sliders et les calendriers.
- **Elle est évolutive**. jQuery possède une bibliothèque d'extension qui accepte tous types de fonctionnalités optionnelles, y compris de nouveaux composants et outils tels que l'intégration de son, les galeries d'images, les menus, *etc*.
- **Elle introduit de nouvelles idées de programmation**. jQuery est l'outil idéal pour découvrir des idées intéressantes comme la programmation fonctionnelle et les objets chaînables.
- **Elle est gratuite et open-source**. jQuery est disponible en licence open-source, ce qui signifie que son utilisation est gratuite et que vous pouvez la consulter et la modifier si vous le souhaitez.
- **Elle est tout de même classique**. Si vous décidez d'utiliser une autre bibliothèque AJAX, vous pourrez y exploiter les enseignements acquis dans jQuery.

Installer jQuery

La bibliothèque jQuery est facile à installer et à utiliser. Rendez-vous sur http://jquery.com et téléchargez la version proposée (1.3.2 au moment de l'écriture de ce livre). Enregistrez le fichier .js (jQuery-1.3.2.min.js) dans votre dossier de travail.

Plusieurs versions du fichier vous sont proposées. Je vous conseille la version réduite. Tous les caractères inutiles (y compris les espaces et les retours chariot) ont été supprimés de ce fichier pour en réduire la taille. Du coup, il est très compact mais difficile à lire. Vous pouvez télécharger la version non réduite pour lire le code plus facilement, mais il est préférable d'intégrer la version réduite dans vos programmes.

C'est tout ce qu'il faut faire ! Téléchargez le fichier et placez-le dans le dossier dans lequel vous voulez travailler.

Pour intégrer la bibliothèque dans vos pages, connectez-la en tant que fichier JavaScript externe :

```
<script type = "text/javascript"
        src = "jquery-1.3.2.min.js"></script>
```

Veillez à intégrer ce script avant d'écrire ou d'inclure un autre code faisant référence à jQuery.

Importer jQuery à partir de Google

Il existe un autre moyen d'intégrer le support jQuery (et d'autres bibliothèques AJAX) à vos pages sans aucun téléchargement. Google propose une version accessible au public de plusieurs bibliothèques importantes (y compris jQuery) que vous pouvez télécharger sur les serveurs Google. Cette méthode présente plusieurs avantages intéressants :

- **Vous ne devez installer aucune bibliothèque**. Tous les fichiers des bibliothèques restent sur les serveurs Google.
- **La bibliothèque est mise à jour automatiquement**. Vous avez toujours accès à la version la plus récente de la bibliothèque sans devoir modifier votre code.
- **La bibliothèque se charge plus vite**. La première fois que l'une de vos pages lit la bibliothèque sur les serveurs Google, vous devez attendre le téléchargement complet mais ensuite, la bibliothèque est stockée dans le *cache* (une sorte de mémoire de navigateur) et les requêtes suivantes seront simultanées.

Voilà comment faire :

```
<script type = "text/javacript"
      src="http://www.google.com/jsapi"></script>
<script type = "text/javacript">
  //<[CDATA[
  // chargement de jQuery
  google.load("jquery", "1");

  //insertion du code ici

  //]]>
</script>
```

Deux étapes sont nécessaires pour charger jQuery à partir de Google :

1. **Chargez l'API Google à partir de Google.**

   Utilisez la première balise `<script>` pour faire référence à l'API AJAX de Google. Vous avez alors accès à la fonction `google.load()`.

2. **Appelez `google.load()` pour charger jQuery.**

   Le premier paramètre est le nom de la bibliothèque que vous voulez charger. Le second paramètre est le numéro de version. Si vous ne spécifiez pas ce paramètre, Google vous donne la variante la plus récente de cette version. Dans mon exemple, je veux la variante la plus récente de la version 1 et non la version 2. Même si la version 2 n'existe pas encore, je la soupçonne de contenir d'importants changements et je préfère éviter les surprises.

Notez que vous ne devez installer aucun fichier localement pour utiliser la méthode Google.

Utiliser jQuery avec Aptana

L'éditeur Aptana est formidable. L'une de ces caractéristiques les plus impressionnantes est sa façon de vous aider à créer des applications AJAX avec plusieurs bibliothèques. Il dispose d'un support intégré pour jQuery, très simple à utiliser. Suivez ces étapes pour créer un projet jQuery dans Aptana :

1. **Créez un nouveau projet Web standard.**

   De nombreux développeurs ignorent le mécanisme de projet dans Aptana et créent des fichiers individuels. L'outil projet vous permet de regrouper plusieurs fichiers. L'assistant Web

Project (qui s'ouvre quand vous créez un nouveau projet Web) permet l'intégration automatique d'une bibliothèque AJAX.

2. **Sélectionnez jQuery dans l'assistant.**

   Après avoir saisi le nom de votre projet, vous disposez d'une liste de bibliothèques AJAX que vous pouvez ajouter à votre projet, comme le montre la Figure 10.1. Sélectionnez jQuery dans la liste.

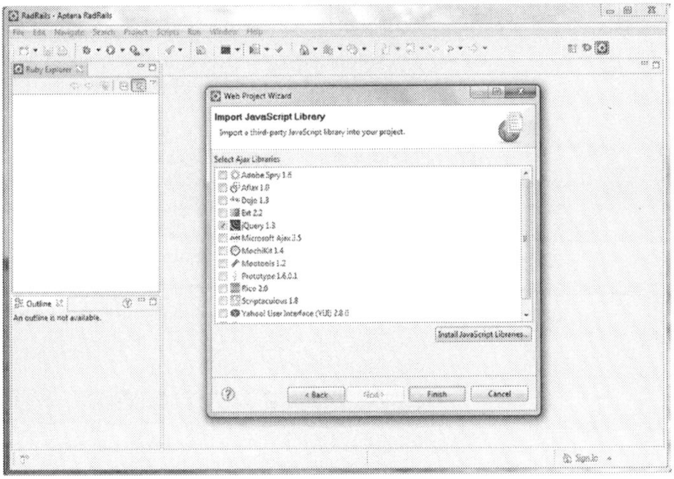

Figure 10.1 : Aptana dispose d'un support intégré pour beaucoup de bibliothèques AJAX.

3. **Ne créez pas de site hébergé.**

   L'option de site hébergé vous permet de créer simultanément une version en ligne de votre site, au sein de la structure de serveur d'Aptana (le *cloud*). C'est une excellente option pour les sites commerciaux, toutefois, l'accès au serveur est payant. Cette option n'est donc pas nécessaire quand vous débutez.

4. **Observez votre nouveau projet.**

   Aptana crée une arborescence de dossiers pour votre projet. Il inclut automatiquement un accès aux fichiers source pour jQuery.

5. **Ajoutez une balise de script à votre document** `index.html`**.**

   Quand vous commencez à écrire l'attribut `src`, l'autocomplétion vous aide à inclure les fichiers jQuery.

6. **À présent, les fonctions jQuery sont prises en charge dans votre éditeur.**

   Pendant que vous écrivez du code JavaScript, Aptana vous propose des astuces de complétion de code pour les fonctions jQuery comme si elles étaient créées dans JavaScript. Si vous exécutez une version actuelle d'Aptana, elle dispose déjà de la dernière version de jQuery et l'associe à votre projet.

7. **Notez que désormais vous travaillez dans un projet.**

   Le mécanisme de projet d'Aptana vous permet de stocker un ensemble de fichiers (y compris la bibliothèque jQuery) que vous pouvez ouvrir comme un seul élément.

Toutes ces options de gestion de jQuery peuvent être déconcertantes. Utilisez simplement la technique qui fonctionne le mieux pour vous. Je préfère utiliser le code local plutôt que les solutions Google ou Aptana parce que je trouve cette méthode plus simple et elle fonctionne même hors ligne. Pour les petits projets (comme les exemples proposés dans ce chapitre), je n'aime pas le surdébit de la solution Aptana ni l'exigence de travailler en ligne qu'impose Google. Dans ce chapitre, je fais simplement référence à une copie locale du fichier jQuery.

Écrire une première application jQuery

En guise d'introduction à jQuery, je vous montre comment créer une application que vous êtes déjà en mesure de générer en JavaScript/DOM. Les prochaines sections vous initient à quelques fonctionnalités puissantes de jQuery. La Figure 10.2 illustre la page `change.html` en plein travail, mais une fois de plus, les éléments intéressants sont dans le code.

Définir la page

De prime abord, l'application jQuery ressemble beaucoup à du code HTML/JavaScript que vous avez déjà écrit. Mais le code JavaScript est légèrement différent. Regardez comment jQuery simplifie le code JavaScript du programme `change.html` :

```
<!DOCTYPE html PUBLIC "-//W3C//DTD XHTML 1.0 Strict//EN"
"http://www.w3.org/TR/xhtml1/DTD/xhtml1-strict.dtd">
<html lang="EN" dir="ltr" xmlns="http://www.w3.org/1999/xhtml">
<head>
  <meta http-equiv="content-type" content="text/xml;
```

```
        charset=iso-8859-1" />

  <title>change.html</title>
  <script type = "text/javascript"
        src = "jquery-1.3.2.min.js"></script>

  <script type = "text/javascript">
    //<![CDATA[
    function changeMe(){
      $("#output").html("J'ai changé");
    }

    //]]>
  </script>
</head>
<body onload = "changeMe()">
        <h1>Démo jQuery basique</h1>
    <div id = "output">
      Ai-je changé ?
    </div>
</body>
</html>
```

Figure 10.2 : le contenu de cette page est modifié avec jQuery.

Si vous avez déjà l'habitude de jQuery, vous devez être horrifié face à mon utilisation de `body.onload` dans cet exemple. jQuery fournit une superbe alternative à la technique `onload` mais je préfère introduire une seule idée nouvelle à la fois. Le prochain exemple illustre l'alternative de jQuery à `body.onload` et explique pourquoi c'est une telle amélioration.

Les caractéristiques basiques de `change.html` ne sont absolument pas surprenantes :

- **Le HTML possède un `div` appelé `output`.** Initialement, le `div` demande "Ai-je changé ?". Le code doit en modifier le contenu.
- **Le HTML appelle une fonction appelée `changeme()` quand le corps est chargé.** Même si cette méthode est fréquemment utilisée en programmation DOM, je vous propose une nouvelle technique dans la section suivante.
- **Il y a une référence à la bibliothèque jQuery.** Toute page qui utilise la bibliothèque jQuery doit la charger en utilisant l'une des techniques décrites précédemment dans ce chapitre.
- **La fonction `changeme()` paraît étrange.** Pendant que vous exécutez le programme, vous pouvez dire ce qu'il fait. Le code possède une référence au `div output` et modifie sa propriété `innerHTML` pour renvoyer une nouvelle valeur ("`J'ai changé`"). Toutefois, la syntaxe est totalement nouvelle. Toute cette démarche est regroupée dans une ligne de code (plutôt sympa !).

Rencontre avec l'objet nœud de jQuery

Le secret de la puissance de jQuery repose sur l'arborescence des données. jQuery a une manière unique d'examiner le DOM, plus puissante que le modèle d'objet standard. Comprendre la façon dont cela fonctionne est la clé d'une programmation efficace avec jQuery.

Le *nœud* jQuery est un objet spécial qui fournit à l'élément DOM standard une fonction primordiale. Chaque élément de la page Web (chaque lien, `div`, en-tête ou autre) peut être défini comme un nœud jQuery. Par exemple, vous pouvez créer une liste de nœuds jQuery basée sur des types de balises ou créer un objet jQuery qui stocke une liste de tous les paragraphes de la page ou de tous les objets portant un nom de classe spécifique. L'objet jQuery possède des méthodes très pratiques comme `html()`, utilisée pour modifier la propriété `innerHTML` d'un élément.

Le nœud jQuery est basé sur le nœud DOM standard. Il peut donc être créé par tout élément du DOM. Cependant, il apporte aussi de nouvelles fonctionnalités significatives. C'est un bon exemple de la philosophie orientée objet.

Il existe plusieurs façons de créer un objet jQuery. La plus simple consiste à utiliser la fonction spéciale `$()`. Vous pouvez placer un sélecteur (semblable aux sélecteurs CSS) dans la fonction pour créer un objet jQuery basé sur un élément. Par exemple,

```
var jQoutput = $("#output");
```

crée une variable appelée `jQoutput` qui contient un objet `jQuery` basé sur l'élément `output`. C'est semblable à :

```
var DOMoutput = document.getElementById("output");
```

La technique de jQuery est plus claire et n'utilise pas de référence à un objet du DOM (comme le fait la technique `getElementById`). En revanche, elle crée un nouvel objet appelé l'objet jQuery qui est un objet DOM amélioré. Ne vous inquiétez pas si tout cela est un peu difficile à comprendre. Tout s'éclaire avec la pratique.

Comme `jQoutput` est un objet jQuery, il dispose de méthodes intéressantes. Vous pouvez modifier le contenu de l'objet avec la méthode `html()`. Les deux lignes suivantes sont équivalentes :

```
jQoutput.html("J'ai changé"); //version jQuery
DOMoutput.innerHTML = "J'ai changé"; // JS/DOM standard
```

jQuery ne vous impose pas de créer des variables pour chaque objet. Donc, le code dans la fonction `changeMe()` peut ressembler à ce qui suit :

```
//création puis modification d'une variable
var jQoutput = $("#output");
jQoutput.html("J'ai changé");
```

Vous pouvez aussi la raccourcir :

```
$("#output").html("J'ai changé");
```

Cette version correspond à celle du programme. Il est très courant de faire référence à un objet avec la technique `$()` et d'y appliquer directement une méthode, comme je viens de le faire.

Créer une fonction d'initialisation

Beaucoup de pages requièrent une fonction d'initialisation. C'est une fonction qui est exécutée tôt pour définir le reste de la page. La technique `body.onload` est fréquemment utilisée en DOM/JavaScript pour initialiser les pages dès que le document a été chargé. Je décris cette technique dans le Chapitre 8. Même si `body.onload` réalise parfaitement ce travail, la technique traditionnelle présente quelques problèmes :

- **Elle exige la modification du HTML.** En fait, le code JavaScript pourrait être complètement séparé du HTML. Vous ne devriez pas avoir à modifier votre HTML pour qu'il travaille avec JavaScript.
- **Le déroulement n'est pas optimal.** Le code spécifié dans `body.onload` ne s'exécute pas avant l'affichage complet de la page. Ce serait mieux si le code était enregistré après le chargement du DOM, mais avant l'affichage de la page.

Utiliser $(document).ready()

jQuery propose une excellente alternative à `body.onload` qui écarte ses inconvénients. Observez le code du programme `ready.html` pour voir comment cela fonctionne :

```
<!DOCTYPE html PUBLIC "-//W3C//DTD XHTML 1.0 Strict//EN"
"http://www.w3.org/TR/xhtml1/DTD/xhtml1-strict.dtd">
<html lang="EN" dir="ltr" xmlns="http://www.w3.org/1999/xhtml">
<head>
  <meta http-equiv="content-type" content="text/xml;
        charset=iso-8859-1" />

  <title>ready.html</title>
  <script type = "text/javascript"
         src = "jquery-1.3.2.min.js"></script>

  <script type = "text/javascript">
    //<![CDATA[
    $(document).ready(changeMe);

    function changeMe(){
      $("#output").html("J'ai changé");
    }

    //]]>
  </script>
</head>
<body>
    <h1>Utilisation de la technique document.ready</h1>
    <div id = "output">
```

```
        Ai-je changé ?
      </div>
  </body>
  </html>
```

Ce code ressemble à celui de change.html mais il utilise la technique jQuery pour exécuter du code d'initialisation :

- **La balise** <body> **n'a plus d'attribut** onload. C'est une caractéristique courante de la programmation jQuery. Le HTML n'a plus de liens directs avec le JavaScript car jQuery permet au code JavaScript de s'associer lui-même à la page Web.
- **La fonction d'initialisation est créée avec la fonction** $(document).ready(). Cette technique indique au navigateur d'exécuter une fonction après le chargement du DOM (il a alors accès à tous les éléments du formulaire) mais avant l'affichage de la page (les effets du formulaire s'affichent alors instantanément pour l'utilisateur).
- $(document) **crée un objet jQuery avec l'ensemble du document**. L'intégralité du document peut être transformé en un objet jQuery en spécifiant le document dans la fonction $(). Notez que vous n'utilisez pas de guillemets dans ce cas.
- **La fonction spécifiée est exécutée automatiquement**. Dans ce cas particulier, je souhaite exécuter la fonction changeMe(). Je la place donc dans le paramètre de la méthode ready(). Notez que j'utilise changeMe comme une variable. Elle ne prend donc ni guillemets, ni parenthèses (reportez-vous au Chapitre 8 pour plus d'infos sur l'utilisation de fonctions en tant que variables).

NOTE TECHNIQUE

Vous devinez certainement d'autres cas (notamment dans la gestion d'événements) où jQuery utilise une fonction comme paramètre. Une telle fonction est souvent considérée comme une fonction de rappel car elle est appelée après la réalisation de certains événements. Nul doute que vous pensez aussi aux fonctions de rappel qui répondent à des événements clavier, au mouvement de la souris et à la complétion d'une requête AJAX.

Alternatives à document.ready

Les programmeurs utilisent souvent des raccourcis à la place de document.ready car il est très courant d'exécuter du code d'initialisation. Vous pouvez raccourcir :

```
$(document).ready(changeMe);
```

avec le code suivant :

```
$(changeMe);
```

Si ce code n'est pas défini dans une fonction et si `changeMe` est une fonction déclarée sur la page, jQuery exécute automatiquement la fonction, comme la technique `document.ready`.

Il est aussi possible de créer directement une fonction anonyme :

```
$(document).ready(function(){
  $("#output").html("J'ai changé");
});
```

Je pense que cette technique n'est pas élégante, mais le code jQuery l'utilise fréquemment.

Examiner l'objet jQuery

L'objet jQuery est intéressant car il est facile à créer à partir de divers éléments du DOM et il fournit à ces éléments de nouvelles fonctionnalités très pratiques.

Modifier le style d'un élément

Si vous pouvez modifier dynamiquement le CSS d'un élément, vous pouvez faire un tas d'autres choses. jQuery facilite nettement cette tâche. Si vous disposez d'un objet jQuery, vous pouvez utiliser la méthode `css` pour appliquer ou modifier les attributs CSS de l'objet. Jetez un œil à `styleElement.html`, proposé sur la Figure 10.3 en guise d'exemple.

Le code est bref, une caractéristique propre au code jQuery :

```
<!DOCTYPE html PUBLIC "-//W3C//DTD XHTML 1.0 Strict//EN"
"http://www.w3.org/TR/xhtml1/DTD/xhtml1-strict.dtd">
<html lang="EN" dir="ltr" xmlns="http://www.w3.org/1999/xhtml">
<head>
  <meta http-equiv="content-type" content="text/xml;
        charset=iso-8859-1" />
  <script type = "text/javascript"
```

```
      src = "jquery-1.3.2.min.js"></script>

   <script type = "text/javascript">
    //<![CDATA[
    $(init);

    function init(){
      $("h1").css("backgroundColor", "yellow");

      $("#myParagraph").css({"backgroundColor":"black",
                             "color":"white"});

      $(".bordered").css("border", "1px solid black");
    }
    //]]>
   </script>
   <title>styleElements.html</title>
  </head>
  <body>
    <h1>Je suis un en-tête</h1>
    <p id = "myParagraph">
      Je suis un paragraphe avec l'id "myParagraph."
    </p>

    <h2 class = "bordered">
      J'ai une bordure.
    </h2>

    <p class = "bordered">
      J'ai aussi une bordure.
    </p>
  </body>
  </html>
```

Plusieurs choses intéressantes se passent dans ce programme. Observez le HTML.

- **Il contient une balise** `<h1>`. Je conçois que cela n'a rien d'excitant mais je l'utilise pour vous montrer comment cibler des éléments du DOM par type.
- **Un paragraphe possède l'ID** `myParagraph`. Ce paragraphe est utilisé pour illustrer comment cibler un élément par ID.
- **Deux éléments possèdent la classe** `bordered`. En travaillant de façon classique avec le DOM, il n'est pas facile d'appliquer du

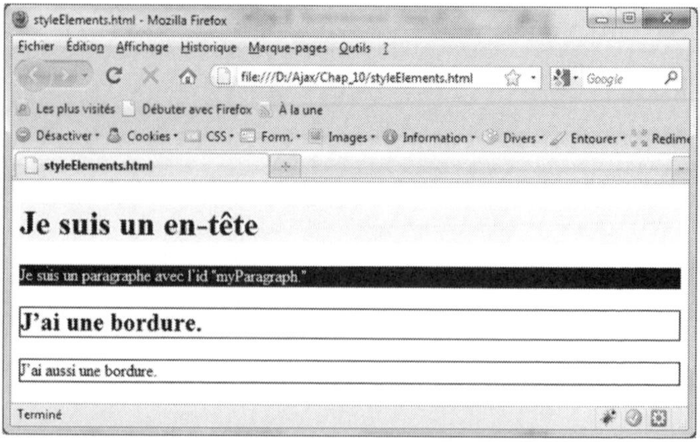

Figure 10.3 : Tous les styles sont appliqués dynamiquement par des fonctions jQuery.

code à tous les éléments d'une classe spécifique. jQuery rend cette tâche très facile.

- **Plusieurs éléments ont un CSS personnalisé mais aucun CSS défini**. Le code jQuery modifie le CSS dynamiquement.

La fonction `init()` est identifiée comme la fonction à exécuter quand le document est prêt. Dans cette fonction, j'utilise la méthode CSS pour modifier le CSS de chaque élément dynamiquement. Je reviens au CSS dans un moment, notez d'abord comment les différents éléments sont ciblés.

Sélectionner les objets jQuery

jQuery vous propose plusieurs alternatives pour créer des objets jQuery avec les éléments du DOM. Appliquez les mêmes règles pour sélectionner les objets dans jQuery que dans le CSS :

- **Les éléments du DOM sont ciblés tels quels**. Vous pouvez inclure tout élément du DOM dans le mécanisme `$("")` pour faire référence à des éléments similaires. Par exemple, utilisez `$("h1")` pour cibler tous les objets `h1` ou `$("p")` pour faire référence à tous les paragraphes.
- **Utilisez le sélecteur # pour cibler un ID particulier**. Cela fonctionne exactement comme pour le CSS. Si vous avez un élément avec l'ID `myThing`, utilisez ce code : `$("#myThing")`.
- **Utilisez le sélecteur . pour cibler des membres d'une classe**. Là aussi, cela fonctionne comme pour le CSS. Ainsi, tous les élé-

ments associés à la classe `bordered` peuvent être modifiés avec ce code : `$(".bordered")`.

- **Vous pouvez utiliser des sélecteurs complexes.** Vous pouvez utiliser des sélecteurs CSS complexes comme `$("li img")`. Ce sélecteur cible uniquement les images contenues dans une liste.

Ces méthodes de sélection (toutes empruntées au format CSS) offrent beaucoup de flexibilité à votre code. À présent, vous pouvez facilement sélectionner des éléments dans votre code JavaScript, en appliquant les règles que vous utilisez pour identifier des éléments dans le CSS.

Modifier le style

Après avoir identifié un objet ou un ensemble d'objets, vous pouvez appliquer des méthodes jQuery. La méthode `style()` est très efficace et facile à utiliser. La forme basique de cette méthode prend deux paramètres : une règle et une valeur de style. Par exemple, pour colorer l'arrière-plan de tous les objets `h1` en jaune, j'ai utilisé le code suivant :

```
$("h1").css("backgroundColor", "yellow");
```

Si vous appliquez une règle de style à une collection d'objets (comme tous les objets `h1` ou tous les objets de la classe `bordered`), la même règle s'applique instantanément à tous les objets.

Une version plus puissante de la règle de style vous permet d'appliquer plusieurs styles CSS en même temps. Elle utilise un seul objet au format JSON (*JavaScript Object Notation* décrit dans le Chapitre 5) comme argument :

```
$("#myParagraph").css({"backgroundColor":"black",
                       "color":"white"});
```

Cet exemple utilise un objet JSON défini comme une série de paires règle/valeur. Reportez-vous au Chapitre 5 pour plus d'infos sur le fonctionnement des objets JSON.

Appliquer des événements à des objets

La bibliothèque jQuery offre une autre possibilité à JavaScript. Elle permet d'associer facilement des événements à tout objet jQuery. Observez `hover.html`, l'exemple illustré sur la Figure 10.4.

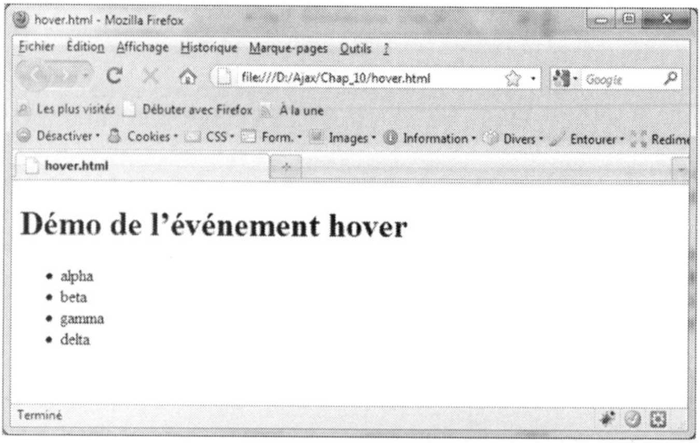

Figure 10.4 : Une bordure apparaît autour de chaque élément de la liste quand la souris le désigne.

Lorsque vous pointez un élément de la liste avec la souris, une bordure apparaît autour de cet élément. Cet effet est difficile à réaliser en JavaScript/DOM classique mais facile à gérer en jQuery.

Appliquer un événement hover

Inspectez le code pour voir comment cela fonctionne :

```
<!DOCTYPE html PUBLIC "-//W3C//DTD XHTML 1.0 Strict//EN"
"http://www.w3.org/TR/xhtml1/DTD/xhtml1-strict.dtd">
<html lang="EN" dir="ltr" xmlns="http://www.w3.org/1999/xhtml">
<head>
  <meta http-equiv="content-type" content="text/xml;
         charset=iso-8859-1" />

  <script type = "text/javascript"
          src = "jquery-1.3.2.min.js"></script>

  <script type = "text/javascript">
    //<![CDATA[
    $(init);

    function init(){
      $("li").hover(border, noBorder);
    } // fin de init

    function border(){
      $(this).css("border", "1px solid black");
```

```
    }

    function noBorder(){
      $(this).css("border", "0px none black");
    }

    //]]>
  </script>

  <title>hover.html</title>
</head>
<body>
  <h1>Démo de l'événement hover</h1>
    <ul>
      <li>alpha</li>
      <li>beta</li>
      <li>gamma</li>
      <li>delta</li>
    </ul>
</body>
</html>
```

Le HTML ne peut pas être plus simple : c'est une liste non numérotée. Le JavaScript n'est pas beaucoup plus complexe. Il se limite à trois fonctions d'une ligne.

- `init()` : cette fonction est appelée quand le document est prêt. Elle crée des objets jQuery à partir de tous les éléments de la liste et leur associe l'événement `hover`. Celui-ci accepte deux paramètres. Le premier est une fonction à appeler quand la souris pointe l'objet. Le deuxième est une fonction à appeler quand la souris quitte l'objet.

- `border()` : cette fonction dessine une bordure autour de l'élément courant. Le sélecteur `$(this)` est utilisé pour spécifier l'objet courant. Dans cet exemple, j'utilise la fonction `css` pour dessiner une bordure autour de l'objet.

- `noBorder()` : elle ressemble à la fonction `border()` sauf qu'elle supprime la bordure de l'objet courant.

Dans cet exemple, j'ai utilisé trois fonctions différentes. Beaucoup de programmeurs jQuery préfèrent utiliser des fonctions anonymes (souvent appelées fonctions lambda) pour emballer l'intégralité dans une longue ligne :

```
$("li").hover(
  function(){
    $(this).css("border", "1px solid black");
  },
  function(){
    $(this).css("border", "0px none black");
  }
);
```

D'un point de vue technique, il s'agit d'une seule ligne de code. Au lieu de faire référence à deux fonctions qui ont déjà été créées, je crée les fonctions immédiatement quand elles sont nécessaires. Chaque définition de fonction est un paramètre de la méthode `hover()`.

Si vous étiez un génie de l'informatique, vous me diriez que ce n'est pas un exemple parfait de fonction lambda et vous auriez raison. L'important est de noter que certaines idées de la programmation fonctionnelle (comme les fonctions lambda) migrent tranquillement vers la programmation AJAX. Et c'est un développement très intéressant. Si vous ne faites que marmonner " lambda " et que vous partez, les gens vont penser que vous êtes une sorte de génie informatique geek. Vous ne trouvez pas que ce serait drôle ?

Même si je suis parfaitement à l'aise avec les fonctions anonymes, je trouve que la technique des fonctions portant un nom est plus facile à lire. Donc j'ai plutôt tendance à nommer mes fonctions.

Modifier des classes à la volée

jQuery prend en charge une autre fonctionnalité formidable. Vous pouvez définir un style CSS et appliquer ou supprimer ce style d'un élément dynamiquement. La Figure 10.5 représente une page capable de modifier dynamiquement la bordure de chaque élément de la liste.

Le code de `class.html` montre à quel point il est facile d'ajouter ce type de fonctionnalité :

```
<!DOCTYPE html PUBLIC "-//W3C//DTD XHTML 1.0 Strict//EN"
"http://www.w3.org/TR/xhtml1/DTD/xhtml1-strict.dtd">
<html lang="EN" dir="ltr" xmlns="http://www.w3.org/1999/xhtml">
<head>
  <meta http-equiv="content-type" content="text/xml;
          charset=iso-8859-1" />
   <style type = "text/css">
     .bordered {
```

```
      border: 1px solid black;
    }
  </style>
  <script type = "text/javascript"
        src = "jquery-1.3.2.min.js"></script>

  <script type = "text/javascript">
   //<![CDATA[
   $(init);

   function init(){
     $("li").click(toggleBorder);
   } // fin de init

   function toggleBorder(){
     $(this).toggleClass("bordered");
   }
   //]]>
  </script>

  <title>class.html</title>
</head>
<body>
                                <h1>Démo de classe</h1>
    <ul>
      <li>alpha</li>
      <li>beta</li>
      <li>gamma</li>
      <li>delta</li>
    </ul>

</body>
</html>
```

Suivez cette démarche pour créer ce programme :

1. **Commencez par créer une page HTML basique.**

   Toutes les choses intéressantes se passent dans le CSS et le JavaScript. Le contenu de la page n'est donc pas si intéressant.

2. **Créez une classe que vous voulez ajouter et supprimer.**

   Je crée une classe CSS appelée `bordered` qui dessine une bordure autour de l'élément. Bien sûr, vous pouvez créer une classe CSS beaucoup plus sophistiquée avec vos mises en forme préférées.

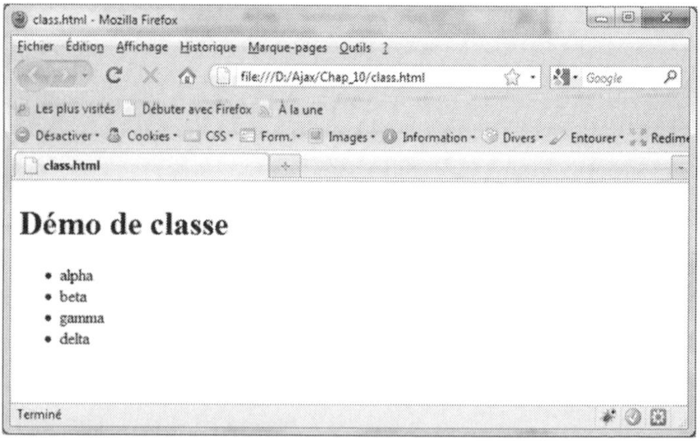

Figure 10.5 : Cliquez sur un élément de la liste pour afficher et masquer sa bordure.

3. **Associez une méthode** `init()`.

   Comme vous pouvez le voir, la plupart des applications jQuery exigent une sorte d'initialisation. C'est pourquoi j'appelle la première fonction `init()`.

Événements jQuery

jQuery prend en charge un grand nombre d'autres événements. Chaque nœud jQuery peut lire les événements suivants :

- `change` : le contenu de l'élément est modifié.
- `click` : l'utilisateur clique sur l'élément.
- `dblClick` : l'utilisateur double-clique sur l'élément.
- `focus` : l'utilisateur sélectionne l'élément.
- `keydown` : l'utilisateur appuie sur une touche pendant qu'il sélectionne l'élément.
- `hover` : la souris pointe l'élément. Une seconde fonction est appelée quand la souris quitte l'élément.
- `mouseDown` : l'utilisateur appuie sur un bouton de la souris pendant qu'il pointe l'élément.
- `select` : l'utilisateur sélectionne du texte dans une entrée de type texte.

4. **Appelez la fonction** `toggleBorder()` **dès que l'utilisateur clique sur un élément de la liste.**

   La méthode `init()` définit simplement un gestionnaire d'événements. Dès qu'un élément de la liste reçoit l'événement `click` (c'est-à-dire que l'utilisateur clique sur l'élément de la liste), la fonction `toggleBorder()` est activée.

5. **La fonction** `toggleBorder()` **agit sur la bordure.**

   jQuery possède plusieurs méthodes pour manipuler la classe d'un élément. `addClass()` affecte une classe à l'élément, `removeClass()` supprime une définition de classe d'un élément et `toggleClass()` active et désactive la classe (ajoute la classe si elle n'est pas associée ou la supprime dans le cas contraire).

Créer une requête AJAX avec jQuery

L'objectif principal d'une bibliothèque AJAX telle que jQuery est de simplifier les requêtes AJAX. Difficile d'imaginer à quel point c'est facile avec jQuery ! La Figure 10.6 représente `ajax.html`, une page avec une requête AJAX basique.

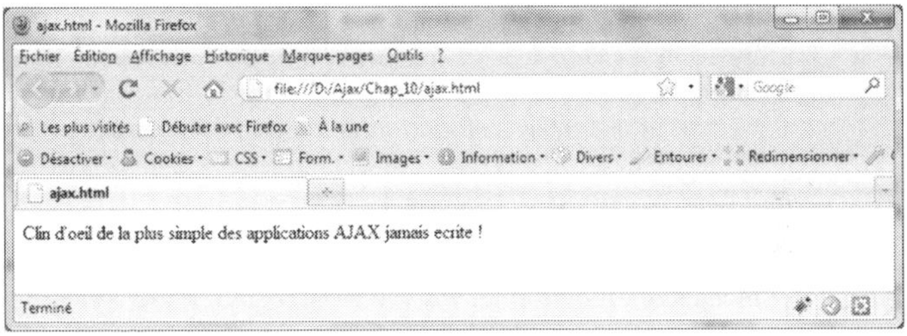

Figure 10.6 : Le fichier texte est appelé grâce à une requête AJAX.

Intégrer un fichier texte avec AJAX

Le programme `ajax.html` est similaire au programme `asynch.html` décrit dans le Chapitre 9, mais le code est bien plus clair :

```
<!DOCTYPE html PUBLIC "-//W3C//DTD XHTML 1.0 Strict//EN"
"http://www.w3.org/TR/xhtml1/DTD/xhtml1-strict.dtd">
<html lang="EN" dir="ltr" xmlns="http://www.w3.org/1999/xhtml">
  <head>
    <meta http-equiv="content-type" content="text/xml;
            charset=iso-8859-1" />
```

```
      <title>ajax.html</title>
      <script type = "text/javascript"
              src = "jquery-1.3.2.min.js"></script>

      <script type = "text/javascript">
        //<![CDATA[
        $(document).ready(getAJAX);

        function getAJAX(){
          $("#output").load("hello.txt");
        }
        //]]>
      </script>

    </head>

    <body>
      <div id = "output"></div>
    </body>
  </html>
```

Le code HTML est très clair (comme dans tous les exemples jQuery). Il crée un `div` vide appelé `output`.

Le code JavaScript n'est pas beaucoup plus complexe. Une fonction standard `$(document).ready` appelle la fonction `getAJAX()` dès que le document est prêt. La fonction `getAJAX()` crée simplement un nœud jQuery basé sur le `div output` et charge le fichier `hello.txt` à l'aide d'une requête AJAX basique.

Cet exemple utilise AJAX. S'il ne fonctionne pas, rappelez-vous comment AJAX fonctionne. Vous devez exécuter un programme qui utilise AJAX sur un serveur Web et pas simplement à partir d'un fichier local. Donc le fichier qui est lu doit se trouver sur le même serveur que le programme qui crée la requête AJAX.

Je vous propose des techniques AJAX plus sophistiquées dans le Chapitre 14. Le mécanisme `load()` convient pour une situation basique consistant à charger du texte brut ou un segment de code HTML dans vos pages.

Créer un système de gestion de contenu simple avec AJAX

AJAX et jQuery peuvent être très utiles pour créer des sites Web productifs, même sans programmation côté serveur. Généralement, un site Web est basé sur une série d'éléments plus petits pouvant être permutés et réutilisés. C'est ce qu'on appelle un système de gestion de contenu (CMS, *content management system*). Vous pouvez utiliser AJAX pour créer une structure permettant de réutiliser et de modifier facilement le contenu Web.

En guise d'exemple, observez `cmsAJAX` illustré par la Figure 10.7.

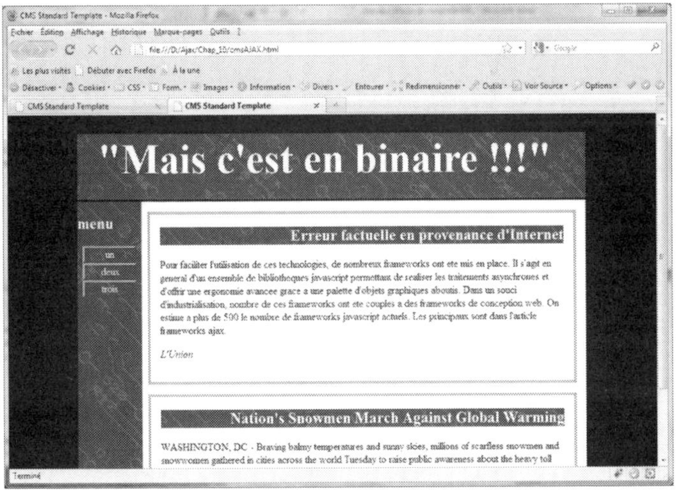

Figure 10.7 : Cette page est créée dynamiquement avec AJAX et jQuery.

Bien que cette page n'ait rien d'étonnant aux yeux de l'utilisateur, son code réserve quelques surprises :

```
<!DOCTYPE html PUBLIC “-//W3C//DTD XHTML 1.0 Strict//EN"
“http://www.w3.org/TR/xhtml1/DTD/xhtml1-strict.dtd”>
<html lang="EN" dir="ltr" xmlns="http://www.w3.org/1999/xhtml">
  <head>
    <meta http-equiv="content-type" content="text/xml;
           charset=iso-8859-1" />
    <title>CMS Standard Template</title>
    <link rel = “stylesheet”
          type = “text/css”
          href = “cmsStd.css” />
```

```
    <script type = "text/javascript"
            src = "jquery-1.3.2.min.js"></script>
    <script type = "text/javascript">
      //<![CDATA[
      $(init);

      function init(){
        $("#heading").load("head.html");
        $("#menu").load("menu.html");
        $("#content1").load("story1.html");
        $("#content2").load("story2.html");
        $("#footer").load("footer.html");
      };
      //]]>
    </script>
  </head>

  <body>
    <div id = "all">
      <!-- This div centers a fixed-width layout -->
      <div id = "heading">
      </div><!-- end heading div -->

      <div id = "menu">
      </div> <!-- end menu div -->

      <div class = "content"
           id = "content1">
      </div> <!-- end content div -->

      <div class = "content"
           id = "content2">
      </div> <!-- end content div -->

      <div id = "footer">
      </div> <!-- end footer div -->

    </div> <!-- end all div -->
  </body>
</html>
```

Le code présente les caractéristiques suivantes :

- **La page n'a pas de contenu** ! Tous les `div` sont vides. Le texte illustré sur la Figure 10.7 ne figure pas dans ce document mais est récupéré dynamiquement de fichiers plus petits.

- **La page consiste en plusieurs** `div` **vides mais nommés**. Plutôt que du contenu, la page consiste en des paramètres fictifs avec des ID.
- **La page fait appel à jQuery**. La bibliothèque jQuery est utilisée pour simplifier le chargement des données à l'aide de requêtes AJAX.
- **Chaque contenu est placé dans un fichier séparé**. Le répertoire compte des fichiers HTML qui contiennent des petites parties de la page. Par exemple, `story1.html` ressemble à ce qui suit :

```
<h2>Erreur factuelle en provenance d'Internet</h2>

<p>
Pour faciliter l'utilisation de ces technologies, de
nombreux frameworks ont ete mis en place. Il s'agit
…
On estime a plus de 500 le nombre de frameworks javascript
actuels. Les principaux sont dans l'article frameworks ajax.
</p>

<p><em>L'Union</em></p>
```

- **La méthode** `init()` **suit** `document.ready`. Dès que le document est prêt, la page exécute la méthode `init()`.
- **La méthode** `init()` **utilise les requêtes AJAX pour charger dynamiquement le contenu**. Ce n'est rien d'autre qu'une série de méthodes `load()` de jQuery.

Cette technique peut sembler longue et pénible mais elle présente des caractéristiques très intéressantes. Quand vous créez un site avec plusieurs pages, vous vous attaquez d'abord à la conception visuelle et réutilisez toujours et encore le même modèle général. De plus, certains éléments (tels que le menu et l'en-tête) sont certainement identiques sur plusieurs pages. Vous pourriez simplement créer un document standard et le copier puis le coller sur chaque page, mais cette technique semble plutôt désordonnée. Que se passerait-il si vous aviez créé 100 pages conformément à un modèle et que vous deviez ajouter un élément dans le menu ou modifier l'en-tête ? Vous devriez effectuer la modification sur 100 pages différentes.

L'avantage de la technique du modèle est de pouvoir réutiliser le code. Tout comme l'utilisation d'un style externe vous permet de multiplier une feuille de style sur une centaine de documents, la création d'un modèle sans contenu vous permet de stocker des segments de code dans des fichiers plus petits et de les réutiliser. Les 100 pages pointent vers le même fichier de menu. Ainsi, si vous voulez modifier le menu, vous modifiez un fichier et toutes les pages de votre site sont modifiées simultanément.

Voici comment utiliser ce type de technique :

1. **Créez un modèle pour l'ensemble de votre site.**

   Créez du HTML et du CSS basiques pour gérer l'aspect général et la convivialité de l'ensemble de votre site. Ne vous occupez pas du contenu. Créez des paramètres fictifs pour tous les composants de votre page. Veillez à attribuer un ID à chaque élément et à écrire le CSS de sorte à positionner les choses comme vous le souhaitez.

2. **Ajoutez le support jQuery.**

   Créez un lien vers la bibliothèque jQuery ainsi qu'une méthode `init()` standard. Ajoutez du code pour gérer le chargement des parties de la page qui seront toujours identiques (j'utilise le modèle proposé dans l'exemple).

3. **Dupliquez le modèle.**

   Une fois que votre modèle vous convient, faites-en une copie pour chaque page de votre site.

4. **Personnalisez chaque page en modifiant la fonction `init()`.**

   La seule partie du modèle qui change est la fonction `init()`. Toutes vos pages seront identiques sauf qu'elles contiendront des fonctions `init()` personnalisées pour charger les différents contenus.

5. **Chargez les contenus personnalisés dans les `div` avec AJAX.**

   Utilisez la fonction `init()` pour charger le contenu dans chaque `div`. Créez tout le contenu sous forme de petits fichiers pour créer de nouvelles pages.

TRUC

C'est un excellent moyen de gérer le contenu même s'il ne s'agit pas complètement d'un système de gestion de contenu. Même AJAX ne peut pas totalement vous permettre de stocker du contenu sur le Web. Les systèmes de gestion de contenu plus complexes utilisent des bases de données plutôt que des fichiers pour gérer le contenu. Il faut une sorte de programmation côté serveur (comme PHP) et généralement une base de données (comme mySQL) pour gérer ce type de travail. Je vous propose une initiation à ces sujets dans le Chapitre 14.

Chapitre 11

Animer jQuery

Dans ce chapitre :

- Définir les éléments pour l'animation.
- Masquer et afficher des éléments avec jQuery.
- Ouvrir et fermer des éléments en fondu.
- Appliquer une fonction de rappel à une transition.
- Comprendre le chaînage des objets.
- Modifier des éléments.
- Utiliser des filtres de sélection.

La bibliothèque jQuery simplifie nettement la programmation du code JavaScript. L'un de ses principaux avantages est de vous permettre d'ajouter des fonctionnalités qu'il serait difficile d'ajouter en programmation JavaScript et DOM classique. Ce chapitre vous apprend à dynamiser vos programmes en identifiant des objets spécifiques, en les faisant bouger, apparaître, glisser et fondre.

Se préparer pour l'animation

Pour démarrer votre carrière dans l'animation jQuery, jetez un œil au programme `hideShow.html` représenté sur la Figure 11.1.

Le programme `hideShow` paraît très simple au départ, mais ensuite il fait des choses plutôt intéressantes. En fait, tous les en-têtes de niveau 2 sont des boutons et des actions particulières se produisent lorsque vous cliquez sur ces boutons :

- **Le bouton Show affiche un élément jusqu'alors masqué**. La Figure 11.2 illustre le nouveau contenu.

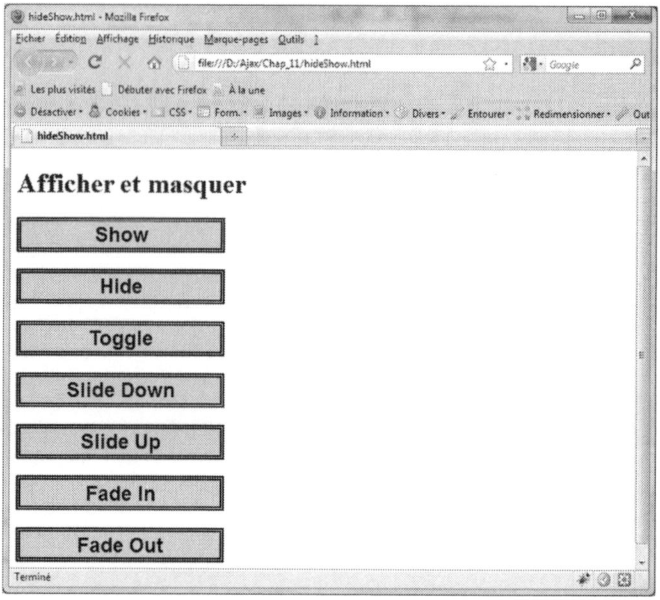

Figure 11.1 : Au départ, la page n'affiche rien d'autre.

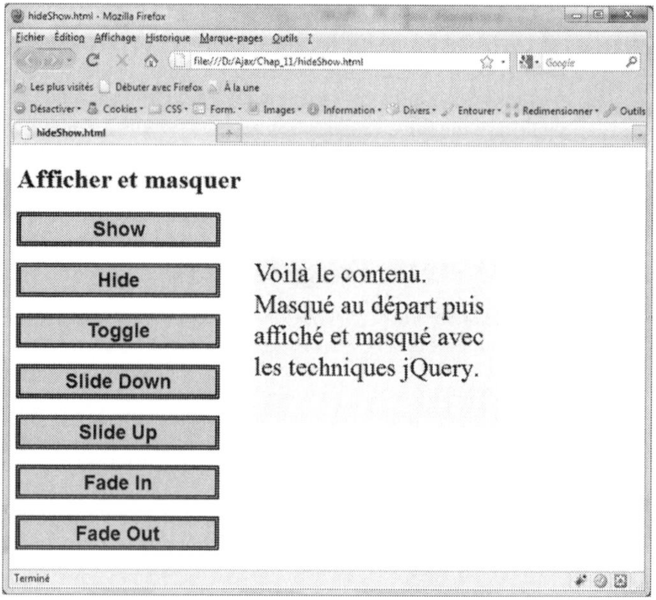

Figure 11.2 : L'élément et son contenu sont désormais visibles.

- **Le bouton Hide masque le contenu.** Le comportement du bouton Hide est évident. Si le contenu est affiché, il disparaît instantanément quand l'utilisateur clique sur le bouton.
- **Le bouton Toggle alterne l'affichage du contenu.** Si le contenu est visible, il disparaît quand l'utilisateur clique sur le bouton. S'il est masqué, un clic sur le bouton l'affiche.
- **Le bouton Slide Down affiche progressivement le contenu.** La transition slide down agit comme un store tiré vers le bas pour dévoiler le contenu avec une animation basique.
- **Le bouton Slide Up masque progressivement le contenu.** Cette animation ressemble à un store tiré vers le haut pour masquer le contenu.
- **Le bouton Fade In ouvre l'élément en fondu.** Cette animation ressemble énormément à un effet de fondu utilisé en vidéo. Comme dans les animations de glissement, vous pouvez contrôler la vitesse de l'animation.

  Une fonction spéciale est appelée quand le fondu est terminé. Dans cet exemple, j'appelle une fonction nommée `present` dès que le fondu est fini. C'est une fonction de rappel que j'explique un peu plus loin.
- **Le bouton Fade Out fond l'élément dans la couleur de l'arrière-plan.** Cette technique modifie l'opacité de l'élément pour qu'il disparaisse progressivement.

Voici quelques détails à garder en tête :

- **Vous pouvez régler la vitesse de lecture de la transition.** Par exemple, le programme `hideShow` lit l'animation slide down à une vitesse lente et l'animation slide up à une vitesse plus rapide. Vous pouvez même spécifier exactement la durée de la transition en millisecondes (1/1000 de seconde).
- **Chaque transition peut être associée à une fonction de *rappel*.** Une fonction de rappel est une fonction qui est déclenchée à la fin de la transition.

TRUC

Bien sûr, l'exemple `showHide` fait référence à une animation qui n'est pas facile à distinguer dans un livre statique. Je vous invite à observer cette animation et les autres exemples que vous aurez téléchargés à partir du site Web des Éditions First à l'adresse http://www.editions-first.fr/telechargements/ ; installez ces exemples sur votre machine et amusez-vous avec mon code jusqu'à ce qu'ils vous " parlent ".

Les animations présentées dans cet exemple sont utiles pour afficher et masquer des parties ciblées de votre page. Savoir afficher et masquer des éléments est pratique dans bon nombre de cas, comme les menus. Par exemple : vous stockez la structure de votre menu sous forme de plusieurs listes imbriquées et affichez des parties du menu quand l'élément principal est activé. Autre utilisation courante de cette technologie : vous disposez de petites phrases d'accroche qui se développent pour afficher plus d'informations quand l'utilisateur clique dessus ou pointe la souris. Cette technique est couramment utilisée sur les blogs ou les sites d'information pour offrir aux utilisateurs un aperçu en image des différents sujets traités.

La bibliothèque jQuery a un support intégré pour les transitions qui facilitent la production de ces effets. Examinez le programme `hideShow.html` avant de vous plonger dans les détails.

```
<!DOCTYPE html PUBLIC "-//W3C//DTD XHTML 1.0 Strict//EN"
"http://www.w3.org/TR/xhtml1/DTD/xhtml1-strict.dtd">
<html lang="EN" dir="ltr" xmlns="http://www.w3.org/1999/xhtml">
<head>
  <meta http-equiv="content-type" content="text/xml;
        charset=iso-8859-1" />
  <style type = "text/css">
  #content {
    width: 300px;
    height: 200px;
    font-size: 200%;
    background-color: yellow;
    position: absolute;
    left: 300px;
    top: 100px;
  }
  h2 {
    width: 10em;
    border: 5px double black;
    background-color: lightgray;
    text-align: center;
    font-family: sans-serif
  }
  </style>

  <script type = "text/javascript"
         src = "jquery-1.3.2.min.js"></script>

  <script type = "text/javascript">
    //<![CDATA[
    $(init);
```

```
    function init(){
      $("#content").hide();
      $("#show").click(showContent);
      $("#hide").click(hideContent);
      $("#toggle").click(toggleContent);
      $("#slideDown").click(slideDown);
      $("#slideUp").click(slideUp);
      $("#fadeIn").click(fadeIn);
      $("#fadeOut").click(fadeOut);
    } // fin de init

    function showContent(){
      $("#content").show();
    } // fin de showContent

    function hideContent(){
      $("#content").hide();
    } // fin de hideContent

    function toggleContent(){
      $("#content").toggle();
    } // fin de toggleContent

    function slideDown(){
      $("#content").slideDown("medium");
    } // fin de slideDown

    function slideUp(){
      $("#content").slideUp(500);
    } // fin de slideUp

    function fadeIn(){
      $("#content").fadeIn("slow", present);
    } // fin de fadeIn

    function fadeOut(){
      $("#content").fadeOut("fast");
    } // fin de fadeOut.

    function present(){
      alert("Je suis là");
    } // fin de present
    //]]>
  </script>
  <title>hideShow.html</title>
</head>
<body>
```

```
    <h1>Afficher et masquer</h1>
    <h2 id = "show">Show</h2>
    <h2 id = "hide">Hide</h2>
    <h2 id = "toggle">Toggle</h2>
    <h2 id = "slideDown">Slide Down</h2>
    <h2 id = "slideUp">Slide Up</h2>
    <h2 id = "fadeIn">Fade In</h2>
    <h2 id = "fadeOut">Fade Out</h2>

    <p id = "content">
      Voilà le contenu. Masqué au départ puis affiché et masqué
      avec les techniques jQuery.
    </p>

  </body>
  </html>
```

Cet exemple paraît long et complexe mais il n'est pas difficile à comprendre quand vous le coupez en plusieurs morceaux. Les sections suivantes vous aident à vous sentir à l'aise avec cet exemple.

Écrire la base HTML et CSS

Le HTML utilisé dans cet exemple est minimaliste, comme toujours en développement jQuery. Il se limite à un en-tête de niveau 1, une série d'en-têtes de niveau 2 et un paragraphe. Les en-têtes de niveau 2 sont utilisés comme des boutons dans cet exemple. J'utilise un style CSS pour que les balises `<h2>` ressemblent plus à des boutons (en ajoutant une bordure et une couleur d'arrière-plan). J'ai ajouté un attribut `id` à chaque bouton pour pouvoir appliquer des événements jQuery par la suite.

Si je veux que les éléments `h2` ressemblent et agissent comme des boutons, pourquoi ne pas les créer avec des balises bouton ? C'est une bonne question. D'une part, je devrais utiliser la balise `button`, sémantiquement claire, pour créer un bouton. Or, dans cet exemple, je veux me concentrer sur le jQuery et garder le HTML aussi simple que possible. jQuery permet de faire en sorte que *tout élément* agisse comme un bouton. C'est ce que j'ai fait. Les utilisateurs ne s'attendent pas à pouvoir cliquer sur les éléments `h2`. Il faut donc utiliser les styles (comme j'ai fait) pour aider les utilisateurs à comprendre qu'ils peuvent cliquer sur l'élément. Pour comparer, les deux autres exemples de ce chapitre utilisent des boutons HTML.

L'autre partie intéressante du HTML est le `div content`. Dans cet exemple, le contenu n'est pas important mais j'ai ajouté une note de CSS pour que le contenu soit bien visible quand il s'affiche. D'un point de vue de la programmation, la partie la plus critique du HTML est l'inclusion de l'attribut `id`. Cet attribut permet au script jQuery de manipuler facilement le composant de sorte qu'il disparaisse et réapparaisse de différentes manières. Notez que le HTML et le CSS ne font rien pour cacher le contenu. Il est masqué (et affiché) uniquement par l'action du code jQuery.

Initialiser la page

Le segment d'initialisation pose les conditions et assigne une série de gestionnaires d'événements :

```
$(init);

function init(){
  $("#content").hide();
  $("#show").click(showContent);
  $("#hide").click(hideContent);
  $("#toggle").click(toggleContent);
  $("#slideDown").click(slideDown);
  $("#slideUp").click(slideUp);
  $("#fadeIn").click(fadeIn);
  $("#fadeOut").click(fadeOut);
} // fin de init
```

La façon de travailler avec jQuery devrait vous être familière :

1. **Définissez une fonction d'initialisation.**

   Utilisez le mécanisme `$(document).ready()` décrit dans le Chapitre 12 ou ce raccourci plus clair pour spécifier une fonction d'initialisation.

2. **Masquez le `div content`.**

   Quand l'utilisateur voit la page pour la première fois, le `div content` doit être masqué.

3. **Associez un gestionnaire d'événements à chaque bouton `h2`.**

   Ce programme est une série de petites fonctions. La fonction `init()` associe chaque fonction au bouton correspondant. Notez que j'ai soigneusement nommé les fonctions et les boutons pour que les connexions soient faciles à comprendre.

Travailler avec des fonctions de rappel

En observant le code JavaScript et jQuery du programme hideShow.html, vous avez certainement remarqué un motif. La fonction init() applique un gestionnaire d'événements à plusieurs éléments de la page. Ces gestionnaires d'événements spécifient le nom des différentes fonctions. Le reste du code JavaScript correspond simplement à la définition de ces fonctions.

Cette technique est intensément utilisée en programmation jQuery. Quand vous définissez un événement, vous spécifiez souvent une fonction qui doit être appelée quand cet événement est déclenché. Une telle fonction est ce qu'on appelle une *fonction de rappel.*

Dans ce contexte, le nom de la fonction est considéré comme une variable. Les parenthèses habituellement utilisées pour les fonctions ne sont donc pas nécessaires dans ce cas.

Masquer et afficher le contenu

Tous les effets de la page illustrée précédemment sur la Figure 11.1 sont basés sur le masquage et l'affichage du div content. Les méthodes hide() et show() illustrent le fonctionnement de l'animation jQuery.

```
function showContent(){
  $("#content").show();
} // fin de showContent

function hideContent(){
  $("#content").hide();
} // fin de hideContent
```

Toutes ces fonctions travaillent de la même manière :

1. **Identifiez le div content.**

   Créez un nœud jQuery basé sur le div content. Pour plus d'informations sur la création de nœuds jQuery, reportez-vous au Chapitre 10.

2. **Masquez ou affichez le nœud.**

   L'objet jQuery a des méthodes intégrées pour masquer et afficher.

Les méthodes `hide()` et `show()` agissent instantanément. Si l'élément est visible, la méthode `show()` n'a aucun effet. De même, `hide()` n'a pas d'effet sur un élément qui est déjà masqué.

Les sections suivantes vous proposent quelques astuces pour afficher et masquer des éléments de manière originale.

Alterner l'affichage

Outre `hide()` et `show()`, l'objet jQuery prend en charge la méthode `toggle()`. Cette méthode examine le statut courant de l'élément et le modifie. Si l'élément est caché, un clic sur le bouton le rend visible. S'il est visible, un clic sur le bouton le dissimule. La fonction `toggleContent()` illustre comment utiliser cette méthode :

```
function toggleContent(){
  $("#content").toggle();
} // fin de toggleContent
```

Faire glisser un élément

jQuery rend possible l'effet de store qui vous permet d'animer l'apparition et la disparition de votre élément. L'approche générale est semblable à `hide()` et `show()`, sauf que l'effet est plus nuancé :

```
function slideDown(){
  $("#content").slideDown("medium");
} // fin de slideDown

function slideUp(){
  $("#content").slideUp(500);
} // fin de slideUp
```

La méthode `slideDown()` fait apparaître un élément comme un store tiré vers le bas. La méthode `slideUp()` fait disparaître un élément d'une manière semblable. Ces fonctions prennent un paramètre de vitesse qui indique la vitesse de l'animation. La vitesse peut être une valeur de chaîne (`"fast"`, `"medium"` ou `"slow"`) ou une valeur numérique en millisecondes (mesurée en millièmes de seconde). La valeur 500 signifie 500 millisecondes ou une demi-seconde. Si vous ne spécifiez pas le paramètre de vitesse, la valeur par défaut est `"medium"`.

Les méthodes `show()`, `hide()` et `toggle()` acceptent aussi un paramètre de vitesse. Dans ces fonctions, l'objet apparaît et disparaît à la vitesse indiquée.

Il existe aussi une fonction `slideToggle()` qui alterne l'affichage de l'élément en utilisant la technique de glissement.

Afficher et masquer un élément en fondu

Les méthodes `fade()` fournissent un autre type d'animation. Ces techniques ajustent l'opacité de l'élément. Le code devrait vous être familier :

```
function fadeIn(){
  $("#content").fadeIn("slow", present);
} // fin de fadeIn

function fadeOut(){
  $("#content").fadeOut("fast");
} // fin de fadeOut.

function present(){
  alert("Je suis là");
} // fin de present
```

`fadeIn()` et `fadeOut()` fonctionnent comme les techniques `hide()` et `slide()`. Les techniques de fondu augmentent et diminuent l'opacité de l'élément plutôt que de changer dynamiquement la taille de l'élément comme le font les techniques de glissement et d'affichage.

J'ai ajouté un autre élément à la fonction `fadeIn()`. Si vous spécifiez un nom de fonction comme deuxième paramètre de la méthode `fadeIn()` (ou toute autre méthode d'animation décrite dans cette section), cette fonction est une fonction de rappel, c'est-à-dire qu'elle est appelée à la fin de l'animation. Quand vous cliquez sur le bouton `fade in`, le `div content` apparaît lentement en fondu et quand il est complètement visible, la fonction `present()` est appelée. Cette fonction ne fait pas grand-chose dans cet exemple (elle ouvre juste un message) mais elle pourrait être utilisée pour gérer des instructions une fois que l'élément est affiché.

Si l'élément est déjà visible, la méthode de rappel est immédiatement déclenchée.

Modifier la position d'un élément avec jQuery

La bibliothèque jQuery propose également des fonctionnalités intéressantes pour modifier les propriétés d'un élément, notamment sa position. La page `animate.html`, représentée sur la Figure 11.3, illustre un certain nombre de techniques d'animation intéressantes.

Figure 11.3 : Cliquez sur les boutons pour déplacer l'élément. J'ai ajouté la flèche pour indiquer le mouvement.

Vous savez ce que je vais dire, n'est-ce pas ? Ce programme déplace des éléments. Impossible de visualiser des mouvements dans un livre. Consultez la page correspondante. Faites-moi confiance, c'est bien plus drôle que cela en a l'air sur cette capture d'écran !

Cette page (`animate.html`) illustre comment déplacer un élément jQuery en modifiant son CSS (reportez-vous au Chapitre 2 si vous n'êtes pas à l'aise avec le CSS). Elle illustre également une technique jQuery importante appelée le chaînage ainsi qu'une méthode d'animation très pratique qui vous permet de créer des déplacements axés sur le temps. Observez d'abord l'intégralité du code. Dans les prochaines sections, je vous propose une explication détaillée des différentes parties du code :

```
<!DOCTYPE html PUBLIC "-//W3C//DTD XHTML 1.0 Strict//EN"
"http://www.w3.org/TR/xhtml1/DTD/xhtml1-strict.dtd">
<html lang="EN" dir="ltr" xmlns="http://www.w3.org/1999/xhtml">
<head>
  <meta http-equiv="content-type" content="text/xml;
       charset=iso-8859-1" />

  <style type = "text/css">
  #content {
    width: 300px;
    height: 200px;
    font-size: 200%;
    background-color: yellow;
    position: absolute;
    left: 300px;
    top: 100px;
    padding-left: .5em;
  }
  </style>

  <script type = "text/javascript"
        src = "jquery-1.3.2.min.js"></script>

  <script type = "text/javascript">
    //<![CDATA[
    $(init);

    function init(){
      $("#move").click(move);
      $("#glide").click(glide);
      $("#left").click(left);
      $("#right").click(right);
    } // fin de init

    function move(){
      $("#content").css("left", "50px")
      .css("top", "100px");
    } // fin de move

    function glide(){
      //déplacement vers la position initiale
      $("#content").css("left", "50px")
      .css("top", "100px");

      //déplacement vers la nouvelle position
      $("#content").animate({
        "left": "400px",
```

```
        "top": "200px"
      }, 2000);
    } // fin de glide

    function left(){
      $("#content").animate({"left": "-=10px"}, 100);
    } // fin de left

    function right(){
      $("#content").animate({"left": "+=10px"}, 100);
    } // fin de right
    //]]>
  </script>

  <title>Animate.html</title>
</head>
<body>
<h1>Démo d'animation</h1>
<form action = "">
  <fieldset>
    <button type = "button"
            id = "move">
      move
    </button>
    <button type = "button"
            id = "glide">
      glide
    </button>

    <button type = "button"
            id = "left">
       &lt;--
     </button>

     <button type = "button"
             id = "right">
       -->
     </button>

  </fieldset>
</form>

<p id = "content">
  Cet élément se déplace en fonction des contrôles.
</p>
</body>
</html>
```

Créer le cadre HTML

Le HTML représente toujours la base d'un programme JavaScript. La page animate.html ressemble à la page hideShow (représentée précédemment dans ce chapitre), à la différence près que j'ai décidé d'utiliser un vrai formulaire avec des boutons en guise de panneau de contrôle. Les boutons ne sont pas difficiles à utiliser, mais ils sont légèrement plus pénibles à coder parce qu'ils doivent être placés dans un élément de formulaire ainsi que dans un élément bloc et requièrent la production de plus de code par rapport aux éléments h2.

Notez que j'utilise < dans l'une des descriptions de bouton (à la fin du code animate.html). Cet attribut HTML affiche le symbole inférieur à. Si j'avais utilisé le symbole lui-même (<), le navigateur l'aurait interprété comme le début d'une nouvelle balise HTML et aurait été perturbé.

Les boutons ont tous un attribut id mais je n'y ai pas associé de fonction avec l'attribut onclick. Quand vous utilisez jQuery, il est pertinent d'avoir une approche jQuery et d'utiliser les techniques d'événement jQuery.

Le seul autre élément HTML important est le div content. Une fois de plus, cet élément est simplement un paramètre fictif. J'y ai ajouté du style CSS pour qu'il saute aux yeux quand il se déplace. Il est indispensable que cet élément soit défini à une position absolue car la position va être modifiée dynamiquement dans le code.

Définir les événements

L'initialisation consiste à définir les gestionnaires d'événements pour les différents boutons. Commencez par une fonction init() appelée quand le document est prêt. Cette fonction contient des fonctions de rappel (comme move et glide) pour les différents événements. Elles orientent le trafic vers les bonnes fonctions quand un utilisateur appuie sur un bouton.

```
function init(){
  $("#move").click(move);
  $("#glide").click(glide);
  $("#left").click(left);
  $("#right").click(right);
} // fin de init
```

Comme d'habitude, le fait de nommer les éléments permet de mieux comprendre ce qu'il se passe.

Utiliser le chaînage

jQuery prend en charge une fonctionnalité très pratique, appelée le *chaînage*, qui vous permet de placer plusieurs étapes dans une seule ligne. Elle facilite l'écriture du code et offre la possibilité de faire plusieurs choses simultanément avec un élément spécifique ou un groupe d'éléments. Prenez pour exemple la fonction `move()` définie dans `animate.html`.

La fonction `move()` n'est pas si décisive. Tout ce qu'elle fait c'est utiliser la méthode `css`, décrite dans le Chapitre 10, pour modifier la position de l'élément. Après tout, la position n'est qu'un attribut CSS, n'est-ce pas ? En fait, c'est un peu plus complexe que cela. La position d'un élément est stockée dans deux attributs, `top` et `left`. Votre première tentative d'utilisation de la fonction `move` peut ressembler à ce qui suit :

```
function move(){
  $("#content").css("left", "50px");
  $("#content").css("top", "100px");
} // fin de move
```

Même si cette approche fonctionne certainement, elle présente un problème subtil. Elle déplace l'élément en deux étapes indépendantes. Bien que la plupart des navigateurs soient assez rapides pour dissimuler le problème, le chaînage vous permet de combiner plusieurs étapes jQuery en une seule ligne.

Pratiquement toutes les méthodes jQuery renvoient un objet jQuery. Ainsi, la ligne

```
$("#content").text("changed");
```

ne modifie pas uniquement le texte du nœud `content` mais crée un nouveau nœud. Si vous le souhaitez, vous pouvez associer ce nœud à une variable de la manière suivante :

```
var newNode = $("#content").text("changed");
```

Cependant, la plupart des programmeurs jQuery associent simplement la nouvelle fonctionnalité à la fin du nœud précédemment défini, comme suit :

```
$("#content").text("changed").click(hiThere);
```

Cette nouvelle ligne utilise le nœud créé par `$("#content")` et modifie sa valeur texte. Elle utilise ensuite ce nouveau nœud (celui qui contient le texte modifié) et y ajoute un événement `click`, en appelant la fonction `hiThere()` quand l'utilisateur clique sur l'élément `content`. De cette manière, vous créez un nœud encore plus complexe en chaînant des nœuds les uns aux autres.

Ces chaînes de nœuds peuvent être difficiles à lire car elles se traduisent souvent par beaucoup de code sur une seule ligne physique. JavaScript ne se soucie pas vraiment des retours chariot mais utilise le point-virgule pour déterminer la fin d'une ligne logique. Ainsi, vous pouvez transformer une ligne chaînée complexe en plusieurs lignes :

```
$("#content")
.text("changed")
.click(hiThere);
```

Notez que seule la dernière ligne présente un point-virgule car ce segment de code correspond en fait à une seule ligne *logique* même s'il s'étend sur trois lignes dans l'éditeur.

Créer la fonction move () avec le chaînage

Le chaînage d'objets facilite la création de la fonction `move()` car il déplace simultanément les propriétés `left` et `top` de l'élément `content`.

```
function move(){
  $("#content").css("left", "50px")
  .css("top", "100px");
} // fin de move
```

Cette fonction utilise la méthode `css()` pour modifier la propriété `left` et lui attribuer la valeur `50px`. L'objet qui en résulte est un deuxième appel de méthode `css()` pour modifier la propriété `top` et lui attribuer la valeur `100px`. Les éléments `top` et `left` sont modifiés simultanément aux yeux de l'utilisateur.

Créer une animation axée sur le temps avec animate ( )

L'utilisation de la méthode `css()` est un bon moyen pour déplacer un élément sur l'écran. Toutefois, le mouvement est instantané. jQuery prend en charge une méthode puissante appelée `animate()` qui vous permet de modifier toute propriété DOM en un certain temps. Le bouton `glide` de `animate.html` déplace lentement le `div content` de (50, 100) à (400, 200) en deux secondes.

```
function glide(){
  //déplacement vers la position initiale
  $("#content").css("left", "50px")
  .css("top", "100px");

  //déplacement vers la nouvelle position
  $("#content").animate({
    "left": "400px",
    "top": "200px"
  }, 2000);
} // fin de glide
```

La fonction commence par déplacer l'élément immédiatement vers sa position initiale avec les méthodes `css()` chaînées. Elle utilise ensuite la méthode `animate()` pour contrôler l'animation. Cette méthode peut prendre trois paramètres :

- **Un objet JSON décrivant les attributs à animer** : le premier paramètre est un objet au format JSON qui décrit des paires d'attributs nom/valeur. Dans cet exemple, j'indique à jQuery de modifier les attributs `left` et `top` en leur affectant respectivement les valeurs 400px et 200px. Toute valeur numérique que vous pouvez modifier *via* le DOM peut être incluse dans cet objet JSON. Au lieu d'une valeur numérique, vous pouvez utiliser `"hide"`, `"show"`ou `"toggle"` pour spécifier une action. Reportez-vous au Chapitre 5 pour plus d'informations sur les objets JSON.

- **Un attribut de vitesse** : le paramètre de vitesse est défini de la même manière que la vitesse des animations `fade` et `slide`. Il existe trois vitesses prédéfinies : `"slow"`, `"medium"` et `"fast"`. La vitesse peut aussi être indiquée en millisecondes (2000 correspond à 2 secondes).

- **Une fonction de rappel** : ce paramètre optionnel décrit une fonction à appeler à la fin de l'animation. J'explique l'utilisation des fonctions de rappel dans la section " Afficher et masquer un élément en fondu " précédemment de ce chapitre.

Déplacer un peu : mouvement relatif

Vous pouvez utiliser le mécanisme d'animation pour déplacer un objet par rapport à sa position courante. Les boutons avec les flèches et les fonctions qui y sont associées réalisent cette tâche :

```
function left(){
  $(“#content”).animate({“left”: “-=10px”}, 100);
} // fin de left

function right(){
  $("#content").animate({"left": "+=10px"}, 100);
} // fin de right
```

Ces fonctions utilisent aussi la méthode `animate()` avec une légère différence au niveau des paramètres de position. Les modificateurs += et -= indiquent que je veux ajouter ou soustraire une valeur plutôt que de spécifier une position absolue. Vous pouvez, bien sûr, ajouter autant de paramètres que vous voulez à l'objet JSON.

Notez que depuis que le déplacement est minime (dix pixels), je veux que le mouvement soit rapide. Chaque déplacement dure 100 millisecondes.

TRUC

La méthode `animate()` prend en charge une autre option : l'*easing*. Le terme *easing* fait référence à la vitesse relative de l'animation par rapport à sa durée. Si vous observez attentivement les animations de la page `animate.html`, vous verrez que le mouvement commence lentement, qu'il s'accélère et qu'il ralentit de nouveau à la fin. Du coup, l'animation paraît plus naturelle. Par défaut, les animations jQuery utilisent ce que l'on appelle un *swing* (vitesse lente au début et à la fin et rapide au milieu, comme un enfant sur une balançoire). Pour imposer une vitesse constante, spécifiez "`linear`" comme quatrième paramètre. L'animation se déroule alors à une vitesse constante. Vous pouvez aussi installer des extensions pour étudier des techniques d'easing avancées.

Modifier des éléments à la volée

La bibliothèque jQuery propose une troisième façon de modifier la page : la possibilité d'ajouter et de supprimer du contenu dynamiquement. C'est un moyen efficace de travailler avec une page. La clé de cette fonctionnalité est un autre outil jQuery intéressant : son moteur de sélection flexible. Vous savez déjà comment sélectionner les nœuds jQuery en utilisant les sélecteurs de style CSS standard, mais vous pouvez aussi utiliser beaucoup d'attributs pour modifier les nœuds. La page `changeContent.html` illustre la puissance de ces outils.

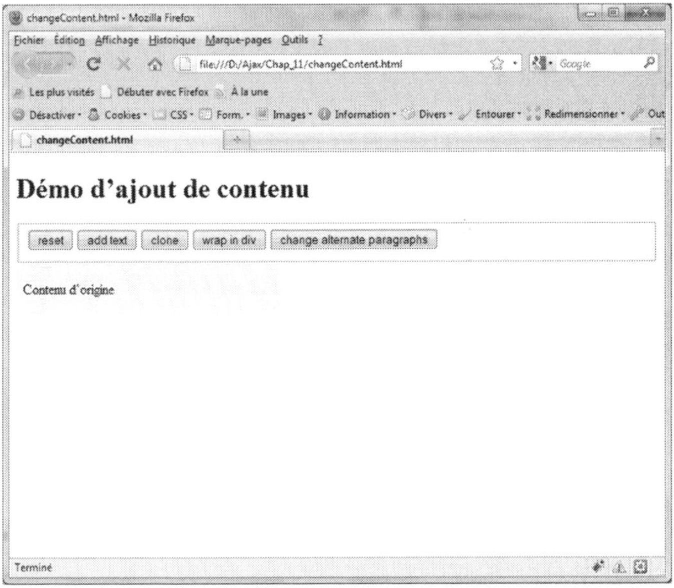

Figure 11.4 : L'état standard de change-Content est un peu terne.

Bien évidemment, les boutons permettent à l'utilisateur de modifier dynamiquement la page. Quand il clique le bouton Add Text, du texte est ajouté dans la zone de contenu, comme vous le montre la Figure 11.5.

Le bouton Clone est intéressant car il vous permet de copier un élément et de le placer ailleurs dans le document. Le fait d'appuyer plusieurs fois sur le bouton Clone peut vous donner une page semblable à celle de la Figure 11.6.

Il est possible de placer un élément HTML autour d'un élément existant. Le bouton Wrap in div place un `div` (avec une bordure rouge) autour de chaque élément copié. Vous pouvez appuyer plusieurs fois sur ce bouton pour ajouter plusieurs bordures autour d'un élément. La Figure 11.7 illustre ce qu'il se passe dans ce cas.

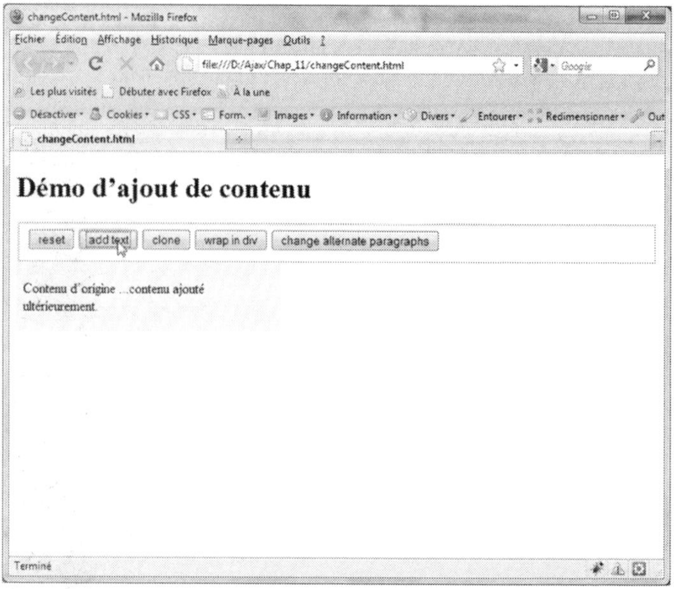

Figure 11.5 : Il est possible d'ajouter du texte dans une zone de contenu.

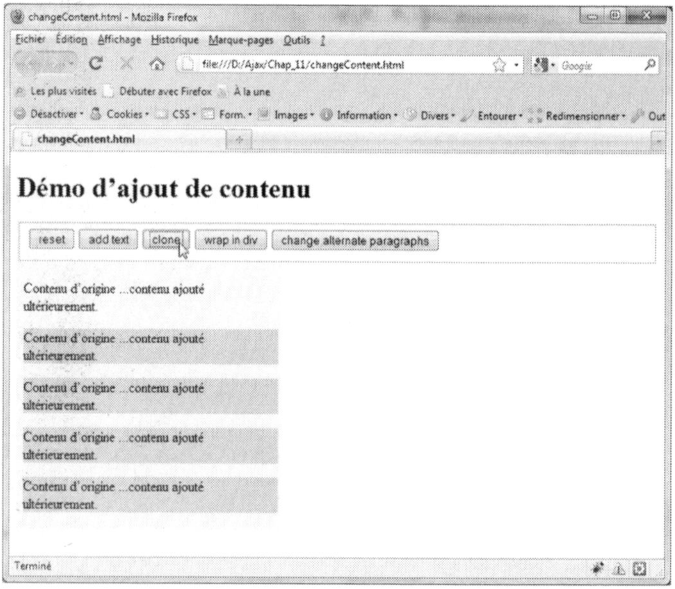

Figure 11.6 : J'ai créé plusieurs copies du contenu d'origine.

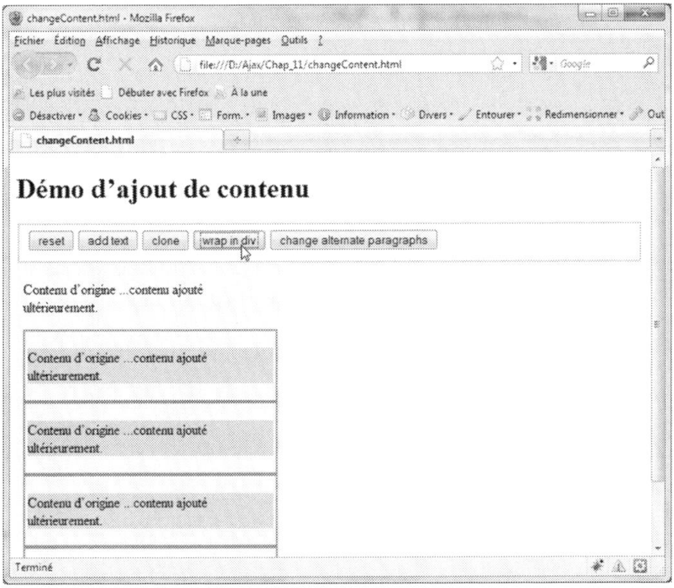

Figure 11.7 : Un div avec une bordure rouge enveloppe tous les éléments copiés.

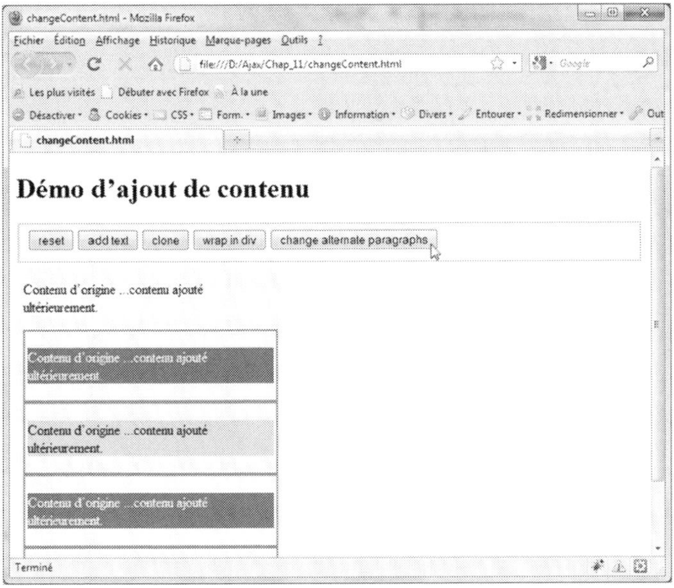

Figure 11.8 : Tous les paragraphes impairs ont un nouveau style.

Pour plus de lisibilité, il se peut que vous vouliez alterner des styles de listes et de tableaux. jQuery propose un moyen simple de sélectionner un élément sur deux dans un groupe et de lui attribuer un style. Le bouton Change Alternate Paragraphs active du code qui modifie le style de tous les paragraphes impairs : texte en blanc et arrière-plan en vert. La Figure 11-8 vous propose une illustration.

Enfin, le bouton Reset vous permet de réinitialiser toutes les modifications effectuées à l'aide des autres boutons.

Le code de `changeContent.html` semble complexe mais il suit le même modèle de programmation jQuery que je vous ai montré précédemment dans ce chapitre. Comme d'habitude, observez l'intégralité du code avant que je ne le segmente pour en expliquer les détails :

```
<!DOCTYPE html PUBLIC "-//W3C//DTD XHTML 1.0 Strict//EN"
"http://www.w3.org/TR/xhtml1/DTD/xhtml1-strict.dtd">
<html lang="EN" dir="ltr" xmlns="http://www.w3.org/1999/xhtml">
<head>
  <meta http-equiv="content-type" content="text/xml;
          charset=iso-8859-1" />

  <style type = "text/css">
  #content {
    width: 300px;
    background-color: yellow;
    left: 300px;
    top: 100px;
    padding-left: .5em;
    border: 0px none black;
  }

  div {
    border: 2px solid red;
    padding: 3px;
  }
  </style>

  <script type = "text/javascript"
         src = "jquery-1.3.2.min.js"></script>

  <script type = "text/javascript">
    //<![CDATA[
    $(init);

    function init(){
      $("#reset").click(reset);
```

```
    $("#addText").click(addText);
    $("#wrap").click(wrap);
    $("#clone").click(clone);
    $("#oddGreen").click(oddGreen);
  } // fin de init

  function reset(){
    //supprime tout sauf le contenu d'origine
    $("p:gt(0)").remove();
    $("div:not(#content)").remove();
    //réinitialisation du contenu d'origine
    $("#content").html("<p>Contenu d'origine</p>");
  } // fin de reset

  function addText(){
    $("p:first").append(" ...contenu ajouté ultérieurement.");
  } // fin de addContent

  function wrap(){
    $(„p:gt(0)“).wrap(„<div></div>“);
  } // fin de wrap

  function clone(){
   $("p:first").clone()
   .insertAfter("p:last")
   .css("backgroundColor", "lightblue");
  } // fin de clone

  function oddGreen(){
    //colore l'arrière-plan des paragraphes impairs en vert
    $("p:odd").css("backgroundColor", "green")
    .css("color", "white");
  } // fin de oddGreen
  //]]>
 </script>
 <title>changeContent.html</title>
</head>
<body>
 <h1>Démo d'ajout de contenu</h1>
 <form action = "">
   <fieldset>
     <button type = "button"
             id = "reset">
       reset
     </button>

     <button type = "button"
```

```
              id = "addText">
          add text
        </button>

        <button type = "button"
              id = "clone">
          clone
        </button>

        <button type = "button"
              id = "wrap">
          wrap in div
        </button>

        <button type = "button"
              id = "oddGreen">
          change alternate paragraphs
        </button>
      </fieldset>
    </form>

    <div id = "content">
      <p>
        Contenu d'origine
      </p>
    </div>
  </body>
</html>
```

J'admets que le code de ce programme est long, mais vu le nombre de fonctionnalités dans cette page, ce n'est pas si énorme. Examinez le code par petits segments : vous allez vite comprendre.

Créer la page de base

Commencez par examiner le HTML. Le code de cette page définit le terrain de jeu.

1. **Créez un formulaire avec des boutons.**

   Ce formulaire sert de panneau de contrôle. Ajoutez un bouton pour chaque fonction que vous voulez ajouter. Veillez à ce que chaque bouton ait un ID. En revanche, vous n'avez pas besoin de spécifier de fonction `onclick` car la fonction `init()` s'en charge.

2. **Créez un** `div content` **prototype.**

Créez un `div` appelé `content` et ajoutez un paragraphe au `div`.

Il est très important de soigner votre cadre HTML initial. Les astuces de manipulation et de sélection que vous testez dans ce chapitre s'appuient sur une compréhension précise de la structure de départ de la page. Assurez-vous que vous comprenez bien comment la page est définie pour savoir comment la manipuler. Si votre page XHTML standard (avant tout ajout de code JavaScript/jQuery) n'est pas valide, il est fort probable que votre code ne fonctionne pas comme prévu.

Initialiser le code

La section d'initialisation est simple. Définissez une fonction `init()` et utilisez-la pour assigner un gestionnaire d'événements à tous les boutons :

```
$(init);

function init(){
  $("#reset").click(reset);
  $("#addText").click(addText);
  $("#wrap").click(wrap);
  $("#clone").click(clone);
  $("#oddGreen").click(oddGreen);
} // fin de init
```

Ajouter du texte

Ajouter du texte à un composant est plutôt simple. La méthode `append()` ajoute du texte à la fin d'un nœud jQuery. Le Tableau 11.1 propose d'autres méthodes pour ajouter du texte à un nœud.

Tableau 11.1 : Ajouter du contenu à un nœud jQuery.

Méthode	Description
`append(text)`	Ajoute le texte (ou HTML) à la fin de(s) élément(s) sélectionné(s).
`prepend(text)`	Ajoute le contenu au début de(s) élément(s) sélectionné(s).
`insertAfter(text)`	Ajoute le texte après l'élément sélectionné (hors de l'élément).
`insertBefore(text)`	Ajoute le texte avant l'élément sélectionné (hors de l'élément).

Il existe d'autres méthodes mais celles-ci sont, selon moi, les plus utiles. Consultez la documentation officielle sur http://docs.jquery.com pour connaître les autres options.

```
function addText(){
  $("p:first").append(" ...contenu ajouté ultérieurement.");
} // fin de addContent
```

La méthode append() ajoute un nouveau texte à la fin de celui qui figure déjà dans l'élément. Il fait alors partie du paragraphe contenu dans le div content. Par exemple, si vous avez l'élément <div>one</div> et que vous ajoutez two au div, vous obtenez <div>onetwo</div> et non <div>one</div>two.

La partie la plus intéressante de ce code est le sélecteur. Il pourrait ressembler à ce qui suit :

```
$("p").append(" ...contenu ajouté ultérieurement.");
```

Cette ligne ajoute le texte à la fin du paragraphe. Le texte standard n'a qu'un seul paragraphe donc cela paraît logique. S'il y a plusieurs paragraphes (cela va être le cas bientôt), le sélecteur p les sélectionne tous et ajoute simultanément le texte à tous les paragraphes. En spécifiant p:first, j'utilise un filtre spécial pour déterminer précisément le paragraphe ciblé. Beaucoup d'exemples de cette page utilisent des filtres jQuery. Je les décris ailleurs dans cette section. Pour l'heure, notez que p:first correspond au premier paragraphe. Bien sûr, il y a aussi p:last et d'autres encore. Continuez votre lecture pour en savoir plus.

Attaque des clones

Il est possible de *cloner* (copier) tout ce que vous pouvez identifier comme étant un nœud jQuery. Ce clonage établit une copie du nœud, sans modifier l'original. Le nœud cloné n'est pas immédiatement visible sur l'écran. Vous devez le placer quelque part, généralement avec une méthode append(), prepend(), insertBefore() ou insertAfter().

Jetez un œil à la fonction clone() pour voir comme elle fonctionne :

```
function clone(){
 $("p:first").clone()
 .insertAfter("p:last")
 .css("backgroundColor", "lightblue");
} // fin de clone
```

1. **Sélectionnez le premier paragraphe.**

   Le premier paragraphe est celui que je souhaite copier. Au départ il n'y en a qu'un, mais cela va bientôt changer.

2. **Utilisez la méthode `clone()` pour faire une copie.**

   Même si cette étape fait une copie, celle-ci n'est pas visible. Utilisez le chaînage pour faire quelque chose d'intéressant avec cette copie. Le chaînage est expliqué précédemment, dans la section " Utiliser le chaînage " de ce chapitre.

3. **Ajoutez le nouvel élément après le dernier paragraphe.**

   Le sélecteur `p:last` correspond au dernier paragraphe donc `insertAfter("p:last")` signifie qu'il faut placer le nouveau paragraphe après le dernier paragraphe du document.

4. **Modifiez le CSS.**

   Juste pour rire, chaînez la méthode `css()` au nouvel élément et modifiez la couleur de l'arrière-plan (bleu ciel). C'est juste pour confirmer que vous pouvez continuer à ajouter des commandes à un nœud grâce au chaînage.

   Notez que les paragraphes sont encore dans le `div content`. Bien sûr, j'aurais pu les placer ailleurs en utilisant des sélecteurs, mais c'est là que je veux qu'ils soient.

Il est difficile de garder une trace des modifications de la page car une commande Voir Source standard affiche le code source original et non le code qui a été modifié par la magie jQuery. jQuery modifie le HTML de votre page en mémoire mais ne modifie pas le fichier texte qui contient la page. Si votre page ne réagit pas comme prévu, vous devez pouvoir visualiser le code source généré par le script pour comprendre ce qu'il se passe. Les extensions de Firefox sont la clé d'un débogage sans maux de tête. La barre d'outils Web Developer possède une fonctionnalité formidable appelée Voir le code source généré (disponible dans le menu Voir Source) qui affiche la source telle qu'elle est actuellement dans la mémoire. Si vous préférez l'extension Firebug, son mode d'inspection examine aussi la page telle qu'elle est actuellement affichée. Ces deux outils sont décrits dans le Chapitre 1.

Notez que le premier paragraphe est cloné avec son contenu et son style actuels, qui sont copiés dans le nouvel élément. Si vous copiez le paragraphe, que vous y ajoutez du contenu et que vous le copiez encore, le premier clone contient le texte d'origine et le second le texte ajouté ultérieurement. Si vous modifiez le CSS d'un élément et que vous le copiez, le clone hérite des propriétés de style du nœud original.

Utiliser l'enveloppement

Il arrive de vouloir envelopper un objet dans un autre élément (ou deux). Par exemple, le bouton wrap de la page changeContent entoure chaque paragraphe cloné par une paire `<div></div>`. J'ai défini la balise `<div>` dans mon CSS pour inclure une bordure rouge. Les clics successifs sur le bouton Wrap in div entourent tous les paragraphes clonés avec une bordure rouge. L'obtention de cet effet est difficile en programmation JavaScript et DOM classique, mais jQuery simplifie toute la démarche.

```
function wrap(){
  $("p:gt(0)").wrap("<div></div>");
} // fin de wrap
```

La méthode `wrap` est facile à comprendre. Si vous l'appliquez à une balise de conteneur, elle enveloppe ce conteneur autour du nœud sélectionné. Vous pouvez aussi utiliser plusieurs éléments. Ainsi, pour intégrer un paragraphe dans une liste à un seul élément, vous pouvez faire quelque chose comme ceci :

```
$("p").wrap("<ul><li></li></ul>");
```

Le code correspondant encadre chaque paragraphe avec une liste non numérotée et un élément de liste.

Pour ce qui de la fonction `wrap`, j'ai décidé de ne pas entourer tous les paragraphes avec un `div` mais seulement ceux qui ont été clonés. Je le fais notamment pour vous présenter quelques autres filtres de sélection. Le sélecteur `p:gt(0)` signifie " sélectionner tous les paragraphes dont l'indice est supérieur à zéro ". En d'autres termes : " ignorer le premier paragraphe et appliquer les méthodes suivantes à tous les autres paragraphes ". Il existe aussi un filtre inférieur (`:lt`) qui isole les éléments avant un certain indice et un filtre égal (`:eq`) qui isole un élément avec un certain indice.

Alterner les styles

Il est fréquent d'alterner les couleurs d'arrière-plan dans les listes ou les tableaux de données. Cet effet est assez difficile à obtenir en programmation CSS et JavaScript classique. Une fois de plus, les sélecteurs jQuery vous facilitent la tâche :

```
function oddGreen(){
  //colore l'arrière-plan des paragraphes impairs en vert
```

```
    $("p:odd").css("backgroundColor", "green")
    .css("color", "white");
  } // fin de oddGreen
```

Le sélecteur `:odd` sélectionne uniquement les éléments ayant un indice impair et renvoie un nœud jQuery qui peut être manipulé avec du chaînage. Bien sûr, vous pouvez utiliser un sélecteur `:even` pour gérer les nœuds pairs. Le reste de ce code est du style CSS.

Réinitialiser la page

Puisque vous êtes en mesure d'appliquer toutes ces modifications à la page, vous devez aussi pouvoir la réinitialiser. Une fonction jQuery s'en charge :

```
function reset(){
  //supprime tout sauf le contenu d'origine
  $("p:gt(0)").remove();
  $("div:not(#content)").remove();
  //réinitialisation du contenu d'origine
  $("#content").html("<p>Contenu d'origine</p>");
} // fin de reset
```

Cette fonction récapitule quelques techniques jQuery et astuces de sélection décrites dans ce chapitre.

1. **Supprimez tout sauf le premier paragraphe.**

   Tous les paragraphes dont l'indice est supérieur à zéro sont des clones et doivent être supprimés. La méthode `remove()` supprime tous les nœuds jQuery associés au sélecteur actuel.

2. **Supprimez tous les `div` excepté le contenu d'origine.**

   J'aurais pu réutiliser le sélecteur `:gt` mais je lui ai préféré un autre sélecteur intéressant : `:not`. Ce sélecteur signifie " supprimer tous les `div` autres que le `div content` d'origine ". L'utilisation de ce sélecteur supprime tous les `div` ajoutés avec la fonction `wrap`.

3. **Restaurez le texte standard du `div content` d'origine.**

   Restaurez le texte standard à son état d'origine pour que la page soit réinitialisée.

À vrai dire, seule la dernière ligne de code est indispensable. Modifier le HTML du `div content` remplace le contenu actuel par ce qui est inclus. Ainsi, les deux premières lignes ne sont pas vraiment nécessaires dans ce contexte. Toutefois, il peut être utile de savoir comment supprimer des éléments en cas de besoin.

S'amuser avec les sélecteurs et les filtres

Les sélecteurs et les filtres jQuery sont amusants et performants. Le Tableau 11.2 présente quelques autres filtres et décrit comment les utiliser.

Tableau 11.2 : Filtres jQuery couramment utilisés.

Filtre	Description
`:header`	Toute balise d'en-tête (h1, h2, h3).
`:animated`	Tout élément actuellement animé.
`:contains(text)`	Tout élément contenant le texte indiqué.
`:empty`	L'élément est vide.
`:parent`	Cet élément contient d'autres éléments.
`:attribute=value`	L'élément a un attribut avec la valeur spécifiée.
`:input`, `:text`, `:radio`, `:image`, `:button`, *etc.*	Correspond au type d'élément spécifique (très utile pour les éléments de formulaire qui sont tous des dérivés de la balise d'entrée).

Notez que cette liste n'est pas exhaustive. Consultez la documentation officielle sur http://docs.jquery.com pour disposer d'une liste plus complète de filtres.

Chapitre 12

Utiliser les outils de l'interface utilisateur jQuery

Dans ce chapitre :

- Explorer l'interface utilisateur jQuery.
- Installer l'interface utilisateur et des modèles.
- Ajouter des calendriers, des boîtes de dialogue et des icônes.
- Glisser et déposer.
- Travailler avec des barres de défilement.
- Créer un mécanisme de tri.
- Créer une page accordéon.
- Créer une interface axée sur des onglets.

La bibliothèque jQuery est un outil incroyable pour simplifier la programmation JavaScript. Elle est devenue si populaire et puissante que des développeurs y ont ajouté de nouvelles fonctionnalités pour la rendre encore plus pratique. jQuery UI (interface utilisateur) figure parmi les outils les plus importants. Elle fournit au développement Web les caractéristiques suivantes :

- **Nouveaux éléments d'interface utilisateur** : en tant qu'outil d'interface utilisateur moderne, HTML manque de quelques outils importants. Les langages visuels modernes disposent d'un support intégré pour des dispositifs tels que les barres de défilement, les calendriers et de nombreux outils d'onglets. jQuery UI fournit ces fonctionnalités parmi tant d'autres.

- **Interaction utilisateur avancée** : les widgets jQuery offrent aux utilisateurs des moyens nouveaux et excitants pour interagir avec votre page. En utilisant les outils UI, vous pouvez facilement laisser les utilisateurs faire des sélections en glissant et déposant des éléments et en développant et réduisant des parties de la page.
- **Modèles de thèmes flexibles** : jQuery UI inclut un système de modèles qui contrôlent l'aspect visuel et la convivialité de vos éléments. Vous pouvez choisir un thème prédéfini parmi les douzaines proposées ou utiliser un outil pour créer votre propre thème. Vous pouvez aussi réutiliser cette bibliothèque de modèles pour gérer l'aspect des autres éléments de la page (pas uniquement ceux définis dans la bibliothèque).
- **Une bibliothèque complète d'icônes** : jQuery UI propose une bibliothèque d'icônes à utiliser dans votre développement Web. Elle contient des flèches et des boutons ainsi qu'une nuée d'autres éléments que vous pouvez modifier pour les adapter à votre modèle.
- **Un style net et moderne** : vous pouvez facilement créer des effets visuels avancés avec jQuery UI. Cette bibliothèque prend en charge les angles arrondis et un tas d'effets visuels spéciaux.
- **La puissance de jQuery** : en tant qu'extension de jQuery, jQuery UI s'ajoute aux fonctionnalités du langage jQuery.
- **Valeurs open-source** : jQuery UI (comme jQuery) est un projet open-source disposant d'une communauté assez active. Vous pouvez modifier sa bibliothèque gratuite pour l'adapter à vos besoins.

Découvrir le ThemeRoller

Le site Web de jQuery UI (http://jqueryui.com) est l'endroit idéal pour trouver les informations les plus récentes sur jQuery. Il présente aussi l'impressionnant outil ThemeRoller. La Figure 12.1 correspond à la page Web qui propose certaines des excellentes fonctionnalités jQuery.

Avant d'utiliser ThemeRoller pour modifier des thèmes, utilisez-le pour vous familiariser avec les éléments d'interface utilisateur. Plusieurs outils pratiques sont visibles sur la figure :

- **Accordion** : la partie supérieure gauche de la page présente trois segments (Section 1, Section 2 et Section 3). En cliquant sur

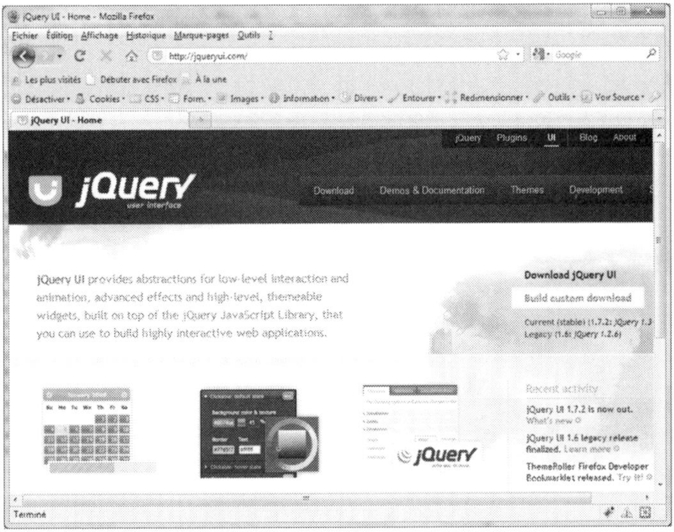

Figure 12.1 : ThemeRoller vous permet de découvrir des éléments jQuery UI et de modifier leur aspect.

un en-tête de section, l'utilisateur peut développer cette section et masquer les autres comme avec un accordéon.

- **Slider** : les sliders (ou barres de défilement) constituent un composant essentiel de l'interface utilisateur qui permet à l'utilisateur de sélectionner une valeur numérique en utilisant un outil visuel simple. Vous pouvez ajuster les sliders jQuery pour permettre une entrée facile et sans erreur.
- **Date picker** : difficile de s'assurer que les utilisateurs saisissent les dates correctement. Le composant date picker ouvre automatiquement un calendrier sur la page et permet à l'utilisateur de le manipuler pour sélectionner une date.
- **Progress bar** : si votre programme prend un certain temps à s'exécuter, utilisez une barre de progression pour rappeler à l'utilisateur que l'ordinateur travaille.
- **Tabs** : la technique de l'accordéon est un moyen d'afficher et de masquer des parties de votre page. L'utilisation d'onglets en est une autre. Utilisez cette technique pour créer un document avec plusieurs onglets, sans fournir de gros efforts.

Faites défiler la page pour découvrir d'autres outils intéressants. La Figure 12.2 représente certains de ces widgets en action.

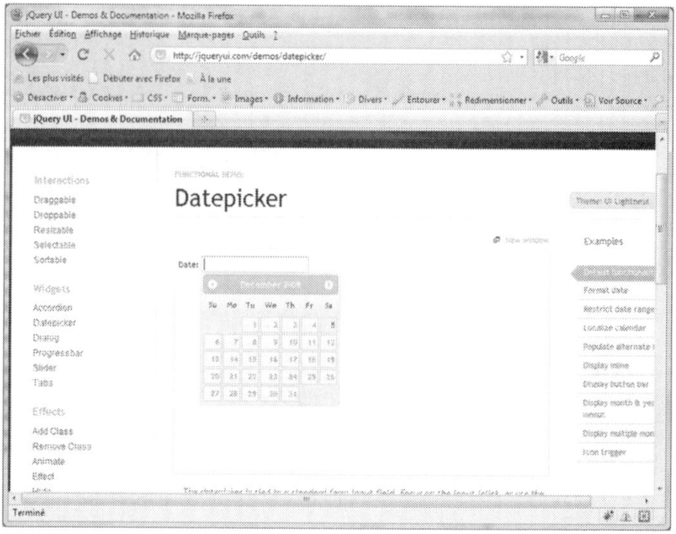

Figure 12.2 : Encore plus de widgets.

Ces widgets témoignent de la puissance de la bibliothèque jQuery UI :

- **Boîte de dialogue** : cliquez sur le bouton Open Dialog pour ouvrir une boîte de dialogue. Elle se comporte comme une boîte d'alerte JavaScript mais est plus esthétique et dispose de fonctionnalités qui en font un composant bien plus élaboré.
- **Outils de mise en forme** : jQuery UI propose des outils spéciaux pour mettre en valeur certaines parties de votre page comme l'alerte, la mise en évidence du texte ou l'ajout d'ombre et de transparence.
- **Icônes** : jQuery UI possède une belle collection d'icônes que vous pouvez utiliser dans votre page. Pointez la souris sur chaque icône du ThemeRoller pour en avoir une description. Utilisez ces icônes pour permettre à l'utilisateur d'interagir de différentes manières avec votre page.

Les thèmes prédéfinis

Aussi impressionnants qu'ils puissent être, les widgets jQuery UI ne représentent qu'une petite partie de l'iceberg. jQuery gère le concept de *thèmes* qui sont des séries de règles visuelles. Un thème est essentiellement un document CSS complexe (et quelques fichiers graphiques associés) conçu pour être utilisé avec la bibliothèque UI.

Retournez au haut de la page ThemeRoller et observez la colonne de gauche. Cliquez sur l'onglet Gallery pour découvrir une liste de thèmes prédéfinis. La Figure 12.3 représente la page ThemeRoller avec un thème totalement différent.

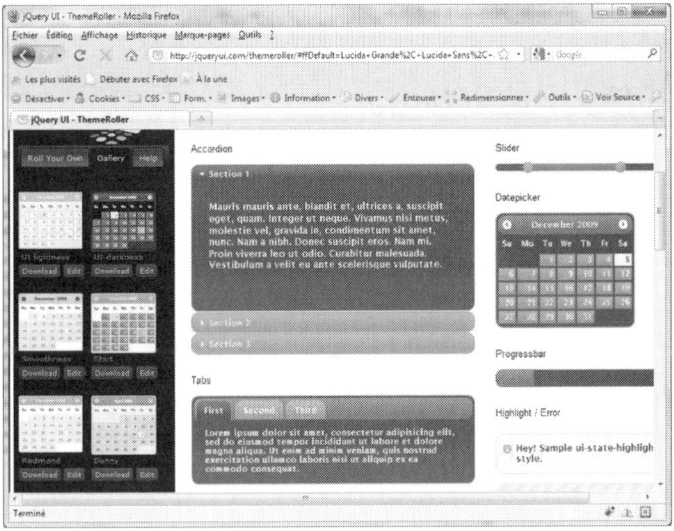

Figure 12.3 : Désormais, ThemeRoller utilise le thème Le Frog.

Les thèmes intégrés sont impressionnants, mais vous pouvez créer votre propre thème. Libre à vous d'éditer le CSS manuellement. Sachez toutefois que l'application ThemeRoller est conçue pour vous faciliter la tâche.

Un exemple ThemeRoller

ThemeRoller vous offre un bon aperçu de la bibliothèque jQuery UI ainsi qu'un exemple de la direction que prend le Web. Ce n'est pas réellement une page Web puisqu'il s'agit d'une application destinée à être écrite dans des technologies Web. Notez que la fonctionnalité de la page (modifier les styles dynamiquement) utilise de nombreuses astuces jQuery et jQuery UI : onglets, accordéons et boîtes de dialogue, par exemple. Ce type de programmation, qui reflète la direction que prend le développement Web, pourrait bien être la forme primaire des applications du futur. Il semblerait que les applications qui utilisent ce style d'interface utilisateur et AJAX pour la transmission et le stockage des données vont s'imposer pendant un petit moment.

Retournez dans l'onglet Roll Your Own et utilisez l'accordéon pour sélectionner différentes options de thème. Vous pouvez modifier la police, choisir des angles arrondis, sélectionner différentes couleurs, *etc.* Amusez-vous avec ces options et créez votre propre style visuel. Ensuite, vous pouvez enregistrer le thème créé et l'utiliser dans vos propres projets.

Glisser et déposer

Il est temps de passer à la création. Le premier exemple est une application simple permettant d'utiliser la souris pour sélectionner un élément de la page et le déplacer. Même si je vous ai montré, dans le Chapitre 8, comment utiliser JavaScript et le DOM pour réaliser cette tâche, à présent, je veux vous montrer que vous pouvez créer le même effet en utilisant jQuery UI. La Figure 12.4 représente cette page en action.

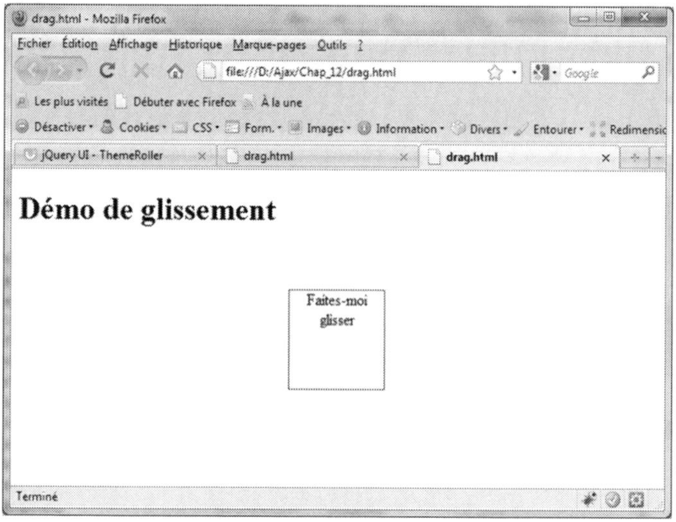

Figure 12.4 : L'utilisateur peut glisser la boîte partout sur la page.

Cet exemple est un bon début pour utiliser la bibliothèque jQuery UI car il est facile à comprendre. Souvent, la partie la plus difficile dans l'écriture d'applications jQuery UI est d'établir les connexions avec la bibliothèque. Cette étape franchie (*ce n'est pas si difficile*), le reste de la programmation est d'une simplicité déconcertante. Observez le segment de code suivant pour comprendre ce que je veux dire :

```
<!DOCTYPE html PUBLIC "-//W3C//DTD XHTML 1.0 Strict//EN"
"http://www.w3.org/TR/xhtml1/DTD/xhtml1-strict.dtd">
<html lang="EN" dir="ltr" xmlns="http://www.w3.org/1999/xhtml">
<head>
  <meta http-equiv="content-type" content="text/xml;
        charset=iso-8859-1" />
  <style type = "text/css">
  #dragMe {
    width: 100px;
    height: 100px;
    border: 1px solid blue;
    text-align: center;
  }
  </style>
  <script type = "text/javascript"
        src = "jquery-1.3.2.min.js"></script>
  <script type = "text/javascript"
        src = "jquery-ui-1.7.2.custom.min.js"></script>
  <script type = "text/javascript">
    $(init);
    function init(){
      $("#dragMe").draggable();
    }
  </script>
  <title>drag.html</title>
</head>

<body>
  <h1> Démo de glissement</h1>
  <div id = "dragMe">
    Faites-moi glisser
  </div>
</body>
</html>
```

L'idée de base de ce programme correspond totalement aux concepts jQuery que je décris dans le Chapitre 13. La page utilise du code HTML simple. Une fonction d'initialisation crée un nœud jQuery spécial et lui attribue une fonctionnalité. C'est tout ce qu'il y a à en dire.

Respectez les étapes suivantes :

1. **Créez un document HTML basique.**

   Vous pouvez utiliser un document standard. J'ai créé un `div` avec l'ID `dragMe`. C'est le `div` que je veux faire glisser. Bien sûr, vous pouvez appliquer une telle fonctionnalité à n'importe quel élément pouvant être sélectionné avec jQuery.

2. **Importez la bibliothèque jQuery standard.**

   La première balise `<script>` importe la bibliothèque jQuery standard. La bibliothèque UI requiert que jQuery soit installé en premier.

3. **Ajoutez un lien vers la bibliothèque jQuery UI.**

   Une deuxième balise `<script>` importe la bibliothèque jQuery UI. Reportez-vous à la section suivante " Télécharger la bibliothèque " pour plus de détails sur l'obtention de cette bibliothèque.

4. **Créez une fonction d'initialisation.**

   Utilisez les techniques jQuery standard pour créer une fonction d'initialisation pour votre page (comme d'habitude, j'ai appelé la mienne `init()`).

5. **Créez un nœud à faire glisser.**

   Utilisez les techniques de sélection jQuery pour isoler les éléments que vous voulez glisser. Utilisez la méthode `draggable()` pour que l'élément puisse être glissé.

6. **Testez.**

   Croyez-le ou non, c'est tout ce qu'il y a à faire. À partir du moment où tout est défini correctement, votre élément peut être glissé ! L'utilisateur peut le glisser avec la souris et le placer partout sur l'écran.

Télécharger la bibliothèque

Ce n'est pas difficile d'écrire du code jQuery UI, mais accéder aux parties de la bibliothèque dont vous avez besoin peut être un peu plus délicat. La bibliothèque jQuery UI est beaucoup plus volumineuse que le pack jQuery standard. Il n'est donc pas nécessaire d'inclure l'intégralité du pack si vous ne l'utilisez pas. Les versions précédentes de jQuery UI permettaient de télécharger l'intégralité du pack mais stockaient chacun des différents éléments dans un fichier JavaScript séparé. Vous pouviez avoir une demi-douzaine de balises `script` actives juste pour mettre les différents éléments en place. Pire, il y avait des problèmes de dépendances ; il fallait donc s'assurer que certains packs étaient installés avant de pouvoir utiliser d'autres packs. Tout cela faisait que la bibliothèque était plutôt difficile à utiliser.

Heureusement, les dernières versions de jQuery UI rendent cette tâche plus simple. Quand vous commencez à travailler sur un projet, sélectionnez (ou créez) un thème visuel, choisissez les widgets et les outils que vous voulez utiliser et téléchargez un formulaire personnalisé de la bibliothèque, adapté à vos besoins. En utilisant cette technique, votre code est beaucoup plus simple car vous ne connectez qu'une bibliothèque JavaScript pour l'interface utilisateur, quel que soit le nombre d'outils d'interface et de widgets que vous utilisez (même s'il faut d'abord connecter la bibliothèque jQuery standard).

Utilisez également cette technique pour intégrer plusieurs thèmes de sorte que vous puissiez facilement modifier l'aspect de votre programme en modifiant les fichiers de thème.

Redimensionner un thème

Cette section présente deux idées importantes du pack jQuery UI :

- **Éléments redimensionnables** : l'utilisateur peut faire glisser le bord inférieur ou le bord droit d'un élément pour modifier sa taille. La démarche qui consiste à rendre un élément redimensionnable est identique à celle permettant de le glisser.
- **Thèmes** : jQuery propose une série de styles visuels personnalisés.

Sur la Figure 12.5, vous pouvez voir que la page a un style visuel défini. Les éléments ont des polices et des arrière-plans distinctifs et les entêtes présentent un style visuel particulier. Même si ces styles ne sont pas renversants (après tout, ce n'est que du CSS), la bonne nouvelle, c'est qu'ils sont définis par le thème. Vous pouvez aisément choisir un autre thème (créé manuellement ou en utilisant ThemeRoller) et l'aspect visuel de tous ces éléments reflétera le nouveau thème. Les thèmes offrent un niveau supplémentaire d'abstraction à votre site Web car ils vous permettent de modifier le style visuel général bien plus facilement qu'en modifiant le CSS manuellement.

La Figure 12.6 représente la page après redimensionnement de l'élément `Redimensionnez-moi`. Notez que le reste de la page s'adapte automatiquement à la nouvelle taille de l'élément.

Le segment de code suivant indique que les effets visuels les plus intéressants de la Figure 12.6 sont du simple code CSS et que le redimensionnement résulte de la magie jQuery UI :

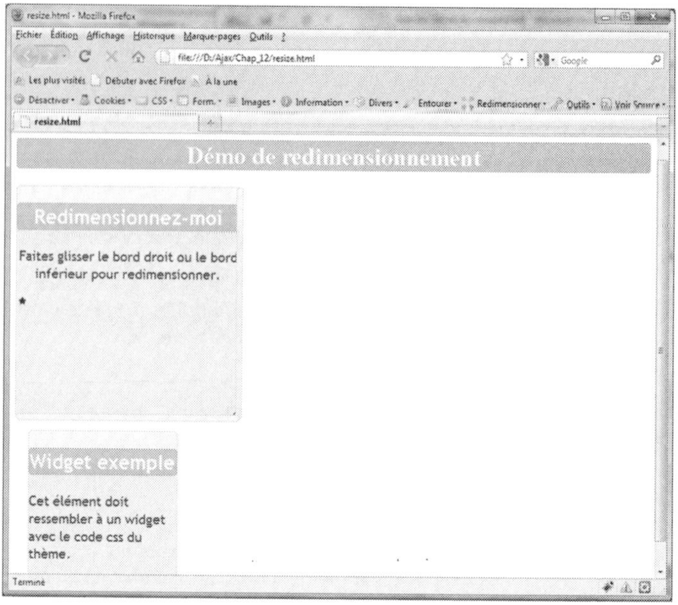

Figure 12.5 : L'utilisateur peut modifier la taille de cet élément.

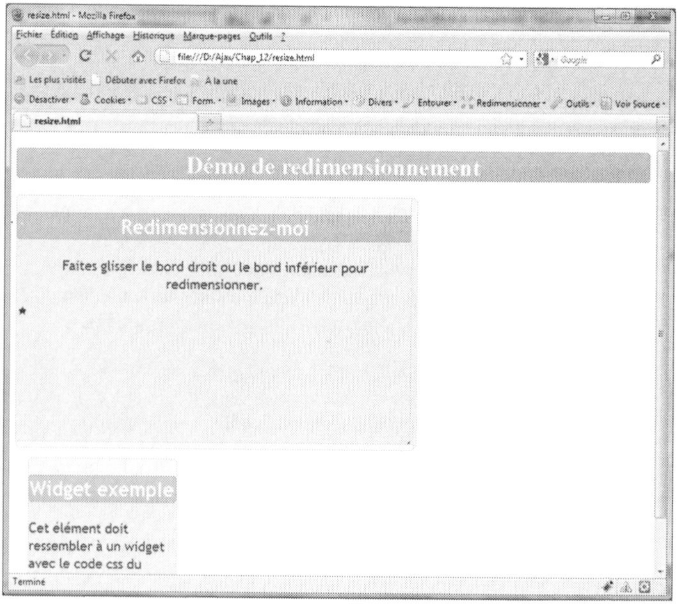

Figure 12.6 : Quand un élément est redimensionné, le reste de la page s'adapte.

```
<!DOCTYPE html PUBLIC "-//W3C//DTD XHTML 1.0 Strict//EN"
"http://www.w3.org/TR/xhtml1/DTD/xhtml1-strict.dtd">
<html lang="EN" dir="ltr" xmlns="http://www.w3.org/1999/xhtml">
<head>
  <meta http-equiv="content-type" content="text/xml;
        charset=iso-8859-1" />
  <link rel = "stylesheet"
       type = "text/css"
       href = "jquery-ui-1.7.2.custom.css" />

  <style type = "text/css">
  h1 {
    text-align: center;
  }
  #resizeMe {
    width: 300px;
    height: 300px;
    text-align: center;
  }
  #sample {
    width: 200px;
    height: 200px;
    margin: 1em;
  }

  </style>
  <script type = "text/javascript"
        src = "jquery-1.3.2.min.js"></script>
  <script type = "text/javascript"
        src = "jquery-ui-1.7.2.custom.min.js"></script>
  <script type = "text/javascript">
    //<![CDATA[
    $(init);
    function init(){
      $("#resizeMe").resizable();
      themify();
    } // fin de init

    function themify(){
      //application de CSS basé sur le thème aux différents éléments
      $("div").addClass("ui-widget")
      .addClass("ui-widget-content")
      .addClass("ui-corner-all");
      $(":header").addClass("ui-widget-header")
      .addClass("ui-corner-all");
      $("#resizeMe")
      .append('<span class = "ui-icon ui-icon-star"></span>');
```

```
    }
    //]]>
  </script>
  <title>resize.html</title>
</head>

<body>
  <h1>Démo de redimensionnement</h1>
  <div id = "resizeMe">
    <h2>Redimensionnez-moi</h2>
    <p>
      Faites glisser le bord droit ou le bord inférieur pour
      redimensionner.
    </p>
  </div>

  <div id = "sample">
    <h2>Widget exemple</h2>
    <p>
      Cet élément doit ressembler à un widget
      avec le code css du thème.
    </p>
  </div>


</body>
</html>
```

Inspecter le HTML et le CSS standard

Comme d'habitude, le HTML utilisé dans l'exemple de code de la section précédente constitue la base de la page. Il est clair et reflète la structure générale de la page. Le HTML consiste en trois éléments simples : un en-tête et deux `div`. Chaque `div` contient son propre en-tête de niveau 2 et un paragraphe. Les `div` possèdent un ID pour faciliter l'attribution du style.

J'ai également inclus une section de CSS dans l'exemple pour gérer la mise en forme générale de la page. Comme je voulais que les widgets aient une taille initiale spécifique, j'ai utilisé du CSS classique.

Importer les fichiers

Les applications jQuery requièrent l'importation de bibliothèques de code JavaScript. Dans cette application jQuery UI (comme dans la plupart de ces applications), j'importe trois fichiers :

- **La bibliothèque jQuery principale** : cette bibliothèque jQuery essentielle est importée conformément à la description du Chapitre 11, comme un fichier JavaScript standard.
- **La bibliothèque jQuery UI** : ce fichier est aussi une bibliothèque JavaScript standard. Pour obtenir une version personnalisée de ce fichier, reportez-vous à la section " Télécharger la bibliothèque " de ce chapitre.
- **Le fichier CSS** : quand vous créez un thème avec ThemeRoller, il vous fournit un fichier CSS. Ce fichier est votre thème. Comme c'est un fichier CSS plutôt que du code JavaScript, utilisez la balise `link` pour l'associer à votre page.

TRUC : La plupart des exemples jQuery UI requièrent un thème. Comme le montre cet exemple, les thèmes proposent d'autres effets intéressants. Ça vaut donc vraiment le coup d'inclure un fichier thème CSS dès que vous souhaitez utiliser jQuery UI.

Rendre un élément redimensionnable

Étonnamment, la partie la plus simple du projet est de rendre l'élément `resizable` redimensionnable, comme le montre cet exemple :

```
function init(){
  $("#resizeMe").resizable();
  themify();
} // fin de init
```

C'est une astuce jQuery UI standard. Suivez ces étapes :

1. **Commencez par une fonction d'initialisation.**

   À l'image de tout bon code jQuery, cet exemple commence par une initialisation standard.

2. **Rendez un élément redimensionnable.**

   Identifiez le div `ResizeMe` comme un nœud jQuery et utilisez la méthode `resizable()` pour le rendre redimensionnable. C'est tout.

3. Appelez une deuxième fonction pour appliquer un thème aux éléments.

Même si la méthode `resizable` ne requiert pas l'utilisation des thèmes jQuery, les thèmes améliorent l'aspect de l'élément.

Appliquer des thèmes à des éléments

L'outil jQuery Theme vous aide à décorer vos éléments en utilisant le CSS. La caractéristique principale des thèmes jQuery est qu'ils sont *sémantiques* : spécifiez l'objectif général de l'élément et laissez le thème appliquer le CSS approprié. Utilisez l'application ThemeRoller pour créer facilement de nouveaux thèmes ou modifier des thèmes existants. De cette manière, vous pouvez cibler un aspect et une convivialité plus sophistiqués pour votre site tout en écrivant peu de CSS. La plupart des éléments d'interface jQuery (tels que les accordéons et les onglets, décrits dans ce chapitre) utilisent automatiquement le thème CSS courant. Bien évidemment, vous pouvez aussi appliquer le thème à vos propres éléments pour harmoniser leur style.

Les thèmes sont simplement un ensemble de classes CSS prédéfinies. Pour appliquer un thème CSS à un élément, il suffit d'ajouter une classe spécifique à l'objet. Par exemple, vous pouvez faire en sorte qu'un paragraphe ressemble à la définition courante du widget `ui-widget` en y ajoutant ce petit segment de code :

```
<div class = "ui-widget">
```

Mon `div` ressemble à un widget

```
</div>
```

Bien sûr, ajouter des classes dans le HTML enfreint un principe d'ordre sémantique. Il est donc plus judicieux de réaliser cette tâche dans le JavaScript, en utilisant jQuery :

```
function themify(){
  //application de CSS basé sur le thème aux différents éléments
  $("div").addClass("ui-widget")
  .addClass("ui-widget-content")
  .addClass("ui-corner-all");
  $(":header").addClass("ui-widget-header")
  .addClass("ui-corner-all");
  $("#resizeMe")
  .append('<span class = "ui-icon ui-icon-star"></span>');
}
```

La fonction `themify()` applique tous les thèmes aux éléments de ma page en utilisant le CSS défini par le thème. J'utilise les techniques jQuery pour simplifier le processus.

1. **Identifiez tous les `div` en utilisant jQuery.**

   Pour que tous les `div` de votre page ressemblent à des widgets, utilisez jQuery pour identifier tous les éléments `div`.

2. **Ajoutez la classe `ui-widget` à tous les `div`.**

   Cette classe est définie dans le thème. Tous les thèmes jQuery disposent de cette classe définie mais les propriétés spécifiques (couleur et taille des polices, par exemple) varient en fonction du thème. De cette manière, vous pouvez remplacer un thème par un autre sans perturber le fonctionnement du code. La classe `ui-widget` définit un élément comme un widget.

3. **Ajoutez `ui-widget-content`.**

   Les `div` doivent être associés à deux classes. J'utilise le chaînage pour spécifier que les `div` doivent aussi être membres de la classe `ui-widget-content`. Cette classe indique que le contenu du widget (et pas juste la classe elle-même) doit avoir un style.

4. **Spécifiez les angles arrondis.**

   Les angles arrondis sont une caractéristique standard du design visuel du Web 2.0. Cet effet est extrêmement facile à réaliser en utilisant jQuery : ajoutez la classe `ui-corner-all` à tous les éléments devant présenter des angles arrondis.

   Les angles arrondis utilisent CSS3 qui n'est pas encore pris en charge par tous les navigateurs. Votre page n'affichera pas d'angles arrondis dans la plupart des versions d'Internet Explorer, sinon elle fonctionnera correctement.

5. **Appliquez le style `widget-header` à tous les en-têtes.**

   Les thèmes jQuery incluent un style d'en-tête très attractif. Vous pouvez facilement appliquer ce thème à toutes les balises d'en-tête (de `<h1>` à `<h6>`). Utilisez le filtre `:header` pour identifier tous les en-têtes et appliquez les classes `ui-widget-header` et `ui-corner-all` à ces en-têtes.

Le pack jQuery UI prend en charge un grand nombre de classes intéressantes, décrites dans le Tableau 12.1.

Notez qu'il existe d'autres classes définies dans les thèmes UI mais celles proposées dans ce tableau sont les plus courantes. Consultez la documentation jQuery UI pour plus de détails.

Tableau 12.1 : Classes prises en charge par le pack jQuery UI.

Classe	Utilisée sur	Description
`ui-widget`	Tout élément sauf un widget	Fait ressembler l'élément à un widget.
`ui-widget-header`	En-tête	Applique un style d'en-tête spécifique.
`ui-widget-content`	Widget	Applique le style `widget content` à un élément et ses sous-éléments.
`ui-state-default`	Éléments cliquables	Affiche l'état par défaut (non cliqué).
`ui-state-hover`	Éléments cliquables	Affiche l'état pointé.
`ui-state-focus`	Éléments cliquables	Affiche l'état sélectionné quand l'élément est sélectionné à l'aide du clavier.
`ui-state-active`	Éléments cliquables	Affiche l'état d'activation quand la souris clique sur l'élément.
`ui-state-highlight`	Tout widget ou élément	Spécifie que l'élément est mis en évidence.
`ui-state-error`	Tout widget ou élément	Spécifie qu'un élément contient un message d'erreur ou d'alerte.
`ui-state-error text`	Éléments texte	Permet de mettre en évidence une erreur sans modifier les autres éléments (cette classe est surtout utilisée pour la validation de formulaire).
`ui-state-disabled`	Tout widget ou élément	Indique que le widget est indisponible.
`ui-corner-all`, `ui-corner-tl` (etc)	Tout widget ou élément	Applique la taille courante de l'angle à l'élément. Les angles sont désignés par tl, tr, bl, br, top, bottom, left, right.
`ui-widget-shadow`	Tout widget	Applique un effet d'ombre au widget.

Ajouter une icône

Notez la petite étoile qui apparaît dans l'élément `resizeMe` de la Figure 12.6. Cet élément est un exemple d'icône jQuery UI. Tous les thèmes jQuery offrent une série standard d'icônes qui sont de petites images (16x16 pixels). La série d'icônes compte des icônes standard pour les flèches ainsi que des images couramment utilisées dans les menus et les barres d'outils (Enregistrer ou Nouveau document, par exemple). Certains éléments jQuery UI utilisent des icônes automatiquement mais vous pouvez aussi les ajouter directement.

Suivez cette démarche pour utiliser des icônes dans votre programme :

1. **Intégrez un thème jQuery UI.**

   Les icônes font partie du pack de thème. Ajoutez la feuille de style CSS correspondante au thème (comme vous l'avez fait si vous avez suivi les instructions du Chapitre 10).

2. **Assurez-vous que les images sont disponibles.**

   Quand vous téléchargez un pack de thème, il contient un répertoire d'images. Ces images sont utilisées pour créer aussi bien des arrière-plans personnalisés que des icônes. Le fichier CSS exige qu'un répertoire appelé `images` soit placé dans le même répertoire que le CSS. Ce répertoire doit contenir plusieurs images commençant par `ui-icons`. Ces images contiennent toutes les icônes nécessaires. Si les fichiers image des icônes ne sont pas disponibles, les icônes ne s'affichent pas.

3. **Créez un spanà l'endroit où vous voulez que l'icône apparaisse.**

   Placez une balise span vide à l'endroit où vous voulez que l'icône apparaisse dans le HTML. Vous pouvez placer le span directement dans le HTML ou l'ajouter en utilisant jQuery. Je préfère ajouter des éléments UI en utilisant jQuery, pour garder le HTML aussi vierge que possible.

4. **Associez la classe `ui-icon` au span.**

   Cette étape indique à jQuery de considérer le span comme une icône. Le contenu du span est masqué et sa taille est modifiée pour contenir une image d'icône de 16 x 16 pixels.

5. **Associez une seconde classe pour identifier l'icône spécifique.**

   Consultez la page ThemeRoller pour voir les icônes disponibles. Quand vous pointez la souris sur une icône de cette page, vous pouvez lire le nom de la classe associée à l'icône.

Vous pouvez ajouter le code directement dans le HTML :

```
<p id = "myPara">
  C'est mon texte
  <span class = "ui-icon ui-icon-star"></span>
</p>
```

Vous pouvez aussi utiliser jQuery pour ajouter le code approprié à votre élément :

```
$("#myPara").append('<span class = "ui-icon ui-icon-star"></span>');
```

Glisser, déposer et rappeler

Les éléments jQuery présentent bien et possèdent des fonctionnalités intéressantes. La plupart des objets jQuery UI sont en mesure de répondre à des événements. Par exemple, observez la page `dragDrop.html` illustrée à la Figure 12.7.

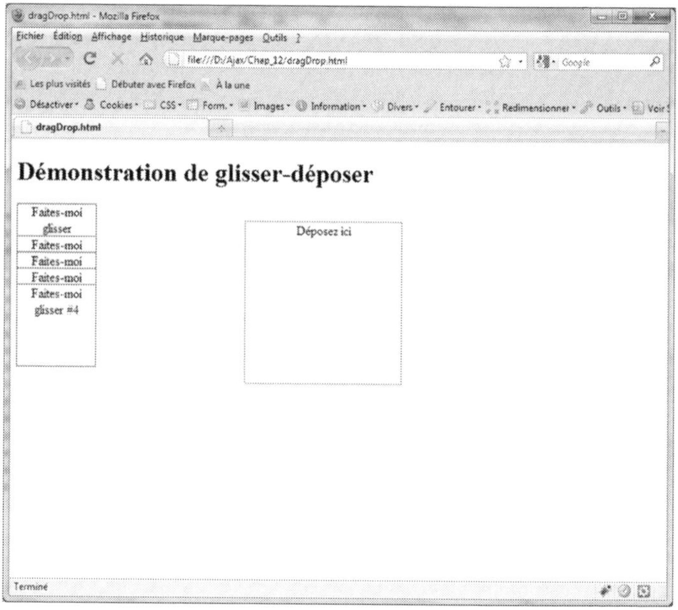

Figure 12.7 : La page contient un groupe d'éléments qui peuvent être glissés ainsi qu'une cible.

Lorsque vous déposez un élément sur la cible, la couleur et le contenu de la cible changent, comme le montre la Figure 12.8.

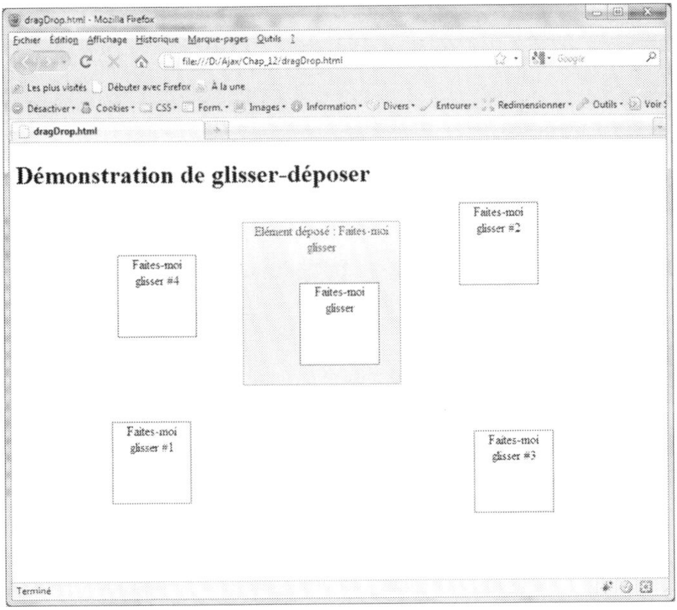

Figure 12.8 : La cible "sait" quand quelque chose y a été déposé.

Le programme montre comment jQuery simplifie la tâche consistant à travailler avec plusieurs éléments.

Observez l'intégralité du programme avant d'en examiner des segments plus brefs :

```
<!DOCTYPE html PUBLIC "-//W3C//DTD XHTML 1.0 Strict//EN"
"http://www.w3.org/TR/xhtml1/DTD/xhtml1-strict.dtd">
<html lang="EN" dir="ltr" xmlns="http://www.w3.org/1999/xhtml">
<head>
  <meta http-equiv="content-type" content="text/xml;
        charset=iso-8859-1" />
  <link rel = "stylesheet"
        type = "text/css"
        href = "jquery-ui-1.7.2.custom.css" />
  <style type = "text/css">
  .dragMe {
    width: 100px;
    height: 100px;
```

```
    border: 1px solid blue;
    text-align: center;
    background-color: white;
    position: absolute;
    z-index: 100;
  }
  #target {
    width: 200px;
    height: 200px;
    border: 1px solid red;
    text-align: center;
    position: absolute;
    left: 300px;
    top: 100px;
    z-index: 0;
  }
  </style>
  <script type = "text/javascript"
          src = "jquery-1.3.2.min.js"></script>
  <script type = "text/javascript"
          src = "jquery-ui-1.7.2.custom.min.js"></script>
  <script type = "text/javascript">
  //<![CDATA[
    $(init);

    function init(){
      // création de quelques copies de dragMe
      cloneDragMe();

      //tous les éléments drag me peuvent être glissés
      $(".dragMe").draggable();

      //transformation de l'élément en cible
      $("#target").droppable();

      //ajout d'événements à la cible
      $("#target").bind("drop", changeTarget);
      $("#target").bind("dropout", resetTarget);

    } // fin de init

    function cloneDragMe(){
      for (i = 1; i <=4; i++){
        zValue = (101 + i) + "";
        yPos = 100 + (i * 20) + "px";

        $("div:first").clone()
```

```
        .insertAfter("div:first")
        .css("top", yPos)
        .css("zIndex", zValue)
        .append(" #" + i);
      } // fin de la boucle for
    } // fin de cloneDragMe

    function changeTarget(event, ui){
      $("#target").addClass("ui-state-highlight")
      .html("Elément déposé : ")
      .append(ui.draggable.text());
    } // fin de changeTarget

    function resetTarget(event, ui){
        $("#target").removeClass("ui-state-highlight")
        .html("Déposez ici");
    } // fin de reset
  //]]>
  </script>
  <title>dragDrop.html</title>
</head>

<body>
  <h1>Démonstration de glisser-déposer</h1>
  <div class = "dragMe">
    Faites-moi glisser
  </div>
  <div id = "target">
    Déposez ici
  </div>
</body>
</html>
```

Créer la page de base

Comme d'habitude avec jQuery, le code HTML de cette page est d'une simplicité déconcertante. Il ne contient, par exemple, qu'un élément `dragMe`. Il est plus simple de créer un seul élément en HTML puis d'utiliser jQuery et JavaScript pour effectuer autant de copies que nécessaires plutôt que de créer tous les éléments manuellement en HTML. La page contient aussi un seul élément `target`. J'ai ajouté du CSS basique (bordures) pour rendre l'élément bien visible et ai défini tous les éléments avec une position absolue afin de pouvoir contrôler leur position initiale. Notez que j'ai attaché un ID à la cible (puisqu'il n'y a qu'une seule cible sur la page) et que j'ai créé une classe `dragMe` (car je souhaite avoir plusieurs éléments à faire glisser sur la page).

Initialiser la page

Le processus d'initialisation est quelque peu élaboré mais il n'est pas trop difficile à comprendre. La principale nouveauté est sa capacité à répondre à certains événements :

```
$(init);

function init(){
  // création de quelques copies de dragMe
  cloneDragMe();

  //tous les éléments drag me peuvent être glissés
  $(".dragMe").draggable();

  //transformation de l'élément en cible
  $("#target").droppable();

  //ajout d'événements à la cible
  $("#target").bind("drop", changeTarget);
  $("#target").bind("dropout", resetTarget);

} // fin de init
```

Respectez les étapes suivantes :

1. **Réalisez des copies de l'élément `dragme`.**

   Cette étape est simple (en fait, je l'ai ajoutée après avoir testé un élément). Toutefois, si vous voulez obtenir plusieurs copies de l'élément à glisser, utilisez une méthode pour encapsuler le processus.

2. **Faites en sorte que tous les éléments `dragme` puissent être glissés.**

   Utilisez la méthode jQuery `draggable()` sur tous les éléments de la classe `dragMe`.

3. **Définissez la cible.**

   La méthode `droppable()` définit un élément comme cible de sorte qu'il puisse accepter des événements dès qu'un élément glissé y est déposé. Notez que cette action n'a aucun effet sur l'élément lui-même. La partie la plus intéressante arrive : elle consiste à associer des événements à l'élément.

4. **Associez un événement** `drop` **à la cible.**

   Un élément défini comme cible d'éléments glissés peut être associé à des événements, comme n'importe quel objet jQuery. Cependant, la technique pour lier un événement à un objet d'interface utilisateur est légèrement différente de la technique standard qui impliquait une fonction personnalisée pour chaque événement. Utilisez la méthode `bind` pour spécifier qu'une fonction doit être appelée dès qu'un événement particulier se produit. Quand l'utilisateur dépose un élément glissé sur l'élément cible (l'événement `drop`), appelez la fonction `changeTarget()`.

5. **Associez un événement** `dropout` **à la cible.**

   Vous pouvez associer un autre événement : `dropout`. Il doit se produire dès que l'utilisateur retire tous les éléments glissés de la cible. J'ai indiqué au programme d'appeler la fonction `resetTarget()` dès que cet événement est déclenché.

Les programmeurs utilisent souvent des raccourcis pour ce processus. Les fonctions sont définies anonymement dans l'appel `bind` ou les fonctions événements sont associées en tant qu'objet JSON directement dans l'affectation de la méthode `droppable()`. Libre à vous d'utiliser ces techniques si elles vous sont familières. Je choisis ma technique qui est plus facile à comprendre.

Gérer la dépose

Quand l'utilisateur glisse un élément `dragMe` et le dépose sur la cible, la couleur de l'arrière-plan de la cible change et le programme reporte le texte de l'élément glissé. Le code est facile à comprendre :

```
function changeTarget(event, ui){
  $(“#target”).addClass(“ui-state-highlight”)
  .html("Elément déposé : ")
  .append(ui.draggable.text());
} // fin de changeTarget
```

Suivez ces étapes pour répondre à un événement `drop` :

1. **Créez une fonction correspondant à l'événement** `drop`**.**

   L'événement `drop` est lié à la fonction `changeTarget`. Vous devez créer une telle fonction.

2. **Intégrez deux paramètres.**

   Les fonctions événements prennent deux paramètres. Le premier est un objet qui inclut l'événement (comme celui en programmation DOM classique) et le second, appelé `ui`, contient les informations sur l'interface utilisateur. Utilisez l'objet `ui` pour déterminer l'élément glissé qui a été déposé sur la cible.

3. **Mettez la cible en évidence.**

   Signalez que l'état de la cible a changé. Vous pouvez modifier le CSS directement (en utilisant jQuery) ou utiliser la technique du thème jQuery pour appliquer une classe prédéfinie de mise en évidence. J'ai choisi d'utiliser la technique du thème jQuery et d'ajouter la classe `ui-state-highlight` à l'objet `target`.

4. **Modifiez le texte pour indiquer le nouvel état.**

   Il paraît logique d'indiquer qu'un élément a été déposé. S'il s'agit, par exemple, d'une application commerciale, ajoutez l'élément dans un tableau pour vous souvenir de ce que l'utilisateur veut acheter. Dans cet exemple, j'ai juste modifié le texte de la cible pour indiquer que l'élément a été déposé.

5. **Utilisez** `ui.draggable` **pour avoir accès à l'élément qui a été déposé.**

   L'objet `ui` contient des informations sur l'interface utilisateur. L'attribut `ui.draggable` est un lien vers l'élément glissé qui a déclenché la fonction courante. C'est un élément jQuery ; donc vous pouvez lui appliquer les méthodes jQuery de votre choix. Dans ce cas, j'ai extrait le texte de l'élément glissé et l'ai ajouté à la suite du texte de la cible.

Retirer les éléments peut être drôle

Une autre fonction est utilisée pour gérer la condition `dropout` qui se produit quand les éléments glissés sont retirés de la cible. J'associe la fonction `resetTarget` à cet événement :

```
function resetTarget(event, ui){
    $("#target").removeClass("ui-state-highlight")
    .html("Déposez ici");
} // fin de reset
```

1. **Supprimez la classe de mise en évidence de la cible.**

Les classes de thème se suppriment facilement. Supprimez la classe de mise en évidence et rendez à la cible son apparence d'origine.

2. **Restaurez le texte HTML.**

   Maintenant que la cible est vide, restaurez le HTML pour qu'il invite l'utilisateur à déposer un nouvel élément.

Cloner les éléments

Vous pouvez exécuter le programme tel quel (avec une seule copie de la classe `dragMe`) mais le glisser-déposer est plus souvent utilisé avec plusieurs éléments. Par exemple, vous pourriez permettre aux utilisateurs de glisser plusieurs icônes de votre catalogue dans un panier. La bibliothèque jQuery basique fournit toutes les fonctionnalités nécessaires pour faire autant de copies d'un élément que vous souhaitez. Copier un élément revient tout simplement à utiliser la méthode jQuery `clone()`. Le code plus élaboré est utilisé pour veiller à ce que les différents éléments s'affichent correctement :

```
function cloneDragMe(){
  for (i = 1; i <=4; i++){
    zValue = (101 + i) + "";
    yPos = 100 + (i * 20) + "px";

    $("div:first").clone()
    .insertAfter("div:first")
    .css("top", yPos)
    .css("zIndex", zValue)
    .append(" #" + i);
  } // fin de la boucle for
} // fin de cloneDragMe
```

Appliquez la démarche suivante pour effectuer plusieurs copies de l'élément à glisser :

1. **Créez une boucle `for`.**

   La boucle `for` est l'outil idéal dès qu'il s'agit de répétition. Pour créer quatre clones numérotés de 1 à 4, comme dans l'exemple, nommez une variable `I` qui varie de 1 à 4.

2. **Créez une variable `zValue` pour l'élément.**

   La propriété CSS `zIndex` est utilisée pour indiquer le chevauchement d'éléments. Les valeurs élevées sont visibles aux yeux de l'utilisateur. Dans l'exemple, j'ai attribué à chaque élément un `zOrder` de plus de 100 pour m'assurer que chaque élément s'affiche sur la cible. Si vous ne spécifiez pas `zIndex`, les éléments glissés peuvent se placer sous la cible et ne plus être visibles. La variable `zValue` est mise en correspondance avec `zIndex`.

3. **Déterminez la position `Y` de l'élément.**

   Je veux que chaque copie successive de l'élément `dragMe` se place légèrement sous la précédente. Multiplier `i` par 20 garantit que chaque élément soit séparé du précédent par 20 pixels. Ajoutez 100 pixels pour déplacer la nouvelle pile d'éléments près de l'élément d'origine.

4. **Créez une copie du premier élément.**

   Utilisez la méthode `clone()` pour créer une copie du premier `div` (utilisez le filtre `:first` pour spécifier le `div` que vous voulez copier).

5. **N'oubliez pas d'insérer l'élément nouvellement copié.**

   L'élément copié existe uniquement en mémoire jusqu'à ce qu'il soit ajouté à la page. Je choisis d'ajouter l'élément juste après le premier élément.

6. **Définissez le haut de l'élément avec la variable `yPos`.**

   Utilisez la variable `yPos` calculée précédemment dans cette fonction pour définir la position verticale de l'élément créé. Utilisez la méthode `css()` pour appliquer la variable `yPos` à la règle CSS `left` de l'élément.

7. **Définissez `zIndex`.**

   Tout comme la position `y`, la variable `zIndex` que vous avez créée est mise en correspondance avec une valeur CSS. Dans ce cas, `zValue` est associée à la propriété `zIndex`.

8. **Ajoutez l'indice au texte de l'élément.**

   Utilisez la méthode `append()` pour ajouter la valeur de `i` au HTML de l'élément. De cette façon, vous numérotez clairement chaque élément.

Chapitre 13

Améliorer l'ergonomie avec jQuery

Dans ce chapitre :

- Créer une page accordéon.
- Créer une interface à onglets.
- Travailler avec des barres de défilement.
- Gérer des éléments sélectionnables.
- Créer un mécanisme de tri.
- Utiliser l'outil boîte de dialogue.

jQuery UI offre à vos pages Web des possibilités impressionnantes. Les widgets font partie des outils les plus intéressants. Il s'agit d'éléments d'interface utilisateur que le HTML standard ne prend pas en charge pas. Certains de ces éléments complètent le HTML en fournissant des options d'entrée plus simples. Par exemple, il est relativement difficile d'imposer à l'utilisateur d'entrer des dates dans un format spécifique. Le widget `datePicker` est facile à ajouter pour les programmeurs et facile à utiliser pour les utilisateurs. Une autre classe d'outils fournis par jQuery UI aide à gérer les pages complexes en masquant du contenu jusqu'à ce qu'il soit nécessaire.

Gérer des pages volumineuses

La gestion de la complexité des pages est un problème constant en développement Web. Plus une page s'allonge et se complexifie, moins elle est lisible pour l'utilisateur. Les premières versions du HTML avaient des solutions à ce problème. L'utilisation de cadres était populaire car ils permettaient aux utilisateurs de placer des informations de navigation dans un cadre et du contenu dans un autre. Toutefois, les cadres posaient des problèmes d'ergonomie. C'est pourquoi ils sont tombés en disgrâce. Bien que le HTML dynamique et AJAX semblent être de parfaites technologies de remplacement, elles peuvent être difficiles à implémenter, notamment avec une méthode multinavigateur fiable.

jQuery UI fournit deux outils incroyables pour la gestion des pages plus volumineuses :

- **L'accordéon** : il crée une page volumineuse mais n'affiche que des petites parties de la page en une fois.
- **Les onglets** : ils transforment facilement une page volumineuse en une page avec un menu à onglets.

Ces outils sont faciles à utiliser et étendent vos options de développement. Ils permettent d'automatiser et de simplifier le travail avec le DOM (document `object model`) et AJAX qui est nécessaire pour créer une page volumineuse avec du contenu dynamique.

Utiliser le widget accordéon

Certains des outils jQuery les plus puissants sont aussi les plus faciles à mettre en œuvre. C'est le cas du widget accordéon qui est devenu l'un des outils les plus populaires de jQuery UI. Observez `accordion.html` sur la Figure 13.1 pour voir comment cela fonctionne.

Quand vous regardez la Figure 13.1, vous voyez le titre des trois premiers chapitres de ce livre. Les détails du premier chapitre sont visibles, mais ceux des autres chapitres ne le sont pas. Si vous cliquez sur le titre du Chapitre 2, vous voyez l'écran présenté sur la Figure 13.2 : le sommaire du Chapitre 1 est réduit tandis que celui du Chapitre 2 est développé.

Cet effet permet à l'utilisateur de se concentrer sur une partie de la page tout en ayant un aperçu des titres du reste de la page. C'est ce qu'on appelle un accordéon car les différentes parties se plient et se déplient pour que l'utilisateur puisse cibler une partie de la page sans perdre le fil. L'accordéon est devenu avec son contenu pliable et dépliable un outil d'ergonomie très important, popularisé par la barre d'applications dans Mac OS et par d'autres outils d'ergonomie.

L'effet d'accordéon est facile à réaliser avec jQuery :

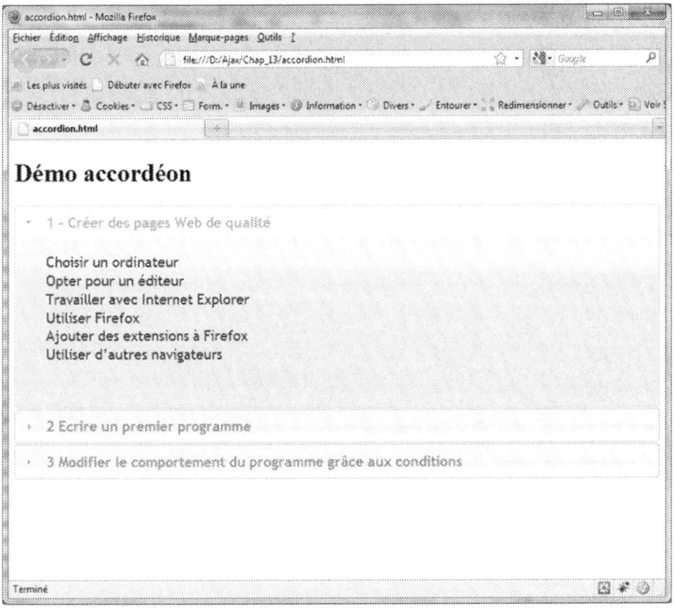

Figure 13.1 : Sommaire d'un livre très familier.

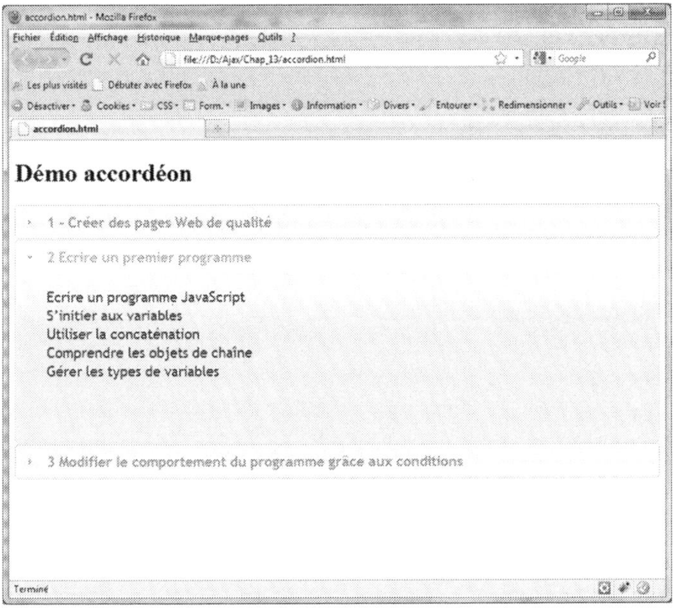

Figure 13.2 : Le sommaire du Chapitre 1 est réduit et celui du Chapitre 2 est développé.

```
<!DOCTYPE html PUBLIC "-//W3C//DTD XHTML 1.0 Strict//EN"
"http://www.w3.org/TR/xhtml1/DTD/xhtml1-strict.dtd">
<html lang="EN" dir="ltr" xmlns="http://www.w3.org/1999/xhtml">
<head>
  <meta http-equiv="content-type" content="text/xml;
       charset=iso-8859-1" />
  <link rel = "stylesheet"
        type = "text/css"
        href = "jquery-ui-1.7.2.custom.css" />

  <script type = "text/javascript"
          src = "jquery-1.3.2.min.js"></script>
  <script type = "text/javascript"
          src = "jquery-ui-1.7.2.custom.min.js"></script>
  <script type = "text/javascript">
    //<![CDATA[

    $(init);

    function init(){
      $("#accordion").accordion();
    }
    //]]>
    </script>

  <title>accordion.html</title>
</head>
<body>
<h1>Démo accordéon</h1>

<div id = "accordion">
  <h2><a href = "#">1 - Créer des pages Web de qualité</a></h2>
      <ul>
        <li>Choisir un ordinateur</li>
        <li>Opter pour un éditeur</li>
        <li>Travailler avec Internet Explorer</li>
        <li>Utiliser Firefox</li>
        <li>Ajouter des extensions à Firefox</li>
        <li>Utiliser d'autres navigateurs</li>
      </ul>
  <h2><a href = "#">2 Ecrire un premier programme</a></h2>
      <ul>
        <li>Ecrire un programme JavaScript</li>
        <li>S'initier aux variables</li>
        <li>Utiliser la concaténation</li>
        <li>Comprendre les objets de chaîne</li>
        <li>Gérer les types de variables</li>
      </ul>
    <h2><a href = "#">3 Modifier le comportement du programme
```

```
                    grâce aux conditions</a></h2>
      <ul>
        <li>Travailler avec des nombres aléatoires</li>
        <li>Utiliser <em>if</em> pour contrôler le flux</li>
        <li>Utiliser la clause <em>else</em></li>
        <li>Utiliser <em>switch</em> pour les situations plus
            complexes</li>
        <li>Imbriquer des instructions <em>if</em></li>
      </ul>
</div>
</body>
</html>
```

Comme le montre ce segment de code, il s'agit principalement de HTML. Suivez ces étapes pour appliquer l'effet d'accordéon :

1. **Importez tous les fichiers habituels.**

   Importez les fichiers JavaScript jQuery et jQuery UI et un fichier thème CSS (reportez-vous au Chapitre 12 pour plus d'infos). Veillez à ce que le CSS ait accès au répertoire d'images contenant les arrière-plans et les icônes car le CSS utilise certaines de ces images automatiquement.

2. **Créez votre page HTML.**

   Créez une page HTML et faites attention aux sections que vous voulez réduire. Vous devez avoir une balise d'en-tête pour chaque élément, au même niveau (en-tête de niveau 2 dans mon cas).

3. **Créez un `div` contenant le contenu à réduire.**

   Placez tout le contenu à réduire dans un seul `div` avec un `id`. Vous allez convertir ce `div` en élément accordéon jQuery.

4. **Ajoutez une ancre autour de chaque en-tête que vous voulez rendre pliable.**

   Placez une balise d'ancrage vide (`<a href = "#"></a>`) autour de chaque en-tête que vous voulez utiliser comme titre pliable. Le signe # indique que l'ancre appelle la même page et est utilisée comme paramètre fictif par le moteur jQuery UI. Vous pouvez ajouter l'ancre directement dans le HTML ou en utilisant du code jQuery.

5. **Créez une fonction jQuery `init()`.**

   Utilisez les techniques classiques (décrites dans le Chapitre 10) pour créer un initialiseur jQuery.

6. **Appliquez la méthode** `accordion()` **au** `div`**.**

   Utilisez jQuery pour identifier le `div` avec le contenu pliable et appliquez-lui `accordion()` :

   ```
   function init(){
     $("#accordion").accordion();
   }
   ```

L'outil accordéon divise automatiquement la page en plusieurs sections, en fonction des éléments d'en-tête. Consultez la documentation jQuery UI pour plus de détails sur les autres options. Il existe d'autres éléments pour spécifier des coupures de section, permettre à tous les éléments d'être réduits en même temps et obtenir d'autres effets intéressants.

Créer une interface à onglets

L'utilisation d'une interface à onglets est une autre technique importante du développement Web. Un utilisateur peut afficher le contenu d'un segment en sélectionnant l'un des onglets. La Figure 13.3 propose un exemple.

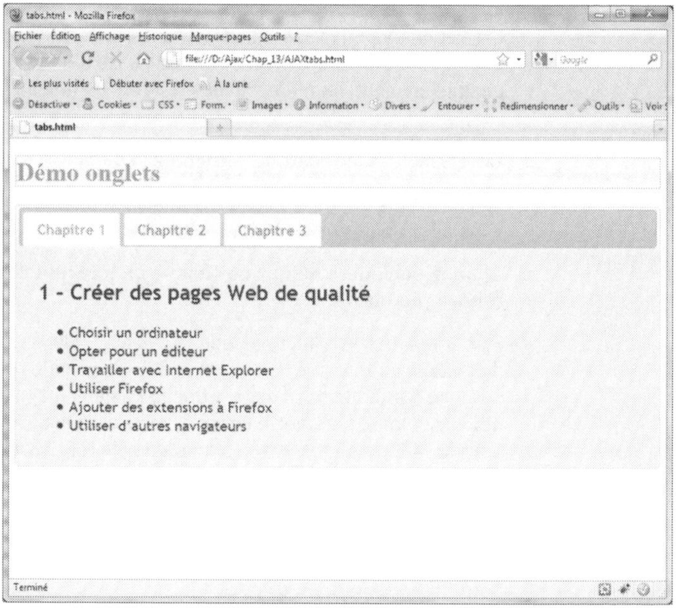

Figure 13.3 : Une autre technique pour visualiser le sommaire.

Dans une interface à onglets, vous ne pouvez voir qu'un seul contenu d'onglet à la fois tandis que les titres des onglets sont visibles. L'interface à onglets est légèrement plus prévisible que l'accordéon car les titres d'onglet (contrairement aux titres d'accordéon) restent en place. Les onglets changent de couleur pour indiquer quel onglet est sélectionné et chaque onglet change d'aspect pour indiquer que l'utilisateur le pointe avec la souris. Dès que vous cliquez sur un autre onglet, la zone de contenu du widget est remplacée par le contenu correspondant. La Figure 13.4 montre ce qu'il se passe quand l'utilisateur clique sur l'onglet Chapitre 2.

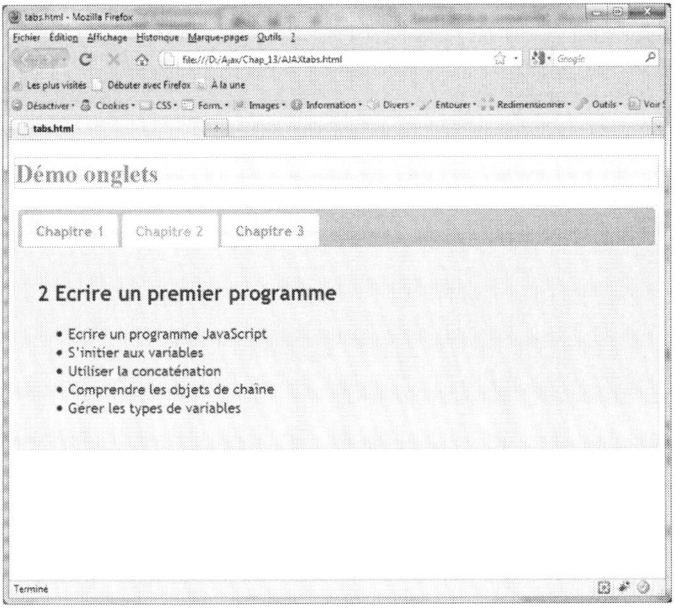

Figure 13.4 : Un clic sur un onglet modifie le contenu principal et l'apparence des onglets.

Tout comme l'accordéon, l'effet d'onglet est très facile à réaliser. Observez le segment de code suivant :

```
<!DOCTYPE html PUBLIC "-//W3C//DTD XHTML 1.0 Strict//EN"
"http://www.w3.org/TR/xhtml1/DTD/xhtml1-strict.dtd">
<html lang="EN" dir="ltr" xmlns="http://www.w3.org/1999/xhtml">
<head>
  <meta http-equiv="content-type" content="text/xml;
       charset=iso-8859-1" />
  <link rel = "stylesheet"
        type = "text/css"
```

```
      href = "jquery-ui-1.7.2.custom.css" />

  <script type = "text/javascript"
        src = "jquery-1.3.2.min.js"></script>
  <script type = "text/javascript"
        src = "jquery-ui-1.7.2.custom.min.js"></script>
  <script type = "text/javascript">
    //<![CDATA[

    $(init);

    function init(){
      $("#tabs").tabs();
    }
    //]]>
    </script>

  <title>tabs.html</title>
</head>
<body>
<h1 class = "ui-state-default">Démo onglets</h1>

<div id = "tabs">
  <ul>
    <li><a href = "#chap1">Chapitre 1</a></li>
    <li><a href = "#chap2">Chapitre 2</a></li>
    <li><a href = "#chap3">Chapitre 3</a></li>
  </ul>

  <div id = "chap1">
    <h2>1 - Créer des pages Web de qualité</h2>
      <ul>
        <li>Choisir un ordinateur</li>
        <li>Opter pour un éditeur</li>
        <li>Travailler avec Internet Explorer</li>
        <li>Utiliser Firefox</li>
        <li>Ajouter des extensions à Firefox</li>
        <li>Utiliser d'autres navigateurs</li>
      </ul>
  </div>

  <div id = "chap2">
  <h2>2 Ecrire un premier programme</h2>
      <ul>
        <li>Ecrire un programme JavaScript</li>
        <li>S'initier aux variables</li>
        <li>Utiliser la concaténation</li>
```

```
        <li>Comprendre les objets de chaîne</li>
        <li>Gérer les types de variables</li>
      </ul>
  </div>

  <div id = "chap3">
    <h2>3 Modifier le comportement du programme grâce aux
          conditions </h2>
      <ul>
        <li>Travailler avec des nombres aléatoires</li>
        <li>Utiliser <em>if</em> pour contrôler le flux</li>
        <li>Utiliser la clause <em>else</em></li>
        <li>Utiliser <em>switch</em> pour les situations plus
                    complexes</li>
        <li>Imbriquer des instructions <em>if</em></li>
      </ul>
  </div>
</div>
</body>
</html>
```

La technique pour créer une interface à onglets ressemble énormément à celle de l'accordéon. Appliquez les instructions suivantes :

1. **Ajoutez tous les fichiers appropriés.**

   Comme pour la plupart des effets jQuery UI, il vous faut jQuery, jQuery UI et un fichier thème CSS. Vous devez aussi avoir accès au répertoire d'images pour les images d'arrière-plan du thème.

2. **Créez le HTML comme d'habitude.**

   Si vous créez une page Web bien organisée, la structure doit ressembler à celle des onglets.

3. **Créez un `div` contenant toutes les données des onglets.**

   C'est l'élément sur lequel vous exercez la " magie " jQuery.

4. **Placez les zones de contenu dans des `div` que vous nommez.**

   Placez chaque contenu à afficher dans un `div` portant un `id`. Placez chaque `div` dans le `div` d'onglets (observez la structure de liste du code précédent si vous êtes perdu).

5. **Ajoutez une liste de liens locaux vers le contenu.**

Créez un menu de liens et placez-le en tête du `div` d'onglets. Chaque lien doit être un lien local vers l'un des `div`. Par exemple, mon sommaire ressemble à ce qui suit :

```
<ul>
  <li><a href = "#chap1">Chapitre 1</a></li>
  <li><a href = "#chap2">Chapitre 2</a></li>
  <li><a href = "#chap3">Chapitre 3</a></li>
</ul>
```

6. **Créez une fonction d'initialisation.**

   Utilisez la technique jQuery habituelle.

7. **Appelez la méthode `tabs()` sur le `div` principal.**

   Une seule ligne de code jQuery fait tout le travail !

Utiliser des onglets avec AJAX

Il existe un moyen plus simple de travailler avec l'interface à onglets jQuery. Plutôt que de placer tout votre code dans un seul fichier, placez le code HTML de chaque onglet dans un fichier HTML séparé. Vous pouvez alors utiliser une version simplifiée de la technique des onglets pour importer automatiquement les différents segments de code en utilisant des requêtes AJAX. Le code `AJAXtabs.html` sert d'exemple :

```
<!DOCTYPE html PUBLIC "-//W3C//DTD XHTML 1.0 Strict//EN"
"http://www.w3.org/TR/xhtml1/DTD/xhtml1-strict.dtd">
<html lang="EN" dir="ltr" xmlns="http://www.w3.org/1999/xhtml">
<head>
  <meta http-equiv="content-type" content="text/xml;
       charset=iso-8859-1" />
  <link rel = "stylesheet"
        type = "text/css"
        href = "jquery-ui-1.7.2.custom.css" />

  <script type = "text/javascript"
          src = "jquery-1.3.2.min.js"></script>
  <script type = "text/javascript"
          src = "jquery-ui-1.7.2.custom.min.js"></script>
  <script type = "text/javascript">
   //<![CDATA[

   $(init);
```

```
    function init(){
      $("#tabs").tabs();
    }
    //]]>
    </script>

  <title>AJAXtabs.html</title>
</head>
<body>
  <h1>AJAX tabs</h1>
  <div id = "tabs">
      <ul>
        <li><a href = "chap1.html">Chapitre 1</a></li>
        <li><a href = "chap2.html">Chapitre 2</a></li>
        <li><a href = "chap3.html">Chapitre 3</a></li>
      </ul>
  </div>
</body>
</html>
```

Note : je ne vous propose pas de figure pour la page `AJAXtabs.html` car, pour l'utilisateur, elle est identique à la page `tabs.html` (reportez-vous à la Figure 13.4).

Cette version de code ne comporte aucun contenu. Au lieu de cela, jQuery crée la structure des onglets puis utilise les liens pour forcer les requêtes AJAX à charger le contenu. Par défaut, il trouve le contenu spécifié par le premier onglet (`chap1.html`) et le charge dans la zone d'affichage. Ce segment de code vous montre le contenu de `chap1.html` :

```
<h2>1 - Créer des pages Web de qualité</h2>
  <ul>
    <li>Choisir un ordinateur</li>
    <li>Opter pour un éditeur</li>
    <li>Travailler avec Internet Explorer</li>
    <li>Utiliser Firefox</li>
    <li>Ajouter des extensions à Firefox</li>
    <li>Utiliser d'autres navigateurs</li>
  </ul>
```

Comme vous pouvez le voir, `chap1.html` est simplement un segment de code. Il n'est pas soumis à toutes les exigences d'une page Web (comme un type de document ou un en-tête) car il est conçu pour être inséré en tant que partie d'une page plus volumineuse.

Cette technique est idéale : elle vous permet de créer un système modulaire très facilement. Vous pouvez créer ces pages de code séparément et les intégrer dans une page plus volumineuse. Ainsi, vous disposez d'une excellente base pour un système de gestion de contenu.

Améliorer l'ergonomie

Bien que les widgets UI soient esthétiques et amusants à utiliser, un autre aspect important de ces outils est leur capacité à améliorer l'ergonomie. Les pages Web sont souvent utilisées pour obtenir des informations de la part des utilisateurs. Certains types d'informations peuvent être difficiles à entrer correctement. Les éléments jQuery UI comptent un grand nombre d'outils qui vous aident à résoudre ce problème. La page `UItools.html`, représentée sur la Figure 13.5, illustre certaines de ces techniques.

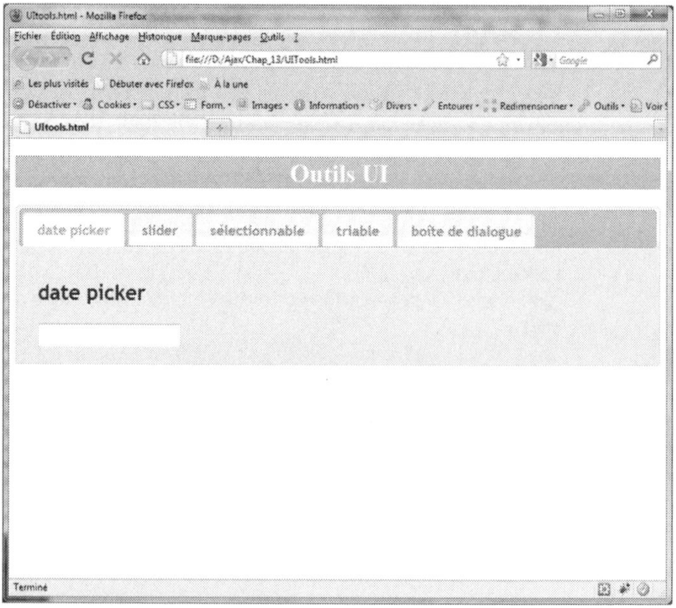

Figure 13.5 : La page UItools utilise une interface à onglets pour présenter quelques outils d'entrée.

Il se passe plein de choses sur cette page. Mais l'interface à onglets ne laisse rien paraître et permet à l'utilisateur de se concentrer sur une idée à la fois. L'utilisation de l'interface à onglets peut simplifier la vie aux utilisateurs.

Cette page est un peu longue car elle compte un grand nombre de segments. Je vous présente le code par petits segments pour mieux le comprendre. N'hésitez pas à consulter l'intégralité du programme disponible sur le site Web des Éditions First à l'adresse http://www.editionsfirst.fr/telechargements/.

Le code HTML principal vous permet de comprendre la structure générale de la page :

```
<h1>Outils UI</h1>
<div id = "tabs">
  <ul>
    <li><a href = "#datePickerTab">date picker</a></li>
    <li><a href = "#sliderTab">slider</a></li>
    <li><a href = "#selectableTab">sélectionnable</a></li>
    <li><a href = "#sortableTab">triable</a></li>
    <li><a href = "#dialogTab">boîte de dialogue</a></li>
  </ul>
```

Un `div` principal, nommé `tabs`, contient une liste de liens vers les différents `div` qui contiennent les présentations. Je décris chacun de ces `div` dans la section qui les présente, dans la suite de ce chapitre. La page importe jQuery, jQueryUI et le thème CSS. La méthode `init()` contient le code jQuery :

```
$(init);

function init(){
  $("h1").addClass("ui-widget-header");

  $(„#tabs").tabs();
  $(„#datePicker").datepicker();

  $("#slider").slider()
  .bind("slide", reportSlider);

  $("#selectable").selectable();

  $("#sortable").sortable();

  $("#dialog").dialog();

  //boîte de dialogue initialement fermée
  $(„#dialog").dialog(„close");

} // fin de init
```

Les détails de la fonction `init()` sont décrits dans les prochaines sections.

Le jeu des dates

Imaginez que vous écriviez un programme qui requiert une date de naissance ou une autre date. Demander à l'utilisateur d'entrer une date peut poser problème car il existe différentes manières d'exprimer une date. Par exemple, les utilisateurs peuvent utiliser un nombre, un nom de mois ou une abréviation pour indiquer le mois. Certaines personnes utilisent le format mois/jour/année, d'autres jour/mois/année. Certaines personnes indiquent l'année en entrant deux caractères, d'autres en utilisent quatre. De plus, entrer une date sans calendrier sous les yeux est un peu difficile.

La boîte de dialogue date picker est l'un des éléments les plus sympas de la bibliothèque jQuery UI. Quand vous ajoutez la fonction `datepicker()` à une zone de texte, elle se transforme en calendrier. Quand un utilisateur place le curseur dans la zone de texte, un calendrier s'ouvre automatiquement, comme le montre la Figure 13.6.

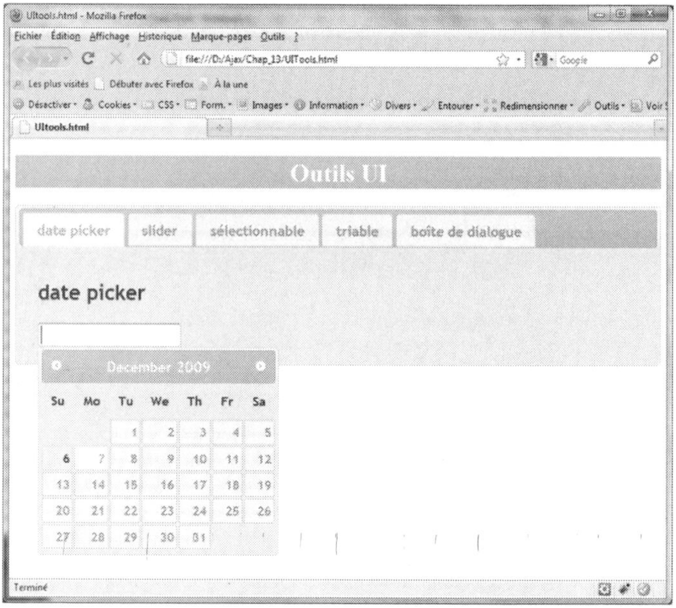

Figure 13.6 : L'élément datePicker transforme toute zone de texte en calendrier.

Lorsque l'utilisateur sélectionne une date dans le calendrier, la date est placée dans la zone de texte, au format standard. Il n'y a pas de meilleur moyen pour demander à l'utilisateur d'entrer une date ! Suivez ces étapes pour créer un date picker :

1. **Commencez par une page jQuery UI.**

   Il vous faut jQuery, jQuery UI et un thème pour utiliser datePicker.

2. **Créez un formulaire avec une zone de texte.**

   N'importe quel élément permettant d'entrer du texte fait l'affaire. Assurez-vous d'attribuer un ID à l'élément pour pouvoir y faire référence dans le JavaScript :

```
<div id = „datePickerTab">
  <h2>date picker</h2>
  <input type = "text"
         id = "datePicker" />
</div>
```

3. **Isolez l'élément d'entrée de texte en utilisant jQuery.**

   Créez un nœud jQuery standard à partir de l'élément d'entrée.

4. **Ajoutez la fonction** `datepicker()`.

   Utilisez la méthode `datePicker()` pour convertir le nœud en date picker. Le reste de la magie opère automatiquement. Quand l'utilisateur sélectionne la zone de texte, elle est automatiquement convertie en calendrier. Dès que l'utilisateur a sélectionné une date dans le calendrier, l'élément se reconvertit en zone de texte contenant la date sélectionnée.

```
$("#datePicker").datepicker();
```

5. **Récupérez les données de l'élément formulaire comme vous avez l'habitude de le faire.**

   Quand un utilisateur sélectionne une date, elle est placée automatiquement dans la zone de texte. En ce qui concerne votre programme, il s'agit d'une zone de texte standard. Récupérez les données comme vous le faites pour une zone de texte standard.

N'OUBLIEZ PAS

Le date picker est un outil puissant, équipé de nombreuses options. Consultez la documentation jQuery UI pour savoir comment l'utiliser pour sélectionner des périodes comprises entre deux dates, créer des formats de date spécifiques, *etc.*

Sélectionner des nombres avec le slider

Les entrées numériques posent un autre problème d'ergonomie. Demander aux utilisateurs d'entrer des informations numériques, s'assurer qu'il s'agit vraiment de nombres et qu'ils se situent dans la fourchette souhaitée peut être difficile. Les programmeurs se servent souvent de *sliders* (aussi appelés barres de défilement) pour simplifier la prise en charge des entrées numériques. La Figure 13.7 montre un slider en action.

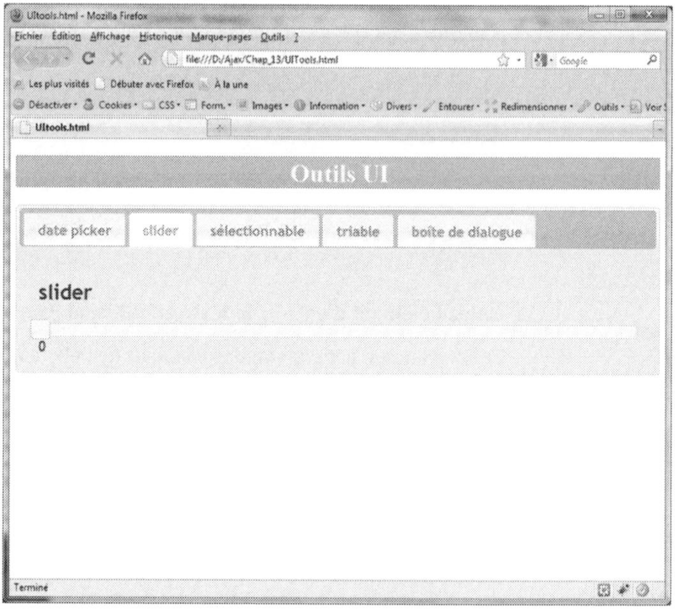

Figure 13.7 : Utilisation d'un slider pour sélectionner un nombre avec la souris.

Comme la plupart des objets jQuery UI, le slider est facile à définir. Voici le segment de code HTML le concernant :

```
<div id = "sliderTab">
  <h2>slider</h2>
  <div id = "slider"></div>
  <div id = "slideOutput">0</div>
</div>
```

L'onglet slider est un `div` basique. Il contient deux autres `div`. Le `div` slider est vide. Il est remplacé par l'élément `slider` quand jQuery est activé. L'autre `div` est utilisé pour renvoyer la valeur courante du slider.

Créez l'élément `slider` dans la fonction `init()` avec du code jQuery prévisible :

```
$("#slider").slider();
```

La méthode `slider()` transforme tout élément jQuery en slider en remplaçant le contenu par un slider visuel.

Notez que vous pouvez ajouter un objet JSON comme paramètre pour équiper le slider de diverses options. Examinez le programme `rgbSlider.html` disponible sur le site Web des Éditions First à l'adresse http://www.editionsfirst.fr/telechargements/ pour étudier un exemple de sliders personnalisés.

Vous pouvez définir une méthode de rappel à appeler dès que le slider est déplacé. Dans mon exemple, j'ai chaîné ce code de rappel au code qui a créé le slider dans sa position initiale :

```
$("#slider").slider()
.bind("slide", reportSlider);
```

Utilisez la méthode `bind` pour associer la fonction `reportSlider` (décrite ci-après) à l'événement slide.

La fonction `reportSlider()` lit la valeur du slider et la renvoie dans un `div` de sortie :

```
function reportSlider(){
  var sliderVal = $("#slider").slider("value");
  $("#slideOutput").html(sliderVal);
} // fin de reportSlider
```

Pour lire la valeur d'un slider, identifiez le nœud jQuery et rappelez sa méthode `slider()`. Cette fois, ajoutez le mot `value` et vous obtenez la valeur du slider. Vous pouvez attribuer la valeur qui en résulte à une variable, comme je l'ai fait, puis faire ce que vous voulez avec cette variable.

Éléments sélectionnables

Il se peut que vous vouliez que l'utilisateur sélectionne un ou plusieurs éléments d'une liste. Le widget selectable est très pratique pour créer cette fonctionnalité à partir d'une liste classique. Les utilisateurs peuvent glisser sur les éléments ou appuyer sur Ctrl et cliquer sur les éléments pour les sélectionner. Des classes CSS spécifiques sont automatiquement appliquées pour indiquer que l'élément est sélectionné ou sélectionnable. La Figure 13.8 illustre la sélection.

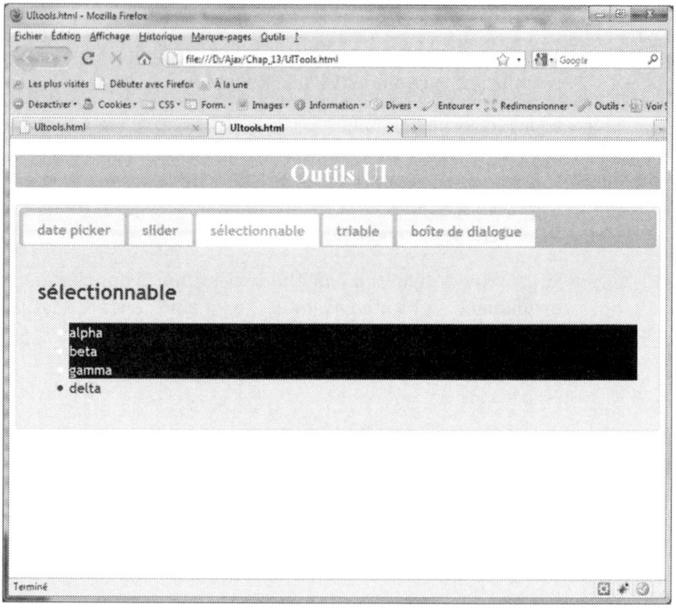

Figure 13.8 : C'est facile de choisir des éléments sélectionnables avec la souris.

Suivez cette démarche pour créer un élément sélectionnable :

1. **Commencez par une liste non numérotée.**
2. **Créez une liste non numérotée standard dans votre HTML. Attribuez un ID au `ul` pour pouvoir l'identifier comme un nœud jQuery :**

```
<div id = "selectableTab">
  <h2>sélectionnable</h2>
  <ul id = "selectable">
    <li>alpha</li>
    <li>beta</li>
    <li>gamma</li>
    <li>delta</li>
  </ul>
</div>
```

3. **Ajoutez des classes CSS pour indiquer si les éléments sont sélectionnés ou sélectionnables.**

   Si vous souhaitez que les éléments aient une apparence spécifique quand ils sont sélectionnés ou sélectionnables, ajoutez des classes CSS distinctes :

```
<style type = "text/css">
  h1 {
    text-align: center;
  }

  #selectable .ui-selecting {
    background-color: gray;
  }
  #selectable .ui-selected {
    background-color: black;
    color: white;
  }
</style>
```

4. **Dans la fonction** `init()`**, spécifiez la liste comme étant un nœud sélectionnable. Utilisez la syntaxe jQuery standard :** `selectable()` :

```
$("#selectable").selectable();
```

   La classe `ui-selected` est associée à tous les éléments sélectionnés. Veillez à ajouter ce type de CSS à cette classe sinon vous ne pourrez pas reconnaître les éléments qui ont été sélectionnés.

Si vous voulez réutiliser les éléments sélectionnés dans le code, créez un groupe jQuery d'éléments avec la classe `ui-selected` :

```
var selectedItems = $(".ui-selected");
```

Créer une liste triable

Grâce à l'utilisation du widget `sortable`, vous pouvez permettre aux utilisateurs de modifier l'ordre des éléments d'une liste. Le haut de la Figure 13.9 représente la liste triable dans sa configuration par défaut. L'utilisateur peut " extraire " des éléments de la liste et modifier leur ordre (reportez-vous au bas de la Figure 13.9).

La création d'une liste triable est facile ; suivez ces étapes :

1. **Créez une liste.**

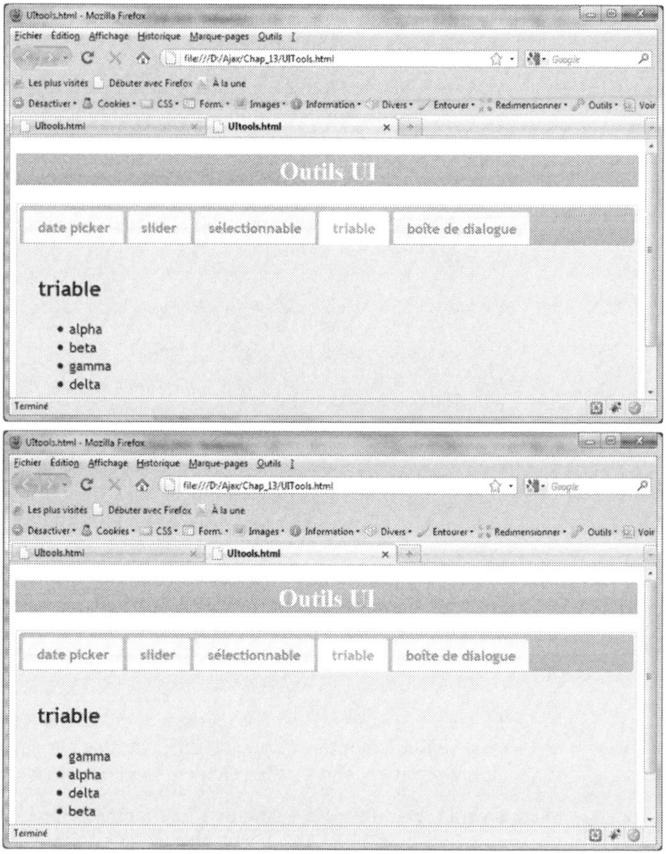

Figure 13.9 : Les utilisateurs peuvent glisser les éléments d'une liste (haut) et les placer dans un ordre différent (bas).

2. **Ajoutez un `id`.**

   Les éléments triables sont généralement des listes. La liste est une liste standard mais elle possède un `id` :

```
<div id = "sortableTab">
  <h2>triable</h2>
  <ul id = "sortable">
    <li>alpha</li>
    <li>beta</li>
    <li>gamma</li>
    <li>delta</li>
  </ul>
</div>
```

3. **Transformez-la en un nœud triable en ajoutant le code suivant à la méthode** `init()` **:**

```
$("#sortable").sortable();
```

Créer une boîte de dialogue personnalisée

Même si JavaScript propose quelques boîtes de dialogue (boîtes d'alerte et d'invite), elles sont plutôt laides et peu flexibles. jQuery UI dispose d'une technique pour transformer tout `div` en une boîte de dialogue virtuelle. La boîte de dialogue respecte un thème et peut être redimensionnée et déplacée. La Figure 13.10 montre une boîte de dialogue en action.

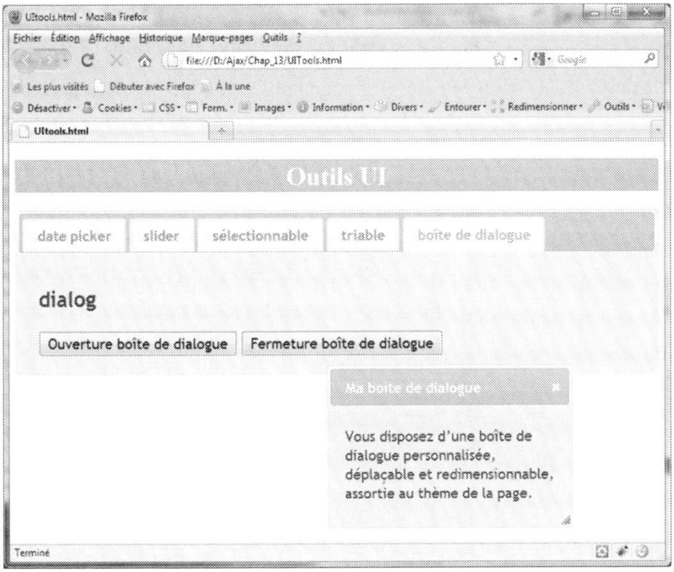

Figure 13.10 : Cette boîte de dialogue est un nœud jQuery UI.

La création d'une boîte de dialogue n'est pas difficile mais vous devez pouvoir l'ouvrir et la fermer en utilisant du code. Suivez ces instructions :

1. **Créez le** `div` **que vous voulez utiliser comme boîte de dialogue.**

   Créez un `div` et attribuez-lui un ID pour pouvoir le transformer en nœud boîte de dialogue. Ajoutez l'attribut `title` qui correspond au titre affiché sur la barre de titre de la boîte de dialogue :

```
<div id = "dialog"
     title = "Ma boîte de dialogue">
  <p>
    Vous disposez d'une boîte de dialogue
    personnalisée, déplaçable et redimensionnable, assortie
    au thème de la page.
  </p>
</div>
```

2. **Transformez le `div` en boîte de dialogue.**

   Utilisez la méthode `dialog()` pour transformer le `div` en nœud boîte de dialogue jQuery dans la fonction `init()` :

   ```
   $("#dialog").dialog();
   ```

3. **Masquez la boîte de dialogue par défaut.**

   En principe, vous ne voulez pas que votre boîte de dialogue soit visible avant qu'un événement se produise. Dans cet exemple, je ne veux pas que la boîte de dialogue apparaisse avant que l'utilisateur clique sur un bouton. J'ai ajouté du code qui ferme la boîte de dialogue dans la fonction `init()` afin que la boîte de dialogue n'apparaisse pas avant d'être invitée à s'ouvrir.

4. **Fermez la boîte de dialogue.**

   Faites référence au nœud boîte de dialogue et rappelez la méthode `dialog()`. Cette fois, affectez la valeur `"close"` comme paramètre et la boîte de dialogue se ferme immédiatement :

   ```
   //boîte de dialogue initialement fermée
   $(„#dialog").dialog(„close");
   ```

5. **Cliquez sur `x` pour fermer la boîte de dialogue.**

   La boîte de dialogue est dotée d'une petite icône `x`, semblable à la croix de fermeture de la plupart des fenêtres. Les utilisateurs peuvent fermer la boîte de dialogue en cliquant sur cette icône.

6. **Écrivez le code pour gérer l'ouverture et la fermeture de la boîte de dialogue.**

   Les boutons Open et Close appellent des fonctions qui contrôlent le comportement de la boîte de dialogue. Par exemple, voici la fonction associée au bouton Open :

```
function openDialog(){
  $("#dialog").dialog("open");
} // fin de openDialog
```

Chapitre 14

Travailler avec des données AJAX

Dans ce chapitre :

- Comprendre les avantages de la programmation côté serveur.
- S'initier à PHP.
- Écrire un formulaire pour le traitement PHP standard.
- Créer des formulaires virtuels avec AJAX.
- Soumettre des requêtes AJAX interactives.
- Travailler avec des données XML.
- Répondre aux données JSON.

AJAX et jQuery sont extrêmement utiles. Toutefois, l'objectif premier d'AJAX est de servir de lien entre la page Web et les programmes écrits sur le serveur. Dans ce chapitre, je vous propose un aperçu du fonctionnement de la programmation sur le serveur Web. D'abord, je vous présente des programmes classiques côté serveur puis je vous explique comment AJAX change la donne. Je compte également vous faire découvrir les principales formes de données envoyées par le serveur et comment interpréter ces données avec jQuery et JavaScript.

Aperçu de la programmation côté serveur

La programmation JavaScript que vous avez faite au fil de votre lecture fonctionne sur le navigateur Web, c'est-à-dire le *client*. Toutefois, toute programmation Web a un lien avec la machine qui héberge les pages Web c'est-à-dire le *serveur*. Dans les exemples étudiés jusqu'à présent, la page Web est récupérée du serveur et les programmes JavaScript de la page sont exécutés par l'ordinateur client. Cette technique est très performante mais elle a ses limites. Il est important de savoir que le code côté client ne peut pas stocker de données ou accéder aux programmes externes pour des raisons de sécurité.

Heureusement, une solution existe. Vous pouvez aussi écrire des programmes qui résident sur le serveur Web. Ils fonctionnent un peu différemment des programmes côté client. Un programme côté serveur s'exécute sur le serveur Web puis produit une page Web standard. La page Web est alors envoyée au client et interprétée par le navigateur.

Les programmes côté serveur sont exécutés avant que les données soient transmises au navigateur et les programmes côté client le sont après la transmission.

Sur le serveur, vous pouvez faire des choses qui ne sont pas autorisées sur le client, comme stocker des données et accéder à des programmes externes. Ce sont deux choses que les programmes côté client ne sont pas en mesure de faire. La programmation côté serveur est donc parfaitement " raccord " avec les possibilités côté client décrites dans cet ouvrage.

S'initier à PHP

Plusieurs langages sont utilisés pour la programmation côté serveur. Les plus connus sont PHP, Java et ASP.NET. Dans les exemples de ce livre, je me concentre sur PHP :

- **Il est très populaire**. PHP est utilisé dans des milliers de sites Web et est très apprécié des programmeurs.
- **Il est relativement puissant**. Même si PHP n'est pas aussi puissant que d'autres langages, il est assez robuste pour prendre en charge des sites très volumineux (comme Facebook ou Flickr).
- **Il est totalement gratuit**. PHP est un langage open-source, ce qui signifie qu'il est gratuit et qu'il peut être modifié librement. De plus, inutile d'acheter un éditeur spécial pour écrire du PHP ; les éditeurs de texte que vous utilisez font l'affaire.
- **Il est facile d'accès**. Presque tous les serveurs commerciaux et même quelques serveurs gratuits prennent en charge PHP. Généralement, il faut payer plus pour un serveur personnalisé pour gérer Java ou ASP.NET.

- **Il est assez simple**. Bien que PHP ne soit pas identique à JavaScript, il est similaire. Il suffit de transférer vos connaissances en programmation et de régler quelques petits détails pour écrire du PHP.

Contrairement à JavaScript qui s'écrit sur un ordinateur indépendant, PHP fonctionne uniquement sur un serveur Web. Si vous voulez tester PHP, il vous faut un accès à un serveur Web sur lequel PHP est installé. Deux démarches sont possibles :

- Ouvrez un compte en ligne. Si vous possédez un compte d'hébergement pour vos pages Web, vous disposez certainement déjà d'un support pour PHP. Vérifiez votre panneau de configuration pour voir s'il existe des restrictions ou des détails que vous devriez connaître. La plupart des comptes gratuits offrent un accès à PHP. Vous pouvez donc le tester sans frais pour savoir si vous l'appréciez. Le service d'hébergement que j'utilise offre un service gratuit de qualité pour l'accès PHP. Testez http://freehostia.com.
- Installez votre propre serveur Web. Si vous voulez vous entraîner sur votre ordinateur, vous pouvez installer votre propre serveur. Le meilleur moyen est d'avoir recours à une installation complète telle que XAMPP (www.apachefriends.org/fr/xampp.html). Le pack XAMPP est une installation complète de tous les outils dont vous avez besoin, dont un serveur Web (Apache), des langages de programmation (PHP et Perl), une base de données (MySQL) et quelques autres outils, tous configurés pour travailler ensemble. XAMPP est disponible pour les principaux systèmes d'exploitation. Si vous exécutez Linux, vous devriez déjà avoir tout ce qu'il vous faut.

Notez que vous pouvez écrire des programmes PHP sur n'importe quel ordinateur, avec l'éditeur de texte que vous utilisez pour les autres programmations Web. Toutefois, vous pouvez uniquement tester un programme PHP s'il s'exécute directement sur un serveur Web. C'est nécessaire car le serveur Web exécute PHP avant que l'utilisateur ne voie la page. S'il n'y a pas de serveur Web (ou s'il n'est pas configuré correctement), le code PHP ne s'exécute pas.

TRUC

Aptana (reportez-vous au Chapitre 1) propose un mode PHP très intéressant. Pour en disposer, vous devez télécharger une extension gratuite. Basculez vers la fenêtre My Aptana (*via* le menu Window et cliquez sur l'onglet Plugins. Cliquez ensuite sur le lien qui permet de télécharger et d'installer l'extension PHP. Quand l'extension est installée, vous bénéficiez des mêmes fonctionnalités (mise en évidence et complétion de la syntaxe, aide intégrée, *etc.*) pour PHP que celles dont vous disposez déjà pour les autres langages Web.

Écrire un formulaire pour le traitement PHP

Le meilleur moyen de comprendre comment fonctionne la programmation côté serveur (et PHP) est d'étudier un exemple simple. La Figure 14.1 représente une page Web XHTML basique avec un formulaire.

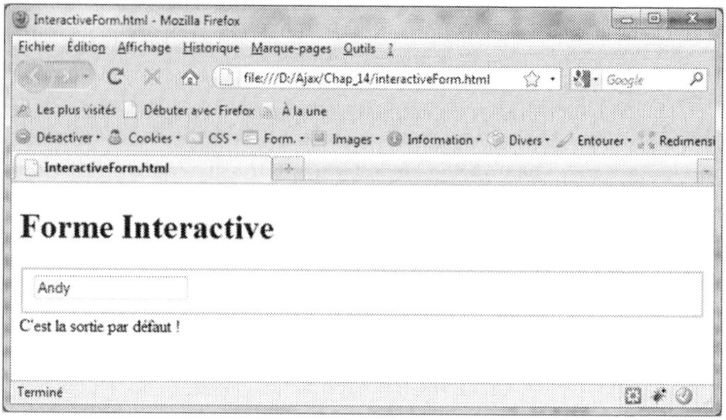

Figure 14.1 : Cette page Web contient un formulaire.

La page n'a rien d'effrayant mais elle est très intéressante. Il n'y a pas de code JavaScript dans ce formulaire ! Quand l'utilisateur clique sur le bouton, l'information est envoyée au serveur qui trouve un nouveau programme. Ce programme (`greetUser.php`) examine le contenu du formulaire et crée une nouvelle page en réponse, comme le montre la Figure 14.2.

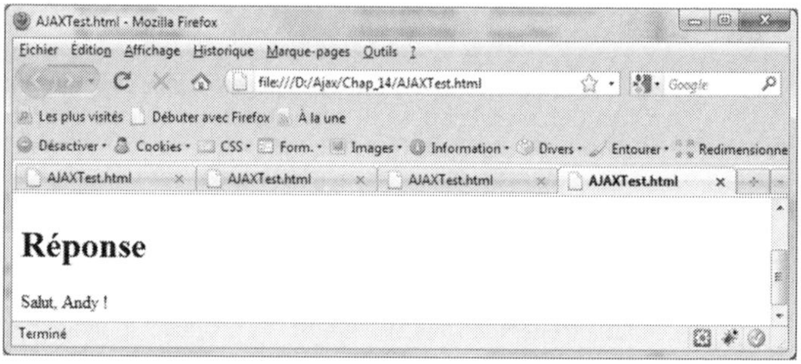

Figure 14.2 : En programmation côté serveur, le résultat est une page totalement différente.

Cet exemple cible une différence primordiale entre le traitement côté client et le traitement côté serveur : côté client (en JavaScript), votre code réside sur la page Web et modifie la même page. En programmation côté serveur (comme PHP), le formulaire de requête et la réponse sont des pages totalement différentes. Le code PHP classique implique la création d'une toute nouvelle page pour le résultat.

Commencez par observer le code source XHTML :

```
<!DOCTYPE html PUBLIC "-//W3C//DTD XHTML 1.0 Strict//EN"
"http://www.w3.org/TR/xhtml1/DTD/xhtml1-strict.dtd">
<html lang="EN" dir="ltr" xmlns="http://www.w3.org/1999/xhtml">
        <head>
    <meta http-equiv="content-type" content="text/xml;
        charset=iso-8859-1" />
    <title>nameForm.html</title>
</head>

<body>
  <h1>Formulaire HTML classique</h1>
  <form action = "greetUser.php"
        method = "get">
    <fieldset>
      <input type = "text"
             name = "userName"
             value = "Andy" />
      <button type = "submit">
        submit
      </button>
    </fieldset>
  </form>
</body>
</html>
```

Si vous êtes habitué à écrire des formulaires pour JavaScript et que vous écrivez un formulaire pour le traitement côté serveur, vous remarquez immédiatement les quelques différences :

1. **Le JavaScript n'est pas nécessaire.**

   Il est possible de combiner des techniques de programmation client et serveur (en fait, c'est ce que fait AJAX) mais ce n'est pas nécessaire. Pour ce premier exemple, tout le code va être traité sur le serveur.

2. **Désignez un programme cible dans l'attribut `action` du formulaire.**

   Quand vous créez un formulaire destiné à JavaScript, l'attribut `action` est vide, ce qui signifie que tout le traitement va avoir lieu sur la page courante. Pour le traitement côté serveur, indiquez le nom du programme qui va lire les données du formulaire (dans ce cas, `greetUser.php`) dans l'attribut action.

3. **Déterminez la méthode de transfert.**

   Il y a deux techniques pour transférer les données du formulaire au programme destinataire. La technique `get` intègre des données dans l'URL. Cette technique est pratique pour le débogage (car les données sont visibles) mais devient difficile pour les formulaires volumineux. La technique `post` est plus pratique pour les formulaires volumineux car elle envoie des données *via* un mécanisme moins visible.

4. **Ajoutez un attribut `name` aux zones du formulaire.**

   En programmation côté client, vous utilisez habituellement l'attribut `id` pour identifier les zones. Les programmes côté serveur lui préfèrent `name`. Vous pouvez utiliser les deux. Dans cet exemple, j'ai nommé la zone de texte `userName`.

5. **Intégrez un bouton `submit`.**

   Pour le traitement côté client, vous utilisez un bouton standard. La programmation côté serveur exige un bouton `submit`. Lorsque l'utilisateur clique sur le bouton `submit`, toutes les données du formulaire sont automatiquement récupérées et envoyées au programme spécifié dans l'attribut `action` du formulaire.

Si vous recevez un message d'erreur quand vous soumettez ce programme, assurez-vous que vous l'exécutez correctement. Si l'URL de votre navigateur commence par `file://`, vous évitez le serveur. Cette méthode est bonne en programmation côté client mais elle ne fonctionne pas quand vous utilisez le serveur. Vous devez avoir une adresse qui commence par `http://` pour que les programmes côté serveur fonctionnent correctement.

Répondre à la requête

Lorsque l'utilisateur clique sur le bouton `submit` de `nameForm.html`, les informations du formulaire sont regroupées et transmises au programme `greetUser.php`. Observez bien le code de ce programme, vous allez le trouver plutôt familier :

```
<!DOCTYPE html PUBLIC "-//W3C//DTD XHTML 1.0 Strict//EN"
"http://www.w3.org/TR/xhtml1/DTD/xhtml1-strict.dtd">
<html lang="EN" dir="ltr" xmlns="http://www.w3.org/1999/xhtml">
```

```
      <head>
        <meta http-equiv="content-type" content="text/xml;
             charset=iso-8859-1" />
        <title>greetUser.php</title>
      </head>

<body>
  <h1>Réponse</h1>
  <?php
  $userName = $_REQUEST[“userName”];
  print "<p>Salut, $userName!</p> ";
  ?>
</body>
</html>
```

Un programme PHP ressemble en grande partie à une page XHTML car c'est ce dont il s'agit. La structure générale est similaire à XHTML. Il n'y a que quelques différences notables :

1. **Le nom de fichier doit se terminer par** `.php`.

   Cela indique au serveur que la page n'est pas du HTML standard et qu'elle doit être transmise à l'interpréteur PHP avant d'être envoyée à l'utilisateur.

2. **La balise** `<?php` **indique le passage en langage PHP.**

   La plus grande partie de cette page est du XHTML standard (et peut inclure du CSS et du JavaScript). Au milieu de la page, je signale qu'une partie du code doit être traitée par PHP. Pour ce faire, j'utilise le symbole `<?php` (vous pouvez rencontrer d'autres variantes mais celle-ci fonctionne bien).

3. **Créez une variable appelée** `$userName`.

   PHP prend en charge les variables, tout comme JavaScript, mais les noms de variables PHP commencent toujours pas le signe dollar (`$`). Vous verrez dans un instant pourquoi c'est utile.

   ```
   $userName = $_REQUEST[“userName”];
   ```

4. **Récupérez la valeur de la zone** `userName` **du formulaire précédent.**

   PHP présente une structure appelée `$_REQUEST` qui est un pack regroupant toutes les données envoyées à partir du formulaire. Vous pouvez trouver les données dans la zone appelée `userName` en recherchant `$_REQUEST["userName"]`.

5. **Copiez les données du formulaire dans une variable PHP.**

   Maintenant, j'ai une variable nommée `$userName` qui contient les données de la zone `userName` du formulaire précédent. Répétez ce processus pour chaque variable que vous voulez récupérer du formulaire.

6. **Affichez un nouveau contenu.**

   En PHP, l'instruction `print` affiche le texte dans le HTML. Par définition, elle vous permet de personnaliser des parties de la page à la volée. Dans ce cas, je veux ajouter un paragraphe avec un message d'accueil.

   ```
   print "<p>Salut, $userName!</p> ";
   ```

7. **Ajoutez les variables.**

   J'ai ajouté la variable `$userName` directement dans l'instruction `print`. Cette technique est appelée interpolation. Dès que PHP rencontre un terme commençant par le signe dollar, il l'interprète comme une variable et remplace le nom de la variable par sa valeur.

8. **Terminez le segment PHP par ?>.**

   Ce symbole indique la fin du traitement PHP et vous rebascule en mode XHTML.

TRUC

Évidemment, c'est un aperçu très bref de PHP. Il s'agit d'un langage complet avec bien plus de potentiel que ce que je vous ai montré dans cet exemple basique. Pour en savoir plus, il existe de nombreux ouvrages intéressants sur PHP. Jetez un œil sur le site www.php.net pour plus d'infos sur le langage PHP. Vous pouvez aussi visiter http://www.editionsfirst.fr/ pour trouver des références d'ouvrages sur PHP.

Envoyer des requêtes façon AJAX

Pour l'instant, le seul travail effectué avec AJAX dans ce livre, a consisté à importer un fichier HTML préformaté. C'est une utilisation intéressante mais l'aspect vraiment excitant d'AJAX est sa façon de gérer la relation entre le client et le serveur. La Figure 14.3 représente la page `AJAXtest.html` qui utilise une fonction JavaScript pour appeler un programme PHP et intègre les résultats dans la même page.

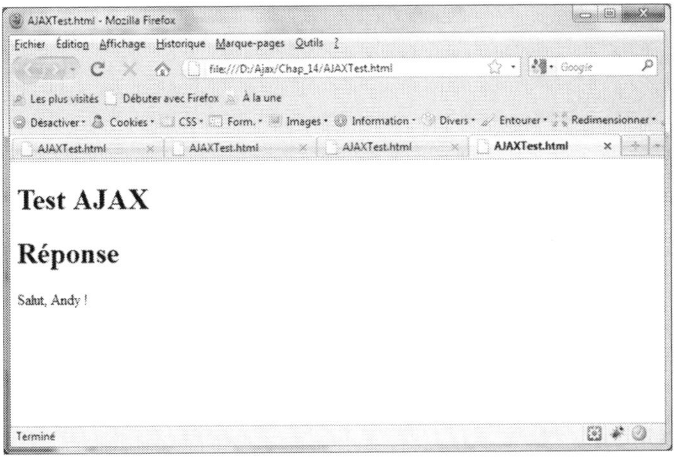

Figure 14.3 : Cette page reçoit des données de PHP, sans formulaire !

Envoyer les données

La version AJAX de ce programme est intéressante car elle n'a pas de formulaire ; elle utilise exactement le même programme PHP que `nameForm.html` et intègre les résultats du programme PHP directement dans la même page. Commencez par observer le code :

```
<!DOCTYPE html PUBLIC "-//W3C//DTD XHTML 1.0 Strict//EN"
"http://www.w3.org/TR/xhtml1/DTD/xhtml1-strict.dtd">
<html lang="EN" dir="ltr" xmlns="http://www.w3.org/1999/xhtml">
<head>
  <meta http-equiv="content-type" content="text/xml;
       charset=iso-8859-1" />

  <script type = "text/javascript"
         src = "jquery-1.3.2.min.js"></script>

  <script type = "text/javascript">
    //<![CDATA[

    $(init);

    function init(){
      $.get("greetUser.php", { "userName": "Andy" }, processResult);
    }

    function processResult(data, textStatus){
```

```
        $("#output").html(data);
      }
      //]]>
      </script>

    <title>AJAXTest.html</title>
  </head>
  <body>
  <h1>Test AJAX</h1>

  <div id = "output">
    C'est la sortie par défaut
  </div>

  </body>
  </html>
```

Ce programme utilise une fonction jQuery pour simuler un formulaire. Il crée son propre formulaire virtuel et le transmet directement au programme PHP. Ensuite, le programme PHP traite les données du formulaire et génère des résultats sous forme de texte que JavaScript peut directement gérer. Par définition, JavaScript et jQuery traitent directement la requête du serveur (plutôt que d'autoriser le navigateur à le faire automatiquement), ainsi le programmeur contrôle mieux le traitement.

Voilà comment cela fonctionne :

1. **Commencez par la structure XHTML.**

   Comme d'habitude, XHTML forme la colonne vertébrale de tout programme Web. Le XHTML est relativement simple : un en-tête et un `div` pour la sortie. Notez que cet exemple n'inclut pas de formulaire.

2. **Intégrez la bibliothèque jQuery.**

   Il est possible d'utiliser AJAX sans jQuery mais il n'y a aucune raison d'agir ainsi. La bibliothèque jQuery simplifie tout et gère la question du multinavigateur. Vous pouvez aussi intégrer jQuery UI et un thème mais ce n'est pas absolument nécessaire.

3. **Initialisez comme d'habitude.**

   Dès que ce programme est exécuté, il reçoit des données du serveur (dans l'exemple, je vous montre comment rendre ce processus plus interactif). Définissez une fonction `init()` pour gérer l'exécution immédiate dès que la page est chargée.

4. **Utilisez la fonction `get()` pour définir une requête AJAX.**

   jQuery dispose de nombreuses fonctions AJAX intéressantes. La fonction ajax est un outil très puissant pour gérer tous types de requêtes AJAX. Cependant, jQuery dispose aussi d'un grand nombre de fonctions utiles qui simplifient des types spécifiques de requêtes. La fonction `get()`, utilisée dans ce cas, définit une requête que le serveur interprète comme un formulaire soumis avec la méthode `get()` (il existe aussi une fonction `post()` qui agit comme un formulaire `post`).

5. **Spécifiez le programme destinataire de la requête.**

   Vos requêtes AJAX doivent spécifier un programme destiné à répondre à la requête. J'utilise `greetUser.php`, le programme appelé par la page `nameForm.html`.

6. **Transmettez les données du formulaire sous forme d'objet JSON.**

   Encapsulez toutes les données que vous voulez envoyer au programme sous forme d'objet JSON (reportez-vous au Chapitre 5 pour un petit rappel sur JSON). En général, il s'agit d'une série de paires nom/valeur. Dans cet exemple, j'indique simplement une zone nommée `userName` avec la valeur `"Andy"`.

7. **Spécifiez une fonction de rappel.**

   Il semble logique de vouloir faire quelque chose avec les résultats d'une requête AJAX. Utilisez une fonction de rappel pour indiquer la fonction à exécuter à la fin de la requête AJAX. Dans cet exemple, j'appelle la fonction `processResult` dès que le serveur a fini de renvoyer les données du formulaire.

Répondre aux résultats

Le programme `greetUser.php` qui est sur le serveur va être exécuté par la page `AJAXTest.html`. Le programme `greetUser.php` considère que les données proviennent d'un formulaire classique. Cela signifie que je peux utiliser le même programme pour travailler avec la requête AJAX que celui que j'ai utilisé pour l'exemple précédent. Je ne recrée donc pas de code PHP puisqu'il n'a pas changé.

Dans le HTML, j'ai besoin d'une fonction pour traiter les résultats de la requête AJAX après leur renvoi par le serveur. La fonction `processResult()` a été désignée comme une fonction de rappel. Jetez-y un œil :

```
function processResult(data, textStatus){
  $("#output").html(data);
```

Cette fonction est simple avec jQuery :

1. **Elle accepte deux paramètres.**

   Les fonctions de rappel AJAX acceptent deux paramètres. Le premier est une chaîne contenant n'importe quelle sortie envoyée par le serveur (dans ce cas, le message d'accueil de `processResult.php`). Le second paramètre contient la version texte du résultat de statut HTML. Le statut est utile en cas de test si la requête AJAX échoue.

2. **Elle identifie une zone de sortie.**

   Je crée un nœud `jQuery` avec le `div output`.

3. **Elle transmet les données à la sortie.**

   Vous serez amené à effectuer un travail plus élaboré avec des résultats AJAX mais pour l'instant, mes résultats sont du HTML basique que je peux copier dans le `div`.

Créer un formulaire plus interactif

Même si AJAX peut remplacer la technique du formulaire, il est souvent utilisé avec des formulaires classiques pour produire des effets difficiles à obtenir autrement. Par exemple, certains formulaires complètent les entrées en se basant sur les premiers caractères saisis. Il est très facile de créer une interaction en temps réel sur le client. En revanche, c'est bien plus difficile avec des programmes côté serveur puisque le serveur recrée l'intégralité de la page à chaque passage. AJAX vous permet de combiner l'interaction rapide de la programmation côté client avec la puissance de la programmation côté serveur. La démo `interactiveForm.html`, représentée sur la Figure 14.4, présente une version simple de ce concept.

Cet exemple effectue un aller-retour complet jusqu'au serveur à chaque frappe. C'est un peu excessif pour cet exemple simple (qui aurait pu être réalisé avec du JavaScript classique). Mais imaginez à quel point il peut être puissant ! À chaque passage par le serveur, le programme compare le prénom à une liste de centaines de prénoms et complète la saisie dès qu'il a assez de lettres. Un programme côté serveur est capable de rechercher des données dans des bases de données énormes. Vous avez certainement déjà vu cet effet sur des

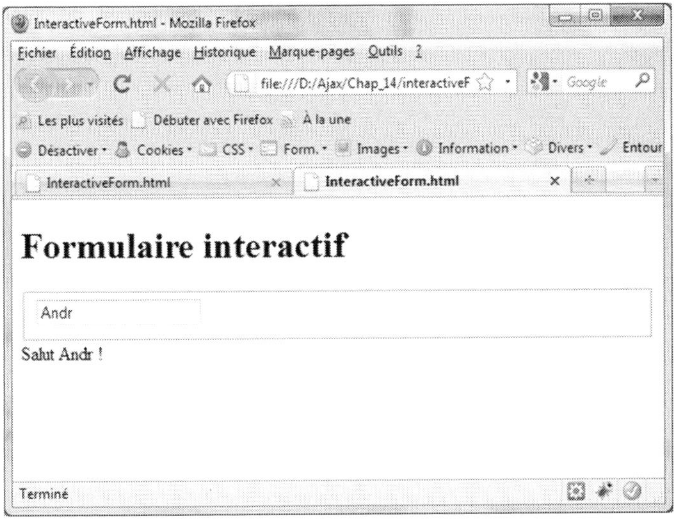

Figure 14.4 : Cette page possède un formulaire. Quand l'utilisateur saisit des données, elles sont copiées dans la sortie.

pages que vous avez utilisées. Les connaissances sur la programmation côté serveur et les bases de données que je vous fournis dans ce livre ne sont pas suffisantes pour créer l'intégralité de cet effet. Néanmoins, cet exemple vous montre clairement comment fonctionne la partie AJAX.

Créer un formulaire AJAX

La création d'un formulaire AJAX est semblable à celle de tout autre formulaire. Voici le code du programme `interactiveForm.html` :

```
<!DOCTYPE html PUBLIC "-//W3C//DTD XHTML 1.0 Strict//EN"
"http://www.w3.org/TR/xhtml1/DTD/xhtml1-strict.dtd">
<html lang="EN" dir="ltr" xmlns="http://www.w3.org/1999/xhtml">
<head>
  <meta http-equiv="content-type" content="text/xml;
        charset=iso-8859-1" />

  <script type = "text/javascript"
          src = "jquery-1.3.2.min.js"></script>

  <script type = "text/javascript">
    //<![CDATA[

    function getGreeting(){
```

```
      var userName = $("#userName").val();
      $.get("simpleGreet.php", { "userName": userName },
              processResult);
    }

    function processResult(data, textStatus){
      $("#output").html(data);
    }
    //]]>
    </script>

  <title>InteractiveForm.html</title>
</head>
<body>
<h1>Formulaire interactif</h1>

  <form action = "">
    <fieldset>
      <input type = "text"
             id = "userName"
             value = "Andy"
             onkeyup = "getGreeting()" />
    </fieldset>
  </form>

<div id = "output">
 C'est la sortie par défaut
</div>

</body>
</html>
```

En observant le code XHTML, notez que le formulaire est plutôt défini pour JavaScript que pour le traitement côté serveur :

1. **Intégrez jQuery.**

   Inutile de répéter à quel point jQuery est pratique !

2. **L'attribut** `form action` **peut être nul.**

   Cette fois, vous allez lire le formulaire en JavaScript et créer une requête `AJAX.` `form action` peut (et doit) être nul parce que vous voulez que ce soit JavaScript qui soumette la requête et non le navigateur.

3. **Inutile de spécifier une méthode de transmission dans le formulaire.**

Le formulaire est un formulaire côté client. Il est donc inutile de spécifier s'il est envoyé comme requête `get` ou `post` (la requête AJAX en tient compte).

4. **L'élément d'entrée a un attribut `id` mais pas de nom.**

   Il peut avoir un nom mais ce n'est pas nécessaire car le serveur ne va pas le traiter directement. Utilisez l'attribut `id` pour pouvoir accéder à cet élément et encapsuler votre propre objet JSON à envoyer au programme PHP avec AJAX.

5. **L'événement est appelé quand la zone de texte est modifiée.**

   Souvent, les requêtes AJAX s'exécutent automatiquement, sans que l'utilisateur ne clique sur un bouton. Pour obtenir cet effet, utilisez le gestionnaire d'événements onkeyup. Ce gestionnaire d'événements appelle une fonction dès que l'élément spécifié est sélectionné et qu'une touche a été activée et relâchée.

Écrire le code JavaScript

Le code JavaScript est encore plus simple que d'habitude. Ce programme ne requiert pas de fonction `init()` car il n'y a rien à initialiser. Bien sûr, vous risquez de créer un projet plus élaboré avec une initialisation (avec des éléments jQuery, par exemple) mais je préfère que cet exemple soit simple et clair :

La fonction `getGreeting()` extrait des données du formulaire et les utilise pour envoyer une requête AJAX :

```
function getGreeting(){
  var userName = $("#userName").val();
  $.get("simpleGreet.php", { "userName": userName }, processResult);
}
```

La fonction `getGreeting()` encapsule le processus d'envoi d'un formulaire.

1. **Extrayez la valeur de la zone `userName`.**

   Créez un nœud jQuery avec la zone `userName` et utilisez la méthode `val()` pour extraire sa valeur.

2. **Stockez la valeur dans une variable.**

   Stockez la valeur dans une variable également appelée `userName`.

3. **Utilisez la méthode `get()` pour définir une requête AJAX.**

La méthode jQuery `get()` simule l'envoi d'un formulaire avec la méthode `get()`. Vous pouvez utiliser une méthode `post()`, si vous préférez.

4. **Spécifiez le programme qui va répondre aux données.**

   Pour cet exemple, j'utilise un dérivé du programme `greetUser.php` appelé `simpleGreet.php`. Reportez-vous à la section suivante pour voir comment AJAX peut simplifier votre code PHP.

5. **Envoyez les zones du formulaire sous forme d'objet JSON.**

   Le formulaire virtuel (qui est basé sur un vrai formulaire, dans ce cas) possède une zone appelée `userName`. Je lui envoie la valeur de la variable `userName`.

6. **Spécifiez une fonction de rappel.**

   La plupart des requêtes AJAX ont une fonction de rappel qui doit être exécutée après la transmission des données. Dans cet exemple, j'utilise ma fonction `processResult`.

Traiter les résultats

Le traitement est facile dans ce cas puisque je veux simplement copier les résultats du programme PHP directement dans le `div output` :

```
function processResult(data, textStatus){
  $("#output").html(data);
}
```

Le paramètre `data` contient les données texte renvoyées par la requête AJAX. J'extrais simplement ce texte et le transmet au `div output`.

Simplifier le PHP pour AJAX

L'un des points forts d'AJAX est sa manière de simplifier la programmation côté serveur. En observant `greetUser.php` de plus près, vous verrez qu'il crée une page XHTML complète. La plupart des programmes PHP travaillent ainsi et créent une page complète à chaque fois. Néanmoins, comme vous utilisez AJAX, le résultat PHP n'a pas besoin d'être une page Web complète. Le PHP peut simplement créer un petit segment de HTML.

Voyez comme `simpleGreet.php` est réduit :

```
<?php
$userName = $_REQUEST["userName"];
print "<p>Salut, $userName!</p> ";
?>
```

Ce programme fonctionne exactement comme `greetUser.php` et pourtant il est bien plus simple. Tout ce qu'il faut faire c'est extraire le prénom de l'utilisateur et l'afficher. La fonction JavaScript prend soin de bien placer le code. Sans AJAX, chaque programme PHP doit recréer l'intégralité de la page. En utilisant AJAX, la page HTML reste sur le client et JavaScript crée des petites requêtes pour le serveur. Le PHP est plus simple et la transmission du code est généralement plus courte et plus rapide car il y a moins d'informations structurelles répétées.

Travailler avec des données XML

En principe, le travail côté serveur implique le stockage de données. Cette opération est facile à réaliser côté serveur et difficile côté client. Les données peuvent être stockées de manières différentes : dans des fichiers de texte brut, dans le HTML ou XHTML ou dans un système spécialisé appelé une base de données relationnelle (un programme spécialisé qui vous permet de stocker et de rechercher des données facilement). L'utilisation de la base de données est plus courante car elle est très efficace et flexible. Généralement, les programmeurs utilisent un programme PHP pour solliciter des informations d'une page Web et se servent de ces informations pour préparer une requête destinée à la base de données, écrite dans un langage spécial appelé SQL (*Structured Query Language*). La requête de données est transmise au système de gestion de base de données qui renvoie une sorte de résultat au programme PHP. Le programme PHP crée alors une page HTML et la renvoie au navigateur.

AJAX simplifie le processus car il évite au programme PHP de créer une page Web complète. Les seules informations qui doivent être transmises au programme JavaScript sont les résultats de la recherche de données. Pour ce faire, il faut utiliser un format de données spécial pour que JavaScript puisse facilement gérer les données.

Rappel sur XML

Le format XML est un outil important servant à encapsuler des données en vue de leur transfert entre le client et le serveur. Si vous utilisez XHTML, vous devez être habitué à travailler avec XML. XHTML est simplement du HTML qui respecte le standard XML plus strict.

Toutefois, XML est bien plus que du XHTML. Il s'utilise pour stocker tous types de données. Observez le fichier suivant (`pets.xml`) :

```
<?xml version="1.0" encoding="utf-8"?>
<pets>
  <pet>
    <animal>chat</animal>
    <name>Lucy</name>
    <race>américain à poils courts</race>
    <note>le chat de mon enfance</note>
  </pet>
  <pet>
    <animal>chat</animal>
    <name>Homer</name>
    <race>inconnue</race>
    <note>porte le nom d'un bassoniste célèbre</note>
  </pet>
  <pet>
    <animal>chien</animal>
    <name>Muchacha</name>
    <race>bâtard</race>
    <note>un des chiens les plus laids que j'aie rencontrés</note>
  </pet>
</pets>
```

En examinant `pets.xml`, vous avez certainement noté la similitude avec du HTML. Les balises HTML/XHTML sont très spécifiques (seules quelques-unes sont réglementaires) tandis que les balises XML sont très libres tant qu'elles respectent quelques règles simples (mais familières) :

1. **Commencez par définir un type de document.**

   Les déclarations XML formelles ont souvent des types de document aussi complexes que la définition de type de document XHTML. Cependant, les données XML basiques utilisent une définition beaucoup plus simple :

   ```
   <?xml version="1.0" encoding="utf-8"?>
   ```

   Vous pouvez utiliser ce type de document générique à chaque fois que vous créez votre propre format XML (comme je le fais dans l'exemple).

2. **Créez un conteneur pour tous les éléments.**

L'intégralité de la structure doit avoir une seule balise conteneur. J'utilise `pets` comme conteneur. Si vous ne définissez pas de conteneur unique, vos programmes auront du mal à lire les données XML.

3. **Créez vos nœuds de données basiques.**

   Dans mon exemple, chaque animal est contenu dans un nœud pet. Chaque animal présente les mêmes éléments de données (ce n'est pas obligatoire).

4. **Les balises sont sensibles à la casse.**

   Soyez cohérent dans vos noms de balises. Utilisez le `CamelCase` et un mot unique pour chaque élément.

5. **Vous pouvez ajouter des attributs.**

   Vous pouvez ajouter à vos éléments XML les mêmes attributs qu'en XHTML. Les attributs sont des paires nom/valeur séparées par un signe égal (=). Notez que la valeur doit être placée entre guillemets.

6. **Imbriquez les éléments comme en XHTML.**

   Veillez à bien imbriquer les éléments les uns dans les autres, comme vous le faites en XHTML.

Il existe plusieurs façons de créer un fichier XML. Beaucoup de bases de données exportent les données au format XML. Plus souvent, un programme PHP lit les données dans une base de données et crée une longue chaîne XML pour la sortie. Pour cette rapide initiation, j'ai écrit le fichier XML dans un éditeur de texte et l'ai enregistré comme un fichier.

Vous pouvez manipuler le XML comme le JavaScript, qu'il soit issu d'un fichier ou transmis par un programme PHP.

Manipuler le XML avec jQuery

Les données XML devraient vous être familières car elles vous permettent d'utiliser les mêmes outils qu'avec XHTML. Mieux encore, les fonctions jQuery habituellement utilisées pour extraire des éléments d'une page XHTML fonctionnent aussi avec des données XML, à quelques détails près. Vous pouvez utiliser tous les sélecteurs et outils jQuery standard pour gérer un fichier XML de la même manière que vous les utilisez pour gérer des parties d'une page HTML.

La page readXML.html, représentée sur la Figure 14.5, montre un programme JavaScript/jQuery qui lit le fichier `pets.xml` et utilise les données. Dans ce cas, il extrait les noms des animaux et les place dans une liste non numérotée (inspectez le code suivant).

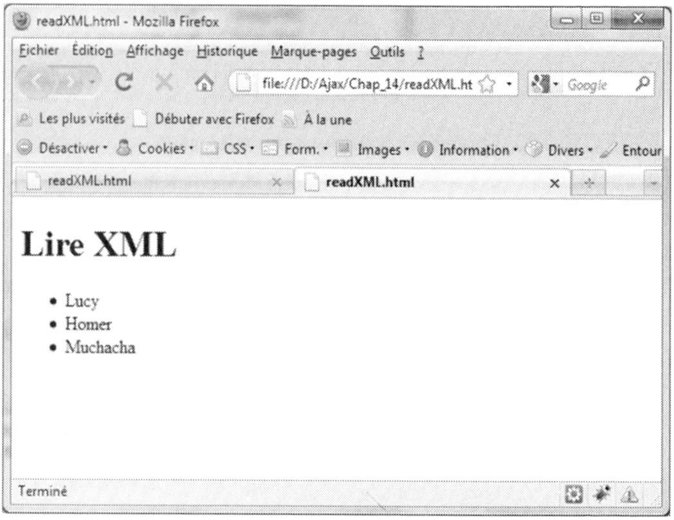

Figure 14.5 : Les noms des animaux sont extraits du fichier xml.

```
<!DOCTYPE html PUBLIC “-//W3C//DTD XHTML 1.0 Strict//EN"
“http://www.w3.org/TR/xhtml1/DTD/xhtml1-strict.dtd”>
<html lang="EN" dir="ltr" xmlns="http://www.w3.org/1999/xhtml”>
<head>
  <meta http-equiv="content-type" content="text/xml;
        charset=iso-8859-1" />

  <script type = “text/javascript”
          src = “jquery-1.3.2.min.js”></script>

  <script type = “text/javascript”>
    //<![CDATA[

    $(init);

    function init(){
      $.get(“pets.xml”, processResult);
    } // fin de init

    function processResult(data, textStatus){
```

```
      //vide la sortie
      $("#output").html("");
      //recherche les nœuds pet...
      $(data).find("pet").each(printPetName);
    } // fin de processResult

    function printPetName(){
      //isole le nom du nœud courant
      thePet = $(this).find("name").text();

      //ajoute les marqueurs de liste au nœud
      thePet = "<li>" + thePet + "</li>";

      //ajoute l'élément à la liste
      $("#output").append(thePet);
    } // fin de printPetName
    //]]>
    </script>

  <title>readXML.html</title>
</head>
<body>
<h1>Lire XML</h1>

<ul id = "output">
 <li>C'est la sortie par défaut</li>
</ul>

</body>
</html>
```

Créer le HTML

Comme beaucoup de programmes jQuery, la page `readXML.html` commence par un cadre HTML basique. Il est particulièrement simple : un en-tête et une liste. La liste possède un attribut `id` (pour être identifiée facilement par jQuery) et un élément unique (qui va être remplacé par les données du fichier XML).

Récupérer les données

La fonction `init()` définit une requête AJAX :

```
$(init);

function init(){
  $.get("pets.xml", processResult);
} // fin de init
```

Cette fonction utilise la fonction `get()` pour demander les données :

1. **Utilisez la technique jQuery `get()` pour définir la requête.**

   Comme je demande un fichier statique (contrairement à un programme PHP), la fonction `get()` est le meilleur outil pour définir la requête.

2. **Spécifiez le fichier ou le programme.**

   En principe, vous appelez un programme PHP pour récupérer des données mais dans cet exemple, j'extrais directement les données du fichier `pets.xml`. La technique `get()` peut être utilisée pour extraire du texte brut, du HTML ou des données XML. Mon programme attend des données XML donc je dois appeler un fichier XML ou un programme qui crée une sortie XML.

3. **Définissez une fonction de rappel.**

   Spécifiez une fonction à appeler à la fin du transfert AJAX. Mon exemple appelle ma fonction `processResult` lorsque la transmission AJAX est terminée.

Traiter les résultats

La fonction `processResult()` accepte deux paramètres : `data` et `textStatus`.

```
function processResult(data, textStatus){
  //vide la sortie
  $("#output").html("");
  //recherche les nœuds pet...
  $(data).find("pet").each(printPetName);
} // fin de processResult
```

La fonction `processResult()` réalise quelques tâches simples :

1. **Videz l'`ul output`.**

   L'élément `output` est une liste non numérotée (`ul`). Utilisez sa méthode `html()` pour effacer l'élément de liste par défaut.

2. **Créez un nœud `jQuery` avec les données.**

   Les données (transmises comme un paramètre) peuvent être converties en un nœud `jQuery`. Pour ce faire, utilisez `$(data)`.

3. **Recherchez chaque nœud `pet`.**

   Utilisez la méthode `find()` pour identifier les nœuds `pet` dans les données.

4. **Spécifiez une commande pour agir sur chaque élément.**

   Utilisez la méthode `each()` pour préciser que vous voulez appliquer une fonction à chacun des éléments `pet`. Cela crée une boucle qui appelle la fonction une fois par élément. La méthode `each` est un exemple du concept appelé programmation fonctionnelle.

5. **Exécutez la fonction `printPetName` pour chaque élément.**

   `printPetName` est une fonction de rappel.

Afficher les noms des animaux

La fonction `printPetName` est appelée une fois pour chaque élément `pet` contenu dans les données XML. Au sein de la fonction, l'élément `$(this)` fait référence à l'élément courant sous forme de nœud jQuery.

```
function printPetName(){
  //isole le nom du nœud courant
  thePet = $(this).find("name").text();

  //ajoute les marqueurs de liste au nœud
  thePet = "<li>" + thePet + "</li>";

  //ajoute l'élément à la liste
  $("#output").append(thePet);
} // fin de printPetName
```

1. **Récupérez le nom de l'animal.**

   Utilisez la méthode `find()` pour trouver l'élément `name` du nœud `pet` courant.

2. **Extrayez le texte du nœud.**

   Le nom est un objet jQuery. Pour trouver le texte courant, utilisez la méthode `text()`.

3. **Convertissez le texte en un élément de liste.**

   J'ai utilisé la concaténation de chaîne pour convertir le texte brut du nom de l'animal en un élément de liste.

4. **Ajoutez le nom de l'animal dans la liste.**

   La méthode `append()` est idéale pour effectuer cette tâche.

Bien sûr, vous pouvez effectuer des choses plus complexes avec les données. Il s'agit simplement d'utiliser jQuery pour extraire les données puis de les convertir en une sortie HTML.

Travailler avec des données JSON

Un nouveau format de données appelé JSON prend de plus en plus d'ampleur. Certaines personnes pensent même que JSON va remplacer XML en tant que format standard de transmission de données pour AJAX.

XML était considéré comme la méthode standard pour travailler avec des données en AJAX (d'ailleurs le X dans AJAX signifie XML). Bien que XML soit facile à lire par les hommes (et les programmes informatiques), il est un peu fastidieux. Toutes ces balises de fin sont lassantes et augmentent inutilement la taille du fichier de données. Certes, travailler avec XML sur le client n'est pas difficile mais il faut s'y habituer.

Comprendre JSON

Les programmeurs AJAX commencent à utiliser JSON (*JavaScript Object Notation*) comme technique de transfert de données. JSON n'est autre que le format d'objet JavaScript, décrit dans le Chapitre 5 et utilisé tout au long de cet ouvrage. JSON présente de nombreux avantages :

- **Les données sont envoyées en texte brut**. Comme XML, les données JSON peuvent être envoyées dans un format de texte brut, facile à transmettre, à lire et à interpréter.
- **Les données sont utilisables immédiatement**. Les programmes clients sont souvent écrits en JavaScript. Comme les données sont déjà au format JavaScript, elles peuvent être utilisées immédiatement, sans la manipulation requise par XML.
- **Les données sont plus compactes qu'en XML**. Le format JavaScript ne possède pas de balises de fin. Il est donc plus compact.

En cas de besoin, il peut aussi être écrit de façon à économiser de l'espace (au détriment d'une certaine lisibilité).

- **Beaucoup de langages peuvent l'utiliser**. Tout langage peut envoyer des données JSON sous forme de longue chaîne de texte. Il suffit ensuite d'appliquer la fonction JavaScript `eval()` aux données JSON pour les convertir en une variable.
- **Désormais, PHP prend nativement en charge JSON**. PHP 5.2 et les versions ultérieures prennent en charge la fonction `json_encode()` qui convertit automatiquement un tableau PHP (même s'il est complexe) en un objet JSON.
- **jQuery dispose d'une méthode `getJSON()`**. Cette méthode fonctionne comme `get()` ou `post()` mais elle est optimisée pour utiliser une valeur JSON.

ATTENTION ! Lorsqu'un programme utilise la fonction `eval()` pour convertir une chaîne de résultat en un objet JSON, il existe un éventuel risque de sécurité : le code dans la chaîne est traité comme du code JavaScript donc des personnes mal intentionnées pourraient y insérer du code malveillant. Assurez-vous de la fiabilité de la source des données JSON.

Les données `pet` décrites dans `pets.json` ressemblent à ce qui suit quand elles sont organisées comme une variable JSON :

```
{
  "Lucy": { "animal": "chat",
            "race": "américain à poils courts",
            "note": "le chat de mon enfance"},
  "Homer": { "animal": "chat",
            "race": "inconnue",
            "note": "porte le nom d'un bassoniste célèbre"},
  "Muchacha": { "animal": "chien",
           "race": "bâtard",
           "note": "un des chiens les plus laids que j'aie
                    rencontrés"}
}
```

Notez que les données sont légèrement plus compactes au format JSON qu'en XML. Vous remarquerez aussi qu'il n'est pas nécessaire d'utiliser une variable englobante (comme `pets` dans les données XML) car toute l'entité est une variable (également appelée `pets`). JSON tire profit de la flexibilité de JavaScript quand il s'agit des objets :

1. **Un objet est entouré d'accolades (`{}`).**

L'objet principal est marqué par une paire d'accolades.

2. **L'objet consiste en une paire clé/valeur.**

   Dans mes données, j'ai utilisé le nom de l'animal comme la clé du nœud. Notez que la clé est une valeur de chaîne.

3. **Un nœud peut contenir un autre nœud.**

   Chaque animal contient un autre objet JSON qui contient les données relatives à cet animal. Vous pouvez imbriquer des nœuds JSON (comme les nœuds XML). Ainsi, ils peuvent être utilisés facilement dans des structures de données complexes.

4. **L'ensemble de l'élément est une seule grande variable.**

   JavaScript interprète l'ensemble de l'élément comme un grand objet JavaScript qui peut être stocké dans une seule variable. Cette vision facilite nettement le travail avec des objets JSON sur le client.

Lire des données JSON avec jQuery

Vous vous doutez bien que jQuery possède des fonctionnalités permettant de faciliter le processus (déjà simple) de gestion des données JSON.

La Figure 14.6 représente `readJSON.html`, un programme qui lit des données JSON et renvoie les résultats dans un format agréable à lire.

Voici l'intégralité du code du programme `readJSON.html` :

```
<!DOCTYPE html PUBLIC "-//W3C//DTD XHTML 1.0 Strict//EN"
"http://www.w3.org/TR/xhtml1/DTD/xhtml1-strict.dtd">
<html lang="EN" dir="ltr" xmlns="http://www.w3.org/1999/xhtml">
<head>
  <meta http-equiv="content-type" content="text/xml;
       charset=iso-8859-1" />
  <style type = "text/css">
    dt {
      font-weight: bold;
      float: left;
      width: 5em;
      margin-left: 1em;
      clear: left;
    }
  </style>
  <script type = "text/javascript"
```

```
        src = "jquery-1.3.2.min.js"></script>

  <script type = "text/javascript">
    //<![CDATA[

    $(init);

    function init(){
      $.getJSON("pets.json", processResult);
    } // fin de init

    function processResult(data){
      $("#output").text("");
      for(petName in data){
        var pet = data[petName];
        $("#output").append("<h2>" + petName + "<h2>");
        $("#output").append("<dl>");
        for (detail in pet){
          $("#output").append("  <dt>" + detail + "</dt>");
          $("#output").append("  <dd>" + pet[detail] + "</dd>");
        } // fin de for
        $("#output").append("</dl>");

      } // fin de for
    } // fin de processResults

    //]]>
    </script>

  <title>readJSON.html</title>
</head>
<body>
<h1>Lire JSON</h1>

<div id = "output">
 C'est la sortie par défaut
</div>

</body>
</html>
```

Gérer le cadre

La base de ce programme est le XHTML et le CSS standard, dont je vous propose d'étudier les détails :

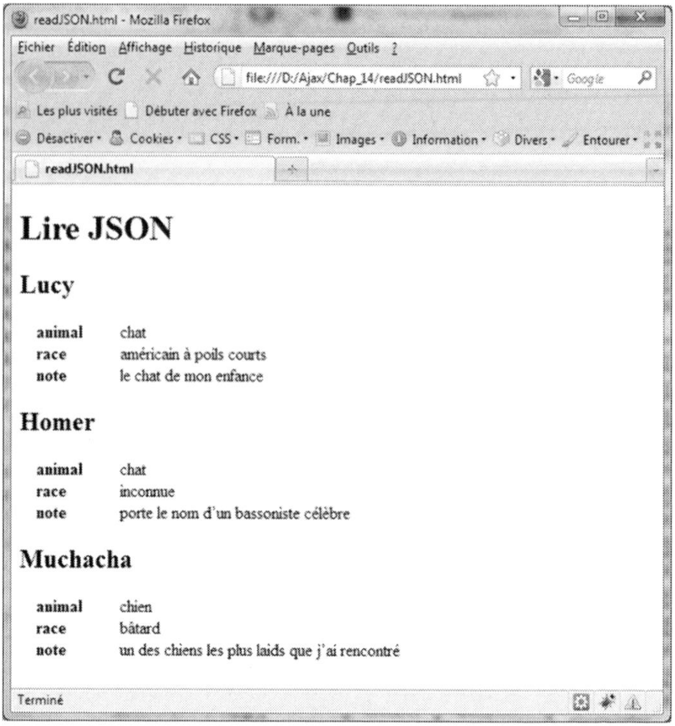

Figure 14.6 : Ce programme a reçu les données d'une requête JSON.

1. **Créez une page XHTML basique.**

   La majorité du travail s'effectue en JavaScript. Les seuls éléments vraiment nécessaires sont un `h1` et un `div output`.

2. **Placez du texte par défaut dans le `div output`.**

   Placez n'importe quel texte dans le `div output`. Si AJAX ne fonctionne pas, ce texte s'affiche. En revanche, si AJAX fonctionne, le contenu du `div output` est remplacé par une liste de définitions.

3. **Ajoutez du CSS pour la liste de définitions.**

   Je veux afficher toutes les données relatives aux animaux sous forme de liste de définitions mais je n'aime pas la mise en forme par défaut pour `<dl>`. J'ajoute mon propre CSS pour affiner l'apparence des définitions (j'aime l'idée du `<dt>` et du `<dd>` sur la même ligne de sortie).

Extraire les données JSON

La bibliothèque jQuery possède une fonction AJAX spécialement conçue pour extraire des données JSON. La fonction `getJSON()` crée une requête AJAX et attend des données JSON en retour.

```
$(init);

function init(){
  $.getJSON("pets.json", processResult);
} // fin de init
```

Il très simple de récupérer des données JSON avec jQuery :

1. **Définissez la fonction `init()` standard.**

   Dans cet exemple, je récupère les données JSON dès que le chargement de la page est fini.

2. **Utilisez la fonction `getJSON()`.**

   Cet outil récupère les données JSON du serveur.

3. **Récupérez les données de `pets.json`.**

   En principe, vous envoyez une requête à un programme PHP qui interroge une base de données et renvoie les résultats sous forme d'objet JSON. Dans cet exemple, je récupère simplement les données dans un fichier JSON que j'ai écrit avec un éditeur de texte.

4. **Spécifiez une fonction de rappel.**

   Comme la plupart des méthodes AJAX, `getJSON()` vous permet de spécifier une fonction de rappel qui se déclenche à la fin de la transmission des données au client.

Traiter les résultats

Les données renvoyées par une requête JSON se présentent dans un format JavaScript valide. Il ne vous faut plus que quelques boucles `for` pour extraire les données. La démarche est la suivante :

```
function processResult(data){
  $("#output").text("");
  for(petName in data){
    var pet = data[petName];
```

```
        $("#output").append("<h2>" + petName + "<h2>");
        $("#output").append("<dl>");
        for (detail in pet){
          $("#output").append("  <dt>" + detail + "</dt>");
          $("#output").append("  <dd>" + pet[detail] + "</dd>");
        } // fin de for
        $("#output").append("</dl>");

    } // fin de for
} // fin de processResults
```

1. **Créez une fonction de rappel.**

   Cette fonction attend un paramètre `data` (comme la plupart des requêtes AJAX). Dans ce cas, l'objet `data` va contenir un objet JSON complet qui encapsule toutes les données de la requête.

2. **Videz la sortie.**

   Je remplace la sortie par une série de listes de définitions.

   ```
   $("#output").text("");
   ```

3. **Passez par chaque `petName` de la liste.**

   Cette forme spéciale de boucle `for` trouve chaque élément d'une liste. Dans ce cas, elle trouve chaque nom d'animal dans les données.

4. **Extrayez l'animal comme une variable.**

   La boucle `for` n'extrait pas les animaux mais la clé associée à chaque animal. Utilisez ce nom d'animal pour trouver un animal et placez-le dans une variable qui utilise une consultation de tableau.

   ```
   var pet = data[petName];
   ```

5. **Créez un en-tête avec le nom de l'animal.**

   Marquez le nom de l'animal avec des balises `<h2>` pour en faire un en-tête et ajoutez-le à la sortie.

   ```
   $("#output").append("<h2>" + petName + "<h2>");
   ```

6. **Créez une liste de définitions pour chaque animal.**

   Placez une balise `<dl>` en tête de liste. Bien sûr, vous pouvez utiliser la mise en forme qui vous convient. J'opte pour la liste de définitions car j'estime qu'elle s'adapte parfaitement à ce type de données nom/valeur.

```
$("#output").append("<dl>");
```

7. **Récupérez les noms des détails relatifs à l'animal.**

   L'animal est un objet JSON. Utilisez une autre boucle `for` pour extraire tous les noms des détails (animal, race et note).

```
for (detail in pet){
```

8. **Définissez le nom des détails comme un terme de définition.**

   Entourez chaque nom de détail avec une paire `<dt></dt>`.

```
$("#output").append("  <dt>" + detail + "</dt>");
```

9. **Placez la valeur de définition entre des balises** `<dd></dd>`**.**

   Cette étape applique à la valeur de définition la mise en forme appropriée.

```
$("#output").append("  <dd>" + pet[detail] + "</dd>");
```

10. **Clôturez la liste de définitions.**

    Après exécution de la boucle `for` interne, la description de l'animal est complète. Vous pouvez clore la liste de définitions.

```
$("#output").append("  <dd>" + pet[detail] + "</dd>");
```

Comme vous pouvez le voir, il est facile de travailler avec JSON. C'est pourquoi il s'utilise de plus en plus souvent comme technique de transfert de données.

Index

G

H

I

J

X

Y

Z

Notes

Notes

Notes

Notes

Notes

Notes

Notes

Notes

Notes

Notes